우남 이승만
論說文集

(1901~1903) 2

우남 이승만 論說文集 2

2022년 3월 5일 초판 1쇄 발행

저 자 | 이 승 만
편 집 | 박 기 봉
펴낸이 | 박 기 봉
펴낸곳 | 비봉출판사
출판등록 | 2007-43 (1980년 5월 23일)
주 소 | 서울 금천구 가산디지털2로 98. 2동 808호(가산동, IT캐슬)
전 화 | (02) 2082-7444
팩 스 | (02) 2082-7449
E-mail | bbongbooks@hanmail.net
ISBN | 978-89-376-0488-1 03300

값 20,000원

우남 이승만 論說文集

이승만 지음
박기봉 편집

(1901~1903) 2

비봉출판사

서문

二. 제국신문의 재발간

1898년 11월 16일에 고종황제는 시위대를 달래기 위해 중추원 의관 50명 가운데 절반을 독립협회 회원으로 임명했다. 당시 23세의 이승만도 의관이 되었다. 그러나 회의가 열리자마자 독립협회 측 의관들은 박영효와 서재필의 등용을 요구했는데, 박영효는 갑신정변을 일으킨 역적이었다. 이에 분개한 고종은 12월 27일 중추원을 해산하고 독립협회 출신 의관들을 체포했다.

이승만은 남대문 근처의 미국인 병원에 숨었다. 그로부터 보름이 지난 1899년 1월 9일, 의료 선교사 셔먼(Harry Sherman) 박사의 통역으로 왕진을 나섰다가 즉시 체포되었다.

1월 하순, 경무청 고문인 스트리플링(A.B. Stripling)의 면회 시 그를 따라왔던 독립협회 동지 주시경이 건네 준 두 자루의 권총으로, 이승만은 간수들을 위협하고 탈출했다.

탈옥 후 두 사람과 헤어진 뒤 시위대가 있다는 종로로 갔다가 다시 체포된 이승만은 매일 혹독한 고문을 당했다. 그러던 어느 날 그는 "하나님, 내 나라와 내 영혼을 구하옵소서"라고 외치면서 간절히 기도했다. 이 사건으로 그는 마음의 변화와 함께 기독교 신앙을 갖게 되었다.

1899년 7월 11일, 재판이 열려 그는 종신형과 함께 곤장 100대를 선고받았다. 그 후 5년 7개월간 감옥에 있는 동안 그는 미국 선교사들이 넣어주는 수많은 책들을 읽으면서 그의 영어 실력과 지식수준은 놀랄 만큼 향상되어 갔다. 뿐만 아니라 그의 지식과 인식은 그때부터 적극 변하여 대한의 앞날은 공화정으로 바뀌지 않고는 달리 길이 없음을 확인하여, 그때부터 그의 글은 철저히 反군주제를 지향하여 갔다.

한편 1900년 2월 14일 부임해 온 한성감옥의 감옥서장 김영선의 적극적인 배려 하에 감옥서 안에 서적실을 마련하고, 학교를 개설하여 학생들을 가르치고, 독서와 자유로운 글쓰기, 익명으로 제국신문에 사설을 실을 수 있었다. 본편의 논설들은 부정기적으로 제국신문에 실렸던 그의 논설들로, 이들은 후에 그가 독립정신을 쓰는 데 기본 자료가 되었다.

1904년 2월에 러일 전쟁이 터지자 이승만은 당시 하고 있던 영한사전 편찬 작업을 중단하고 그해 2월 19일부터 대중 계몽서인 〈독립정신〉을 쓰기 시작하여 6월 29일에 끝마쳤다. 독립정신은 그가 감옥에 오기 전에, 그리고 감옥에 있는 동안에 썼던 글들을 토대로 그의 생각을 새롭게 정리한 것이다. 그러나 이 독립정신도 당시로서는 출판할 수 없어서 박용만이 여행용 트렁크 밑바닥에 숨겨서 미국으로 옮겨 1910년 1월에 로스앤젤레스에서 발행되었다.

그러나 〈제국신문〉 편에 실린 논설들은 앞서 〈협성회회보〉편이나 〈매일신문〉편에 실린 것들과는 달리 논설의 주인공 이름도 없이 불규칙하게 실렸던 것들이 전부였다. 그도 그럴 것이, 감방 속의 인물이 쓰는 논설이었기에 필자의 이름을 밝힐 수가 없었다. 게다가 기사를 쓰는 것 자체도, 기사를 싣는 날짜도 밝힐 수 없었고, 기사의 제목도 일상적인 것이 대부분이었다. 따라서 논설의 저자를 이승만으로 확정하는 것 자체가 모험이었지만, 이승만의 글 솜씨가 워낙 독특한 것이어서, 그런대로 이승만의 논설로 단정할 수 있었다. 그러나 여기에 실린 글 전부가 이승만의 것이라고 단언하기는 어려운 것도 사실이다.

〈제국신문〉 논설의 예(一):

나라에 벼슬하고 월급 타먹는 사람은 외국 말로 생재(生財)하는 백성이 아니라 식재(食材)하는 백성이니, 식재민이 생재민보다 많을 지경이면 그 나라는 오래 지탱치 못하는 법이라. 비유컨대, 사람 열이 사는데 하나는 생재를 하고 아홉은 그 한 사람이 버는 재물을 먹고 살 것 같으면 그 열 사람이 다 가난한 법인즉, 만일 다섯 사람은 농사를 하여 생재를 하고 또 세 사람은 농사한 사람이 생재한 물건을 저자에 내다가 매매하여 주고 벌어먹고 살고, 두 사람은 법률과 장정(章程)과 의리를 가지고 그 농사하고 장사하는 사람들 틈에서 시비곡직(是非曲直)을 다스릴 것 같으면, 농사한 사람 다섯도 편히 살고, 장사하는 사람 셋도 경계 있게 벌어먹고 살 테고, 또 두 사람은 그 백성들의 일을 공평하게 하여 주고 얻어먹고 살 테니, 그리하고 본즉 국중에 자연히 돈이 많이 생길 것이오, 돈이 많이 생기고 보면 자연 나라가 부강할 터이라.

지금 우리나라 형편으로 말하면, 생재하는 중에는 농사가 제일이니, 아직은 물건 제조하는 데 힘을 덜 쓰더라도 천조물(天造物)을 많이 생기게 사람마다 유의하기를 바라노라.

(제4권 제123호 대한제국 광무 5년(1901년) 6월 7일(金))

〈제국신문〉 논설의 예(二):

물론 어느 나라든지 그 나라의 성쇠를 짐작하고자 할진대 먼저 그 나라 백성의 원기(元氣)가 있고 없는 것을 볼 것이고, 그 백성의 원기가 있고 없는 것을 보고자 할진대 먼저 그 백성의 학문(學問)이 있고 없는 것을 볼 것이고, 그 백성의 학문이 있고 없는 것을 알고자 할진대 먼저 그 백성의 애국성(愛國性)이 있고 없는 것을 볼지니, 어찌하여 그런가 묻게 되면, 사람마다 애국성이 있어야 나라 사랑하기를 자기 몸 사랑하듯이 하여, 나라의 수치도 자기가 혼자 당한 수치로 알고, 나라의 분(憤)한 일도 자기가 당한 분함으로 알고, 나라가 강국에게 압제당하는 것도 자기가 당한 것으로 알고, 나라의 토지를 잃는 것도 자기 것 잃은 것 같이 알고, 나라의 권리 잃어버리는 것도 자기 권리 잃은 것 같이 하여, 아무쪼록 수치와 압제를 씻을까, 잃어버린 강토와 권리를 회복할까, 발분망식(發憤忘食)하여 자기 힘자라는 대로 다 각기 내 일로 알고, 인민을 효유(曉諭)하며 정부를 권고하다가, 힘이 부족하여 죽게 되면 또 다른 사람이 그와 같이 뒤를 받쳐 기어이 성사하고야 그만두나니, 그 마음은 어디서 나느뇨.

학문이 없게 되면 첫째, 세계 형편과 내외국 사정과, 어떻게 하여야 일이 될 기미와, 어떻게 하면 나라에 수치가 되고, 어떻게 하면 나라가 부지할 방편을 알지 못하나니, 학문이 없어 그 일을 모른 연후에는 수치가 무엇인지, 압제가 무엇인지 당초에 기운이 날 것이 없나니, 그런고로 학문이 있어야 기운도 생기고 애국성도 생긴다 할지로다.

(제6권 제116호 대한제국 광무 7년(1903년) 5월 25일(月))

차 례

대한신문

제4권

제5권

제6권

태극 신문

제4권

제4권 제38호

대한제국 광무 5년(1901년) 2월 25일

우리가 전에도 여러 번 말하였거니와, 나라 집(國家)에 사람 쓰는 것이 장인이 재목 쓰는 것 같으니, 각각 그 소용에 합당한 대로 쓸지라.

가령 집을 짓는 목수가 되어 재목을 다룰 때에, 연목(椽木)과 들보와 기둥에 대소와 장단을 마련하여 소용(所用)을 합당하게 하고 보면, 그 집이 전체가 온전하여 여러 해를 지탱하려니와, 만일 크고 실한 나무로 연목을 만들며 작고 약한 나무로 들보와 기둥을 하고 보면, 그 집이 완구(完久)치 못하여 반드시 꺾어질 것이다. 또한 석재(石材)로 말할지라도, 주춧돌과 뜰 쌓는 돌을 다 합당하게 한 후에야 그 집이 능히 오래 갈 것이고, 만일 모래땅에 주춧돌이 없이 그저 짓고 보면, 풍우가 대작할 때와 장마물이 날 때에 그 집이 엎더짐을 면치 못할 것이다.

그러나 어진 장인은 좋은 재목이 비록 두어 자 썩음이 있더라도 버리지 않고 반드시 합당한 곳에 쓸 것이고, 정부에서는 어진 선비가 비록 행실에 부족함이 있을지라도 버릴 것이 아니라 그 장기(長技)만 취하여 합당히 쓸 것이니, 그 사람들이 수령이 되어 백성을 능히 다스릴 재목도 있고, 재주가 능참봉 같은 말직에 지나지 못할 자도 있으며, 백관(百官)을 총솔(總率)하여 어진 이를 맡기며, 능한 이를 부리고, 위로 황상의 총명을 보좌하며, 아래로 만민의 생업을 편안케 하시는 총리대관의 재목도 있나니, 나라 집을 위하여 사람을 천거하는 자는 다만 그 사람의 어질고 능함을 인하여 재목을 쓸 것이고, 사사(私事) 혐의와 사사 인정으로 사람을 쓰는 자리에 공연히 훼방하든지 허명으로 천거하는 것은 첫째 그 나라를 사랑치 아니함이오, 둘째 그 벼슬을 환롱(幻弄: 교묘한 못된 꾀로 남을 농락함)함이라.

옛적 춘추전국 때에 진(晉)나라 신하 기해(祈奚)란 사람은 참 어질고 강직한 사람이라. 상경(上卿) 벼슬에 있다가 나이 칠십이 됨으로 벼슬을 치사(致仕: 나이가 많아 벼슬을 사양하고 물러남)할 때, 진 도공(悼公)이 그 벼슬을 대신할 자를 물으니 기해가 대답하기를, 해호(解狐)란 사람이 가히 신의 지위를 대신할 만합니다 한데, 임금이 가로되, 해호는 그대의 원수가 아닌가요, 대답하되, 임금께서 그 직임(職任)에 합당한 사람을 물으신 것이지 신의 원수를 물으신 것이 아닙니다.

임금이 또 가로되, 해호가 죽은 후에는 누가 그 벼슬에 합당하겠느뇨. 기해가 대답하되, 기오(祈午)란 신하가 합당하나이다. 임금이 가로되, 기오는 그대의 아들이 아닌가요. 대답하되, 임금께서는 그 사람이 합당한 재목인지를 물으신 것이지 신의 아들을 물으신 것이 아닙니다 하였으니, 나라를 위하여 사람을 쓰는 때에 천주(薦主: 추천하여 주는 사람)가 되어 그 친구든지, 일가든지, 원수든지, 사랑하는 사람이든지 도무지 계교(計較)치 말고 오직 합당한 재목만 천진(薦進: 사람을 추천하여 내세움)할 것이라, 어찌 사사 훼예(毁譽: 훼방함과 칭찬함)를 일호반점인들 그 가운데 쓸 수 있으리오.

그런고로 한 나라 혜제(惠帝) 시절에, 찬문종후(酇文終侯) 소하(蕭何)는 그때 정승으로 병들어 죽어가거늘, 임금이 친림하시어 소하에게 묻되, 그대가 죽은 후에 누가 그대를 대신할꼬. 소하가 가로대, 신하를 아는 것은 임금만 못하나이다. 임금이 가로대, 조참(曹參)이 어떠하뇨. 소하 대답하되, 폐하께서 옳게 얻으셨나이다 하였으니, 소하와 조참은 그때에 틈이 있어 원수가 된 사람이로되, 자기를 대신하여 정승 하는 것이 옳다 하였고, 조참은 소하의 죽음을 듣고 곧 행장을 수습하여 정승 마을로 나아가 정승의 직무를 볼 줄 알았으니, 국가에 사람 쓰기는 사혐(私嫌)을 구애치 아니함이라.

이로조차 보건데, 후세 사람들이 어찌 본받을 바 아니리오. 아무 나라든지 방백 수령을 다 옛 사람 같이 천거하였으면 정치가 날로 새롭고 백성이 안락할 줄 믿나이다.

제4권 제41호

대한제국 광무 5년 2월 28일 (木)

사람이 세상에 나면 빈(貧)하고 부(富)한 것과, 귀하고 천한 것과, 오래 수(壽)하고 일찍 죽는 것과, 기쁘고 좋은 일과, 슬프고 괴로운 일이 모두 명수(命數)와 분정(分定)이 있는 것은 아니로되, 사람이 그 일을 당하며 그 일을 행하기는 하는 것이지만, 자기 소원대로 억지로 하기는 어려운 것이라.

그런고로 예전부터 이 세상에 빈부귀천과 수요고락(壽夭苦樂)의 등분이 있는 것이요. 사람이 무슨 사업을 시작할 때에 미리 경영 배포와 예산 결산이 있어야 되거니와, 일을 실상으로 행하지는 않고 다만 쓸데없는 생각만 하고 보면 매사에 한 가지도 이루지 못할지니, 이것은 서국(西國) 사람의 이른바 망상(妄想)이오, 동양 사람의 이른바 옹산(甕算)이라.

망상이란 말은 곧 망령(妄靈)된 생각이니, 옛적 인도국에 빌어먹는 걸인 하나가 있어 사방으로 다니며 얻어먹을 때, 조금씩 구걸하여 모은 쌀이 오지병으로 하나라. 그 쌀을 자기가 자는 침방(寢房)에 두고 망령된 생각하기를 쉬지 아니하더니, 하루는 베개를 높이 하고 침방에 누워 또 생각하되, 내가 이제 쌀을 한 병이나 모았으니 실로 적지 않은지라. 이 쌀을 팔아 그 돈으로 망아지 하나를 사서 먹이다가, 그 말이 차차 자라거든 저자에 가서 말을 팔아 그 돈으로 송아지 하나를 사고 보면 돈이 부족하지 않을 것이다. 그 송아지를 밭으로 끌고 다니며 부지런히 먹이게 되면 몇 해가 아니 되어 큰 소가 될 것이고, 그 소를 또 팔아 돈이 몇 백량이 되거든, 그 돈으로 저자거리에 다니며 착실한 사람을 찾아 변리로 빚을 주며 돈을 취리(取利)하되, 한 푼이라도 헛돈은 쓰지 말며, 주색과 잡기를 아주 거절하고 보면 몇 해가 못 되어 그 돈이 필경 수 천량이 될 것이니, 돈이 차차 늘어 수만금이 되거든 좋은 와가(瓦家)에 분벽사창(粉壁紗窓)으로 거처를 정결히 하고, 인물이 절등하고 재주가 비상한 규수를 택하여 혼례를 이룬 후에 내외 해로(偕老)하다가, 아기를 낳거든 내가 그 아기의 재롱을 보고 내 아내더러 아기를 이리 가져오게 하는데, 곧 들여오면 좋거니와, 만일 가져오지 않거든 내가 발로 아이를 한 번 이렇게 차며 호령하리라 하고, 발길을 왈칵 시험하다가 뜻밖에 쌀 병을 차서 부셔지니, 평지풍파가 모래사장을 헛치는 듯, 청천벽력이 바위 석벽을 깨치듯, 정신이 황홀하고 모골(毛骨)이 송연하여 십년공부가 일조에 낭패라. 이것은 서국인의 망상이다.

옹산(甕算: 독장수의 셈)이란 말은 독 속에서 구구(九九)하는 것이니, 옛적에 옹기(甕器) 장사 하나가 있어 독을 지고 사방으로 다니며 팔더니, 하루는 망망한 큰 들을 맞나 주막집도 없고, 해는 저물어 갈 길이 망연한지라. 들 가운데서 밤을 지날 때, 찬 이슬과 음랭한 바람을 피하고자 하여 독 속에 들어가 자더니, 잠은 오지 않고 치부(致富)할 생각이 일어나 이리저리 궁리하며 돈 모으기를 경영하매, 독 파는 돈은 한 푼도 쓰지 않고 밥은 공으로 빌어먹어, 돈이 차차 모이거든 기와집을 장만하고, 큰 사랑과 작은 사랑에 청직이 상노(床奴: 밥상을 나르거나 잔심부름을 하는 아이)들을 마음대로 골라두며, 열두 행랑 하인들을 임의로 부리고, 일처이첩(一妻二妾)을 좌우에 놀게 하여 사랑으로 세월을 보낼 적에, 만일 처첩(妻妾)이 투기하여 서로 싸우거든 내가 이 손으로 이년을 치고 저 손으로 저년을 쳐서 시비를 없게 하고, 가도(家道)를 엄숙히 하리라 할 때에, 양편 손이 나아가며 독을 쳐서 넘어지니, 벼락같이 산이 무너지며 옹기 짐이 결딴나서 일야지간(一夜之間)에 낭패를 보았다 하니, 이것은 동양 사람이 옹산을 항상 한탄하는 것이다.

이로조차 보건데, 망상과 옹산은 다 쓸데없는 것이다. 사람마다 놀지 말고 부지런히 일만 하게 되면 자연 하늘이 감동하여 복록을 점지하나니, 이것이 성인께서 이르신바, 부지런하면 반드시 부자를 이룬다 하고, 적은 부자는 부지런한데 있다 하심이라. 망상이니 옹산이야 무엇에 유익하리오.

제4권 제44호
대한제국 광무 5년 3월 4일 (月)

나라 집을 부강하게 하고자 하는 자는 불가불 만국의 형편과, 우주의 대세와, 시운의 변역(變易)함을 통달하여야, 그 중에서 자기 나라의 토지 광협(廣狹)과 인구 다소(多少)를 비교하여 보며, 백성의 교육이 외국보다 어떠하고, 정치의 문명함이 인국(隣國)과 어떠한지 요량하며 궁구하여 아무쪼록 나라에 이(利)가 되고 백성이 편할 일만 행하나니, 부강의 근본은 정사(政事)에 달렸고, 정사의 근본은 생존필수(生存必須)에 있는지라.

이제 생존필수란 것을 대략 네 가지로 나누어 말씀하건데, 일왈(一曰) 생명이오, 이왈(二曰) 자유권이오, 삼왈(三曰) 명예요, 사왈(四曰) 재산이라. 능히 그 생명을 보전치 못하면 어찌 그 몸을 온전케 하며, 자유의 권을 보전치 못하면 어찌 그 뜻을 이룰 수가 있으며, 그 명예를 능히 보전치 못하면 어찌 그 재능을 나타낼 수 있으며, 능히 그 재산을 보전치 못하면 어찌 그 집을 가히 지킬 수가 있으리오.

백성이 만약 이 네 가지 생존필수를 보전하지 못하면 그 나라가 또한 진보하지 못할지라. 나라 힘이 진보하지 못함은 그 정사가 좋지 못함을 인함이요, 정사가 좋지 못함은 나라 근본이 굳지 못함이요, 근본이 굳지 못함은 나라 백성이 우매함을 인연함이라.

이제 그 백성의 우매함을 깨치고자 하여 만국 인물의 정치를 대강 기록하노니, 세계상 인민의 수효가 모두 십억이 더 되는데, 그 중에 아시아 주의 인구는 팔억삼천만여이고, 구라파 인구는 삼억삼천만여이고, 아프리카 인구는 이억 가량이고, 아메리카 주는 일억여 명이며, 오스트리아 인구는 사천만 가량이다.

각국의 인종을 의론하건대 세 가지 분별이 있으니, 가로되 백인종과 황인종과 흑인종이라. 백인종은 구라파와 아시아 서편과 아프리카 북방에 거하며, 아메리카 주에도 많이 사는데, 살빛이 희고 붉으며, 눈은 깊고 코는 높으며, 입은 적고 입 살은 얇고, 두발은 누런 것이 많고, 황인종은 아시아 주 동북에 거하며 구라파에도 더러 있는데, 살빛이 누르며, 입은 크고 코는 낮으며, 눈은 길고 두발은 검은 것이 많고, 흑인종은 아프리카 중부로부터 남부까지 있으며 남아메리카에도 더러 있나니, 살빛이 검으며, 회색과 종려색도 간혹 있으며, 입은 크고 코는 넓적하며, 입 살은 두껍고 이는 길며, 두발은 검은데 억세기가 물갈퀴 같은지라.

또 각국의 정치를 의론하건대 또한 세 가지 분별이 있으니, 하나는 전제(專制)정치요, 둘째는 공화(共和)정치요, 셋째는 입헌(立憲)정치라. 전제정치란 것은 그 나라 임금이 법 세우는 것과 행정 하는 것과 (사법의) 세 가지 권리를 잡아 법률을 자기 뜻대로 독립하여 억조 만민을 다스리는 것이다. 공화정치란 것은 국중(國中)에 어진 재주를 택하여 의관(議官)을 삼고, 전국 백성을 대신하여 입법과 행정과 사법의 세 가지 권세를 행하는 것이다. 입헌정치란 것은 임금이 세 가지 권리를 주장하시되 나라 법을 굳게 지켜서 정부와 백성과 더불어 함께 다스리는 것이다.

이제 우리가 세 가지 정치를 가지고 생각하여 보건대, 옛적에 걸주(桀紂) 같은 임금이 신하의 간하는 말씀을 듣지 않은 것이 전제정치라 하겠고, 요임금, 순임금, 우임금 같은 임금이 천자의 위(位)를 서로 전한 것이 공화정치라 하겠고, 주(周)나라 주공(周公)이 법도를 마련한 것이 입헌정치라 할 만하다.

가장 이상한 것은, 화륜선이나 기전(紀傳)에는 동서양 나라들이 서로 통상 교제함이 없거늘, 구미 각국에 공화정치와 입헌정치가 있으니, 속담에 이른바 의론 없이 꾀가 같음이라. 이로조차 보건대, 동서양을 물론하고 성제명왕(聖帝明王)의 예악법도(禮樂法度)는 자연히 이 같은 것이 많다 하노라.

제4권 제61호

대한제국 광무 5년 3월 23일 (土)

광대한 우주 간에 허다한 나라들이 지경을 나누며, 도성을 마련하고, 백성을 다스릴 때, 각각 남보다 부강하고 권세 있기를 다투니, 작년에 화친(和親)하던 나라가 금년에 싸움도 하고, 금년에 원수 되었던 나라가 내년에 강화(講和)도 하며, 어저께 승전하던 군사가 오늘 패진(敗陣)도 하고, 동편에서 패하던 군사가 서편에서 이기기도 하나니, 이것은 옛말에 이른바 병가의 승패(勝敗)라 하고, 몇 해 전에 야만으로 있던 나라가 몇 해 후에 문명에 진보하여 세계의 상등국이 되기도 하고, 예전에 잘 다스려 울창하던 나라가 지금은 어지러워 사직이 멸망하는 이도 있나니, 이것은 옛글에 이른바 국가의 흥망(興亡)이다.

연전에 일등 충신으로 권리를 잡아 궐내에 출입하며 세도(勢道)라 일컫던 신하가 일조에 역적(逆賊)이 되어 죽기도 하며, 원악도에 정배된 죄인으로 있다가 일조에 몽방(蒙放)하여 다시 근시하는 충신도 되며, 잠깐 동안에 권리를 잡았다가 잠시간에 떨어지기도 하나니, 이것은 속담에 이른바 환해풍파(宦海風波)라. 고금을 통달한 방외객(方外客)으로 보게 되면 분운한 이 세상에 어찌 가련한 인생이 아니리오.

옛적 전국 시절에 나라 변방에 사는 노인 하나가 있었으니, 가세도 초요(超饒)하고 아들도 여럿이라. 하루는 집에 먹이는 말이 어디로 달아나 잃어버리니, 동리 사람들이 모두 와서 그 늙은이를 보고 위로하여 가로되, 천금준마(千金駿馬)를 일조에 잃었으니 참 가엽다 하거늘, 노인이 대답하되, 말 잃은 것이 어찌 복이 되지 않을 줄 알리요 하더니, 과연 그 후에 잃었던 말이 북방으로 들어가 좋은 준마를 여러 필 데리고 집으로 돌아온지라.

동리 사람들이 모두 와서 그 노인을 보고 치하하여 가로되, 달아났던 말이 여러 필 준마를 얻어왔다 하니 뜻밖에 횡재라, 참 기쁜 일이라 하거늘, 노인이 대답하되, 그것이 앙화(殃禍)가 되지 않을 줄 어찌 알리요 하더니, 그 후에 과연 그 노인의 아들이 그 말을 타고 달리다가 떨어져 다리가 부러진지라.

동리 사람들이 또 모여 와서 노인을 위로하여 가로되, 자제가 낙마하여 다리가 병신 된다 하오니 실로 민망하고 불쌍하다 하거늘, 노인이 대답하되, 그것이 복이 되지 않을 줄 어찌 알리요 하더니, 과연 그 후에 국가에 일이 많고 변경에 난리가 일어나 정부에서 지방의 대 병정(兵丁)을 모집할 새, 집마다 나이가 젊은 장정들은 하나도 빼지 아니하고 모두 병정으로 뽑아 나아가 싸울 때, 그곳 사람들로 병정으로 들어간 자는 하나도 살아 돌아온 이가 없으되, 오직 그 노인의 아들은 다리가 병신 됨으로 뽑히지 아니하여 집에서 부모를 봉양하고 생업에 안락한지라.

그런고로 후세 사람들이 득실(得失)과 화복(禍福)을 말하면 항상 새옹득실(塞翁得失; 塞翁之馬)이라 하나니, 변방 늙은이가 말을 얻고 잃어버린 것으로조차 보건대, 사람의 화복과 재물의 득실을 미리 추측하여 알 수도 없는 것이고, 또한 족히 근심할 것도 아니라. 천연 화복은 절로 오고 절로 가나니, 무슨 일이든지 오직 옳은 일이거든 힘써 행하고 그른 일이거든 결단코 행하지 말되, 선한 일의 대소와 악한 일의 경중을 분별할 것이 아니라, 반드시 옳은 목적으로 나아가며 천명(天命)을 순수(順守)하는 것이 참 달관한 사람의 행적이라.

사사 욕심으로 불의자사(不義之事)를 행하다가 하루아침에 중죄에 빠져 몸이 죽고 집안이 멸망하는 자를 어찌 본받으리오. 선하고 옳은 일을 행하다가 뜻밖에 횡액(橫厄)을 당하는 것은 앙화(殃禍)로 말할 것이 아니고, 또한 부끄러울 것도 없는 줄 아노라.

제4권 제62호

대한제국 광무 5년 3월 25일 (月)

전에도 여러 번 설명한 바이거니와, 우리나라에 폐단 되는 일이 하도 허다하니까 이루 다 들어 말할 수 없으되, 그 중 제일 시급히 고칠 일 하나가 있으니 곧 혼인하는 법인데, 대개 혼인이라 하는 것은 대단히 소중한 것이, 남남끼리 서로 만나 한 번 부부지매(夫婦之媒)를 정하면 평생을 해로(偕老)할 적에 서로 도와주고 경계하여 가도(家道)를 아무쪼록 창성케 할 터인즉, 처음 혼인할 때에 어찌 남녀 간에 그 덕행과 재질을 서로 자세히 헤아리지 못하고 다만 매자(媒子)의 부허(浮虛)한 말만 믿어 경선(輕先)히 혼인지례(婚姻之禮)를 행하리오.

공자 가로되, 군자의 도는 부부에서 끝을 짓는다(君子之道, 造端乎夫婦) 하셨으니, 옛적 성인은 이같이 훈계하셨거늘, 후생들은 그 근본을 잊어버리고 부부가 서로 화순치 못하여 여러 가지 악습이 무소부지(無所不知)하다가 가사(家事)가 패망하는 지경에 이르는 이가 종종 있으니, 이것은 다 혼인하기를 경홀히 하는 연고라. 그런즉 부부라 하는 것은 인륜의 비롯함일 뿐 아니라 가도(家道)의 흥망이 또한 이에 있는 고로, 송나라 사마온공(司馬溫公: 사마광)이 말씀하되, 누구든지 무릇 혼인을 의론할 때에 마땅히 먼저 신랑과 신부의 품행이며 그 가법(家法)이 어떠한 것을 살필 것이요, 구차히 그 집이 부귀한 것을 사모할 것은 아니니,

신랑이 진실로 어질면 지금은 비록 빈천하나 어찌 능히 다른 날에 부귀하지 못하며, 만약 어질지 못하면 지금은 비록 부귀하나 필경에 빈천하지 아니 하리오. 하물며 신부는 집안 성쇠(盛衰)의 관계된 바라. 한때 부귀를 욕심내어 현철하지 못한 여자에게 장가들면 그 아내 된 이가 자기 친정의 부귀한 형세를 믿고 남편과 시부모를 경멸이 대접하지 않는 이가 드물거니와, 설혹 처가의 재물을 인연하여 부자가 되고 처가의 형세를 의뢰하여 귀인이 될지라도, 만일 대장부의 기안(奇案)이 있는 자는 어찌 부끄럽지 아니하랴 하였으니, 이 말씀은 참 지극히 적당하여 가히 후세 사람에게 거울이 될 만하도다.

옛 사람의 혼인하는 법을 상고하여 보건데, 나이 이십이 되면 성관(成冠)하여, 삼십에 아내가 있다 하였거늘, 근일에는 누구든지 자녀 간에 십여 세만 될 것 같으면 의례히 혼인함으로 예법을 삼을 뿐 아니라, 그 부모 된 이가 자기 마음대로 혼처를 광구(廣求)하되, 먼저 문벌의 고하와 가세의 빈부를 탐지한 연후에 다 남자나 규수의 얼굴이 아름답고 추한 것만 물었지, 그 재덕과 언행이 어떠한 것은 당초에 의론치 아니하니, 남녀 간에 빈부(貧富)와 궁달(窮達)이 다 그 사람의 학문과 덕행에 있는 것이지 어찌 문벌과 모양에 있으리오.

옛적에 제(齊)나라 정승 안영(晏嬰)이라 하는 사람이 출입할 때에, 그 하인 하나가 저의 주인을 모시고 의기가 양양하여 손에 일산(日傘)을 들고 말을 채찍질하며 나가거늘, 그 하인의 아내가 문틈으로 엿보고 심히 부족하게 여겨 그 하인이 돌아온 후에 서로 이별하기를 청하거늘, 그 하인이 놀라 연고를 물은데, 여인이 탄식하며 대답하되, 안자(晏子)는 일국의 정승으로 부귀가 당시에 으뜸이요 명예가 이웃 나라에 진동하건마는, 그 모양을 보면 항상 겸손하는 마음이 있거늘, 그대는 남의 하인이 되어 스스로 흡족히 여기는 태도가 있으니, 내가 이같이 비루한 장부의 아내 되기를 원하지 않노라 한즉, 그 하인이 심히 부끄러워하여, 그 후부터는 안자를 뫼시고 다닐 때에 그 전 모양과 같지 아니하므로, 안자가 괴이히 여겨 그 까닭을 물었는데, 하인이 실상으로 고하니, 안자가 크게 탄복하고 이에 그 하인을 정부에 천거하여 대부 벼슬을 시켰다 한다. 이로조차 보건데, 남녀 간에 비록 빈천한 사람이라도 반드시 탁월한 식견이 있으면 필경에 곤궁함을 면할 뿐더러, 문호(門戶)를 빛나게 하는 것이 다 남자에게 있는 것이 아니라 또한 여인에게도 있나니, 서로 혼인하기를 어찌 삼갈 바 아니리오.

그런즉 우리가 이렇게 말하는 것이, 대한 동포들도 별안간 서양 사람과 같이 남녀가 오래 상종하여 학문과 지식을 피차에 자세히 안 연후에 저의 임의대로 부부의 약조를 정하라는 것은 아니로되, 설혹 부모가 주장할지라도, 첫째는 일찍 혼인을 아니 할 것이요, 둘째는 문벌의 고하와 가세의 빈부를 보지 아니할 것이요, 셋째는 신랑과 신부의 재덕을 자세히 탐지하여 작정하는 것이 가할 터이다.

비단 문벌과 얼굴만 취할 뿐 아니라 돈을 가지고 매매하는 폐단이 무수한 중에, 서북 도에서는 딸이나 누이 팔기를 짐승같이 하여, 가량 여섯 살에 칠십 량, 일곱 살에 팔십 량 하다가 십여 세만 넘으면 수백 량씩 가는데, 그 며느리나 그 아이를 돈 주고 사다가, 당가사리(*當家+살이: 집안을 맡음) 되기 전에는 부엌에서 먹게 하고 누룽지 아니면 못 산다 하니, 그런 야만의 풍속이 어디 있으리오. 문명국 사람들은 종 매매도 시비하거든 하물며 자식을 매매하는 것이야 일러 무엇하리요. 그런즉 불가불 급선무는 그런 폐단을 없이 하는 것이 급무인 듯하다.

제4권 제63호

대한제국 광무 5년 3월 26일 (火)

천지지간 만물지중에 사람이 가장 신령하고 귀중한 고로, 능히 초목과 금수를 다스리며 부리나니, 사람을 항상 도와주는 것은 짐승이라. 그 중에 임금이 되어 백성을 다스릴 재목이거나 관원이 되어 좋은 사업을 창기(創起)할 자 있으면, 사람은 알지 못하되 천지신명은 먼저 아시고, 명명한 가운데 짐승으로 하여금 도와주기를 하는지라.

옛적에 제곡(帝嚳)의 아내 강원(姜原)이란 여인은 들에 다니다가 사람의 발자취 큰 것을 보고 잉태하여 아들을 낳으니 이름은 후직(后稷)이라. 상서롭지 않다 하여 아기를 구렁에 버리매 말과 소가 밟지 아니하고, 찬 얼음에 던지매 새 짐승이 와서 날개로 덮어주거늘, 신기하다 하여 거두어 길렀더니 주(周)나라 시조가 되었다.

초나라 자문(子文)이란 사람은 그 모친이 음행한 죄로 부끄러워 아기를 못 수풀에 버렸더니 호랑이가 와서 아기를 젖 먹이는지라. 이상히 여겨 길렀더니 장성하자 초나라 정승이 되어 좋은 일을 많이 행하였으며, 고구려 시조 주몽(朱蒙)은 부여국에서 환란을 만나 도망할 때 음체수(老陰數)란 강가에 이르자 배도 없고 다리도 없어 형세가 가장 위태하더니, 뜻밖에 고기와 자라들이 다리를 이루어 물을 건너가게 하였기로 능히 목숨을 보전하여 고구려의 시조가 되었다 하니, 이런 사람들은 나라 백성을 위하여 권리를 잡으며 정치를 행하여 일세에 유명한 인물이 될 터인 고로, 그 사람이 곤액을 당할 때에 하늘이 도와주심이라.

신라국 유례왕(儒禮王) 시절에 가장 이상한 일이 있었으니, 인관(印觀)이란 사람과 서조(署調)란 사람의 일이다. 그 두 사람은 근본이 농사하는 백성으로 마음이 정직하고 행실이 단정하여 평생에 불의의 재물은 일호반점이라도 취할 생각이 없고, 각각 자기 힘대로 부지런히 벌어먹으며 한 마디 말이라도 남을 속이지 않더니, 하루는 장날을 당한지라. 그때 시절에는 지전(紙錢)과 동전(銅錢)을 만들지도 않고 쓰지도 않는 고로, 백성들이 각각 자기 손으로 제조한 물건과 땅에서 천생으로 나는 물건을 가지고 서로 바꾸어 매매하는 법이었다.

인관은 면화를 가지고 장에 가 곡식과 바꾸고자 하고, 서조는 곡식을 가지고 장에 가 면화와 바꾸고자 할 때, 두 사람이 소원대로 서로 바꾸어 가지고 각각 집으로 돌아갔더니, 뜻밖에 소리개(*솔개) 하나가 있어 서조의 집에 있는 면화를 발로 집어다가 도로 인관의 집에 놓았거늘, 인관이 그 면화를 본즉 자기 손으로 보에 싼 것이 분명한지라. 마음에 이상히 여기고 불안한 생각이 있어 면화를 잘 두었다가 장날을 당하여 그 면화를 가지고 다시 나아가 서조를 찾아 만났다. 묻되, 그대가 면화를 잃지 아니하였느냐. 서조가 대답하되, 과연 그 소리개가 있어 면화를 차가기로 잃었노라. 인관이 그 면화를 도로 주며 소리개의 하던 일을 말하니, 서조가 가로되, 무지한 짐승이 어찌 이런 일을 하리오, 이것은 신명(神明)이 도우심이라. 내가 하늘이 하시는 일을 거역하지 않노니 이 면화를 그대가 가져가라 한 대, 인관이 가로되, 내가 그 곡식은 벌써 먹었은즉 어찌 이 면화를 받으리오.

두 사람이 서로 가져가기를 사양하다가 필경은 그 면화를 장터에 버리고 각기 집으로 돌아가니, 그 새 신라왕이 그 두 사람의 청렴하고 겸양하는 소문을 듣고 두 사람을 불러 벼슬을 시켰다 하였으니, 이것은 다 사책에 자재(自在)한 것이오, 글 읽는 선비는 다 아는 일이라.

이로조차 보건대, 하늘이 어질고 착한 사람을 권고하사 벼슬을 얻게 하심이라. 사람이 선한 마음으로 매사를 행하고 보면 천지신명이 다 아시는 것이라, 어찌 본받을 바 아니리오.

제4권 제64호

대한제국 광무 5년 3월 28일 (木)

이 세계에 사람들을 살펴보건대, 가난하든 부자가 되든, 귀하든 지천(至賤)한 것이 남에게 있는 것이 아니라 다 자기의 행위에 달렸으며, 육대주에 있는 나라들로 말할지라도, 흥하거나 망하거나, 성하거나 쇠한 것이 또한 다른 데 관계되는 것이 아니라 온전히 그 나라 정치에 있는 것이니, 구라파와 아메리카 몇 만 리 밖에 있는 각국은 오히려 의론하지 말고, 우리 대한과 지경을 접하여 지극히 가까이 상종하는 청국 형편은 우리나라 동포 형제들이 다 의심 없이 눈으로 보기도 하고 귀로 듣기도 하는 바인즉, 청국 일에 대하여 한 번 더 변론하기로 한다.

동양으로 말하면 토지가 제일 광대한 나라가 어느 나라냐고 묻게 되면 사람마다 대답하기를 반드시 청국이라 할 것이요, 인구가 제일 번성한 나라가 어느 나라냐고 하더라도 역시 청국이라 할 것이다. 그뿐 아니라 토지 소산(所産)으로도 아니 나는 물건이 없고, 인민이 다 순실하고 질박하여 간교한 태도가 없으나, 청국 관민(官民) 간에 항상 교만한 마음이 있어 자기 나라는 일컫기를 중화(中華)라 하고, 다른 나라를 멸시하여 다 오랑캐라 지목하더니, 십여 년 이후로 청국 경영을 볼 것 같으면, 아주 빈약하고 쇠잔하여 세계에 제일 천대받는 이가 청국 사람이니, 이것이 무슨 까닭이뇨.

우리가 전에도 그 이허(裏許)를 알지 못한 것은 아니로되, 근일에 청국 무술년 정변기(政變記: 황제가 탈을 당하고 정사가 변한 사실)라 하는 책을 대강 열람한즉, 그 정치의 문란함과 법률의 공평치 못한 것은 이루 다 말할 수 없거니와, 참 개탄할 일은 무엇인가 하니, 호남 순무사 보잠이라 하는 사람은 근본 지조가 강개하고 매사에 총명한 남자라, 호남에 화물선을 다니게 하고자 할 때, 호남총독 장지동 씨가 허락지 아니하여 가로되; 만약 화물선이 있으면 외국인이 무수히 왕래할 터이니 크게 불가하다 하였다.

연전에 덕국서 교주만을 점령할 때에 구라파 각국이 청국 폭원(幅員)을 분열한다는 의론이 분분하거늘, 호남에 사는 호걸남자 몇 사람이 장지동 씨를 보고 말하되, 서양 각국이 만약 우리나라를 분할하면 공은 장차 어떻게 조처하겠는가 한데, 장 씨가 묵연히 앉아 생각하다가 대답하되, 비록 분할할지라도 마땅히 한 모퉁이에 작은 정부 하나는 있을 것이니, 그 때에도 내가 작은 정부에 대신은 될지라 무슨 걱정이 있으리오, 하였다 한다.

슬프다, 장지동은 청국 정부 대신 중에 가장 명예 있는 사람이로되 그 지각이 이와 같이 우매하거든, 그 외의 사람이야 어찌 족히 의론하리오. 청국 대신 중에 세 가지 종류가 있으니, 첫째는 세계 형편을 망연히 알지 못하여 서양 각국의 부강한 것도 믿지 아니하며, 누구든지 만일 외국 근심이 위급하다 말하면 도리어 인심을 소동한다고 노여워하며, 둘째는 시세를 대강 짐작하나 자기 신세를 돌아보건대 이미 칠팔십 노옹이라 여년이 멀지 아니하였은즉, 다만 이삼년 동안에 무사하기만 앙망할 뿐이요 그 후에는 비록 천지가 뒤집힐지라도 자기로서는 볼 바 아니라 하며, 셋째는 자기가 비록 망한 나라의 신하가 될지라도 나라가 아주 망하기 전까지는 오히려 부귀를 겸전(兼全)하려니와, 만약 정치를 변혁하여 개화가 되고 보면 자기 같이 늙고 썩은 물건이 어찌 능히 그 직임을 담당하리요, 필경에 쫓겨 감을 면치 못할 것이니, 마땅히 혈(血)을 다하여 개화하자는 의론을 저희(沮戲)하리라 하는데, 전국에 권세 자루를 잡은 자가 다 이 세 가지 종류뿐이라 하였다.

청국 같이 물중지대(物重地大)한 나라로 오늘날 저 지경이 된 것은 그 허물이 다 그 나라 정부 대관에게 있거니와, 사억만 창생(蒼生)의 정경은 어찌 가련치 아니리요. 우리가 교린(交隣)하는 후의에 길이 탄식하기를 마지아니하노라.

제4권 제66호

대한제국 광무 5년 3월 30일 (土)

고금을 물론하고 사람이 서로 시비하며 나라가 한가지로 싸우는 것은 다 이롭고 해로운 대로 좇아 나고, 이롭고 해로운 것은 다 얻고 잃은 대로 좇아 나나니, 만약 이해와 득실을 헤아리지 못하고 망령되이 허욕으로만 무슨 일을 하다가는 필경에 큰 낭패를 당하지 않는 이가 드물리로다.

그러나 이해와 득실이 다만 다른 사람과 더불어 상관되는 일에만 있는 것이 아니요, 시비와 쟁투가 또한 남과 대적하는 데만 관계되는 것이 아니니, 그런고로 동양 옛글에 가로되, 사람이 반드시 스스로 업이 여긴 후에 다른 사람이 업신여긴다 하였으며, 서양 옛글에 또한 말하기를, 싸우고 다투는 것이 어디로부터 오느냐, 너희 백체(百體) 가운데 정욕(情慾)의 싸움으로 말미암지 아니 하느뇨 하였으니, 동서양 성현의 말씀을 다 상고하여 보건대, 사람마다 이해와 쟁투가 다 자기에게 있는 것이거늘 어찌 누구를 원망하고 혐의하리오.

나라를 다스리는 법으로 말할지라도, 옛적에 진(秦)나라 효공(孝公)이라 하는 임금은 여러 나라가 모여 맹세하는데 참예치 못함으로, 분기(憤氣)를 발하여 덕을 펴고 정사를 닦아서 나라가 천하에 제일 부강하다 하였으니, 만약 그때에 진 효공이 자기 마음속에 쓸데없는 허욕을 억제하여 착한 정사를 행치 아니하고, 도리어 모든 나라를 대적하고자 하여 군사로 하여금 싸움하기를 시작하였더라면, 진나라가 당장에 멸망지환(滅亡之患)을 면치 못하였겠지마는, 그렇지 아니하고 다른 나라가 진나라를 업신여기는 것이 다 자기의 허물이라 하여 곧 정치를 문명하게 하고 법률을 공평하게 하자, 백성이 안락하고 나라가 부강해졌으니, 진 효공은 이해와 득실이 자기에게 있는 것을 깊이 깨달은지라. 후세 사람이 가히 칭찬할만하다.

그러나 연(燕)나라 임금의 아들 단(丹)이라 하는 사람은 진(秦) 나라에 가서 있을 때에 진 나라 임금이 잘 대접해 주지 아니함을 노여워하여, 조그마한 분한 것을 참지 못하고 망령되이 원수를 갚고자 하여 협객 형가(荊軻)라 하는 이를 진나라에 보내어 살해하고자 하다가, 일이 발각되어 자기가 먼저 참혹히 죽은 것은 고사하고, 필경에 연나라가 화를 당하였으니, 그때에 연나라 태자 단이 만약 진 나라에 수치 받은 것을 분하게 여길 것 같으면, 본국에 돌아온 후에 위로 임금을 도와 충성을 다하고, 아래로 인민을 사랑하여 선정을 행하였더라면 나라가 부하고 백성이 강하여 자연이 설분하는 날이 있었을 것이거늘, 그렇게 하기는 당초에 생각지 아니하고, 다만 간휼한 비교로 남의 나라 임금을 모해하려다가 몸이 죽고 나라가 망하였으니, 이는 이해와 득실이 자기에게 있는 것을 깨닫지 못함이라. 지금까지 후세 사람의 조소함을 면치 못하였으니 어찌 깊이 경계하고 삼갈 바 아니리오.

그런즉 진 효공과 연 태자 단의 행한 바 일을 비교하여 보건대, 이해와 득실이 오직 자기에게 달린 것을 누구는 깨닫고 누구는 깨닫지 못한 것을 황연히 알려니와, 우리가 지금 동서양 각국 형편을 널리 의론할지라도 예전 일과 조금도 다른 것이 없으니, 어떤 나라는 관민 간에 사욕을 이기고 이치를 궁구하여, 옛 풍속을 버리고 새 장정을 실시하여 무슨 일이든지 날로 앞으로 나아가기를 힘쓰므로, 그 나라가 문명하고 부강하여 세계에 상등대접을 받거니와, 어떤 나라들은 그렇지 못하여 다만 옛 법만 좋아하고 도무지 변통할 줄을 알지 못할 뿐더러, 백성으로 나라의 근본을 삼기는 고사하고 도리어 원수로 알고, 다만 외양으로만 자주(自主)이니 하여도 실상은 외국에 수치를 면하지 못하나니, 이 같은 나라들은 가히 이해와 득실을 분변하지 못한다고 칭할 만하도다. 그 어떤 나라인가, 청국 같은 나라인저.

제4권 제71호

대한제국 광무 5년 4월 5일 (金)

금화봉 아래에 한 선비가 있으니, 위인이 한아(閒雅)하고 심성이 청고(淸高)하여, 매양 추풍(秋風)에는 거문고를 안고 봉래산을 구경하며, 춘일(春日)에는 퉁소를 가지고 금화산에 올라가 승지명구(勝地名句)를 임의로 소요하더니, 하루는 한 곳에 이르니 백운은 무심히 산 위로 지나가고, 녹수는 유정하여 돌 머리로 돌아오니, 심신이 청정(淸靜)하고 이열(怡悅)하여, 지팡이를 옆에 놓고 우연히 앉아 경개를 사랑하여, 앞으로 굽어보고 뒤로 돌아보며 스스로 즐거워함을 이기지 못하더니, 문득 풍편에 사람의 소리가 들리거늘 자세히 살펴보니, 어떠한 노옹이 연엽관(蓮葉冠: 처음 상투를 틀고 쓰는 연잎 모양의 관)을 쓰고, 청려장(靑黎杖)을 짚고 편편히 와서 바위 위에 안고, 또 어떤 노파가 머리에 이화잠(梨花簪)을 꽂고 황라상(黃羅裳)을 입고 표표히 이르러 나무 아래에 앉았다가, 서로 기운을 정제한 후에 인사를 하니, 노옹은 자칭 송백거사(松柏居士)라 하고, 노파는 자칭 매화로고(梅花老姑)라 하는지라.

매화로고가 가로되, 오늘 우리가 이곳에서 해후상봉(邂逅相逢)함이 참 기이한 인연이라 하고, 각각 평생에 즐거워하는 지취(志趣)를 설화(說話)하여 서회(敍懷)하는 것이 옳다 하거늘, 송백거사가 가로되, 나는 유시 호흥(好興)도 하면 노자의 도덕경(道德經)과, 굴삼려(屈三旅: 屈原)의 이소경(離騷經)과, 소동파의 적벽부를 외우며, 송백이 울밀한데 백학의 춤을 구경하며, 양류(兩類)가 삼사(三四)한데 누른 꾀꼬리의 노래를 들으며, 창출주(蒼朮酒: 삽주의 결구되지 아니한 뿌리로 만든 술)를 수삼 배 마신 후에 길게 휘파람 하니, 이 낙이 어떠한가 한데, 매화로고가 흔연히 웃고 이에 가로되, 나는 유시 호흥도 하면, 복희씨 팔괘도(八卦圖)와 열선도(列仙圖)와 황정경(黃精經)을 구경하며, 동산 밝은 달에 매화를 의지하여 서고, 서원(西院) 석근비(石根碑)에 파초를 대하여 앉으며, 장생단(長生丹) 환약을 칠팔 개 먹은 후에 높이 읊으니, 그 낙이 어떠하리까.

이렇게 강론하기를 미미히 한 후에 송백거사가 우연히 탄식하고 가로되, 우리가 물외(物外) 한객(閑客)으로 사방에 구름같이 노나, 우리도 이 나라 백성이라. 금일 정치 흥폐가 우리에게도 크게 관계가 있나니, 한담은 그만하고 지금 시국에 제일 급무를 강론하는 것이 가하다 하거늘, 매화로고가 또한 창연히 얼굴빛을 변하며 가로되, 그대의 말씀이 합당하니 듣기를 원하노라 한데, 송백거사가 가로되, 전국의 큰 판세가 교육이 제일 긴급하니, 국내에 학교를 광설(廣設)하고, 구미 열국에 유명한 박사들을 빙청(聘請)하여 총준한 남자들을 가르쳐 문명진보의 기초를 삼는 것이 옳다 하거늘, 매화로고가 가로되, 그대의 말씀이 옳은 듯하나, 방금 동양 대세에 긴요한 사건은 빼어놓고 지엽을 말하니 애석하도다. 자고이래로 왕후장상과 영웅호걸이 다 여자의 배속으로부터 나오며, 여자의 손아래서 길러 내었으니, 만일 남자를 교육할 경영이 있으면 반드시 먼저 여자를 교육하여야 차제(次第)가 분명하고 남자의 교육도 성취가 될지라.

비유컨대, 나무를 심으려면 먼저 뿌리를 배양하여야 지엽이 무성하고, 뿌리가 단단치 못하면 지엽이 마를지라. 이와 같이 여자는 남자를 낳고 기르는 근본이니, 어찌 근본을 놓아두고 문명 기초를 도모하리요. 동양이 미약하고 진흥하지 못함은 실로 여자의 교육이 없음이라. 여인이 무식하고 그 소생된 남자가 명철하기를 어찌 바라리오. 동양 보전하려는 군자들은 여자 교육하기를 깊이 주의 할지니라 하거늘, 송백거사가 크게 깨달아 재삼 사과하고 매화로고의 의론이 고명함을 칭송하더라.

물외에 한가히 노는 송사(松柏居士)와 매고(梅花老姑)의 의론도 이러하거든, 하물며 충군 애국하는 유지 재상(有志宰相)이야 교육상에 어찌 조조(躁躁: 몹시 조급함)하지 아니 하리오.

제4권 제73호

대한제국 광무 5년 4월 8일 (月)

어떤 선비가 외국에 유람하고 돌아온 이가 있는데, 그 선비의 친구가 말하되, 노형이 본래 총명한 자품(資稟)으로 시무(時務)에 유심하여 괴로움을 잊어버리고, 만리창파에 발섭(跋涉)하여 외국에 여러 해 유람을 하였으니, 해외 형편과 타국 풍속 중에 유려(有慮)한 일이 있거든 수고를 아끼지 말고 말씀하시오 한데, 그 선비가 가로되, 내가 본래 노둔한 사람으로 성품이 소광(疏狂)하여 외국은 갔으나 열람한 것이 적어 이야기할 것이 별로 없으나, 노형이 이렇게 말씀하시니 두어 말씀을 고하리다.

외국에 가보니, 외국에서는 인민의 위생하기를 대단히 주의하니, 대개 위생을 힘쓰는 뜻은 사람의 몸이 강건하여야 이 세상을 유지하는 고로 위생을 힘쓰고, 위생을 하려면 그 제일 방침은 전국 사람으로 하여금 정결함을 먼저 가르치나니, 몸을 자주 목욕하고, 의복을 자주 씻어 입고, 집을 정하게 청소하고, 문 앞에 좋은 나무를 심어 공기가 청양(淸凉)하게 하며, 대소변을 일정한 규모로 누는 데만 누고 여기저기 난만히 버리지 아니하고, 국내에 의학을 확장하여 고명한 의원을 양성하여 인민의 횡사(橫死)를 구원하니, 이는 몸을 보전하는 어진 법이오.

사람마다 놀고먹는 이가 별로 없어 농사하는 사람은 농리(農理)를 점점 궁구하여, 전 년에 한 말을 심어 한 섬이 났으면 금년은 어찌하여야 두 섬이 날까 이렇게 궁리하며, 모래 있는 땅은 무엇을 심어야 잘 되며, 습기가 있는 땅은 어떤 것을 심어야 잘 될까 저렇게 궁리하며, 공장하는 사람은 기계 이치를 점점 궁구하여, 금년은 기차가 한 시에 백 리를 가니 어찌하여야 명년은 한 시에 이백 리를 가게 할까 궁리하며, 전년에는 총이 이백 보를 갔으니 금년은 어찌 하여야 삼백 보를 가게 할까 궁리하며, 지금은 기계로 비단을 한 시에 오십 척을 짜니 어찌하여야 다음에는 한 시에 백 척을 짜게 될까 궁리하며, 장사를 하는 사람은 장사가 흥왕할 이치를 궁구하여, 금년에 아무 나라로 몇 가지 물건을 보내어 이익이 얼마가 남았으니, 내년에는 어찌하여야 몇 배나 이익을 더 낼까 궁리한다.

화학박사들은 화학 이치를 정긴(精緊)히 궁구하되, 지금은 몇 가지 이치를 새로 발명하여 알았으니 이후에는 어찌하여야 특별한 이치를 깨달아 깊은 지경에 들어갈까 궁리하며, 종교를 힘쓰는 교사들은 자기가 믿는 교법을 많이 전파할 도리를 궁구하되, 금년에는 아무 지방에 가서 몇 만 인을 권면하여 교를 믿게 하였으니 어찌하여야 내년에는 다른 지방에 전파하여 몇 만인을 더 가르칠까, 이렇게 고심으로 각각 궁리하여 나라를 부강케 하고, 자기 집안 식구 먹을 것을 넉넉히 벌고, 허랑히 놀며 세월 보내고 제집을 구원하지 못하며 나라를 병 들이는 사람이 없으니, 이러하고야 그 나라들이 어찌 흥왕치 아니하리오.

저 사람들의 일장월취(日長月就)하여 개명에 진보하는 것은 전적으로 재물로만 성취하는 것이 아니라, 사람마다 뜻을 견고하게 세워 일편 성력(誠力)으로 부국(富國)하는 기초를 삼는지라. 우리나라 사람들도 비록 재물은 부족하다 하나 마음에 성력이야 사람마다 행하면 되는 것이니, 부지런히 힘을 써, 남과 같이, 나라와 집이 다 부요하기를 어찌 경륜하지 아니 하리오 하더라.

제4권 제75호

대한제국 광무 5년 4월 10일 (水)

근일에 어떠한 손님이 와서 고금 역대 사기 중에 치란득실(治亂得失)과 인물 성쇠를 강론하다가, 또 우리나라 사적(史蹟)을 말하여 가로되, 우리나라는 지형이 불과 삼천리요 광(廣)이 백 리 되는 들이 없으므로 인물도 또한 큰 영웅호걸이 많이 나지 아니한다 하거늘, 우리가 웃고 대답하되, 손님이 중원 사기는 널리 보아 당우(唐虞) 이후로 명청(明淸)까지 어느 때 어느 일이든지 요연하게 손바닥 가르치듯 하되, 본국 사기는 아직 자세히 상고하지 아니하고 하는 말씀인 듯 하오이다.

우리나라 영웅호걸을 의론할진데, 고구려 때 을지문덕(乙支文德)은 수 양제(煬帝)의 백만 군병을 다 파하므로, 수 양제가 분하여 고구려를 다시 쳐서 분함을 씻으려 하여도 뜻을 이루지 못하고 수나라가 망하였으며, 안시성 주 양만춘(楊萬春)은 한 편 고성(孤城)으로 당 태종(太宗)의 팔십만 대병을 쳐 물리치매, 중국 사람이 지금까지 말하기를, 팽성에서 한 고조가 웅거한 것과, 안시성에서 당 태종이 곤(困)한 것이라 하였고, 신라 때 김유신(金庾信)은 당 나라 장수 소정방(蘇定方)으로 더불어 백제를 칠 때, 김유신이 왕산에서 적진을 만나 싸워서 승전을 하고 백제 경성을 향하여 오니, 만나자고 언약한 기한이 지났거늘, 소정방이 노하여 김유신의 부장을 베라 하거늘, 김유신이 노기가 등등하여 머리털이 위로 올라가고 허리에 찼던 보검이 스스로 뛰며 군사를 호령하여 가로되, 먼저 당 나라 군사를 파한 후에 백제를 치라 하니, 유신의 위엄이 늠름하고 군제가 엄숙하여 가을서리 같거늘, 당나라 장수가 두려워하여 자기가 잘못한 모양으로 사과를 하였다.

고려 때 강감찬(姜邯贊)은 고려의 적은 군사로써 거란의 수십만 강병을 쳐서 파하자, 고려 임금이 강감찬의 공을 표하여 금으로 꽃을 만들어 강감찬의 머리에 꽂고, 친히 술을 부어 주며 가로되, 고려를 경이 다시 만든 모양이라 하였으며, 아조(我朝) 임진난리에 충무공 이순신(李舜臣) 씨는 거북 배를 새로 발명하여 난리를 평정하였으며, 또 문장으로 의론하면, 신라의 최고운(崔孤雲: 崔致遠의 자)과 고려의 이목은(李牧隱)과 아조의 최간(崔澗)이는 중원의 문장 재사들이 다 앙모하여 공경하였으며, 그 외에 호걸재사가 고왕금래(古往今來)에 임림총총(林林叢叢)하여 일시에 다 말할 수가 없어 대강 이렇게만 말하노니, 하필 왈(曰) 우리나라에 인물이 많지 않다 하리오.

나라의 대소로 의론할진데, 일본의 풍신수길(豊臣秀吉)은 일본의 작은 땅에서 났으며, 청 태조는 만주에서 일어났으며, 서양의 나폴레옹은 불란서의 작은 섬에서 낳으니, 이런 일로 미뤄 볼진대, 작은 땅에서는 영웅호걸이 어찌 나지 아니하리오. 지형이 넓지 아니하면 큰 호걸이 나지 아니 한다는 말은 경사자집(經史子集)에 증거가 없는 일이오, 세속에 허황한 말이니, 이런 일은 믿지 아니하는 것이 옳다 한데, 손이 활연히 깨닫고 가로되, 지금 노형의 의론을 일장 들으니 과연 이치가 소연하다 하고 물러가더라.

희(噫)라, 고인이 이르기를, 인걸지령(人傑地靈)이라 하였으나, 아무리 용모가 청수(淸秀)하며 정신이 총혜(聰慧)하여도 학문을 닦지 못하면 사리를 통달치 못하고, 지식이 천단(淺短)하여, 각국에 이익이 되는 사업을 이루지 못하는지라. 비유컨대, 옥을 돌 속에서 얻어내기는 하였으나 공장(工匠)이 마탁(磨琢)을 아니하면 문채가 없어 범상한 돌과 같으니 보배로울 것이 없고, 좋은 기둥을 할 재목이 있더라도 기계로 깎지 아니하며 승묵(繩墨)으로 다스리지 아니하면 불 피우는 나무보다 다를 것이 없고, 천리 준마를 얻고도 구레와 고삐를 갖추어 길들이지 아니하면 범상한 들짐승 같으리니, 이와 같아서 마침내 버릴 지경이고, 크게 중용을 못할 것이다.

이런 고로 맹자의 어머니께서 맹자를 데리시고 무덤 묻는 근처 동리에 가서 사시자, 맹자가 어려서 그 동리 사람들의 하는 것을 보시고 영장(永葬: 安葬) 지내는 모양으로 장난하시는지라. 또 짐승 잡는 근처로 이사하니 또 그 모양을 효빈(效顰)하시는 고로, 다시 그곳에서 떠나 학교 근처에 가서 사시자, 맹자가 그 학교에 다니는 서생(書生)의 하는 것을 보시고 집에 돌아와 읍양진퇴(揖讓進退)하는 법으로 장난을 하시므로, 맹자의 어머니께서 기뻐하시어 가로되, 이곳에서는 내 아들을 기를 만하다 하시고, 이에 맹자를 가르쳐 성인의 지경까지 성취를 하였다.

이런 일로 볼진대, 아무 지방에서라도 사람이 품수(稟受)를 잘하여 풍채가 특이하게 났어도, 그 부모 된 자가 반드시 좋은 학문으로써 가르쳐 길러야 정대(正大)한 사람이 되어, 제 집과 나라에 유익하며 향기로운 이름이 후세까지 전하리니, 이런 어진 사람이 나는 것은 세상에 큰 경사요, 만일 그렇지 아니하여 부모가 학문으로 교육하지 아니하면 도리어 그 해가 집과 나라에 미치리니, 이런 사람 난 것은 참 세상에 불행함이라. 우리 생각에는 사람이 본래 잘 났어도 학문이 반드시 있어야 인기(人氣)가 될 줄로 믿노라.

제4권 제77호

대한제국 광무 5년 4월 12일 (金)

고인(故人)이 말씀하시기를, 성인의 말씀이라도 살펴보고 믿는다 하였으니, 말씀의 뜻은 다른 까닭이 아니라, 비록 성인의 말씀이라도 생각하여 보아서 천리(天理)와 인정(人情)에 합당하면 좇을 것이고, 만일 천리와 인정에 합당치 아니하면 좇지 아니한다 하는 뜻이라. 이로 보면, 비록 성인의 말씀이라도 믿지 못할 일은 아니 믿거든, 하물며 허황한 말과 이치 근원이 확실치 못한 일을 믿으리오.

동양 근래 풍속으로 의론할진대, 청국 사람은 귀신에게 처처(處處)에 음란한 제사를 드려 복을 구하니, 제사하는 귀신을 대강 말하면, 복파장군(伏波將軍)이며, 관성제군(關聖帝君)이며, 부엌귀신이며, 심지어 거북과 뱀에게까지 제사를 드리니, 진실로 우매한 일이라.

인간으로 말을 하더라도, 공명정대한 사람은 악한 사람의 뇌물을 받고 협잡을 하지 않거든, 귀신이 어찌 협잡을 하여 악한 사람이 제사를 드리지 아니하면 착한 사람을 밉게 여겨 해롭게 하리요. 만일 귀신이 물욕이 지나쳐 제사를 받고 기뻐하며 악한 사람을 도와주려는 뜻이 있으면, 이렇게 심사가 비루한 귀신이 어떻게 화(禍)와 복(福)을 사람에게 임의로 주는 권리가 있으리오.

복파장군은 한 나라의 충직한 장수요, 관성제군은 삼국 때에 충의가 유명한 장수 관우(關羽)요, 부우제군(孚佑帝君)은 당 나라 때의 도인이라. 충의 정직한 장군과 청정 담박한 도인이 어찌 옳지 아니한 제사를 받고 악한 자를 도와 세상에 공평한 천리가 없게 하리오. 부엌귀신은 더욱 빙거(憑據)가 없고, 거북과 뱀은 준준한 짐승이라 제 몸도 보전할 능력이 없고 오히려 사람을 두려워하여 피하거든 하가(何暇)에 화복을 베풀리오. 이는 다만 사람이 개명치 못하여 마음이 어두워 스스로 속는 것이라.

일 년 동안에 수륙으로 다니며 귀신에게 드리느라 전국 몇 만 명 백성이 허비하는 재물을 헤아려보면, 그 재물로 큰 학교비를 지출하여 여러 자제를 교육할 만도 하고, 군비를 마련하여 충용이 늠름한 장졸을 더 기를 만도 하고, 철도를 장설(長設)하여 천리 장정을 몇 시간에 신속히 왕래케 하며, 물화(物貨)가 교통하게 하여, 비록 극남극북에 도로가 요원할지라도 조석에 서로 무역하여 장사하기가 편리케 할만도 하고, 대 도회처에 공원지를 배설하고 좋은 수목을 많이 심으며, 기교(奇巧)한 누대를 건축하며, 청냉(淸冷)한 물을 인도하여 만호천문(萬戶千門)에 여러 사람으로 하여금 위생이 되게 하여 부정한 병을 예방할 만도 하니, 이렇게 금옥같이 귀하게 쓸 재물을 쓸데없이 허비하니 심히 가석하고 분한 일이라.

귀신에게 음란한 제사를 드리는 일이 본래 성현이 작정하신 것도 아니고, 중간에 풍속이 효잡(淆雜)하여 우준한 사람들이 부지중에 서로 본받아 오늘까지 이르러 큰 폐단이 되어 국민이 초췌하니, 한심하도다.

귀신에게 음사하는 풍속이 청국뿐 아니라 대한도 청국에서 귀신 위하는 것과 대동소이하여, 산신과 수신과 서낭과 바위와 땔감나무와 터주라 하는 여러 귀신에게 목욕재계를 하고 고두재배(叩頭再拜)를 하며, 음식을 드리며 분향하고, 무당을 청하여 장구를 치며, 제금을 울리며, 노래도 아니요 호령도 아니요 우는 소리 비슷, 원망하는 말 비슷, 기괴(奇怪) 이상한 야료를 하여 민심을 현황하게 하니, 유지한 선비로 하여금 불각(不覺)에 눈물을 흘리게 하는도다.

귀신에게 음사하는 이유를 궁구하여 보면, 만분지 일분도 진실한 효험이 없고 모두 허황하여 천리에 어기어진 일이라. 현금(現今) 사람마다 아는 일이거니와, 서양 모든 나라들은 우상과 귀신을 섬기지 아니하므로 응당 국민이 다 망할 듯하건마는 도리어 점점 부강하여, 철갑 군함을 많이 만들어 대포를 싣고 횡행하며, 동양까지 나와서 영사 공사를 각국에 두고, 전기선을 사방에 연락하여 만 리 소식을 이웃집 같이 통하며, 자재(自在)한 권리를 척촌이라도 잃지 아니하니, 그 서양 사람들은 귀신을 섬겨 귀신의 힘으로 이렇게 부하고 강하며, 청국 사람은 귀신의 덕을 입어 저렇게 되어 가는지, 위하지 않는 까닭에 그러한지.

우리 생각에는, 청국 백성이 착한 일을 힘써 행하고, 덕을 닦으며, 쓸데없는 잡귀에게 재물을 허비하지 아니하면 나라가 흥왕할 줄로 믿는다.

제4권 제78호

대한제국 광무 5년 4월 13일 (土)

자사(子思) 가로되, 성인이라도 능하지 못하심이 있고, 부인(夫人)이라도 능함이 있으며, 천지의 광대함으로도 오히려 사람이 한 가지 하는 일이 있다 하시니, 이러한 고로 지혜 있는 사람이라도 천 번을 생각하면 한 번 실수하는 일이 있고, 미련한 사람이라도 천 번을 생각하면 한 번 옳게 얻는 일이 있는지라.

진실로 명철한 군자는 혹 잘못하는 일이 있다가 다른 사람이 옳은 말로 간하면 곧 쾌연히 고치고 착한 곳으로 옮겨 가나니, 이렇게 명철한 선비가 옳은 말을 좇기를 물이 흐르는 것 같이 함을 보고, 그 사람의 아름다운 행실을 사모하고 공경하여 충직한 벗들이 수고를 잊고 착한 말로 다투어 도와주나니, 이것은 이전 사람들이 서로 강마(講磨)하는데 큰 유익이 있음이라.

편협한 소인은 그렇지 아니하여, 그른 일을 행함에 옳은 친구가 보고 애석히 여겨 착한 말로 간하면 도리어 원망하고 기뻐하지 아니하며, 그른 일을 거연(居然)히 옳을 듯하게 꾸며 말하고, 저의 착하지 못한 것을 다른 사람이 알까 염려하여, 외모로 가장 착한 체하여 백만 일에 하나도 그른 것을 자복하는 일이 없나니, 이러한 소인의 행실을 보고 어진 벗들이 민망히 여겨 수십 번을 조용히 일러도 듣지 아니하면 필경에 할 수 없이 그만두나니, 이런 소인의 교만과 자긍이 심히 불쌍하도다.

소인이 궁곤(窮困)하여 지위가 높지 못하면 제 집이나 패하게 하려니와, 만일 소인이 영귀(榮貴)하여 조정에 나가서 권리를 얻으면 나라를 위태하게 하고 백성을 병들게 하리니, 어찌 염려가 깊지 아니하리오.

수년 전에 어떤 유지한 사람이 서양 고명한 선비와 더불어 지금 동서양 형편과 풍속의 장처(長處)와 단처(短處)를 서로 평론할 때, 서양 사람이 가로되, 동양에는 일본국이 먼저 개명하여 서양이 백년 이래로 연구하여 진보한 정긴한 법을 모두 일본 사람이 삼십 년간에 개화를 일신하게 하여, 군대가 강하며, 장사가 흥왕하고, 기계를 정교하게 만들며, 법률이 밝아 백성의 생명과 재산을 보호하니, 이렇게 속하게 개화한 나라는 세계상에 희한하므로, 서양 열국이 다 칭찬하였다.

그러나 일본 풍속의 흠처(欠處)를 말할진대, 남녀 간에 아랫도리 옷을 단정히 입지 아니하고, 다리를 벌거벗고, 작은 수건으로 배꼽 아래만 가리며, 여인은 이에 칠을 하니 이것이 흠처요. 청국 풍속의 흠처를 말할진대, 머리털을 길게 땋아서 위생에 해롭게 하며, 손톱을 베지 아니하여 더럽게 하며, 여인의 발을 단단히 싸매어 억지로 병신을 만들어 고생이 무진하게 하여 여러 만 명 되는 여자로 하여금 참혹한 형벌을 받게 하니 이것이 큰 흠처요.

대한국 풍속의 흠처를 말할진대, 사나이는 상투를 단단히 짜 머리 기운이 소통치 못하여 눈이 어둡게 하며, 이마를 망건으로 항상 동여 혈기를 활발하게 유통치 못하게 하며, 여인은 평생을 규중에 가두어

두고 학교에 보내어 지식을 넓히지 못하게 하며, 강산 풍광을 임의로 구경하지 못하게 하니, 이는 천리에 합당치 아니함이라. 대개 하늘이 사람을 내심에 사람으로 하여금 만물을 통할하게 하시며, 강산 누대에 사시 풍경을 사람마다 구경하고 기뻐하게 마련함이니, 하필 여인은 사람으로 대접하지 아니하리오. 이런 것이 흠처니라 하였다.

이에 대한 사람이 가로대, 동양풍속의 단처(短處)는 그대가 몇 가지를 말씀하였거니와, 서양 풍속의 단처를 잠간 내가 말하겠나이다. 서국 풍속에 여인이 허리를 가늘게 동여 걸음을 걸으면 허리가 흐늘흐늘 버들가지와 같이 하여 남에게 아름다운 모양을 보이나, 위생에 심히 해롭고, 아이를 배면 또 여인들이 치마를 길게 입어 땅에 질질 끌며 다니니 정하지도 않고 옷도 쉽게 떨어지니 포진천물(暴殄天物: 물건을 아까운 줄 모르고 함부로 써버림)이요. 또 재물을 심히 인색하게 아껴 자식이 부자로 살아도 그 부모가 의탁하여 사는 법이 없고, 늙은 사람이라도 제 힘대로 벌어먹고 자식에게 반포(反哺: 안갚음)하는 효성을 받지 못하니, 애석한 일이로다.

까마귀는 새라도 몸이 자라나면 제 부모에게 반포하나니, 사람이 까마귀만 같지 못하리오. 이것은 서양의 흠처라 한데, 그 서양 선비가 위연히 탄식하며 가로되, 태서 각국이 현금 극히 문명하나 오히려 폐단을 다 제하지 못하니, 이런고로 고명한 선비들이 이 몇 가지 폐단을 없애려고 힘쓰노라 하더라.

그 서양 사람을 볼진대, 비록 문명 부강한 나라 사람이나 자기 나라의 부족처를 말하자 활연히 깨닫고 일분이라도 노여워함이 없으며, 폐단을 제할 방책을 말하니 그른 것을 버리고 착한 데로 향하기를 물이 흘러가듯 하더라.

제4권 제80호

대한제국 광무 5년 4월 16일 (火)

어떤 선비 하나가 있으되, 자품(資稟)이 총명하며 학식이 유여(有餘)하나, 평생에 산리(山理: 묏자리의 내룡, 방향, 위치에 따라 재앙과 복이 달라진다는 이치)를 좋아하여 명산대천으로 두루 다니며, 부모의 만년유택의 명당을 얻으려고 한 산과 한 물이라도 범연히 보지 아니하며, 혹 이상한 산록을 만나면 동으로 바라보며 서로도 바라보며, 침음양구(沈吟良久: 속으로 깊이 생각한 지 매우 오랜 뒤에)에 지가서(地家書)를 손에 들고 수법을 맞춰보며, 풍세를 살펴보고, 방황하며, 차마 떠나지 못하여, 무엇을 잃고 찾는 사람도 같고, 혹 실진(失眞)하여 방향 없이 다니는 사람도 같아서, 일편교심(一片驕心)이 명묘대지(名墓大地)를 얻어 쓰고 산음(山陰)을 입어 대대로 공경 장상이 면면 부절하여 부귀가 혁혁하기를 원하여, 조상과 부모 산소를 여러 번을 이장하되, 수백 리 도로에 재물을 많이 손상하고, 남의 산록에 억지로 산소를 쓰느라고 시비가 분분하여 경향에 분주히 왕래하며 송사를 여러 번 하니, 형용이 초췌하고 가산이 탕진하되, 자기 생각에는 헤아리기를, 비록 지금은 곤궁하나 만일 산운이 돌아와 발복(發福)을 하면 일조에 집안이 창성하여 도리어 옥관자를 부칠 재상이 몇 백 명이 될 것이고, 도리옥(도리玉: 조선시대에 정1품과 종1품의 벼슬아치가 관모에 붙이던 옥관자) 관자를 부칠 재상이 몇 천 명이 날 것이니, 이런 대리(大利)가 세상에 어디 있으리오, 하며 스스로 기뻐하며 즐거워하더니, 하루는 한 손이 먼 데로부터 오거늘 이에 자세히 보니 증왕(曾往: 지나간 적)에 정분이 자별하던 친구라.

그 친구는 박람(博覽)이 많고 지식이 고명하며 성품이 중후한 사람이라. 그 동안 적조(積阻)하여 만나지 못한 회포도 말하며, 고금 역대에 기이한 사적도 말하며, 성경현전(聖經賢傳)에 오묘한 이치를 말할 때, 주인 가로되, 공자 말씀이 일은 종시(終始)가 있고 물건은 본말(本末)이 있다 하셨으니, 그런즉 세상에서 사람이 근본을 닦아야 만사가 차제로 흥왕하나니라, 하거늘, 손이 가로되, 어떻게 하여야 근본을 닦는 것이냐, 주인이 가로되, 비유컨대 나무는 옥토에 뿌리를 단단히 심어야 천지만엽(千枝萬葉)이 무성하나니, 사람의 뿌리는 곧 조상과 부모라. 부모와 조상의 산소를 명당에 쓰면 자손이 발복하여 만사가 대길하고, 자연히 부귀가 겸전하여 좋은 땅에 나뭇가지와 잎사귀가 번성하는 것같이 되리니, 그러한 고로 조상의 산소를 좋은 땅에 쓰는 것이 곧 근본을 닦는 것이니라 하였다.

손이 가로되, 성경현전을 상고하여 볼진대, 부모의 산소를 좋은 땅에 쓴 후에야 사람이 부귀영화를 한다는 말이 없으니, 산리(山理)의 증거가 어디 있느냐 한데, 주인이 가로되, 산리를 의론한 책이 심히 많으나, 대강 말하면, 구천 현묘경(玄妙經)과 봉인신서(封印新書)와 주자답산가(朱子踏山歌)와, 인자수지(人子須知)라는 그 모든 책에 소소하게 이치를 말하였거늘, 어찌 증거가 없으리오.

손이 가로되, 지금 노형이 말씀한 책들은 성현이 지어내신 것이 아니니 어찌 증거가 족히 되리오 한데, 주인이 가로되, 구천 현묘경은 복희(伏羲) 팔괘가 있고, 주역 이치로 말한 것이 많으며, 주자(朱子) 답산가는 주자께서 지으신 것이거늘 어찌 성현이 지으신 글이 아니라 하리오 하거늘, 손이 가로되, 구천 현묘경에 복희 팔괘며 주역 이치는 그 책을 만든 사람이 팔괘와 주역 이치를 억지로 끌어다 말하여 후세 사람을 혹하게 하려고 팔괘와 주역 이치를 빙자하여 만든 것이니, 일개 오괴(汚怪: 물정에 어둡고 괴벽함)한 선비의 말이오. 주자(朱子) 답산가는 그 책을 만든 사람이 주자 두 글자를 빌어다가 써 세상 사람을 속이려 함이니, 어찌 성현이 지으신 글이라 하리오.

대개 산리를 의론한 말이 초한(楚漢) 이전에는 없었고, 당 나라 진사 양송균(楊松筠)이가 산리 의론을 창설하여 강남 지경에 전파하매 비로소 후세 허황한 사람들이 믿고 분수 밖에 욕심을 내어, 명묘를 쓰면 부귀를 임의로 다한다 하고, 무고히 부모의 백골을 파서 여러 번 이장하니, 이는 제가 망령되이 부귀를 탐하여 부모 백골을 임의로 여기저기 옮기니 부모를 위함이 아니요 제 욕심을 이기지 못함이니, 불효를 면치 못할 것이오,

또한 산리를 창론한 양송균은 성현이 아니라 허랑한 선비니, 허랑한 사람의 말을 편벽되게 믿으니 미련함을 면치 못할 것이오. 당나라 이후에 허다한 지관(地官)들이 응당 제 부모를 명묘에 썼을 것이거늘, 그 지관의 자손이 대대로 부귀장상을 못하니 어찌 산리가 소연(昭然)하다 하리오. 노형은 이런 허무한 일을 믿지 말고 금일 이후로는 더욱 학문을 힘쓰며, 자질들을 가르쳐, 집과 나라가 다 유익하기를 바로노라 하더라.

그 두 선비의 문답한 말을 보니, 산리를 믿고 부모의 산소를 공연

히 여러 번 옮기며, 남의 산록을 욕심내어 억지로 광점(鑛店)하다가 서로 송사하여 여러 해를 시비가 그치지 아니하여 두 집이 다 가산을 탕진하기도 하며, 세력 있는 부귀가에서는 산지 경계를 널리 정하여 농사하는 사람으로 하여금 전답을 개간하지 못하게 하고, 옥토를 다 묶게 하니, 산리를 숭상하는 것이 전국에 이해가 크게 관계되는지라. 진실로 국가를 위하는 사람들은 유심할 일일러라.

제4권 제81호

대한제국 광무 5년 4월 17일 (水)

지금 세계만국이 육주 열강에 벌려 있는 것이, 비유컨대 한 동리에 여러 집들이 모여 사는 것과 조금도 다를 것이 없는지라. 가령 한 동리에 여러 집이 모여 살고 보면, 인리(隣里) 간에 서로 교접하는 방침이 없을 수가 없은즉, 첫째 사람마다 불가불 자기 집에 가도(家道)를 정제히 조속(早速)하여 화평하고 유순하게 할 것이고, 둘째는 타인 접대하는 도리에 지극히 공손하여 예도를 잃어버리지 않을 것이고, 셋째는 내가 당연히 행할 권리를 남에게 빼앗기지 않을 것이다.

만약 그렇지 못하고 인간들에 대하여 광언망설(狂言妄說)로 무례한 일을 행하여 체모를 손상하고, 풍속을 괴패(壞敗)한다든지, 또 주사청루(酒肆青樓: 술집, 기생집)에 방탕하여 부모에게 불효하고, 처자를 학대하여, 난륜패상(亂倫敗喪)하는 일을 행한다든지, 또 성정이 나태하여 직분을 일삼지 아니하고 유의유식(遊衣遊食)하는 백성이 되어 혹 남을 속여서 재물을 얻을 생각이나 하고, 혹 남에게 전곡(錢穀)을 취대하여 쓰고는 갚을 마음이 없고 보면, 자연 가사가 영폐(永弊)하여 옥루(玉淚) 삼삼하고 장원(莊園)이 퇴락하여 오예지물(汚穢之物)을 문 앞에 적치하여 남 보기에 슬픈 일을 행한다든지, 이같이 못된 악습을 할 지경이면, 자연 동리 간 여러 사람들의 공의(公議)도 있을 뿐이라.

불평한 일이 생긴 후에는 필경은 여러 사람이 모여서 훼가출동(毁家出動: 동네의 풍속을 어지럽힌 사람을 마을에서 징계하던 방법. 그 사람의 집을 헐어버리고 동네 밖으로 내쫓음) 시키는 일도 있을 것이고, 혹 북을 지어 조리 돌리는 일도 있을 것이고, 혹 관청에 고발하여 징벌하는 일도 있을 터인즉, 이런 경우를 일분이라도 생각할 지경이면 어찌 조심하지 않으리오.

만약 사람이 이 지경을 당하면 세상에 용납되지 못할 뿐 아니라 집안일은 그 간에 만불성설(萬不成說)일 터이니, 어찌 한심치 아니리오. 사람이 세상에 처하여 일동(一洞) 간의 교제도 이같이 극난하거든, 하물며 지금 여러 나라가 세계상에 모여 있어 나라마다 각기 통상조약을 정하여 교접 상에 크게 공평된 법률을 믿고 만리 해상에 조석으로 내왕한즉, 한 동리에 여러 집이 모여 사는 것과 어찌 다름이 있으리오.

그러한즉 물론 어느 나라든지 공법상에 이러한 일을 행하여 다른 나라 국체를 손상한다든지, 다른 나라의 학대를 받아 내 권리를 행하지 못한다든지 할 지경이면, 자연 여러 나라의 공의가 있어 불평한 일이 생길 터인즉, 어찌 조심치 아니하리오.

물론 어느 나라든지, 아무리 지방이 광대하고 인구가 수다(數多)할지라도, 정치가 부실하여 외교를 손상하고, 백성을 학대하며, 시세에 어둡고, 형편을 살피지 못하고 보면, 자연 쇠약하여 나라 노릇을 못할 것이고, 아무리 지방이 협애하고 인구가 적을지라도 내정이 밝아서 외교에 능란하고, 시세를 따라 정치를 고치고, 정형을 살펴 백성을 사랑할 지경이면 자연 나라가 부강하고, 병졸이 강성하면 어느 나라든지 감히 넘보지도 못할 것이고, 세계상에 동등국(同等國)이 될 터이니, 이러한 이치는 사람마다 의례히 알 일이거니와, 지금 우리나라도 당당한 제국으로 여러 나라와 교제하는 중에 토지와 인민이 적지 않을 뿐더러,

관민 간에 아무쪼록 나라 사랑할 마음을 두어 남에게 체모를 잃지 말고, 내 권리를 남에게 빼앗기지 말고, 억만 년 무궁한 기초를 잡아 위로 대황제 폐하의 은택을 갚고, 아래로 이천만 인구의 정의를 도탑게 할 것이라.

만약 그렇지 못하고 관인이나 백성이나 나라는 사랑하지 않고 당장 이욕만 생각하여 국체를 손상한다든지, 외교를 실례한다든지 하면, 어찌 분한(忿恨)치 아니리오. 아무쪼록 우리나라 동포들은 이 세계 만국을 한 동리에 모여 사는 사람으로 알고 십분 조심하기를 바라노라.

제4권 제83호

대한제국 광무 5년 4월 19일 (金)

옛글에 말하기를, 농사란 것은 천하에 큰 근본이라 하였은즉, 이 말이 이전 세월에는 극히 통리(通理)한 말이라 그러하되, 그때는 세계 각국이 바다에 막혀 서로 내왕을 통하지 못하고, 각기 한 지방만 지키고 있으므로, 백성들이 다만 그 땅에서 생기는 곡식만 믿고 살았은즉, 이로 말하면 나라에 유익한 것이 농사보다 더 큰 것이 없었거니와, 지금으로 말할 지경이면, 세계 만국이 서로 통상이 되었은즉, 나라에 흥망성쇠가 상업 흥왕함에 달렸으니, 지금은 천하에 큰 근본을 장사라고 할 수밖에 없도다.

대저 농사에서 생기는 이익은 땅에서 나는 것인즉 일정한 한정이 있거니와, 장사의 이익은 사람이 내는 것이라 한량이 없는 고로, 지금 영국으로 말할 지경이면, 그 나라의 부강함이 천하 각국 중에 제일인데, 그 토지인즉 불과 조그만 섬이오, 또 기후가 고르지 못하고 땅이 기름지지 못하여 농사에는 힘을 쓰지 아니하고, 전국 백성들이 상업에 종사하여 기교(技巧)한 물품을 만들어 남의 나라 금은과 바꾸어다가 자기 나라를 부요케 만들어 놓고 앉았으니, 자기 나라에는 곡식이 많지 않을지라도 돈만 가지면 세상에 무슨 물건을 못 바꾸리오.

그런고로 부강한 여러 나라들이 각처 개화되지 못한 나라에 틈틈이 찾아 들어가서 긴요한 곳에 항구를 열고, 자기 나라 상민을 보내어 살게 하면서, 자기 나라 백성을 보호한다 칭탁(稱託)하고 일변 공사와 영사를 보내며, 군함과 포대를 두어 그 나라의 진액(津液)을 뽑아내는 고로, 나라는 점점 빈핍하여 갈 수밖에 없는지라. 일국의 재물은 곧 그 나라의 혈맥(血脈)이라. 몇 달 안에 전국의 혈맥을 말릴 권리를 가졌으니, 그 나라는 필경은 점점 쇠약하여 정부와 백성이 부지할 수 없을 터이니, 나중에는 싸우지 아니하여도 전국의 권리가 다 그리로 돌아갈 것이니, 이 같은 이익이 어디 있으리오.

이런 이치를 깨닫지 못하는 나라에서는 농사의 이익이 어떠할지, 장사의 이익이 어떠할지 모르고 앉아서, 나라가 해마다 빈핍하여 갈 지경이면 그때 가서 어리석게 하는 말이, 전국에 사람이 하도 많으니까 저마다 살 수 없다고 걱정이나 한다. 그리고 소위 장사라 하는 것은 거리마다 막걸리 장사나, 담배 장사나, 엿 장사나 졸망하고 남부끄럽게 간신히 하여서 제 나라 사람 끼리나 서로 주고받고 한다.

또 혹 점잖은 사람들은 말하기를, 아무리 양반이 죽게 되기로 어찌 장사야 할 수가 있느냐 하고 앉아서 일 푼이라도 돈을 내 나라에 갖다놓을 생각은 못한즉, 아무리 농사를 힘써 하여도 남의 나라에서 실어내는 까닭에 곡식이 별로 흔해 볼 수는 없는지라. 그런즉 어언간 나라가 점점 빈약하여 백성들이 도탄에 들어 필경은 지탱치 못할 지경에까지 이르니, 이런고로 지금은 상업을 불가불 천하에 큰 근본이라 할지라.

그런즉 나라의 흥망이 또한 거기에 달렸은즉, 사람마다 심상히 알고 있을 것이 아니라, 대저 오늘날 세계 큰 싸움과 다툼이 모두 이익과 권세 까닭인데, 이익과 권세는 장사보다 더 큰 것이 없은즉, 우리나라에서도 문명개화(文明開化) 한다는 것은 나중의 일이거니와, 당장에 급선무로 나라가 정부를 안돈(安頓)하고 백성들이 집안을 보존할 량이면, 아무쪼록 장사 길을 널리 열어서 해마다 항구에 들어오는 돈이 나가는 것보다 몇 천 배나 되게 하기를 바라노라.

제4권 제84호

대한제국 광무 5년 4월 20일 (土)

아무 사람이라도 유람차로 어디를 가든지, 혹 어떤 데를 가보면, 산천이 정결하고 여염이 즐비한데, 동구에서 바라보매 도로가 평탄하고 사람의 거처 범절이 깨끗하며 의관이 선명하면, 첫째, 그 촌이 부요한 줄도 알 것이오, 동리 백성의 부지런한 것도 짐작하려니와, 자연 거기 사는 사람이 한층 더 높게 보여 대접할 생각이 날 것이다.

그런데 혹 어떤 곳을 가보면, 동리 들어가는 길부터 더러워 악한 냄새가 촉비(觸鼻)하고, 집집마다 문전에 대소변이나 누어 놓고, 집이라고 들어가 보면 발 디딜 틈이 변변치 않고, 사람이라고 앞에 오는 것이 추솔(麤率)하고 냄새나 날 지경이면, 그 촌민을 대하여 말하기가 싫다고 할지니, 이것은 필경 사람의 자연한 바라. 그런고로 외국 사람들은 각국에 널리 유람들을 다닐 적에, 어느 나라를 가든지, 그 나라 정치상 선불선(善不善)과 백성의 개명 여부를 알자면 도로와 도성과 궁실과 의관을 보고 짐작하는 법이라. 그런즉 그 사람들이 널리 돌아다니다가 우리나라에 들어와 보고서는 어떻다고 할는지….

서양 사람들이 처음 와서 인천항에 하륙(下陸)하여 우리나라 사람 사는 동리를 지나자면 악취가 나는 까닭에 수건을 내어 코를 막는 것이 제일 먼저 하는 일이라고 하니, 우리가 외국 사람이 되어 가지고 볼 지경이면, 이 좋은 산천을 이 모양으로 만들어 놓고 이 중에서 사는 사람들을 대접을 잘 할는지….

이것만 보아도 우리가 우리 손으로 타국 사람들에게 수모 받게 만들어 놓고 앉았으니 어찌 남을 칭원(稱寃)할 수 있으리오. 또한 외국인의 말은 말고 우리 경계로만 말할지라도, 첫째 악취를 마시며 더러운 데 거처하는 것이 위생에 크게 해롭고, 둘째 도로를 닦지 못하고 누추한 물건을 적치하여 놓는 것이 사람 내왕하기에 편리치 못하고, 셋째 그런 부정한 중에서 사는 것이 사람의 모양이 틀리는지라. 몇 층 누각과 좋은 의복 음식은 졸지에 남과 같이 할 수 없으나, 마음이 있고 부지런만 하면 거처를 정결하게 만들기는 어려울 것이 없을 터이고, 정결하게 만드는 것이 남을 위하는 것이 아니라 곧 내 몸과 내 집안 식구와, 내 동리 사람과, 내 나라를 이롭게 하는 것이니, 우리나라 인민 되시는 이들은 부디 착념(着念)하여 차차 진보하시기를 바라오.

대저 정부에서 백성에게 세를 받아 가지고 첫째 일이 길 닦고 다리 놓아 주는 것인즉, 우리나라 정부에서 실상 그 목적을 잊지 않을 것 같으면 시골 농민을 위하여 치도(治道)하여 주는 것이 마땅하거늘, 도리어 서울 장안만 지금 몇몇 군데 치도를 하였는데, 장안 사람들은 나라에 세 한 푼 내지도 않고, 시골서 농사하여 바친 돈으로 길들을 이만치나마 닦고 다니니, 실정을 생각하면 적이 짐작이 있을 것이거늘, 좁은 골목길 하나 백성이 닦았단 말은 듣지 못하였고, 도리어 대로변에서 어른 아이 없이 얼굴을 들고 내왕하는 사람을 마주보며 대소변을 보니, 이것은 나라에서 이같이 궁핍한 국재(國財)로 닦아놓은 길을 중히 여기지 아니하니 인사 도리에도 틀릴 뿐더러, 이런 악습은 과연 전국에 부끄러운 일이라.

지금 이후로는 아무쪼록 이런 악습을 고치고, 좁은 골목 안에 사는 사람들은 나라에 세 바치는 대신으로 혹 몇 푼씩 추렴(出斂)도 거두며, 사람도 내어 골목을 치고 다리를 놓을 것 같으면, 위선 집이 쉬 상하지도 않을 것이고, 냄새가 없으므로 병이 아니 날 터이니, 부디 힘들을 써서 차차 전국을 일신케 하여, 이후 외국 사람들이 유람하러 오면 대한이 듣던 말과 대단히 달라서 매우 개명한 백성이라고 칭송하여 대접들을 하도록 만들기를 바라노라.

제4권 제88호

대한제국 광무 5년 4월 25일 (木)

나라에서 법률을 만들어 경향 간에 재판소를 설시한 뜻은, 전국 인민을 위하여 서로 다투고 칭원(稱冤)하는 폐가 없도록 함이라. 만일 인민들이 무슨 시비가 있는 것을 재판소에서 공결(公決)하여 주는 법이 없으면, 잔약한 부인들과 세력 없는 사람들은 강하고 세력 있는 사람들에게 무리한 일을 받아 목숨과 재산을 보전할 수 없을 터이니, 그렇고 보면 나라는 장차 어느 지경에 이를지도 모르나니, 그런고로 법률이라 하는 것은 곧 사람의 혈맥(血脈)과 같은지라. 사람의 혈맥이 고루 통하지 못하면 목숨을 보존치 못할 것이고, 법률이 공평히 시행되지 못하면 나라가 망함을 면치 못할 것이니, 나라에 인민 된 자, 이에서 더 큰 일이 어디 있으리오.

우리나라 백성들이 법률이 무엇인지 알지 못하고, 한낱 흐린 풍속만 좋은 줄로 알고, 밥이나 먹으면 제 세상인 줄로 알고 지내며, 다 같이 사람으로 되어 나서 강하고 권리 있는 자에게 잡혀가 무리한 욕을 당하고, 매를 맞고, 재산을 빼앗기는 것을 보아도, 남의 일이니까 상관없다고 말 한 마디도 아니하고 있다가, 필경은 그런 일이 제 몸에 돌아와 세력 좋은 사람이 집을 빼앗는다든지 재산을 빼앗든지 할 지경이면, 그제야 겨우 입을 열어 법이 틀리니, 경위가 없나니, 재판을 잘못하여 주나니 하고 밖으로 다니며 한갓 칭원(稱冤)이나 하고 청촉(請囑)이나 할 따름이니, 이러하고야 어찌 무리한 일로 압제 받는 것을 싫다고 하리오.

우리나라 대황제 폐하께서 갑오년 경장한 후로 지금까지 법률을 여러 번 개정하사 전국에 반포하신 칙령이 일월 같이 밝으신지라. 그 여러 가지 법률 세칙을 보게 되면, 모두 인민을 위하여 공평하게 보호하여 전국 백성의 생명과 재산을 지탱하였지, 국녹(國祿)을 먹는 관원들이 자기 욕심대로 권세와 위력을 빙자하여 백성을 무리하게 압제하며, 사사로운 청촉을 들여 편벽되이 천단(擅斷)하라는 조목은 없는지라.

근일에 각 재판소에서 행정 하는 것을 듣고 보건대, 모든 일을 권세와 위엄으로만 하는 까닭에 백성의 칭원이 하늘에 사무치니 어찌 개탄할 일이 아니리오. 근일에 정치를 의논하는 사람들이 흔히 말하기를, 우리나라에 구태여 서양 법률을 쓸 것이 아니라 대명률(大明律)과 대전회통(大典會通)만 실상으로 시행하여 기강을 밝히 세우면, 상하귀천이 다 구률(拘律)이 짜여 문명 부강하기에 어려울 것이 없다고들 하니, 이것은 시세 형편의 변함을 알지 못하는 고로, 어찌하여 서양 법률도 참고하여 써야 할 이치를 모름이라.

대저 나라에 법률 있는 것은 그물에 벼리 있는 것과 같다 하였으니, 이는 곧 그물에 벼리 없으면 그물이 그물 노릇을 할 수가 없다는 뜻이라. 또 그물이 벼리가 있을지라도 고기를 잡지 못하면 어찌 그물이 될 수가 있으리오. 이와 같이 나라에 법률을 가지고 그 나라 백성을 보호하지 못할 것 같으면 법률 있는 본의가 무엇이며, 나라가 어찌 될 수 있으리오.

설사 대명률(大明律)과 대전회통(大典會通)을 실상으로 시행한다 할지라도 이 세계에서는 법률로 내 백성을 보호할 수는 없는 것이, 이때 세계 각국이 서로 통상하고, 자주국들은 다 같은 권리가 있어서 동등한 율법을 가지고 서로 자기 백성들을 보호하는지라. (미완)

제4권 제89호

대한제국 광무 5년 4월 26일 (金)

(전호 연속)

그런고로 거의 삼십여 년 전에 일본국이 처음으로 외국들과 통상하고 약조를 할 때에, 서양 여러 나라들이 일본을 독립국으로는 대접을 하여 주려니와, 법률상에 들어서는 다른 나라들과 같이 시행하여 주기를 인가해 줄 수는 없노라고 하였으니, 그 뜻인즉, 의례히 세계에 통상하는 법이, 남의 나라 백성이 내 나라에 들어와서 혹 무리하게 만국 공법을 어기고 국법을 범할 지경이면, 내 나라 순검이 그 백성을 잡아다가 내 나라 재판소에서 죄를 다스리는 권리가 다 같이 있거늘, 유독 일본에게는 그 권리를 주지 아니하여, 설사 일본 백성이 영, 미국에 가서 죄를 범할 경우에는 그 나라 순검이 잡아다가 저의 재판소로 보내어 치죄하는 권리는 있되, 만일 영, 미국 백성이 일본에서 죄를 범할 것 같으면, 일본 정부에서 그 나라 곧 죄 범한 백성의 나라 공사나 영사에게 조회하고 치죄(治罪)하여 달라고 청구하여야 비로소 그 나라 공사 영사가 조처하되, 일본 순검이 감히 그 죄인을 잡아 자기 나라 재판소로 넘겨 치죄하는 권리는 세계에서 허락지 아니함이라.

일본에서 그 말을 분히 여겨서 기어이 동등 권리로 약조하게 하려고 한즉, 여러 나라에서 종시 허락지 아니하며 하는 말이, 첫째 세계에 문명한 나라에서는 법률이 다 같이 공평하여 어느 나라에 가든지 제 나라 사람과 같이 대접하며, 제 나라 법률과 같이 다스리는 고로, 다 같이 동등한 권리를 주되, 개화되지 못한 나라에서는 인정이 달라서 공평한 생각은 없고, 남의 나라 사람이라면 해롭게 할 생각이 먼저 드러날 뿐더러 법률이 같지 아니하니, 개명한 백성을 어찌 개화 못한 법률로 다스리게 하여 그 흉악한 형벌을 더하게 하리오.

만일 일본도 백성이 개명하고 법률이 세계와 같이 공평할 것 같으면 또한 같은 권리를 주겠노라고 하거늘, 일본 인민이 이 말을 듣고 분한 마음을 골수에 새겨, 밤낮으로 백성 개명하기와 법률 고치기로 삼십여 년 동안을 상하 일심이 되어, 작년에 와서야 서양 제국이 비로소 허락하여 처음 약조를 고치고, 다시 평균하게 약조하여, 세계에 동등 권리를 주었으므로, 그 후부터는 어느 나라 사람이든지 일본에 와서 죄만 범하면 일본 순포가 잡아다가 자기 나라 재판소에서 처결하게 되었으니, 어찌 나라가 있고서 할 일이 아니며, 또한 우리나라 신민에게 어찌 부러운 일이 아니리오.

지금 우리나라에서는 외국과 어찌 약조를 하였으며, 이런 일을 당하면 어찌 조처하는지 알기나 하시는지. 외국에 무법한 백성들이 대한신민을 무례히 대접하기는 고사하고 무례히 때리기도 하며, 간간 사람을 살해하는 폐단이 있으되, 우리나라 관원의 손으로 치죄하는 권리가 없으니 어찌 분한 일이 아니리요. 이것을 보면 우리나라에는 법이 있어도 그 백성을 보호하지 못할 일임을 깨달을지라.

대명률과 대전회통이 우리 생각에는 아무리 공평하고 문명한 법률인 듯하나, 지금 세상에는 이것을 가지고 국민을 보호하며 동등 권리를 찾을 수는 없으니, 이른바 그물이 벼리는 있어도 고기를 못 잡는 모양과 같음이라. 그런고로 불가불 법률을 바삐 고쳐야 할지니, 우리는 간절히 바라건대, 우리 동포들은 이런 말을 듣고 다만 분하다고만 할 것이 아니라, 이 분한 마음을 뼈에 새겨 잊지 말고, 아무쪼록 고칠 도리를 생각하여, 우리도 남과 같이 기어이 몇 해 안에 세계 각국의 죄인을 잡아 치죄하는 동등 권리를 찾기를 바라노라.

제4권 제96호
대한제국 광무 5년 5월 7일 (火)

세상에 문명한 학문과 굉장한 사업을 가만히 궁구하여 볼 지경이면, 실상은 모두 남과 비교하여 남보다 낫게 하여 보자는 생각을 말미암아 된 일이라. 자래로 우리나라에서는 남의 나라와 통하지 아니하여, 남의 좋은 것을 본받고 나의 좋은 것으로 남을 가르치며 좋고 언짢은 것을 비교하여 승벽을 다투어 볼 생각은 없고, 다만 좋으나 언짢으나 내 것만 알고 지내었으므로, 세상에 내 것 밖에 다른 것은 없는 줄로 여기고 지내다가, 지금은 남들과 상통하고 보니, 태서 각국이 서로 문명 부강함을 다투어 비교하던 나라들과 혼자 문을 닫고 되는 대로 지내던 나라와 함께 놓고 보건대, 그 등분이 어떻다 하리오.

이것을 보면 지금부터는 좋든지 언짢든지 내 것과 남의 것을 항상 서로 비교하여야 쓸지라. 우리의 항상 하는 이 말이 보기에는 소홀한 듯하나, 말하는 사람은 주야로 마음을 괴로이 하여 자기 학문대로 극진히 애쓰고 하는 말이니, 부디 마음을 깊이 머물러 보시오.

외국 사람들이 항상 하는 말이, 조선 인종은 크고 일은 도무지 못한다 하거늘, 우리가 분을 내어 묻되, 이 사람들이 전에는 그런 사업을 듣고 보지 못하였으므로 당초에 생각도 못하였거니와, 차차 보고 들어 마음만 나면 못할 일이 없을 터인데 큰일을 못하리라 함은 무슨 말이뇨 한즉, 그 사람의 대답이, 조선 사람은 학문이 없어서 남을 시기하고 의심하므로 길고 오래 갈 일은 마음도 못 먹고 모두 당장 눈앞에 조그마한 이(利)를 생각하여 길고 큰 이를 잊어버리므로 저마다 제 손으로 제 뺨치는 사업이라, 어찌 큰일을 하리오 하거늘, 우리가 그 말을 분히 여겨, 아무쪼록 우리 대한 사람이 조선 인종이라는 소리를 듣지 않도록 하여 힘쓰고 도모하는 바이러니, 근자에 민간 사회상 되어가는 일을 혹 보면 과연 외국 사람의 말이 학문 있고 옳은 일이라. 진실로 부끄러운 바로다.

대개 외국 사람들은 여러 사람들이 모여 가지고 거창한 일을 국중(國中)에 한량없이 하거늘, 우리나라 사람들은 여럿이 합심하여 한 가지 큰일을 성사한 것이 도무지 없으니, 이는 다른 까닭이 아니라 첫째 시기요, 둘째 의심이라.

남과 모이는 자리에서 나보다 나은 이를 보면 아무쪼록 그 사람의 학문과 행실을 배울 생각은 없고, 뒤로 다니며 쏙살거리질 하여 아무쪼록 그 사람을 못 견디도록 만들고 내가 그 명예와 이익을 취하려고 하며, 남보다 나은 사람은 남을 가르쳐서 나의 좋은 것을 남과 함께할 생각은 없고, 청기와 장수와 같이 아무쪼록 남을 모르게 하여 나 혼자 하려고 하니, 이는 서로 시기하는 악습이다.

둘째, 사람이 둘이 모이면 둘이 다 각심(各心)이고, 셋이 모이면 셋이 다 각심이 되어, 할 일을 의론할 적에 각기 마음은 따로 감추고 말만 좋게 하다가, 헤어져서는 그 일이 좋은 것이면 성사 여부는 어찌 되었든지 돌아다니며 자기가 혼자 한 줄로 말하여 요공(要功)이나 하며, 좋지 못한 일이면 아무리 비밀히 의론하였더라도 흠담을 한다든지, 친구를 대하여 그 일을 발각을 시키든지 하여, 같이 의론한 일을 아니 되게도 하며, 의론한 사람을 망하게도 하니, 그러하고야 도적질인들 어찌 여럿이 합심하여 크게 하여 볼 수 있으리오. 이것은 남을 의심하는 근원이라. 그런고로 사람이 여럿이 모일수록 의론이 여러 가지로 되며 마음이 다 다른지라.

이 두 가지 마음을 가지고는 나라를 문명 부강하기는 고사하고 사회상에 작은 일도 못할 줄 분명히 아는 것이니, 우리는 바라건대, 이 말을 범연히 보시지 말고 각기 나의 마음을 새로이 하기를 바라노라.

제4권 제97호

대한제국 광무 5년 5월 8일 (水)

통천하 세계 만국을 물론하고, 사람의 종류는 다 일반이라. 이목구비와 사지백체(四肢百體)도 한 가지인즉, 불에 대면 뜨거운 줄 알고, 어름에 대면 찬 줄 알기는 내나 남이나 다를 것이 없거늘, 우리나라 사람의 간신히 사는 것과 서양 사람이 화려하게 사는 것을 비교하여 보면, 우리는 당초에 불의 뜨거움과 어름의 찬 것을 모르고 사는 사람이로다.

태서 제국에 궁실누대(宮室樓臺)와 완호기물(玩好器物)의 굉장하고 화려함은 어떠하다고 이루 측량할 수 없을 뿐더러, 우리가 여기서 보지 못하는 것인즉 말할 것 없거니와, 서울과 각 항구에 외국인의 거류지 안을 볼지라도, 이는 몇 만 리에 재물을 수운(輸運)해다가 객지에 초초히 사는 것이로되, 황홀 찬란함이 가히 유리세계(琉璃世界)라. 의복 음식은 위생에 극히 정긴하고, 기용집물(器容什物)은 수족에 제일 편리하여, 완호기물은 사람의 이목을 기껍게 하는 중, 정치를 밝히 하며, 나라가 태평부강하고, 학문을 힘써 배워 백성이 문명하니, 나라를 생각하니 환란위급의 걱정이 없고, 처자를 돌아보니 기한 곤궁의 근심이 없어, 나아가니 마음이 활달하고, 들어옴에 살림이 재미있은즉, 자연 주름이 펴이고 기운이 활발하여 자유권(自由權)과 명예(名譽)가 중한 줄도 알고, 사랑과 정의가 생기어 사람이 귀하고 물건이 천한 줄을 자연히 깨닫는 중, 겸하여 고루거각과 교의침상(交椅寢牀)에 한가로이 처하여, 토민(土民)을 대하여 보니 업신여김과 교만한 생각이 아니 날 수 없고, 죽게 된 백성들이 사람들에게 등을 대고 살려달라고 애걸하니, 백성이 이같이 천하므로 그 나라 정부의 대신은 백성보다는 좀 높이 대접하려니와, 백성 지체에 딸리어 그 높음이 얼마 못 되는지라.

슬프다, 우리들이 사는 세상을 보니 상등으로 말하여도 기와집 오량각(五樑閣)과 면주 옷 고기반찬에 지나지 못하는 상등 살림도 몇이 못 되고, 경향을 통계하여 말하게 되면 초가집 움막살이, 새는 지붕, 자빠진 벽에 풍우를 못 가리고, 칠성(七星) 무명(*국산 무명)과 외국 무명을 비단 같이 귀히 여겨, 더러운 살을 겨우 가리면 그만 풍족히 여겨 하는 말이, 세상에 우리 복색보다 나은 것이 없다 하여, 쌀 한 그릇에 소금 장 한 두 가지면 셈평(*생활의 형편)이 아주 펴여 세상에 밥 같이 좋은 음식은 없다고들 하는 처지들에, 그것도 얻지 못하여 피 좁쌀, 겉곡식에 보리 감자 같은 것으로 일생을 지내가므로, 늙은이와 어린아이들이 길거리에서 방황하며 홉살 푼돈을 빌어다가 연명하니 주린 빛 추운 소리를 차마 어찌 듣고 보리오.

이 지경에 이른 백성들이 어느 겨를에 염치, 체면, 인정, 도리를 돌아보리오. 세상이 귀하지 않은즉 귀한 것이 조금도 없고, 남의 고대광실 완호기물이 좋아 보이지 않고, 다만 경영하는 것이 돈량, 쌀되에 지나지 못하니, 과연 애 닯도다. 이것이 뉘 탓인고, 나 잘못한 탓이로다.

대개 부강한 나라에는 당초에 재물이 하늘에서 쏟아지고 땅에서

솟은 것이 아니라, 나랏일과 사사업(私事業)에 어찌하면 부강하고 어찌하면 편리하고, 밤낮으로 일을 하여 저같이 크게 되었으되, 오히려 부족하여 더욱 진보함을 열심으로 구하기에, 날로 문명하여 더 무슨 지경에 이를는지 알 수 없거니와, 우리나라 사람들은 안빈낙도(安貧樂道)라는 한문에 젖어서 죽 술 연명이라도 하루 이틀 지날 수만 있으면 마음에 풍족하여 사지를 게을리 하다가 이 지경에 이르므로, 나중에는 언짢고 좋은 것을 분변할 수 없이 되니, 이것은 과연 불이 뜨겁고 어름이 찬 것을 모름과 같도다.

종시 수족을 놀리고 구차히 평안함을 구하다가는 나라 일은 고사하고 주리고 얼어서 죽음을 어찌 면하기를 바라리오. 남의 사람은 한 때에 십여 원어치 음식을 먹고, 옷 한 벌에 천여 원짜리를 입는 이가 있으니, 우리에게 비교하면 몇 갑절의 층등(層等)이 된다 하리오. 부(富)하면 귀하고, 가난하면 천한 것은 자연한 이치라. 복식은 비록 양복이나 누가 감히 괄시하며, 내 의복이 아무리 좋다 하나 남 알기는 가소롭고 지천(至賤)이니 어찌 개탄치 않으리오.

우리도 언제나 재물 모아 남에게 대접 받고 귀염 받을는지. 세월은 무정하여 나를 기다리지 아니하고 화살 같이 달아나고, 시절은 절기 찾아 농사 일이 늦었는데, 게으른 저 농부들 어제 저녁 곤히 든 잠 일고삼장(日高三丈: 아침 해가 높이 떴음) 남창에 해가 들어서 창에 기우도록 문을 닫고 누웠으니 그 아니 답답한가. 이제라도 홀연히 정신 차려 어서어서 급하면.

제4권 제98호

대한제국 광무 5년 5월 9일 (木)

동양 학문에 매우 유여(有餘)하다 하는 선비들도 근일에 혹 말하기를, 우리나라가 단군께서 개국하신 후 사천년 이래로 동양 성인이 마련하신 형정예악(刑政禮樂)과 의관문물(衣冠文物)을 가지고 나라를 다스려도 태평하였거든, 우리 조상이 이전에 듣고 보지도 못하던 서양 제국의 정치를 본받아 외부(外部)를 설시하여 외국과 교제하는 관원을 두며, 공사를 외국에 파송하여 공연히 세월을 허비하고 오래 두류(逗留)하게 하며, 중추원을 설시하여 의관(議官)을 두며,

각 학교를 설시하여 학도들을 모집하고, 외국 학문을 가르쳐 어린 사람들을 외국 문견(聞見)으로 심장을 바꾸게 하며, 국내에 철도를 부설하여 명산(明山) 내룡(來龍)을 끊고 나가며, 전답을 파상(破傷)하고, 교군(轎軍)과 마부의 생애(生涯)가 없게 하며, 외국 사람들이 도성 안에 들어와서 살게 하기를 허락하여 동서남북촌에 외국인들이 가사(家事)를 광점하여 우리나라 사람들의 집은 점점 적어지고 외국 사람이 좋은 터를 차지하게 하며, 외국 사람들을 관인 이하로 너무 후대하고 본국 사람은 도리어 보호하여 주기를 소홀히 하여, 외국 사람은 기세가 등등하고 본국 사람은 기운이 약하여 외국 사람에게 학대를 받게 하며,

국내 여러 곳에 항구를 열어 나라 요긴한 땅을 외국 사람의 조계지로 점점 들어가게 하며, 연해변에 어채업(漁採業)을 외국 사람에게 허락하여 주므로 본국 어부들이 생애 상에 손해가 크게 있으니, 모든 것이 나라와 인민에게 하나도 유익한 것이 없고 손해만 있으니, 개화를 힘쓰는 사람들은 내 나라를 유익하게 하기는 고사하고 우리나라 해 되는 것이 층생첩출(層生疊出)하게 주선을 하니, 이런 개화를 숭상하는 사람은 무슨 심사로 제 조상과 제 몸이 성장한 본국을 기어이 해롭게 하여 우리나라 인민이 초췌하게 하고, 남의 나라만 살이 찌게 하는고.

그렇게 개화하는 꾀로 제 나라를 해롭게 하면 나라가 위태해지는 날에 제 집도 망하리니, 무슨 주의로 이러하는가 하여, 여러 가지 조목으로 분분히 시비를 하는 사람이 종종 있으니, 이런 선비들은 참으로 교주고슬(膠柱鼓瑟: 고지식하여 융통성이 없음)로 의론하는 말이라.

옛글에 이르되, 군자는 때를 따라 집중(執中)을 한다 하였으니, 이 글의 뜻은, 시세 형편을 따라 일을 적중(的中)하게 한다는 뜻이라. 그런 고로 일 년 시절을 두고 보더라도 소연(昭然)히 깨달을 일이 있으니, 여름에는 베옷과 모시옷을 입어야 덥지 아니하고, 겨울에는 옷에 솜을 두어 입어야 춥지 아니 하나니, 이것은 시절을 조차 의복을 변통함이라. 또 우리나라 지방의 소산(所産)을 보고도 깨달을 일이 있나니, 서북에는 농사하는 사람들이 조 농사를 숭상하고, 삼남은 농사하는 사람들이 벼 농사를 숭상하니, 이것은 서북 사람이 벼를 싫어서 조 농사만 하는 것이 아니고, 삼남 사람은 조를 싫어서 벼농사만 하는 것이 아니라, 다만 땅 기운에 합당한 것을 조차 농사를 편이하게 함이라.

가령 여름에 모시옷 입던 사람이 겨울을 당하여 하는 말이, 나는 여름에 모시옷을 입었으니 어찌 변하여 솜옷을 입으리오 하며, 백설이 분분하고 북풍이 불어 찬 기운이 모골(毛骨)에 송연하여도 억지로 추운 것을 참고, 일신이 흔들리며 죽을 지경이라도 모시옷을 벗고 솜옷을 입지 아니하면, 그 사람이 지혜가 있다 할는지 미련하다 할는지. 응당 천만인이 다 가로되, 미련하다 하리니, 이것은 그 사람이 시절을 따라 의복을 변통하여 입을 줄을 알지 못하는 고로 미련하다 함이라.

정치도 이와 같이 하여, 천하 시세를 따라 변통하여야 옳을 것이거늘, 어찌 옛 법만 숭상하리오. 지금 문명한 구미 각국에서 법을 공평이 하고, 정치를 밝게 하며, 상하 의원을 두며, 학교를 확장하며, 철도를 부설하여 사람이 다니기를 편리하게 하며, 각국에 공영사를 보내어 외국 교제를 친밀히 하고 본국 상민을 보호하니, 이런고로 열국이 다 문명한 지경이 되었거늘, 홀로 우리나라만 외국과 통상조약을 아니하면 천하대세에 어찌 합당하리오.

불가불 시세를 따라 개명에 힘을 쓰자는 것인즉, 자본이 많이 들어야 할지니, 그 자본은 곧 처음에 헛 재물을 많이 버려 남에게 배워야 할지니, 그 배우는 것은 후일 문명의 기초라. 그런고로 외국 속담에 개화 값이 비싸다 하나니, 그런즉 외국인에게 철도, 광산, 삼림, 어업의 이익을 빼앗기는 것이 어찌 자본을 들이는 것이 아니라 하리오. 이왕 그렇게 자본을 들이고 수모를 받은 것도 적지 아니하니, 그만하면 본전 찾을 기회가 되어 가는지라.

전국의 사람마다 위로 나라를 위하고 아래로 동포를 사랑하여 날로 대한이 개명하며, 태서 모든 강국과 함께 세계상에 특립(特立)하기를 힘써 그 숱한 자본 빼고 이익을 보려면 어찌 미련하고 완고한 사람의 시비를 두려워하리오. 우리나라가 속히 문명부강 하기는 물론, 남녀노소하고 열심히 힘써 대한제국이 만만세에 유명하게 하는 것이 우리 사람의 직분인 줄 아노라.

제4권 제100호

대한제국 광무 5년 5월 13일 (月)

태서 각국이 처음으로 개화(開化)하던 사기(史記)를 보게 되면, 나라마다 의례히 두 가지 편당(偏黨)이 먼저 생겨서 한 당에서는 속히 개화를 하여 나라를 문명하고 백성을 편리하게 하자하며, 또 한 당에서는 아무쪼록 옛것을 지키어 선왕(先王)의 예악법도와 의관문물을 변치 마자고 하여, 각각 한 목적을 가지고 힘을 다하여 죽기를 무릅쓰고 서로 성사시키려 하므로, 필경은 큰 싸움이 생겨 여러 해를 두고 사람이 여러 천명 여러 만 명씩 죽은 후에야 비로소 한 편이 이기고 한 편이 져서 일이 끝이 나는데, 그 끝나는 날에는 필경 어느 편이 이기고 어느 편이 져서 태서 제국에 지금 개화(開化)가 되었는지 수구(守舊)가 되었는지 이것은 우리가 말을 아니 하여도 짐작들 하시려니와, 대저 그 싸움이 속히 생길수록 일이 좌우간 속히 끝이 나서 백성이 괴로움을 오래 받지 않고 도탄을 면하는 법이다.

지금 우리나라에서는 외국과 상통한 지 거의 이십년에 아직까지도 그런 싸움이 생기기는 고사하고 수구당(守舊黨)이라든지 개화당(開化黨)이라는 이름도 별로 없어서 사람마다 친구를 상종할 적에 개화가 좋다는 이를 대하여서는 개화당처럼 말하고, 수구를 좋아하는 이를 대하여서는 수구당처럼 말을 하여, 남이 하는 대로만 따라 하기로 작정인데,

다만 말만 그러할 뿐 아니라 정부에 들어가 일하기를 또한 그같이 하여, 어디를 가든지 무슨 일을 하든지 남을 잘 얼러맞추어야 세상에 재주 있고 영악한 사람이라고도 하며, 벼슬도 잘 얻어하니, 그러고 본즉 개화당고 없고 수구당도 없으니, 그런고로 이때까지 개화도 못되고 수구도 못되어 그럭저럭 지내는 사이에 곯고 결단 나는 것은 나라일이라.

그런즉 얼른 생각하면 이 백성이 되어 정부에서 일하는 이들을 칭원(稱寃)하듯 하나, 그렇지 않은 것이, 만일 나라가 그 해(害) 받는 줄을 깨달아 바삐 좌우간 작정을 하고 한 편 길로 가려고 할 것 같으면, 남의 뜻을 잘 맞추어 주는 관인 네들이 그 백성의 마음대로 순종하라고 힘쓰고 시행하여 일이 벌써 결말이 났을 것을, 사람들이 저의 일을 남에게 맡기고 앉아 남이 하는 대로 따라가려 하니, 전국이 다 이 모양인즉, 무슨 일이 될 수 있으리오. 실상을 생각하면 사람마다 제가 제 몸을 망하게 하고 앉아 해를 받는 것이라. 이것을 깨닫는 이는 오늘부터라도 개화와 수구 양단간에 남은 어찌하든지 내 마음을 작정하고 실상을 행하여야 할지라.

그러나 지금 우리나라 사람들은 무슨 당이라고 할런지. 투철히 개화당도 아니고 수구당도 아니다. 말하고 보면 여러 가지 섞은 당이라 할 만하되, 근일에 하는 일들을 보면 반대당이라고도 할 만하도다. 이 반대당은 외국의 반대당과 달라서 특별히 무슨 일을 드러내어 놓고 무슨 일을 반대하는 당이 아니라, 속으로 은근히 세계를 모두 반대하는 당이로다.

첫째, 서양 제국에 문명개화하는 목적과 모두 반대요, 둘째 본국 토민의 수구하는 자의 뜻과 반대요, 셋째 신문과 연설에 또한 반대인즉, 간간 외국 문자를 보든지 그 사람들을 대하여 말을 하든지 사람마다 이 세상이 문명진보하여 가기를 바란다는 이는 없고 모두 그럭저럭 흉보듯 하며 하나도 일심으로 나라 일을 도와주려는 친구는 없어서, 이 같이 외롭고 약한 나라를 만들어 놓아 오늘날 이 나라가 튼튼한 기초를 바라기 어려운즉, 어찌 신민 된 자의 통곡할 일이 아니리오. 그런 중에 지금 하는 일들은 모두 세계와 다 반대이니, 필경은 나라를 어찌하며 자기 몸들을 어찌 하려는 생각인지…

제4권 제109호

대한제국 광무 5년 5월 22일 (水)

대저 도(道)라 하는 것은 곧 인민이 행(行)하는 길이니, 사람으로 하여금 악한 것을 버리고 착한 곳으로 인도하는 길이라. 그런고로 천하 만국에 나라마다 다 각기 종교가 있어 인민을 열심으로 가르쳐 본디 타고난 천성을 순량하게 지키게 하여, 삼강(三綱)과 오륜(五倫)이며 인도와 예절을 깨닫게 한 후에야 문명한 나라라 칭할 것이오, 만약 그렇지 못하고 인민을 진실한 도로 가르치지 못하면 사람마다 물욕과 사욕에 가리어서, 강한 자가 약한 자를 침노하여 일정한 규모가 없고, 풍속이 해태하여 야만의 이름을 면치 못하는 고로, 나라에 도가 없으면 그 나라가 반드시 쇠삭(衰削)하여지는 법이라.

옛적에 인도국 정반왕(淨飯王) 때에 그 나라에 전일한 도가 없음으로 전국 인심이 날로 악한 풍속을 일삼으므로, 사람이 서로 잡아먹고 인의와 예절은 전혀 모른즉 그 나라가 장차 멸망하게 되었더니, 정반왕의 아들 석가모니(釋迦牟尼)라 하는 유명한 사람이 나서 불도(佛道)라 칭하고, 자비한 어진 말과 착한 행실로 전국 인민을 가르치자, 십년이 지나지 못하여 악한 일을 뉘우치고 착한 행실을 닦아 교화(敎化) 중으로 들어오는 자가 태반이 되는 고로, 그 나라가 중흥하여 태평하게 다스리므로, 후세 사람들이 석가모니를 그 나라 성인으로 추존하고 공경하여 내려왔다.

그 나라에 법서(法書)라 하는 글이 있어 석가모니의 불도(佛道)를 번역하여 본즉, 불(佛)이란 뜻은 그곳 말에 깨닫는다 하는 말이니, 세상 사람의 모든 선악을 깨닫는다는 말이고, 보살(菩薩)이라 하는 말은 그 나라 방언에 학자를 존칭하는 말이요, 석가모니는 그 나라 책력에 사월 팔일에 세상에 났으므로 전국 사람이 그 날을 당하면 석가모니를 생각하여 공경하는 풍속이 되었더니, 그 후에 법구폐생(法久弊生: 좋은 법도 오래 되면 폐단이 생김)으로, 인도국도 불도로 인연하여 결단이 났거니와, 물론 어느 도든지, 우리나라 불도 같이, 정남(貞男)이나 정녀(貞女)가 되어 절손(絕孫)하여 가며 사농공상을 전폐하고 행하는 도가 어디 있으리오.

중국 한(漢)나라 명제(明帝) 때에, 사신을 인도 천축국(天竺國)에 보내어 불경을 얻어다가 국중에 전파하여 착한 도(道)라고 민간에 가르칠 때에, 한나라 책력으로 사월 초팔일이라 하였으니, 남의 나라 성현의 생일부터 번역을 잘못 함이요. 석가모니의 본뜻은, 세상 사람이 악한 것을 버리고 착한 길로 가는 것을 경계하는 것이 불(佛)이라 하는 것인데, 무슨 물건으로 사람의 형체를 만들어 이름을 부처라 칭하고 어리석은 인민의 돈 빼앗는 자루를 만들었으니, 이 또한 남의 나라 대인을 욕함이요.

그 나라 말로 학식이 고명한 선비를 보살(菩薩)이라 칭한 것을, 절마다 남녀 화상을 그려놓고 그 앞에 정성을 들여 길흉화복을 빈다고 인민을 속이니, 크게 망령된 일이라. 당(唐)나라 한퇴지(韓退之: 韓愈)가 불골표(佛骨標)라 하는 글을 지어 임금께 올리고, 사찰과 부처를 없이하여 백성들로 하여금 헛된 데 혹하는 폐를 막고자 하였더니, 그 말이 아름답다고는 하고도 마침내 없이 하지 못한 고로 그 화독(火毒)이 우리나라에까지 미쳐 여러 백년을 내려왔으니, 어찌 개탄할 일이 아니리오.

지금 팔일이 가까이 오는 고로 각처 성시(城市)를 살펴본즉, 집집마다 혹 등도 달고 차차 팔일 제구(諸具)를 차린즉, 가히 어리석은 일이로다. 이렇게 빈궁한 백성들이 그 돈을 가지고 황은(皇恩)을 축사(祝辭)하고 일용 사물에 한 가지라도 늘려 쓸 생각은 아니하고, 등과 기름을 사가지고, 그날은 집안 식구마다 등 하나씩 켜야 된다고 하니, 그 백성들이 아무쪼록 불도의 진실함을 깨달아 석가모니의 탄생한 날을 생각할 것 같으면 도리어 고맙게 여기련마는, 그 사람들에게 물어보아야 불도가 무엇인지, 남이 다 그날은 불을 켜니까 나도 켠다고 하였지 무슨 뜻인지 알지도 못한즉, 어찌하여 이같이 어리석으뇨. 무슨 도(道)든지 이치와 근본을 자세히 알아서 가히 함직 하니까 남이 흉을 본대도 나는 풍속을 배반하고 옳은 길로 간다는 사람은 없으니, 어찌 애달프지 않으리오.

우리 동양에 공맹자(孔孟子)의 교와 기타 선교와 불교가 있다 하나 무슨 도(道)든지 전일하게 지키는 사람은 없고, 서양교로 말하면 천주교, 야소교, 희랍교 등 여러 교가 있으나, 그 이름은 비록 다를지언정 인민을 가르쳐 착한 길로 인도함은 다 일반이라. 우리나라 사람들이 항상 말하기를, 공맹지도가 천하제일 큰 교라 하면서 공자님, 맹자님 탄생하신 날은 조금도 기념하여 위하기는 고사하고, 또 공맹의 탄일이 언제인지 아는 백성도 드문즉, 어찌하여 이다지 어리석은지.

그러하고도 석가모니가 났다는 날에는 밥은 굶어도 집안 식구마다 오색등을 사서 달고, 참기름을 부어 정성 있게 켜니, 그런 정성을 우리나라가 영원무궁하게 하자고 힘쓰고 정성을 들였으면 오히려 애국하는 신민이라고나 할 터인데, 무슨 일인지 참 알 수 없도다.

금년 사월 팔일이 불원(不遠)하였으니, 제발 그런 헛된 일에 재물을 허비하며 각국 사람들에게 치소(嗤笑)받지 말기를 바라오. 내 나라 풍속이라도 흐린 것은 버리고, 남의 나라 풍속이라도 옳은 일이거든 본떠다가 우리 것으로 만드는 것이 양책(良策)일 듯.

제4권 제110호

대한제국 광무 5년 5월 23일 (木)

옛적 서양 어느 나라 재상 한 분이 있는데, 마음은 극히 어질고 착하되 큰 병통 하나가 있으니, 귀인의 풍기(風氣)로 처음을 매우 좋아하는지라. 그런고로 빈객과 노복이 감히 먼저 말을 못하고 그 눈치만 따라서 말을 하더니, 하루는 겨울을 당하여 그 재상이 늦게 기침하므로 여러 빈객들이 차례로 앉을 때, 난로에 불기운이 훈훈하여 밖이 추운 것을 돈연(頓然)히 모르더니, 그 재상이 빈객들에게 묻기를, 오늘 천기가 아마 매우 온화하지? 모든 사람이 일제히 응성(應聲)하여 가로되, 오늘 천기가 대단히 온화하여 봄 같습니다 하거늘, 한 사람이 밖에 나가서 굵은 고드름 한 개를 종이에 싸가지고 그 재상 앞에 드리며 말하되, 소인이 마침 옥(玉)에서 눈이 나오는 것을 한 개 얻었기에 바치나이다.

그 재상이 받아 펴보니 이에 얼음이라. 크게 놀라 유리창에 가린 백사장(白紗帳)을 걷고 보니, 마당 앞 나뭇가지에 고드름이 달리고, 다니는 사람이 추위에 못 견디어 허리를 펴지 못하는지라. 그 재상이 크게 깨닫고 크게 감동하여, 빈객을 대하여 눈물을 머금고 말하되, 내가 요만한 부귀를 가지고도 문에 사장(紗帳) 한 겹을 격하여 바깥 날씨가 저렇듯 추운 것을 전연 몰랐으니, 구중궁궐에 계신 임금께서야 아무리 밝으실지라도 신하가 아뢰지 아니하면 민간질고를 어찌 아시리오 하고, 곧 얼음 가져온 사람을 향하여 절을 하며 가로되, 만일 선생이 아니었더라면 내가 재상이 되어 거의 나라를 그르칠 뻔하였다 하고, 화공을 불러 민간 백성의 살림살이 하는 그림을 그리라 하였다.

그 화공이 비단 그림만 명화(名畵)가 아니라, 본래 유심한 사람으로 각 지방에 많이 다녀서 민간질고를 자세히 아는 고로, 항상 마음에 생각하기를, 내가 한번 민간질고도(民間疾苦圖)를 그려 당조(當朝)한 재상께 드려 백성의 질고를 좀 짐작하게 하리라 하더니, 마침 그 재상의 말을 듣고 매우 기뻐서 열 폭 그림을 일필휘지(一筆揮之)하니,

한 폭은 봄에 밭을 가는데, 여인이 머리에 밥그릇을 이고, 등에 아이를 업고 맨발로 오다가 가시를 밟고 아파서 한 발을 들고 서서 급히 그 남편을 부르는 형상이오.

한 폭은 여름에 논의 김을 매는데 불같은 볕이 내려쪼이어 등이 타서 죽을 지경인데, 거머리는 다리에 붙어 피와 땀이 함께 흐르는 형상이요.

또 한 폭은 가을에 타작을 하는데, 논두렁 좁은 길로 남자는 지게에 볏단을 지고, 여인은 소에게 벼를 싣고 뒤를 따라 오다가 소가 짐을 논 속에 넘어뜨리매, 남자가 급히 돌아보다가 실족을 하여 짐 진 채 자빠진 형상이요.

한 폭은 겨울에 나무를 하는데 호랑이에게 놀라 높은 나무에 올라앉아서 추위를 못 견디는 형상이요.

또 한 폭은 베를 짜는데, 젊은 여인이 춘곤(春困)을 못 이겨서 베틀에 앉아서 졸다가 악한 시누이에게 뺨을 맞고 우는 형상이요.

또 한 폭은 남자가 전장에 나가는데, 늙은 부모와 젊은 아내가 눈물로 작별하는 형상이요.

또 한 폭은 탐학한 관장이 학민(虐民)을 하는데, 백성을 잡아다가

맹장(猛杖)하여 피를 흘리고, 그 아내는 좌우 주선으로 돈을 구처(區處)하여 바치며 방면하여 주소서, 하며 애걸하는 형상이요.

또 한 폭은 감옥 중에서 병든 죄수가 창살로 내다보며 옥관을 대하여 병원에 보내주기를 청원하되, 옥관이 못 들은 체하는지라, 죄수가 울고 서 있는 형상이요.

또 한 폭은 걸인인데, 늙은 부부가 하나는 판수(점치는 일을 직업으로 삼는 소경)요, 하나는 곰배팔(펴지 못하게 된 팔)로, 서로 이끌고 노상 행인을 향하여 구걸하는 형상이요.

또 한 폭은 도적이 백주에 대도(大道) 상에서 칼을 빼어들고 재물을 탈취하는 형상이라.

그 재상이 대희(大喜)하여 열 첩 병풍을 꾸며 가지고 예궐하여 아뢰되, 근일 천기가 극한(極寒)하기로 소신이 병풍 하나를 진헌하옵나이다. 왕이 보고 물어 가로되, 이 그림이 어찌한 이치뇨. 그 재상이 낱낱이 여쭈웠는데, 왕이 안연 실색하여 한참 있다가 가로되, 내가 궁궐에 있어 바깥소문을 듣지 못하는 고로 백성들이 다 호의호식하는 줄로 알았더니, 오늘에야 비로소 내 백성의 가색간란(假色艱爛)과, 이별가련(離別可憐)과, 탐관의 학민과, 옥정의 불심(不審)과, 도적의 행흉(行凶)하는 것을 알았다 하고, 그 재상의 손을 잡고 유체(流涕) 탄식 왈, 경이 아니었으면 모를 뻔하였다 하시고, 지방관을 각별히 택차(擇差)하여 보내고, 조석으로 진어(進御)할 때면 근시를 대하여 그 그림을 가르치며 말하기를, 이 밥 한 술에 백성의 신고(辛苦)가 알알이 든 것이라 하였다.

그러므로 수년지내(數年之內)에 그 나라가 대치(大治)하여 서양에 제일 부강한 나라가 되고, 그 재상과 그 손이 다 공신각(功臣閣)에 올라 지금 몇 백 년이 되도록 아름다운 이름을 사람마다 칭송한다 하니, 우리나라에도 그런 손님과 그런 재상이 있는지….

제4권 제111호

대한제국 광무 5년 5월 24일 (金)

자유(自由)라 하는 것은, 사람이 제 수족을 가지고 기거와 동작을 제 마음대로 하여서 남에게 제어함을 받지 않는 것이고, 또 압제(壓制)라 하는 것은, 제 몸과 제 뜻을 가지고도 남에게 눌려서 하고 싶은 노릇을 제 마음대로 못하는 것이니, 그런즉 능히 일신상 자유권을 지키는 자는 가히 사지가 구비하여 온전한 사람이라고 말할 것이고, 능히 제 권리를 지키지 못하여 남에게 압제를 받는 자는 사지백체가 온전치 못한 사람이라고 말할 만하도다.

그런즉 세상 사람이 저마다 자유 권리 지키기를 좋아하지 누가 압제 받기를 즐겨 하리오. 그런고로 서양 각국에서는 몇 백 년을 두고 내려오며 큰 시비와 굉장한 싸움 된 사기를 궁구하여 보면, 모두 자유와 압제를 인연하여 생긴지라.

당초에 미국이 영국 속방(屬邦)으로 영국 정부에서 압제를 심히 하므로 미국 백성이 자유보호 하기를 목숨보다 중히 여겨 죽기를 맹세하고 영국을 반대할 새, 영국 군사의 대포와 탄알을 맞으면서 나아가 몇 만 명씩 죽어가며 싸워서 필경 자유권을 찾은 후에, 지금까지 그 싸움을 평정하여 영국 압제를 면한 날이 미국 사람들이 제일 크게 기뻐하는 명일(名日)이다.

구라파 각국으로 볼지라도, 몇 십 년씩 두고 백성이 일어나 정부를 뒤집기도 하고, 백성을 모조리 멸망시킨 일도 있는 것은 이루 말로는 다할 수 없으며, 근년에도 터키국과 희랍국이 서로 병기를 가지고 시비함과, 또 미국과 서반아의 전쟁이며, 또 연전에 일청 교전도 다 궁구하여 보게 되면 모두 자유와 압제를 말미암아 일어난 일이니, 이것을 보면 이 두 가지 목적이 세상에 크게 관계되는 바이거늘, 우리나라에서는 자유라 압제라 하는 것이 무엇인지도 모르고 지내었으므로, 제 사지백체(四肢百體)를 가지고도 임의대로 못 써서, 아래 사람은 입이 있어도 말을 못한다는 학문도 있고, 백성이나 관속이 되어 아무리 원굴(冤屈)한 일이 있은들 관장을 걸어 정소(呈訴)하는 것이 풍화(風化)에 대변(大變)이라고 하는 풍속도 있고, 노비가 되어 상전의 손에 죽어도 살인이 없다는 법도 있고, 남의 재산을 백주에 빼앗으면서도 점잖은 사람의 하는 일을 미천한 놈이 감히 거역하느냐 하며 무죄한 백성을 죽도록 때리기도 하여 억지로 누름으로 원통한 백성이 호소할 곳이 없으니, 이상 몇 가지는 진실로 야만의 행습이라.

사람이 인정이 있으면 어찌 차마 다 같이 인생을 억지로 위협하여 남에게 속한 권리와 생명과 재산을 압제로 빼앗으리오. 이것은 다른 때문이 아니라 그 나라 정치가 항상 압제하는 뜻이 많은 연고라. 이렇게 압제 세상에서 굴레를 쓰고 지낸 백성들을 서양 각국에서 저마다 자유권 지키던 백성과 함께 놓고 본즉, 제 나라에서 털끝만치라도 자유권을 잃지 않던 사람들이 남의 나라에 가서야 더구나 말할 것 없은즉, 목숨을 버릴지언정 남에게 굴하지는 아니 하려 할 터이오, 제 나라에서 밤낮 압제만 받던 사람은 외국인을 대한들 무슨 생기가 있으리오. 아무리 분하고 부끄럽고 원통한 일을 당하더라도 의례히 당할 일로 알고 참고 넘기기로만 주의들을 한즉, 어찌 하여 남에게 수모 받음을 면하리오. 우리나라 백성들이 외국 사람들에게 욕도 보고, 매도 맞고, 심지어 목숨까지 잃어버리는 폐단이 종종 생김을 어찌 괴이히 여기리오.

백성들이 이 지경인즉 그 나라 정부가 또한 남의 나라 압제를 받나니, 이것을 보게 되면, 백성들이 마땅히 자유권을 지켜야 할지라. 그러나 자유권을 능히 지킬 줄 모르는 사람에게 개명한 나라 백성들과 같이 권리를 줄 지경이면 도리어 큰 해가 있을지라. 어린아이를 장성한 어른과 같이 마음대로 다니라고 할 것 같으면 위태한 줄을 모르고 떨어질 곳과 빠질 데로 들어가려 할지니, 불가불 그 염량(炎凉: 사리를 분별하는 슬기)이나 기(氣)까지는 압제를 하여야 할지라.

지금 우리나라 사람은 다만 자유권을 지키지 못할 뿐 아니라 좋은 줄도 몰라서, 재하자(在下者)는 유구무언(有口無言)이라고 하면 경계에 합당한 줄로 아니, 이 백성에게 어찌 자유가 당하리오. 만일 이것을 보고 제 몸과 제 수족을 가지고 임의로 못하는 것을 분히 여겨 온전한 사람 노릇들을 하고 싶거든, 외국 사람의 인정과 학문을 좀 배워, 자유권 지킬 만한 백성들이 되어 보시오.

제4권 제114호

대한제국 광무 5년 5월 28일 (火)

〈잡보〉

외국인이 우리 한국에 철도, 포경, 광산, 삼림 네 가지 사업권리 차지한 세열(細裂: 가늘게 갈라짐)을 조사하건데,

일인(日人)은 경인철도, 경부철도와 경기, 충청, 전라, 경상, 강원 각 도에 고기와 고래 잡는 권리와, 또 덕원 한 읍의 삼림과 임진강변 삼림이며, 또 직산 금광, 철원 철광, 창원 금광, 평양 탄광, 황해도 일곱 골의 금점과 은률 철광, 연천 금광은 다 일인의 소관이오.

덕인(德人)은 김성 금광이며, 또 경성과 김성 간 철도를 계획 중이오.

아인(俄人)은 강원, 함경, 경상 삼도의 고래 잡는 기지에 두만강 상류 압록강 상류와 무산군과 울릉도 삼림과 경흥 탄광이오.

영인(英人)은 은산 금광이오.

미국인(美國人)은 운산 금광이오.

법인(法人)은 의주 철도와 송도 철도에 관계가 있더라.

대저 이 여러 가지는 다 큰 관사거니와, 그 외에 절영도, 고하도 등지와 소소한 관계가 적지 않고, 황해도 칠군 금점과, 은률 철광과, 연천 금광은 금광위원과 화동한 일이더라.

제4권 제118호
대한제국 광무 5년 6월 1일 (土)

대저 물건의 길고 짧은 것은 자를 가져야 헤아릴 것이고, 또 가볍고 무거운 것은 저울을 가져야 헤아릴 것이고, 일기의 춥고 더운 것은 한란표(寒暖標)를 가져야 측량할 터이니, 그와 같이 백성이 개명되고 못된 것은 그 나라에서 서책이 많고 적은 것과, 신문의 잘 되고 못 되는 것을 보아야 가히 알지라. 백성이 밝아 갈수록 문견을 넓히려고 하며, 문견을 넓히려고 할수록 서책과 신문을 중하게 여기는 고로, 아무리 가난한 사람일지라도 의복은 헐벗고 음식은 주릴지언정 서책과 신문 보는 돈은 아끼지 아니하는지라.

그런고로 개명된 나라를 볼 지경이면, 매일 찍어내는 신문지 수효가 부지(不知) 기백만(幾百萬) 장이요, 가로 상에서 천역(賤役)하는 하등 인물이라도 신문을 사서 보아서 그 나라 정부에서 돈을 어떻게 쓰는지, 세납을 어떻게 받는지, 교육을 어떻게 하는지, 외교를 어떻게 하는지, 어느 사람이 옳은지, 어느 사람이 그른 일을 하는지, 외국 소문에 무슨 말이 있는지 주의하여 재미를 들이는 것은, 자기나라 일을 집안일이나 일신상의 일과 같이 보는 까닭이라.

그런고로 조금이라도 국민 간에 무슨 중대한 일이 있을 지경이면 신문이 몇 백만 장씩을 더 판출(辦出)하여도 오히려 부족할 염려가 있거늘, 우리나라의 오늘 형편을 본즉, 백성들이 나라 일 보기를 자기에게는 조금도 관계없는 일같이 생각들을 하여서 하루 담배와 다른 군것질에는 돈을 아끼지 아니하여도, 동전 한 푼이나 혹 두 푼을 아껴서 신문을 사보지 아니하는 고로, 정부에 무슨 급한 일이 있거나 민간에 무슨 중대한 일이 있거나, 외국에 무슨 소문이 있던지 도무지 알고자도 아니하여, 요사이로 말할지라도, 동양 형편이 날로 쇠잔하여 말이 못 되는 중, 그 중에 청국이 결단이 나가는 지경이다.

또 우리나라에서 외국에 차관하는 일로 인하여 지극히 중대하고 지극히 이해 상관이 되는 일이니, 만일 타국 같으면 온 도성에 각 신문이 편만(遍滿)할 일이로되, 우리나라 경성에는 이러한 일이 있어도 각 신문이 더 출판이 아니 되었으니, 백성의 무식한 것만 한심할 뿐이 아니라, 그 무식을 면하고 문견을 넓힐 생각이 조금도 없는 것이 더욱 통탄할 일이로다.

태서 각국 사기를 본즉, 백 년 전에 법국 정부에서 재정 출입한 문서를 발간하였는데, 몇 날 동안이 못되어 몇 만 벌 출판이 되었다 하니, 그것은 백성들이 그 나라 재정 운용하는 것과 수입된 것을 알고자 하여 그렇게 사가는 것이니, 그 백성들의 밝은 것을 가히 알 일이라. 지금 우리나라 경성에 인구 수효를 적게 치더라도 이십여 만구는 될 터인데, 세 군데 신문이 날마다 팔리는 수효가 불과 몇 천 장이 못되나니, 이것만 볼지라도 우리나라가 백성의 개명 못된 것을 알 것이고, 또 문견도 없고, 앞으로 나아가 볼 생각도 없는 것을 가히 알지니, 진실로 분하고 부끄러운 일이로다.

그러하고 또 신문을 중히 알고 신문이 많이 있는 나라를 두고 보게 되면, 아무리 권리가 좋고 친구가 많은 사람일지라도 그른 행실만

하였으면 아무리 감추고 숨기려 하여도 세상 사람들이 모를 수가 없을 것이고, 아무리 천하고 권력 없는 사람일지라도 나라와 백성을 사랑하여 충직한 일만 하였을 것 같으면 아무리 남에게 알리기 싫어하여도 세상에 저절로 나타날 수밖에 없는지라. 그런고로 이런 일을 세상 사람들이 아는 날에는 그 사람의 명예와 지체를 세상에 바꿀 것이 없으니, 그런 때문에 태서 제국 사람들은 자기 명예를 목숨보담 더 중대히 여기는 생각이 있어서, 사람마다 밤낮 애쓰고 하는 생각이, 어떻게 하여야 남보다 나라와 백성이 유조하게 할 일을 만들어 내어 볼까 하는 고로, 나라들이 저렇게 문명 부강하게 되었거니와, 우리나라에서는 신문 처소라고 몇 군데 있던 것이 지금 와서는 년전보다 줄어진 까닭이 무엇인가 하니, 백성들이 신문 보기 원하기는 고사하고 얼마큼 미워하고 해롭게 하는 사람들이 많으니, 이것은 나라가 차차 밝아 가므로 전과 같이 악한 행습을 행하기에 얼마큼 꺼리는 까닭이라.

그런즉 이 신문이 그런 사람들에게는 큰 원수가 될 듯하되, 얼마큼 정직한 충의 있는 사람에게는 열심히 역성하여 주는 의리가 있고, 또한 백성의 마음을 충의 있는 길로 인도하여 주는 것인 줄을 밝히 깨달으시고 사람마다 보아서, 일반 분이라도 문견들을 넓히는 것이 그 어떠할는지….

제4권 제123호

대한제국 광무 5년 6월 7일 (金)

세계에 나라마다 지형과 기후를 따라 나라 백성들이 생재(生財)하는 법이 다 다른지라. 그런고로 영국 같은 나라에서는 땅이 좁고 인구가 많은 고로 곡식을 많이 이루지 못하여, 인민이 생재하기를 물건 재조하는 데 힘을 써서 그 물건을 외국으로 보내어 장사를 하여 세계에 제일가는 부강한 나라가 되었고, 미국 같은 나라에서는 토지가 넓고 기후가 좋은 고로 농사를 힘써서, 땅에서 나는 물건을 외국으로 보내어 장사하여 세계에 제일가는 부강한 나라가 되었는지라.

그러하나 영국에도 농사하는 백성이 없는 것은 아니고, 미국에도 물건 제조하는 데가 없는 것은 아니어서 그러하되, 대저 영국서는 큰돈이 제조하는 데서 생기고, 미국서는 큰돈이 농사하는 데서 생기는지라.

조선은 토지가 넓고 기후가 세계에 상등이오, 각색 물건이 다 잘 되는지라. 전국에 묶은 땅이 백분에 칠십이 분이나 그저 남아 있고, 인구보다 땅이 넓어, 좋은 산과 들을 쓸 줄을 몰라 버려두는 데가 허다하여 그 땅을 가지고 돈을 벌지 못하니, 어찌 나라가 부강하여지며 인민의 마음들이 어찌 자주독립이 되리오.

조선에서 지금의 영국 모양으로 제조도 힘쓰지 못할 일이, 첫째는 제조하는 학문이 없고, 둘째는 큰 자본이 없고, 셋째는 물건을 제조하여 외국과 겨뤄보기가 어려운지라. 그런고로 조선에서 제일 큰돈 만들기는 농업을 힘쓰는 것이 마땅한 것이, 첫째는 땅이 기름지고, 둘째는 땅이 많이 있고, 셋째는 땅값이 싸고, 넷째는 농사하는 데 자본이 많이 들지 아니할 터이오, 다섯째는 제조하는 학문보다 배우기가 쉬운지라.

농사란 것은 곡식만 심는 것이 농사가 아니라, 소와 양과 말과 닭과 실과(實果) 기르는 것이 다 농사라. 실상 곡식에서는 돈이 얼마 나지 않고, 돈 많이 나는 것은 소 기르는 데와, 나무 기르는 것과, 면화 심는 것과, 담배 심는 것과, 실과 기르는 데 큰돈이 생기는 법이니, 지금 우리나라에서 이런 일을 하려고 하면 과히 어렵지 아니한 것이, 첫째 외국 학문이 없더라도 이런 일은 우리나라 경계대로만 하여도 몇 해가 아니 되어 국중(國中)에 큰 리(利)가 있을 터이오, 이런 물산만 많이 만들어 외국에 팔 것 같으면, 물건은 제조를 못하더라도 돈이 많이 생겨, 외국 제조물을 넉넉히 사 쓰고라도 백성들이 구차하지 아니할 터이니, 누구든지 오륙년 후일을 경영하는 사람들은, 외국과 장사할 생각도 아직 말고, 외국 물건 제조할 마음도 아직 먹지 말고, 농무를 힘쓰는데, 다만 논을 풀어 쌀 만들 생각만 말고, 밭을 많이 만들어 밀을 많이 심으시오.

삼남으로는 면화를 많이 심고, 북도에서는 담배와 실과를 많이 기르며, 또 재목을 많이 기를 것 같으면, 우선 다섯 해 후부터 큰 이(利)가 생길 터이고, 나무 중에는 소나무보다 잡목이 이가 더 있고, 잡목 중에도 참나무와 호두나무와 밤나무와 단풍나무와 피나무가 세계에서 제일 많이 쓰는 나무요, 값이 많은지라.

공한지지(空閒之地)에 곡식을 갈 수 없는 데는 이런 나무들을 해마다 심을 것 같으면 논 사두는 이익보다 이익이 더 있을 터이니, 이런 일은 힘도 과히 들지 아니하고 자본도 과히 들지 아니할지라. 사람들이 조금만 생각이 있고 조금만 부지런하면 몇 해 아니 되어 큰 효험들을 볼 터이고, 나라 위하는 법이, 벼슬하여 가지고만 나라를 위할 것이 아니라, 백성이 되어 재물 생길 일을 하는 것이 나라를 위하는 근본이라.

나라에 벼슬하고 월급 타먹는 사람은 외국 말로 생재(生財)하는 백성이 아니라 식재(食材)하는 백성이니, 식재민이 생재민보다 많을 지경이면 그 나라는 오래 지탱치 못하는 법이라. 비유컨대, 사람 열이 사는데 하나는 생재를 하고 아홉은 그 한 사람이 버는 재물을 먹고 살 것 같으면 그 열 사람이 다 가난한 법인즉, 만일 다섯 사람은 농사를 하여 생재를 하고 또 세 사람은 농사한 사람이 생재한 물건을 저자에 내다가 매매하여 주고 벌어먹고 살고, 두 사람은 법률과 장정(章程)과 의리를 가지고 그 농사하고 장사하는 사람들 틈에서 시비곡직(是非曲直)을 다스릴 것 같으면, 농사한 사람 다섯도 편히 살고, 장사하는 사람 셋도 경계 있게 벌어먹고 살 테고, 또 두 사람은 그 백성들의 일을 공평하게 하여 주고 얻어먹고 살 테니, 그리하고 본즉 국중에 자연히 돈이 많이 생길 것이오, 돈이 많이 생기고 보면 자연 나라가 부강할 터이라.

지금 우리나라 형편으로 말하면, 생재하는 중에는 농사가 제일이니, 아직은 물건 제조하는 데 힘을 덜 쓰더라도, 천조물(天造物)을 많이 생기게 사람마다 유의하기를 바라노라.

제4권 제124호

대한제국 광무 5년 6월 8일 (土)

우리나라가 몇 백 년을 자주 권리가 없고 남의 나라 압제만 받는 고로, 자주 독립(自主 獨立)이 무엇인지 몰랐으며, 다만 안다 하는 것은 본국 일이나 안다 하였으되, 그도 또한 분명치 못한 것이, 첫째 자기 일도 분명히 몰랐으니 어찌 제 집안일과 동리 일을 알았으며, 동리 일도 모르는 사람이 어찌 전국 일을 안다 하리오.

지금 우리나라가 자주 독립으로 세계에 나타난 지가 어언간 여러 해가 되었으니, 우리나라 신민 된 사람들이 어찌 기쁘지 아니 하리오마는, 독립을 하려 하면 불가불 학문(學問)이 있어야 할 터인즉, 귀천을 물론하고 자녀들을 학교에 보내어 교육을 하여야 될 것이고, 학교 가서 공부 못할 사람은 각색 학문 있는 책을 보아 한 가지라도 배우는 것이 진보하는 뜻이고 문명의 기틀이거늘, 지금 우리나라 사람들이 말하기를, 여자는 교육하는 것이 불가(不可)타 하니, 이런 말 하는 것은 무식하고 생각 없는 까닭이라. 여자를 교육하는 것이 첫째 큰일이라.

대저 여자가 자녀를 생산한 후에 그 아비도 자녀를 가르치려니와 그 어미가 항상 좋은 학문으로 가르쳐서, 어려서부터 그 자녀의 마음을 인도하여야 장래에 좋은 사람이 되고, 둘째는 우리나라 이천만 인구에 여자를 교육하면 갑절이나 더할 것이, 한 사람의 할 일을 두 사람이 할 터이니 어찌 좋은 일이 아니리오. 지금 여자 교육이 없는 까닭에 아이가 나서 어미 슬하에 있을 때에 좋은 것을 배우지 못하고, 아비에게도 배우지 못하고, 선생에게야 비로소 배운다 하되 학문 없는 선생에게 글자만 배울 따름이라.

사람을 교육하는 법이 나무를 기르는 것 같아서, 나무가 처음으로 자랄 때에 곁가지를 쳐주어야 그 나무가 잘 자라 나중에 재목으로 쓰는 법이라. 지금 대한 사람들은 교육을 모르는 까닭에 듣고 보는 것이 다 고루한 것만 듣고 보고 자랐으니, 학문 없는 이러한 사람의 마음에 어찌 좋은 생각과 좋은 행실이 있으리오.

대개 좋은 나무에는 좋은 실과가 열리고, 악한 나무에는 악한 실과가 열리는 법이니, 어찌 학문 없이 될 수가 있으리오. 사람들이 말하기를, 개화(開化)가 아니 되어 살 수 없다고만 하고, 개화하여 살 일은 한 가지도 배우려는 사람이 적으니, 개화가 진실로 각각 자기에게 있는 것이거늘 남에게 의탁이나 하려하며, 남의 개화한 덕만 입으려고만 하니, 이것은 비유컨대 심지 아니한 밭에서 곡식을 얻으려 함이라. 나는 가만히 앉아서 남이 나를 잘되게 하기만 기다림이니, 이렇게만 생각하면 죽는 날까지라도 될 수가 없는지라. 어찌 답답지 않으리오.

사람이 세상에 나서 밥만 먹다가 죽으면 어찌 사람이라 하리오. 초목과 금수와 곤충이라도 다 저 할 직분은 하거든, 하물며 사람이 저 할 직분을 아니하리오. 지금 우리나라가 세계에 수치를 받는 것이, 첫째 서로 사랑하지 않는 까닭이라. 제 몸도 제가 사랑하지 않는데 어찌 남을 사랑하리오. 사람마다 말하기를, 제가 제 몸을 사랑하고 아낀다 하되, 제 몸을 사랑하는 사람이 어찌 제 몸에 해되는 일만 하느뇨. 대황제 폐하께서 신민을 애휼(愛恤)하시는 성의를 생각하면, 신민 되는 우리들도 각각 자기의 직분대로 힘을 다하여 위로 나라를 사랑하고, 그 다음으로 정부를 사랑하고, 그 아래로 백성이 서로 사랑하며 권하여 문명진보에 나아가면, 외국에 수치도 면할 뿐더러 독립 자주가 분명할 터이라.

대저 한 사람이라도 잘못하면 그 해가 자기에게만 있을 뿐 아니라 제 집과 전국에까지 미치며, 한 나라가 잘못하면 그 해가 이웃 나라까지 미치나니, 알기 쉽게 청국 일을 보시오. 어찌 어려운 일이 아니리오. 어떤 사람은 말하되, 내가 벼슬을 못하니까 어찌 나라를 도우리오 하나, 이런 말하는 것은 백성 된 직분과 권리를 모르는 의견이거니와, 대저 애국하는 도리는 자기 직분대로 하는 것이라. 나라라 하는 것은 크고 작은 것은 불계하고 한 종류의 인민이라, 본국 정치와 법률을 순종하여, 일호라도 법률 외의 일은 죽을지언정 시행치 아니하는 것이고, 임금을 충성으로만 복종하여 사랑하며, 이해와 고락을 한 가지로 받는 것이다. (미완)

제4권 제125호

대한제국 광무 5년 6월 10일 (月)

(전호 연속)

외국 사람을 대하더라도 행실을 단정히 하고, 예모를 엄숙히 하여 자기의 이름을 영화롭게 하며, 무슨 일이든지 그 나라를 위하여 하는 때에는 사생(死生)을 불고하며, 농사하는 사람도 부지런히 하면 자기만 부요할 것이 아니라 나라에도 유조하고, 장사하는 것도 그러하며, 공장의 물건 제조하는 것도 그런 것이, 사농공상(士農工商)만 부지런히 하면 자기에게만 좋을 것이 아니라 정부에 세납도 또한 부요하게 됨이니, 이것이 어찌 나라를 돕는 것이 아니리오.

만일 게으른 백성이 많으면 그 가운데 도적도 많으며, 비리(非理)의 일도 생길지니, 이러하면 남의 나라에 업신여김을 면치 못할지라. 백성이 정부를 돕는 일이 어찌 없다고 하며, 직분이 어찌 중대치 아니하리오. 지금 우리나라 사람들 하는 말이, 나만 잘 살면 그만이라 하니, 이런 무식한 말을 믿을 것은 없으나, 만일 나라가 잘못되면 그 해가 어찌 제게는 미치지 아니하리오. 세계에 문명개화한 나라의 백성들은 자기 나라가 남의 나라와 같지 못하면 제일 분히 여기나니, 정부로 말하더라도, 정부에서 행할 직분은 나라 정치를 편안히 하여 인민으로 하여금 편안한 낙이 있게 하며, 법률을 공평히 하여 인민으로 하여금 억울

한 일이 없게 하며, 외국 교제를 신실히 하여 나라 백성으로 하여금 분란이 없게 하며, 정부에서 마땅히 행할 일과 못 행할 일을 삼가서 학문 있는 사람들에게 폄론(貶論)을 듣지 말게 하며, 인민의 조그마한 일이라도 밝히 살피며, 법률이 백성에게 해되는 것은 의론을 받지 말고 즉시 고치며, 위생의 절차와 학문을 가르치는 기틀을 힘쓰며, 백성의 생업을 권하여 게으른 백성이 없게 하며, 정부에서 백성의 생업을 작명(作命)할 권리는 없으나 그 생업을 보전하게 하는 권리는 있는지라. 정부는 백성을 위하여 설립한 것이니, 백성이 없으면 정부를 어디다 쓰리오.

그런고로 일정한 규칙을 행할 때에 백성에게 크게 드러내어 믿게 하여야 그 백성들이 그 정부를 믿는 법이거늘, 만일 정부에서 백성들이 믿고 의탁할 수가 없게 일을 하면 그 나라가 될 수가 없을 터이라. 정부가 백성을 못 믿는 것도 백성이 할 직분을 못하는 까닭이오, 백성이 정부를 못 믿는 것도 정부가 정부 할 직분을 못하는 연고라. 정부에서 백성의 선악을 가리어 상과 벌을 분명히 시행하는 것은 법률상의 소관이거니와, 가령 악한 백성을 다스리려고만 할지라도 반드시 먼저 그 백성이 죄를 범치 아니할 양책(良策)을 내어 악한 일을 못하게 하는 것이 제일 큰 정사(政事)라.

지금 우리나라 정치를 보면, 중앙 정부에서 칙령(勅令) 재가하신 장정규칙(章程規則)을 각 관찰사와 각 군수에게 반포하여, 황상께서 신민 애휼하시는 뜻을 나타내어 백성을 다스려 보호하는데, 혹 어떤 관인들은 장정 외의 일도 행하며, 자기에게 가까운 사람만 잘 보호하여 주는 일이 있으니, 이러한 사람들은 자기가 하는 일들인지 혹 중간에서 협사(挾私)들 하는 일인지 모르거니와, 신자(臣子)의 도리로써 어찌 황상께서 애휼하시는 덕택을 생각지 아니하고 이러한 일들을 하리오.

그리고 또 답답한 일이, 남의 나라 일을 보면 백성과 정부가 먼저 합심함을 힘쓰는 바이니, 정부가 혼자 일하는 것보다 백성들이 힘써 정부를 도우면 더 잘 될 터이라. 만일 백성이 그 정부를 모르는 체하고 돕지 아니하면 남의 나라에 수치를 면치 못할지라. 이런 것을 다 행하려면 첫째 학문(學問)인데, 지금 국중에 학문을 배우려 하는 사람이 만분지일도 못되고, 그 중에 진보하려는 사람도 혹 있어서 나라가 장차 문명될 기망(企望)은 있으나, 한갓 어려운 것은, 지금 개화한다고 하던 사람들도 돈냥 생기는 일이면 완고한 사람의 뒤를 좇으니, 실로 불쌍한 일이라. 사람이 돈으로 자기 명예를 살 수가 없는 일이고, 돈으로 자기의 더러운 이름을 씻을 수도 없는 법이다. 또 수구(守舊)한다는 사람을 보면, 수구가 무엇인지 모르는 것이, 참 수구를 할진댄 이것이 곧 개화(開化)라.

옛적에 성인네들 하신 일과 선왕께서 하신 제도를 보게 되면, 그것이 실상 개화의 일이건마는, 그 제도를 준행한다고만 하고 그 일을 실상으로 행하지는 아니 하니, 이는 성인의 제도를 도리어 수치되게 함이라. 사람의 마음이 물론 무슨 일이든지, 남이 그르다 하더라도 나는 생각을 많이 하여 좋은 줄만 알면 행할 것이고, 남이 옳다고 한대도 나의 생각에 옳지 않으면 행치 아니할 것이거늘, 나는 생각도 아니 하여 보고 남이 좋아한다고 좋다하며, 남이 좋지 않다고 한다고 좋지 않다고 하면, 이 사람은 곧 남의 세상을 대신으로 사는 것이니, 어찌 어리석지 않으리오. 아무쪼록 어서 학문을 배워 부강하기를 바라노라.

제4권 제126호

대한제국 광무 5년 6월 11일 (火)

이전에 한 노인이 있었는데, 도량이 너그럽고 지식도 유여할 뿐더러 재산도 넉넉하고, 자여손(子女孫)이 앞에 많이 있으되 나이 칠십이 되도록 부지런하여 잠시라도 한가히 놀지 아니하는지라. 하루는 동리에 사는 한 소년이 그 노인을 찾아간즉 어디 나가고 집에 없는지라. 그 집안사람에게 물으니 대답하되, 동산에 가셔서 무슨 나무를 심는다 하거늘, 그 소년이 동산으로 찾아간즉, 과연 그 노인이 땀을 흘리며 손과 발에 흙을 묻히고 땅을 파고 조그마한 나무를 모종하여 심는데, 삯 받고 품팔이 하듯 하는지라.

그 소년이 놀라 붙들고 물어 가로되, 여보시오, 노인께서 지금 노래(老來)에 편히 앉아 잡수시고 계시지, 무슨 까닭으로 저다지 심력을 쓰시고, 하인의 할 일을 이처럼 손수 수고를 하옵시며, 또 이 나무는 무슨 나무관데 이다지 긴급하게 심으시며, 또 저렇게 작은 나무를 지금 심어서 어느 세월에 자라서 꽃이 피고 열매가 열려 재미를 보려 하시나이까 하거늘, 그 노인이 웃고 대답하되, 그대의 말이 괴이(怪異)치 않으나, 사람이 죽기 전에는 잠시라도 놀고 세월을 보내는 것이 사람의 도리에 합당치 아니한 고로, 내가 오늘날까지 이러한 일을 하는 것이니, 그리 알고 웃지 말라 하는지라.

그 소년이 그 말을 듣고 물러갔더니, 그 후 수년 만에 그 노인의 셋째 손자의 관례(冠禮) 날을 당하여 여러 빈객을 청하여 잔치를 배설할 새, 그 소년도 또한 그 좌석에 참예하였는지라. 이윽고 음식을 나누어 모든 손님을 대접할 새, 그 노인이 상 위에 놓인 과실 중에서 배 한 개를 집어 그 소년에게 주며 말하되, 그대가 년전에 나의 나무 심는 것을 보고 부질없는 양으로 말하더니, 그 나무가 벌써 자라서 꽃이 피고 열매가 열어, 이 배가 그 나무에서 딴 것이니 맛을 좀 보라 하거늘, 그 소년이 그 배를 받아먹으며 말하되, 시생(侍生)이 이제야 비로소 세상 이치를 깨닫겠습니다, 대저 세상 일이 불식지공(不息之功)으로 하게 되면 못 될 일이 없고 성취 안 되는 일이 없을 줄로 압니다, 하고 그 노인의 부지런하고 지혜 있는 줄을 깊이 탄복하고 물러갔다 하니, 이 일로만 보더라도, 사람이 이 세상에 생겨나서 무슨 일이든지 심력(心力)을 써서 공부는 드리지 아니하고 편하게 앉아서 되기를 기다리는 것은 세계에 제일 못생긴 사람이라.

예로부터 큰 사업과 큰 공을 이룬 사람은 자나 깨나, 누우나 앉으나, 잠시라도 마음을 놓지 아니하고, 죽을 지경을 천만 번을 지내도 잡은 마음과 기운을 조금도 변치 않고 게으르지 아니하나니, 지금 시속 사람들을 볼 지경이면, 혹 여럿이 모여 앉아서 무슨 경영으로 서로 공론하다가, 혹 어떤 사람이 말하기를, 우리 아무 이러 저러한 땅에 식목을 좀 하여 볼까 하게 되면, 혹 어떤 사람의 대답이, 하, 지금 그까짓 식목을 하면 어느 세월에 재미를 보겠나 하기도 하며, 혹 어떤 사람은 말하기를 우리 무슨 공장 학교나 외국어학교에 나가서 공부를 좀 하여 볼까 하게 되면, 혹 어떤 사람이 대답하기를, 하, 지금 나이 삼십이 넘은 놈이 그까짓 공부를 하여 어느 세월에 써 먹겠나 하고 빈들빈들 세월을 보내다가, 어언간 죽기까지 아무 사업도 하나 못하고 죽는 사람들이 많은즉, 어찌 애달프고 어리석지 아니리오.

이러한 사람들은 세상에 있어 아무데도 쓸 곳이 없는 인생이라. 첫째 그 사람들은 자기 집안 일 알기를 하룻밤 자고 가는 주막집과 같이 알고, 둘째 나라일 보기를 이웃집에 청하여 간 잔치 손님과 같이 보아 이 세상 사업과 일신상 명예가 아주 없는 사람인즉, 자기 조상에 불효도 될 뿐더러 나라에 죄인이라. 세상에 나서 무슨 사업이든지 생각이 있는 사람들은 아무쪼록 부지런히 하여 잠시라도 게으르지 말고, 병든 지 일곱 해에 삼년 묵은 쑥을 구하기 어려움을 탄식하지 마시오,

지금은 말하기를, 이제 시작하여 어느 세월에 효험 볼까 하되, 몽중(夢中)같이 삼사오년 얼른 가면 그때 가서는 후회하기를, 년전 아무 해에 아무 일을 시작하였더라면 그 사이에 효험을 보았을 것을, 그 사이 허송세월한 것이 분하다 하면서 또 하는 말이, 이제는 참 늦어서 할 수 없다 하고 여전히 지내다가 또다시 후회하는 것은 시속 사람의 행습이거니와, 누구든지 그 마음을 고치고 죽을 때까지라도 만년(萬年)을 살 듯이 하는 것이 직분이자 사업인 줄로 알게 되면, 나라 일도 그것이오, 일신상 명예도 그것이오, 자손에게도 그것인 줄 아노라.

뎨국신문

제5권

제5권 제32호

대한제국 광무 6년(1902년) 2월 17일 (月)

고금 역대의 성쇠지리(盛衰之理)를 상고하건데, 그 성하기는 극히 어렵고 쇠하기는 용이한지라. 물론 아무 사업이든지 시작하여 금일에 한 일을 하고, 명일(明日)에 한 일을 행하여, 때로 새롭고 날로 새로워 몇 십 년을 쉬지 말고 부지런히 한 연후에도 사업이 진선진미(盡善盡美) 하지 못하다 하거든, 그 뒤에 그 일을 이어 행하는 사람이 잠시만 실수 하면 수십 년 수백 년 경영하여 흥하였던 일이 하루아침에 패하나니, 어찌 조심하지 아니하리오.

한 사람의 산업으로 말할지라도, 자수성가(自手成家)하여 당대에 부요(富饒)하기는 극히 어렵거니와, 요부(饒富)한 가산으로 보면 그 선부형(先夫兄)이 재산을 모을 때에 이(裏)를 모아 일 전(錢)을 만들고, 전을 모아 일 원(圓)을 만들어, 몇 천 원이나 몇 만 원을 저축하며, 한 일을 경영하고 열 일을 성공하여 전지무궁(全之無窮) 하려 하다가, 그 자식이 부랑하여, 선부형의 사업과 명예를 생각하여 아낄 줄 모르고 쓰기를 물 같이 하며 끼친 업을 전폐하면, 몇 백 년 전하던 가산이 점점 쇠하여, 불과 몇 날에 여지가 없으면 필경은 유리개걸(流離丐乞) 하는 데까지 이르리니, 한 집의 영업만 이러할 뿐 아니라 나라의 일인들 어찌 이에서 다르리오.

나라 일에 대하여는 일이십 년간에 흥하기를 기약할 수가 없는지라. 민국 간에 이로울 일이 몇 백 년을 멀다 하지 말고 시작하여, 그 아버지가 성공하지 못하면 그 아들이 이어 행하고, 그 아들이 성공치 못하거든 그 손자가 이어 행하면 필경 성공되는 날은 있을 것이니, 무슨 일이든지 시작하기가 어려운 것이니, 어찌 일호라도 나태하고야 성공하기를 기약하리오. 사람마다 무슨 일이든지 시작하였다가 더딜 듯하면 항상 말하기를, 아무리 부지런히 한들 내 당대에 무슨 이익을 볼 수 있겠느냐 하고 중도이폐(中道而廢) 하는 일이 허다하니, 가석하도다.

물론 모인(某人)하고 후손 없는 이가 없은즉, 자기 당대에는 이익을 보지 못할지라도 그 자손의 대에는 필경 이익을 볼 터이니 구원(久遠)한 방침을 경영하는 것이 가하도다. 국가로 말할진대, 선왕이 끼친 강토요, 또 전국 백성이 의지한 곳이라, 정부에서 한 일만 잘못하면 한 사람의 해를 전국 사람 몇 천만 명이 입을 것이니, 삼갈지어다. 몇 백 년 몇 천 년을 유전하여 굳기가 반석 같다가도, 한 번만 실수하여 백성 보기를 등한이 하면, 백성은 자연 애국성이 없어 나라가 위태한 것을 남의 일 보듯 할 터이니, 정부에서 무슨 힘으로 전국을 보전할 수가 있으리오.

백성이 나라의 일을 남의 일 보듯 하면, 몇 백 년을 경영하여 흥하였던 나라가 금일에 쇠하고 명일에 패하여 일조일석에 미약(微弱)하리니, 그 성쇠의 더디고 빠른 것을 어찌 비교하리오. 흥하기는 오래 걸리고 패하기는 쉬운 것이니, 국가나 사가(私家)나 시(始)도리는 있고 종(終)도리가 없으면 보존하기 극난할 것이다.

제5권 제33호
대한제국 광무 6년 2월 18일 (火)

동양 사람들이 흔히 말하기를, 세상만사가 다 운수가 있으니, 집이 흥하고 망하는 것도 운수요, 나라가 성하고 쇠하는 것도 또한 운수 소관인즉, 인력으로 능히 할 바가 아니라 하나니, 이것은 참 어리석은 말이로다. 우리 생각에는 그렇지 아니한지라. 운수라 하는 것이 자연히 돌아오는 것이 아니라 오직 사람의 행위에 있으니, 사람이 만약 좋은 일을 행하면 만복(萬福)과 경사(慶事)를 만나고, 악한 일을 행하면 재앙(災殃)과 환란(患亂)을 당하는 것은 사람마다 짐작하는 바라. 악한 일을 행하고야 어찌 좋은 운수가 돌아오기를 바라며, 착한 일을 행하고야 어찌 악한 운수가 돌아올까 염려하리오.

가량 선비로 말할지라도, 어려서부터 학교에 다니며 각 항 학문을 공부할 때, 규칙을 어기지 아니하고 과정을 부지런히 하여 풍우(風雨)와 한서(寒暑)를 불계하고 몇 해를 근고(勤苦)하다가 보통과에 졸업장을 받은 연후에야 세상에 나아가 무슨 사연을 하든지, 학문상에 막힐 것이 없어 정부에 벼슬하면 가히 보필하는 신하가 될 만하고, 인재를 교육하는 데는 가히 고명한 선생이 될 만하여, 명예가 일세에 진동하고 부귀가 문호를 빛나게 함이 이것이다.

그 전에 수고를 헤아리지 아니하고 주야로 공부한 효력이거니와, 만약 누구든지 어려서부터 해태(懈怠)하여 다른 이는 날마다 학교에 가서 공부할 것 같으면 자기는 벌제위명(伐齊爲名: 겉으로는 하는 체하고 속으로는 딴 짓을 함)으로 학문상에 도무지 뜻이 없어, 하루쯤 공부하고 열흘을 놀게 두면, 어언간 광음(光陰)이 여류(如流)하여 백발이 성성한데 문견이 고루하고 지각이 우매하니 세계에 일개 무용지물이라, 앉아서 운수만 기다린들 부귀(富貴) 두 글자가 어디로조차 돌아오며 이웃집엔들 무슨 명예가 미치리오.

또 농부로 말할지라도, 봄에 밭갈 때부터 모든 일을 때를 잃지 말고, 아무리 심한 더위와 지루한 장마라도 김매고 거름하기를 부지런히 하여야 추수할 때에 곡식이 배출(倍出)하여 가히 풍년에 즐거움을 누릴 것이라. 만약 누구든지 다른 사람 밭갈 때에 낮잠으로 소일하고, 다른 사람 김맬 때에 술집에만 다니다가, 어언간 추풍이 일어나고 찬 서리가 내리게 되면 소위 추무담석(秋無儋石: 儋은 두 항아리, 石은 한 항아리. 적은 분량의 곡식, 또는 소액. 가을이 되어 儋石이 없다)이라. 그때 가서야 자기의 처자를 대하여 하는 말이, 사람의 주리고 추운 것이 다 운수소관인즉 한탄하여야 쓸데없다 하나니, 어찌 자취(自取)가 아니리오.

집에 흥망이 또한 이러하니, 아비는 사랑하고 자식은 효도하며 집안 식구가 매사를 서로 의론하여 각기 직분을 다할 것 같으면, 집안이 화목하여 천만사가 여의할 터인즉 그 집 일이 점점 창성(昌盛)하거니와, 부자와 형제가 합심이 되지 못하여 서로 무슨 일이든지 은휘(隱諱)하고 싸우기만 위주하면, 그 집이 필경 낭패하는 것은 이치에 당연한 바이거늘, 집의 흥망이 어찌 다만 운수에 있다 하리오.

나라의 성쇠(盛衰)로 말할진대, 어느 나라든지 이전의 악한 풍습을 다 없이 하고 새 장정을 실시하며, 관민 간에 일심이 되어 정부의 관인들은 백성 사랑하기를 적자 같이 하고, 여항(閭巷) 서민들은 정부 봉승(奉承)하기를 부모같이 하여 정치가 문명하고 법령이 일신하면, 비록 토지가 광대치 못하고 인물이 번성치 못할지라도, 나라가 승평하고 백성이 안락하여 아무리 강한 이웃이 틈을 엿보고자 하여도 감히 뜻대로 되지 못하려니와, 옛 법만 좋아하고 허문(虛文)만 숭상하여 상하가 실로 구수(仇讎)같이 볼 지경이면, 토지는 비록 오대주를 관할하고 인구는 설혹 십오억을 통솔하였을지라도, 황천이 슬퍼하시어 반드시 재앙을 내리나니, 그런고로 옛글에 가로되, 하늘 운수가 순활(順滑)하여, 가는 데마다 회복하지 않음이 없다 하였으니, 이로조차 보건데, 운수라 하는 것은 미리 작정한 것이 아니라 다만 사람에게 있는 것이다.

그러나 우리 대한 사람들은 열에 아홉은 말하기를, 지금 우리나라의 외양으로는 개화(開化)니 독립(獨立)이니 하여도 속으로는 병이 골수에 들었은즉, 비록 편작(扁鵲) 같은 명예가 있을지라도 어찌 할 수 없으니, 이제 와서는 성쇠(盛衰) 간에 다만 운수나 기다릴 수밖에 없다 하는 고로, 우리가 그렇지 아니한 이유를 두어마디 설명하노라.

제5권 제34호

대한제국 광무 6년 2월 19일 (水)

(본사 사적이라)

오호라, 세월이 덧없도다. 금년이 벌써 광무 6년이니, 본사 설시(設施)한 지가 어언간 칠년이 된지라. 그동안 난처한 사정과 위험한 처지와 군박(窘迫)한 경우를 갖추 겪고 오늘까지 근근이 지탱하여 오는 정형을 낱낱이 생각하면 자연 상심되는 구절이 많은 중에, 부지중(不知中) 진퇴(進退)된 것이 또한 적지 않은지라. 우리 동포들을 권면하는 본의에 유조함이 없지 않기로 대강 빼어 기재하노라.

자초(自初)로 대한이 외국과 문호를 상통하지 못하고 우물 안 고기로 지낼 적에, 타국이라고는 청국과 일본이나 하늘 가 바다 건너 멀리 있는 줄로 알 뿐이오, 영 미 등 국은 당초에 이름도 듣지 못하다가, 수십 년 전에 와서야 세계에 물밀 듯 들어오는 큰 형세를 막지 못하여 필경 통상조약을 정하니, 비로소 일, 미, 영 각국의 영사관이 경성에 들어와 주차(駐箚)하나 백성은 아는 자 없고, 혹 노상에서 한두 사람의 내왕하는 것을 보면 그 의복과 면목(面目)의 기괴함을 조소할 따름이오, 그 사람들의 학문, 기계(奇計)며 부강, 문명함이 어떠한지 전연 부지(不知)하며, 정부에서는 부득이 그 오는 것을 받으나 다 이전 소위 해외 오랑캐라 하던 인물로만 알고 지내며, 외국이 대한을 이름 하되 산중에 사는 처사국(處士國)이라 하다가 차차 수모(授侮)하는 마음이 생기며, 인하여 서로 넘겨다보는 뜻이 나는지라.

이 중에 서로 승강(昇降)이 되어 갑오전쟁이 일어나 전국을 흔들어 놓은 후에야 비로소 외국 교섭이 가까워지며, 관민 간에 외국에 나가는 자 날로 많아 외국풍속, 물체를 구경하고 돌아와서 혹 제도 고치기를 주의하는 자도 있고, 의복 고칠 의론도 내는 자 있어, 아침에 내린 령이 저녁에 고치기도 하고, 오늘 나섰다가 내일 들어가기도 하여, 지금까지도 동으로 갈는지 서로 갈는지 작정이 없이 물결치는 데로 바람 부는 대로 딸려 다니니, 백성은 되어가는 것을 보고 말하되, 우리나라는 아무리 하여도 개화가 아니 되리라 하나, 시험하여 길에 나가 보라, 십년 이전과 물색이 의구(依舊)하다 하겠느뇨. 각기 몸에 딸린 물건과 집에 일용 집물(什物)을 보라. 십년 전에 다 쓰고 보던 것뿐인가. 깊이 생각하는 사람은 인정과 물색이 날로 변하여 가는 것을 황연히 깨달을 듯하도다.

이때에 국가 장래를 깊이 염려하는 선비들이 있어 전국 사람에게 천하 형편을 알려주기로 힘쓰고자 하나, 다른 도리 없고, 다만 신문을 발간하여 날마다 인민의 이목(耳目)을 열어주는 데 지나는 것이 없는지라. 그러하나 각국에 신문 규식이 본래, 착한 자는 들어내고 악한 자는 쳐서 일호도 압제와 속박하는 것이 없어야 비로소 개평(概評)한 주의를 잃지 않을 것이거늘, 그때 우리나라 형편은 그렇지 못한지라. 한두 동지, 한 친구를 대하여 누차 발론한즉, 인개(人皆) 왈(曰), 이는 외국인이나 할 일이지 우리나라 사람은 생각도 못할 바라 하는데, 그때에 신문이라고는 미국인에게 속한 독립신문(獨立新聞)과 일인의 한성신보(漢城新

報)가 있어, 혹 우리나라 정부 관계에 대하여 무단히 시비를 논란하되, 우리는 일호도 그 사람들의 시비를 말할 계제가 없으니, 이는 당당한 자유 권리를 가지고도 수족을 결박당하여 남의 매가 내 몸에 오는 것을 능히 막지 못하고 죽기를 앉아 기다림이라, 어찌 통분치 않으리오.

이때에 정동 배재학당에서 학도들이 교육 토론회를 설시하여 이름을 협성회(協成會)라 하고, 학문상 문제로 매 토요일에 토론할 때, 학원들의 식견이 날로 발달하여 회가 매우 흥왕하여 가는지라. 그 회중에서 발론하고 회보 한 장을 발간하는데, 장광(長廣)은 거의 본사 신문만 하고, 이름은 협성회보라 하여, 매 주일에 한 번씩 발간하므로 날로 성취되어 사보는 자 많은지라. 이것을 확장하여 자주 내고자 하나 그때에 주자 활판이 없어 남의 활판에 붙여 박는데, 자주할 수 없고 또한 재정이 망연한지라. 그러나 몇몇이 열심히 하는 자의 뜻을 버리지 않고 회중에 발론하여 간절히 청훈(請訓)하자 유지한 몇몇 분이 재정을 모아 삼백 원을 연조하는지라.

이 재정을 맡아 가지고 이문사(以文社) 활판을 세내어 남대문 안에 신문사를 정하고, 전혀 우리나라 사람들이 주장하여 날마다 발간하며 이름을 매일신문(每日新聞)이라 하니, 이것이 처음으로 대한 사람이 설시하여 대한 사람이 내는 시초이니, 매일신문은 곧 본 신문의 아명(兒名)이로다. 내일 논설을 보시오.

제5권 제35호

대한제국 광무 6년 2월 20일 (木)

(본사 사적 연속)

이때에 삼백 원 자본도 당초에 석 달 예비가 못되고, 겸하여 백성을 권하여 정부에서 이런 사업은 찬조하지 아니하므로 사기도 일변 위험함을 무릅쓰고 하는 일이라, 두루 보아야 성취될 기망(企望)은 만무하고 다만 남의 시비만 자취함이라, 부모처자며 사랑하는 내외국 친구들이 어찌 관여치 않으리오. 백 가지로 권하며 말리되 듣지 아니하고, 다만 충분(忠奮)한 마음으로 우리 힘을 다하여 기운이 진하고 재력이 마르기까지 이르러, 다만 한두 사람의 이목이라도 열어 주는 것이 우리의 직분이라 하고 주야로 애를 쓰며, 조석(朝夕) 먹을 겨를이 없어 간간이 굶어 가며 여일히 발간하자, 충애(忠愛)하는 동포가 날로 늘어 신문 보는 자 수삭 동안에 수천 명이 되는지라.

이 흥왕하는 기상을 보고 사중(社中)에 여러 의론이 생겨 불합한 뜻이 나자 필경 신문사 사원들이 각립(各立)이 되는지라. 매일신문이 부득이 남의 손에 들어가니, 이는 그때에 다 공포한 바라. 자세히 말할 것 없거니와, 대저 학문 없는 사람들을 많이 합하여 회사를 조직하고 사업을 경영함은 낭패되는 법이라.

이때에 어떤 유지한 친구가 재정을 내어 활판을 영히 사고 그 집과 그 기재와 총무원과 협의하여 새로 신문을 창설하니, 이름이 제국신문이라. 본 신문이 이때부터 설립되어 날마다 발간하자 불구에 매일신문은 아주 없어지고 제국신문이 날로 성취되어 원근에 펴지니 적이 성양(成樣)이 되는지라. 이 어찌 당초에 기약한 바리오. 신문 사랑하는 여러 동포들이 힘써 전파하며 사보아 때로 연보(捐補)한 힘이거니와, 대개 옳고 공평 정대한 목적으로 힘을 다하여 쉬지 않고 도모하면 재정과 보호가 다 그 중에서 생기나니, 당초에 될 수 없다고 생각도 아니 하는 것은 사업을 못할 사람인 줄 가히 알겠도다.

이후로 황성신문(皇城新聞)이 설립되어 국한문으로 섞어내자 지금은 확실히 기초가 잡히는 모양이니, 다행한 일이라. 황성 사원들의 주야 애쓰고 일하는 것을 치사하노라.

그 후로 위름(危懍)한 광경을 당한 것이 대강 여좌(如左)하니, 첫째 덕국인이 금광 달라는 사건에 외부대신 유기환 씨가 누차 근지(謹持)하다가 덕국 영사 크린에게 무리한 욕을 보니, 전국 인민이 모두 울불(鬱怫)하나 드러내어 말하는 자 없는지라. 본사에서 그 무리함을 시비하고 세상에 성명하였더니, 크린이 본사와 시비를 차리려 하는지라. 본사에서 여럿이 변론하자 필경 자기의 이굴(理屈)함을 알고 자퇴하였으나, 정부 관원을 대하여 누차 설분(雪憤)함을 청하였고, 둘째는 전 법부 고문관 구례가 정부와 약조가 있다 하고, 상해에서 고용병 삼십 명을 청하여 올 때에, 일이 비밀하여 세상에서 아는 자 없는지라. 수십일 전기(前期)하여 본사에서 탐보하여 반론하였더니, 그 모친이 발명하여 당초에 그런 일이 없노라고 하고, 각 신문에서도 다 믿지 않고 반론이 무수한지라. 구례가 오면 장차 재판을 청한다 하더니, 급기 삼십 명이 들어오는 날은 세상에서 본 신문을 더욱 취신(取信)하였고, 아(俄) 법(法) 량 공사가 포경 기지 달라는 사건에 본사에서 통상 약장을 들어 시비하였더니, 양 공사가 외부로 누차 조회하고 본 신문 사원을 징벌(懲罰)하여 달라 하는지라. 그때 외부대신 조병직 씨가 본사 사원을 청한지라. 사원이 가서 충분 혈기로 일장 격절한 말로 일장을 설명한 후에 즉시 그 사연을 들어 본 신문에 기재하여 그 공평치 않음을 논란하였더니, 또한 그 의론이 얼마 정지되었는지라.

그 외에 여러 가지 정치상 시비에 큰 관계되는 것이 한두 가지가 아닌데, 당시 권력을 비교하면 다 소양지판(霄壤之判)이라. 각국 공령사가 아니면 용사(用捨)하는 큰 권력 있는 자들이오, 본사는 불과 한두 선비의 붓끝과 혀끝뿐이라. 그때에 우리나라 관인들이 하나도 보호하여 옳은 공론을 세울 생각은 조금도 없고 도리어 밉게 여기는 자 무수하니, 무엇을 믿고 능히 세계상 권리를 다투느뇨. 다만 흉중에 한조각 혈성(血誠)뿐이라.

나라의 권리와 명예를 들어내자면 백만 명 양병하는 데 있지 않고, 다만 그 백성이 자기 목숨과 몸으로서 국기를 보호하여야 남이 감히 경멸히 여기지 못하며, 국가에 신민이 되었다가 이런 때를 당하여 충의를 가지고 목숨을 버리는 것이 구구이 욕을 참고 살기를 도모하는 이보다 몇 백 배 영광인 줄을 깊이 알아, 경위와 공법을 어기는 자는 흔천동지(掀天動地: 큰 소리로 천지를 뒤흔듦)하는 권세를 가졌더라도 능히 앞에 용납지 못하겠기로, 깊이 맹세한 마음이 굳건하여 감히 빼앗을 자 없는 연고라. 아무리 어려운 형편을 당하여도 이 마음만 확실하면 두려울 것도 없고 못될 일이 없는지라. 남아의 한 가지 작정한 일이로다. 내일 논설을 보시오.

제5권 제36호

대한제국 광무 6년 2월 21일 (金)

(본사 사적 연속)

오늘날 세계 학문가에서들 알 수 없는 이치라 하는 것은 대개 착한 사람에게 재앙이 많고, 옳은 자에게 반대가 많고, 충신열사에게 항상 화패(禍敗)가 많은 법이라. 이것을 이치로 말하면, 착한 사람은 항상 안락한 복을 누리고, 옳은 자는 항상 보호가 많으며, 충신열사는 항상 영화 부귀를 누려야 천지에 합당할 듯하거늘, 도리어 상반되는 것이 이상하나, 사실을 생각하면 착한 자 재앙을 당하며, 착한 일을 행하여야 참 착한 사람이라.

만일 옳은 일에 반대가 없으면 어찌 옳은 일이 드러나며, 충신이 영귀(榮貴)만 할 것 같으면 난신적자(亂臣賊子) 될 자 어디 있으며, 난신적자가 없으면 충신열사가 귀할 것이 무엇이뇨. 그런즉 그 사람은 항상 환란을 받으며, 반대를 무릅쓰고 평생 뜻을 굳게 하여 목숨이 다하기까지 여일히 나가 가지고야 능히 착함과 옳음과 충성함을 영원히 드러내나니, 이런 연후에야 천리(天理)가 있다 하겠도다.

그런즉 참 착하고 옳고 충렬한 사람은 환란 위험을 자기 평생에 분수 안의 일로 알고 괴롭게 여기지 않고 즐거이 받는 법이니, 본사에서 비록 충의(忠義)로 자부하는 것은 아니나, 자초로 천신만고를 무릅쓰고 오늘까지 일하여 오는 것은 조금도 사사(私事) 이해를 위함이 아닌 줄 세상에서 아는 바라. 연내로 동취서대(東取西貸)하여 간신히 자본을 구집(求集) 해다가 달마다 질러가는 일에 이(利)를 바라고 이 형편에 앉아 이 장사할 사람이 어디 있으며, 명예를 구한다고는 더구나 설명할 것 없는 것이, 본사 신문에는 당초에 기재원이라, 발간인이라, 사장이라 성명을 내지 않나니, 누가 우리더러 조명(釣名)한다 하리오. 다만 간절히 바라고 원하는 것은 우리나라 사람들이 하나씩이라도 날로 열려 철야에 등불이 되며, 무너지는 집에 기둥이 되어, 우리 대한의 독립 권리를 보존하는 직책에 만분지일이라도 찬조가 될까 함이니, 그 뜻이 어찌 옳지 않다고야 하리요.

이 주의를 가지고 밤낮 열심히 하는 것은 본 신문이 확장되어 완전한 기초를 세우기 원하는 바이러니, 그동안 불행히 사원이 혹 화패(禍敗)에 빠진 자도 있고, 혹 동서이산(東西離散)도 하며, 혹 일시 탐보에 실수함으로 수년 징역(懲役)을 당하고 나온 자도 있고, 심지어 활판기계와 희사집(喜捨輯)이 전혀 회록(回祿: 화재)을 당하여 수삼 년 적공(積功)을 일조에 동풍에 날려 보내니, 인명이 상치 않은 것은 불행 중 다행이나, 사업은 다시 이을 힘이 없으니, 어찌 우리 인민의 대불행이 아니리요. 그 외에 재정이 누차 끊겨 어찌할 수 없는 경우를 많이 지내었으나 다 사소한 연고요.

이상 몇 가지는 더욱이 속수무책(束手無策)한 낭패라. 이때 형편으로야 다시 회복될 줄 누가 믿었으리오. 만일 이 신문이 폐지되었던들 우리가 열심히 했던 성력(誠力)은 어디 있으며, 신문을 사랑하여 보시는 이들의 애석히 여기는 마음은 어찌 위로하며, 우리 백성의 수치는 또한 어찌 면하리오. 이것을 생각하고 동서분주하며, 어찌어찌 주선하여 다행히 오늘까지 부지하여 오므로 적이 취서(就緒)가 되어가는 지라. 만일 우리의 성력(誠力)이 아니면 또한 용이치 못할 일이라. 우리가 이것으로 세상에 요공(要功)하자는 것이 아니라, 우리의 성력이 이에 미쳤으니 이 사실을 들어 같이 신민 된 자 같이 힘쓰기를 바람이로다.

이상 연일 논설에 기재한 바 그 위험함과 그 간곤(艱困)한 처지를 다 무릅쓰고 오늘까지 일하여 그 효험은 무엇이뇨. 근래 사람들이 항상 말하는 것이, 신문에서는 아무리 하나 정부에서 시행치 아니 하니 아무리 하여도 쓸데없다 하는지라. 본사에서도 모름은 아니나, 정부에서 당장 캐어 쓰지는 않더라도 차차 습견(習見)이 되면 필경 한두 가지씩 행하여 갈 날이 있나니, 연전에 없던 중학교며 의학교 등 몇 가지 일을 연전에는 정부에서 꿈도 아니 꾸던 것을 지금 실시가 되었은즉, 이런 일이 다 차차 한두 가지씩 되어가는 표적이고, 또한 정부에서 준행 여부는 우리가 관계할 바 아니라. 다만 우리 백성끼리 서로 가르치며 서로 준행하여 하루 이틀 한해 두 해에 민정과 풍속이 차차 화하여 가는 것이 바라는 것인즉, 신문 보는 이들이 일변 배우기도 하며 일변 행하기도 하는 것이 참 효험이거늘, 보는 자 그 주의는 모르고 도리어 효험 없는 것을 논란하니, 이는 우리가 애석히 여기는 바라.

부지중(不知中) 지금은 한문에 무식하다는 사람이나, 혹 부인네나, 거의 청국 형편이 어떠며 영. 미. 법. 덕. 아 여러 나라가 어떠하고 어떠하다는 말을 대략 의론하니, 만일 본 신문이 아니면 그 말인들 어디서 들어 보았겠느뇨. 이것을 모르는 것을 좋을 줄로 아는 사람은 눈멀고 귀먹는 것을 즐겨하는 자라. 이런 자들이야 당초에 신문을 볼 리도 없거니와, 적어도 심장이 있는 자야 이 세상이 어떤지 모르고 사는 것은 아주 아니 난 것보다 못하게 여길지라.

이러한 사람이야 어찌 우리 신문의 효력이 바이없다고 하리오. 진실로 그 효험을 알진대 그 환란(患亂)을 불고(不顧)하며, 신고(申告)를 불석(不惜)하고, 일하는 사람의 성력을 응당 가상케 여길지라. 진실로 가상히 여길진대 불가불 찬조가 있어야 할 터이니, 찬조는 어찌할꼬. 아래 논설에 보시오.

제5권 제37호

대한제국 광무 6년 2월 22일 (土)

(본사의 중간 형편)

본사가 설립한 후로 이상 연일 논설에 기재한 사정을 지내며 오늘까지 지탱하여 오는 것은, 신문 보시는 이들도 또한 신기히 여길 일이라. 그런즉 신문이 자연히 여일치 못하여 혹 전일에 말한 것을 다시 하기도 하고, 오자(誤字) 낙서(落書)도 없지 않았고, 혹 의론이 한결같지 못하다고도 하였을 터이나, 이는 면할 수 없는 것이, 첫째 재정이 군졸하니 일이 졸연히 취서(就緖)되지 못하고, 또한 사무 주장하는 이와 주필, 탐보가 여러 번 손이 바뀌니 어찌 여일할 수 있으리요. 첨군자가 응당 짐작하시려니와, 본사에서 항상 민망히 여기는 바라. 금년부터는 별로 배치를 정하여 논설 폭원에 십분 용력하노니, 외양으로 보면 폭원과 주자(鑄字)가 다 다를 것 없으나, 특별히 그 현저함을 깨달을지라.

첫째, 학식이니, 내외국 정형 풍토와 정치 학문에 연내 섭렵(涉獵) 있어 능히 사람의 이목을 날로 새롭게 하겠고,

둘째는 연내 신문 사무에 연숙하여 능히 사람의 마음을 간곡(懇曲)히 권면하여 황연히 감동하게도 하겠고, 장부의 기운을 격앙 강개하게도 하겠고, 충신의 사의혈상(謝儀血相)을 능히 분발 격동하게도 하며, 청년재사들로 하여금 혁연(赫然) 청렴하여 스스로 공부를 부지런히 하며

신민 된 직분을 깨닫게 할 것이며,

셋째는 정치 교육상에 경제와 의견을 부쳐 다만 설폐(舌弊)로 남의 시비나 의론하는 것이 아니니, 제상(祭床)에서 캐어 쓰고 아니 쓰기는 남에게 있으려니와, 보는 이들이 그 뜻을 궁구하면 효험이 또한 없지 않을 것이오.

넷째는 간간히 사설을 지어 재미롭게 하기를 위하리니, 이는 고담지설(高談之設)과 난잡 방탕한 의사가 아니라, 시태(時態)와 풍치를 인하여 사람의 마음을 화창케 함이니, 사람이 정중한 의론을 항상 들으면 도리어 지루한 생각이 나는 고로 종종 풍치를 만드는 것이라.

이상 서너 가지는 신문 기재자의 수단이라. 이것을 다 겸비하여 한 솜씨로 여일히 낼 터이니, 차차 보아 가면 의론 차서(次序)가 있고, 번번이 새 의견을 드러낼 터이니, 신문 보는 이의 다행이 아니리오. 사람이 항상 소설 고담과 성경현전을 보다가 재미롭게 여기며, 음담패설을 도덕 학행보다 듣기를 즐거워하나니, 이는 사람이 일생 이 세상에 선악 이해를 생각지 않고 잠시간 이목을 즐기는 것만 좋아 여기는 연고라. 어찌 사람의 변통이 아니리오.

서양 각국에도 신문이라, 월보라 하는 명목이 여러 가지인데, 그 중에 혹 정치상 주의도 있고, 상업상 주의도 있고, 그 외 각색 일에 신문잡지 없는 것이 없으며, 특별히 소설 고담 등류가 또한 무수한지라. 보는 자 각각 분별하여 보거니와, 본사 주의에는 실로 우리나라 민국간의 시급한 정형을 위하여 개명 상 학식으로 교육하기를 주의함인즉, 전혀 백성끼리 보고 들어 실상으로 행하면 차차 장진(長進)에 유조하기를 바라며, 종종 정치상 득실을 의논하는 것도 정부에서 곧 캐어 행하기를 요구함이 아니라, 오늘 백성 된 이들이 듣고 배워서 마음과 행실을 고쳐가며, 차차 남을 또 가르쳐 그 중에서 풍속이 아름다워지며, 인재가 생겨, 이후 정부에 들어가 실행하는 효험이 생기기를 원하노니, 우선 본 신문이 전일보다 특이한 줄을 알고, 논설을 깊이 주의하여 보기를 바라며, 그 중에 가히 깨닫고 본받을 만한 일이 있거든 나 혼자 행할 뿐 아니라 남을 권하며 가르쳐서, 내가 옳게 여기는 것을 남도 옳게 여기도록 힘쓰는 것이 본사의 지극한 원이오, 또한 신문 보는 사람의 효험이라.

근래 유지하다는 자가 항상 관인들이 옳은 말을 준행치 않는다고 한탄만 할 뿐이오, 백성이 행치 않으니 못 된다는 자는 드물고, 혹 백성이 행치 아니함을 탄식하는 자도 나 먼저 행치 아니하니, 남이 행치 않는다는 자는 더욱 보지 못하겠도다. 만일 백성이 이렇게 행하는 자가 많을 진데 오늘날 정부에서 행치 않는 것을 어찌 근심하며, 정부에서 행치 않고자 한들 어찌 아니할 수 있으리요. 그런즉 우리 주의와 우리 여망은 우리 백성에게 있고 우리 정부에 있지 아니한지라. 우리 백성 된 자들이여, 우리나라가 흥왕 개명하여 우리 백성이 태평안락하기를 원치 않느뇨. 만일 이 여러 말을 두어 자손의 장원한 염려를 생각하거든 힘쓸지어다.

제5권 제38호

대한제국 광무 6년 2월 24일 (月)

(일영(日英) 협상 조약이라)

일전에도 말하였거니와, 우리 본의가 백성이 교육상으로 더 힘쓰고 정치 득실에는 말을 많이 하지 않고자 함이라. 말을 아니 할 수 없는 일이 종종 생기는 것은 우리도 또한 면치 못함이로다.

대개 일본과 영국이 약조를 정하였다는 주의를 들어 보시오.

一. 일영 양국이 대한과 청국의 황실과 토지를 보호하기 위하여 서로 화평함을 위주하자 함이오.

一. 이 약조하는 두 나라 중에 어느 나라든지 타국과 전쟁이 생기거든, 한 나라는 마땅히 중립 권리를 지켜 그 적국 되는 나라를 찬조하지 못할 일이며,

一. 한 청 양국에서 타국이 무슨 이익을 얻거든, 이 약조하는 두 나라에서도 또한 그만한 이익을 얻자 함이오.

一. 일 영 양국이 한 청 양국에서 얻는 이익을 타국이 침해하거든, 양국이 협의하여 조처하자 함이오.

一. 한 청 양국에서 일 영 양국과 관계되는 이익을 타국이 손해하는 경우에는, 양국이 방비하기 위하여 함께 운동할 일이라. 이 약조 기한은 다섯 해로 작정한다 하였더라.

이상 다섯 가지 조건을 보건데, 청국과 대한을 아주 주인 없는 물건가지고 의론하듯 하였으니, 우리나라 신민들은 생각이 어떠하뇨. 청국은 천하 동병(動兵)을 시킨 후에 그 죄책을 의론하면 무슨 욕과 벌을 당하던지 혹 괴이치 않거니와, 안연히 지내어 가는 대한은 무슨 까닭에 청국과 함께 들어가느뇨. 그 연고는 장차 말하려니와, 그 관계를 먼저 설명하노라.

오늘날까지 우리나라 정부에서 외국인을 대하여 내정을 간예하지 말라, 혹 금광 철로를 주겠다 말겠다 하며, 대신이니 협판이니 영권(永權)을 누리는 것이 다만 독립 이름이 아직까지 부지한 까닭이라. 만일 남의 보호국이나 부용지국(附庸之國)이 되었을 것 같으면 어디 가서 구경이나 하리요. 연전에 청국의 어떤 대관은 말하기를, 나라가 망하더라도 한 조각 토지는 남겨 적은 정부는 부지할 터이니, 적은 정부의 대신은 내가 잃지 않을 터이니 무슨 걱정하리요 하였는지라.

청국은 강토가 원체 크니 다 분할하여도 한두 대신 자리는 남기 쉬우려니와, 당초 작은 나라에야 소정부인들 어디 있으리요. 그런즉 해국병민(害國病民) 하는 신하에게도 독립 두 글자가 이렇듯 긴중하거늘, 우리나라에서는 독립을 어떻게 아는지, 근래에 독립당이라 하면 곧 역당(逆黨) 같이 여긴다 하니, 무엇을 독립당이라 하는지는 모르거니와, 대개 독립 두 자를 어떻게 값지게 여기는지 이로 보아 짐작할지라.

우리가 독립을 이렇게 여기는 고로 외국이 또한 우리를 이같이 대접하여, 우리나라를 마치 자기의 보호국 같이 대접하니, 누가 이렇게 만들었느뇨? 남에게 의뢰하기 좋아하는 자는 일 영 양국이 우리 황실과 토지를 보호하여 준다 함을 얼마간 다행히 여길 듯하거니와, 실상 독립국도 남의 보호를 받느뇨? 지금 구라파 각국을 대하여 누가 보호하여 준다 하겠느뇨? 당초에 그런 나라도 없거니와, 혹 이런 일이 있으면 그 독립권리 손해 받는 나라에서는 필경 큰 시비를 일으킬지라.

우리 대한은 이런 무리를 당하며 어찌 아무 말도 없느뇨? 이는 상하가 다 각기 일신상 이해만 생각할 뿐이오, 몸이 죽어 국권을 보호하여야 참 내게도 이(利)요 나라에도 이(利)되는 줄은 전혀 모르니, 이런 일에 분히 여기는 자도 없거니와, 설령 분한들 주야(晝夜) 행한 일이 모두 내 손으로 내 목 따는 일이니, 어느 곳을 대하여 개구(開口)를 하리오.

작년 청국 의화단 사변에 세계가 동병(動兵)하여 지척 이웃에 와서 토지를 분할한다, 정부를 변혁한다, 청국 황실이 동서에 파천(播遷)하며 전국 백성의 유혈이 성천(成川)하여, 세계가 분분하며 천지가 진동하는지라. 이때에 대한에서 적이 정신이 있었으면 저 청국 일이 정돈되는 날은 각국이 우리나라를 주목할 터이니, 이때에 밤낮 잠을 못자며 일을 하여도 이웃 불똥이 미치기를 면하기 어려웠을 것이거늘, 그 대신에 주야로 노래와 희락에 겨를이 없으며 시찰, 분주(奔走), 사내기에 골몰히 지내며, 혹은 섬 덩어리도 팔아먹고, 혹은 남의 돈도 좀 빼앗아 먹으니 자연 형세가 날로 위름한지라.

속으로 남에게 보호를 청하니, 세상에서 의심하기를, 우리나라 신하와 백성은 능히 토지도 보전 못할 줄로 치는 고로, 보존하여 준다, 이익을 두 나라가 협의하려 한다고 함이니, 어찌 남을 시비하리오.

제5권 제39호

대한제국 광무 6년 2월 25일 (火)

(영일 약조론)

영일(英日) 조약 조건은 일전 논설에 번등(翻謄)한 바거니와, 그 사의를 보건데, 한 조각 종이 위에 세계상 풍진 기상이 가득히 얽혔도다.

대개 구라파 각국에서 아라사를 흑해를 넘지 못하게 한 이후로 아라사를 싫어하는 마음이 날로 심하나, 노국(露國)이 구라파에서는 착수할 곳이 없는 고로 동양을 주목하므로, 동양에는 영국의 관계가 가장 많은지라, 항상 서로 상지(相持)하므로, 각국이 영 아(英俄)의 전쟁이 날까 염려하던 바라.

일본이 이즈음에 일어나서 노국의 형세를 크게 방해하며, 심지어 어린아이까지라도 가르쳐 노국을 반대하게 하여 전쟁 예비를 주야로 부지런히 차려 놓으므로, 세상에서 모두 말하기를, 일로(日露) 전쟁은 조만간에 터지리라 하되, 아직까지 미루어 온 것은 대개 드러난 연고가 있음이라.

첫째, 일본이 비록 영 미 등 국과 정의(情誼)가 친밀하여 다 도와줄 형편이 많으나, 전쟁 형편이 항상 평시와 같지 않은 법이라. 개장한 후 정형(情形)이 어찌 변할는지도 모르겠고, 겸하여 영아(英俄) 양국이 정치상으로는 아무리 반대되나 지도상으로는 한 구라파에 가까운 이웃이라, 이로 싸움이 자라서 황백(黃白) 인종의 전쟁이 되기 쉬운데, 일본이 혼자 풍파를 일으켜 놓으면 장래의 화를 측량치 못할 터이라. 그럼으로 항상 영일(英日)이 확실히 연합되기를 힘쓰던 바라. 지금은 이 약조가 성립되었은즉, 전쟁의 가까움이 한 가지오.

둘째는, 영국 백성이 본디 전쟁을 좋아하여 항상 동(動)하고자 하되, 빅토리아 여왕의 덕화로 인연하여 평화를 보전하여 왔으므로 각국 정치의 의론이 일어나리라 하더니, 작년에 이 여왕이 졸서(卒逝)하였은즉, 전쟁의 급함이 두 가지요.

그동안 아프리카 주 남방에 전쟁으로 인연하여 영국이 수년 동병한 중이어서 두 군데로 주의할 수 없더니, 지금은 그 전쟁이 대강 정돈되었으니 전비에 방해가 없을 것이 세 가지요.

영국이 자래로 주의하는 곳이 청국이고 대한에 있지 아니하여, 년래로 대한의 자주독립을 별로 좋아 아니하다가, 사년 전에야 비로소 공사를 보내었으며, 수십 년 전에 영국 순양함대가 거문도에 내려 포방 연습을 무단히 하는지라. 우리나라에서는 알지도 못하였으되 노국이 영국에 질문한즉, 대답이, 귀국에서 조선 토지를 점령한다 하기로 우리도 그와 같이 거문도를 차지하려 하노라 한지라. 노국이 그렇지 않음을 발명하고 각기 대한에 토지를 점령 못하기로 약조를 정하매, 이것이 그때에 큰 문제가 된 바라. 이때부터 영국이 대한에 별로 주의는 아니 하나 노국의 형세가 자라는 것은 대한이 싫어하는 바니, 전쟁의 근인이 네 가지요.

노국이 청국의 만주 몽고와 요동 각 지방을 차지한 것을 영미 각국이 크게 싫어하여 그 동안 시비가 무수하나, 청국에서 서태후가 능권(陵權)하며 속으로 노국과 부합하여 서로 주선하자 각국의 시비가 서지 못하더니, 지금은 광서(光緖) 황제가 집정하며 이 일을 중시하여 드러나게 공조하매, 노국이 부득이하여 외면으로 물러가는 체하나, 본디 아국(俄國)의 정치수단이 항상 흔적 없이 농락하여 남의 토지와 권리를 자기 장악에 넣으며, 남의 시비가 과히 심할 때에는 두어 걸음 물러나는 체 하다가 정돈되기를 기다려 다시 나오니, 이러므로 지금 아무리 물러나는 체하나 확실히 물러나는 표적이 드러나기 전에는 결단코 영국이 그저 있지 않겠고, 노국은 본디 욕심이 범 같은지라, 물고 못 먹은 밥을 두고 아주 물러앉을 리 없을 듯하니, 전쟁의 급함이 다섯 가지요.

수년 내로 법국(法國)이 노국과 연합하여 정의(情誼)가 아직까지 친밀한 모양이나 세상에서 종시 의심하는 바라. 임시(臨時)하여 이익이 없으면 서로 각단(*사물의 갈피와 실마리)이 날는지 모른다 하나, 그러나 노, 법이 합하면 덕국(德國)은 자연 영, 일과 합할 터이고 미국도 또한 영국 편으로 가기가 분명하니, 이렇듯 편이 갈리는 것은 싸움이 가까워오는 근인이 여섯 가지라.

이상 여섯 가지 큰 연고를 인연하여 세계에 큰 형세가 저울대 다투듯 하는지라. 실로 급급(急急) 위황(危慌)하도다.

만일 아라사가 개장(開場)하는 것이 별로 이롭지 못할 기틀을 보고 물러가 드러눕는 날엔, 우리나라 국세는 다시 일본의 손에 들어갈지라. 그 동안에 우리나라에서 일을 좀 하였더라면 혹 이렇게 아니 될 듯 하겄마는, 하여간 일이 모두 남의 참섭(參涉)으로 억지로 되도록 만들어 놓았은즉 말려 줄 사람도 없이 되었으니, 나라와 백성에게 불행하다 하려니와, 그 중에 더욱이 낭패될 사람이 많을 터이니 그 사람들이 큰 걱정이다.

만일 노국이 여일히 견집(堅執)하여 필경 개장이 되는 날은, 대한의 독립이라고는 다시 이름도 들어보기 어려울 터이라. 대한 황실 보호하여 준다는 말이 외국인 중에라도 있을는지 질정하여 말할 수 없으니, 그 승부는 어찌 되든지, 전쟁 시작되는 날은 대한의 일은 귀정(歸正)나는 날이라. 전쟁마당은 어디가 될까. 갑오년 왕사(往事)를 보아도 의례히 대한이 전쟁마당이 될 터이니, 우리 부모처자 형제자매 친척붕우 고구(故舊) 동포들의 피 뼈 고기 기름이 다 남의 칼날에 묻어 한강수에 흘러 내려갈지라.

탐장(貪贓) 토학(討虐)과 매국(賣國) 해민(害民)하던 사람들은 먼저 백성의 손에 못 견딜 터이니, 이런 사람이 있거든 미리 아라사나 일본에 피난처를 잡아놓고 앉는 것이 좋을 듯하도다. 미진한 말은 내일 논설에 내겠노라.

제5권 제40호
대한제국 광무 6년 2월 26일 (水)

(지금 일조의 형편이 갑오년 일청 형편과 같다)

삼십여 년 전에 미국 상선 한 척이 길을 잃고 대동강으로 밀려 들어와 평양에서 배와 사람이 불에 탄 후에, 미국에서 청국을 향하여 시비한즉, 청국이 영국과 법국에 양국 전쟁을 겪은 후에 서양을 가장 두렵게 여겨 조선은 청국과 상관이 없는 나라라 하는지라. 미국 해군제독 셰필드 씨가 사실(査實)차로 왔다가 강화서 소동이 일어나매, 우리나라에서 지금까지 양란(洋亂)이라 하는 것이 이것이라.

일천팔백팔십이 년에 한미 양국에 통상조약을 정하였으니, 이때부터 미국이 대한을 독립국으로 대접함이나, 청국은 속으로 은근히 대한을 속방(速邦)이라 하여 오장경, 황사렴 등을 보내어 속으로 조선을 위협하며, 겸하여 조선 신민도 독립이 무엇인지 몰라 남의 종노릇을 감심하는바, 이때 노국이 청국을 꾀이며 위협하여 청국 북방 토지를 해마다 베어 가는지라. 만일 청국이 조선의 상국이라 하며 조선을 노국에 허락하여 주면 각국도 어찌할 수 없는 고로, 청국을 누누이 권면하여 조선을 독립시키라 하나 종시 듣지 아니하므로, 일본이 더욱 업신여기나 어찌하는 수 없는지라.

이등박문과 리홍장이 천진에서 약조를 정하는데, 그 약조 중에 조선에 일이 있어 군사를 보낼 때에는 두 나라가 먼저 의론하고야 행한다 하는 구절이 있는지라. 리홍장은 그 세력만 믿고 조약을 중히 여기지 아니하므로 심상히 여기고 허락하였으나, 이등박문은 이때부터 전재(戰災) 예산을 차림이라.

갑오년 동학의 난리가 진정키 어렵게 되자 청국에 구원병을 청하는지라. 리홍장이 전일 약조는 생각지 않고 즉시 군사를 파송하는지라. 일본이 청국에게 물은즉, 조선 독립에 대하여는 질정(質定)한 대답이 없고, 다만 일본더러 참예치 말라고 하는지라. 일본이 즉시 동병하여 두 군사가 조선에서 만나 접전하였은즉, 이때에 만일 청국이 황연히 깨닫고 남의 권함을 들었던들 그 욕을 아니 당하고 동양에 다행 되었을 것이거늘, 겉으로는 독립이라 하여 공문 약조까지 거래하여 놓고 속으로 위협하며, 만일 대청을 거역하다가는 큰 일이 나리라 하며, 남이 그 이허(裏許)를 모르는 줄로 알다가 이 지경을 만들고….

우리나라에서 이때에 정신을 차렸더라면, 미국과 일본이 기왕 독립으로 대접하여 균평한 통상국으로 약조를 정하고 공사가 들어와 있으니 이것을 들어 청국에 위협을 받지 말고 자주독립을 드러내어 공포하였으면, 청국이 기왕 일 미 양국과 조선을 독립국으로 대접한다는 약조가 있었은즉 감히 동병하기까지 이르지 못하였을 터이고, 설혹 동병하여도 일 미 양국이 공담(共擔)으로 막아주었을 것이거늘, 타국이 독립하라 권하면 그리 하노라 하며, 청국이 물으면 상국을 각별 섬기노라 하여, 좌우간에 질정이 없이 갈 바를 모르니, 내 일을 내 손으로 결정을 못하다가 필경 남이 작정하여 주기에 이른지라. 어찌 당시 집사자들의 책망이 아니리오.

오늘날 일로(日露)에 상지(相持)가 또한 이와 같아서, 정부에서 바깥 형편이 어찌 되는지는 모르고 어동어서(於東於西) 간에 작정이 없어서, 이 사람의 말을 들으면 이렇게 하는 체하다가, 저 사람의 말을 들으면 저렇게 하는 체하여, 남의 수하에서 머리를 들지 못하며, 남의 보호 안에서 벗어날 줄을 모르므로, 정부당이나 백성의 당이라고는 들어보지도 못하고, 다만 일당(日黨)이라 아당(俄黨)이라 하는 말이 세상에 파다하니, 우리는 누가 일당이며 누가 아당인지 모르기도 하겠고, 알려고도 아니 하거니와, 어찌하여 대한국 대한 정부에 일 아 양당이 상지하느뇨. 이는 주심이 없어 남을 의뢰하는 까닭이라.

잔약한 나라가 남을 의뢰 아니 하면 어찌 하느뇨 할진데, 이는 정부와 백성이 서로 의지하면 그 중에서 권력이 생겨서 남을 의뢰할 마음도 없어지고, 남이 보호하여 주마는 말도 없어지리니, 이러 하고야 지금 세상에 나라를 보존하는 법이거늘, 이 나라는 그렇지 아니하여, 백성은 정부를 찬조하여 백성의 직책을 할 줄 모르고, 가만히 물러앉아 난치(亂治) 안위(安危)를 모두 당로(當路)한 이들이 알아 할 것이지 우리는 상관도 없고 상관할 권리도 없다 하니, 첫째 백성이 정부를 찬조하지 않는 책망이오.

정부 관인들은 국가 안위는 고사하고 각기 자기들의 이해 시비만 생각하여 헤아리되, 백성이 만일 공론을 세우는 날은 우리의 위엄이 없어지는 날이니, 우리의 위엄과 권세가 없어져 하고 싶은 일을 임의로 못할지라. 불가불 백성의 명색이라고는 합력(合力)도 못하고, 공론(公論)도 없게 하여야 한다 하고 감히 머리를 들지 못하게 만들어 놓은즉, 백성이 힘없는 날은 정부가 따라서 약하여짐이라. 백성이 약하여 정부를 받칠 힘이 없으므로 백성과 정부 사이에 서로 정의가 상통치 못하여, 정부에 위태한 일 생기는 것을 무식한 백성들은 도리어 상쾌히 여기는 법이라. 외국이 이 형편을 보고 속으로 위협한즉, 자연 의지할 데 없어 남을 청하여 보호를 구하나니, 이럼으로 백성이라, 정부라 하는 당론은 이름도 없고 일당(日黨)이라, 아당(俄黨)이라 지목하여 서로 알기를 아인이니 일인으로 여기는지라.

그런즉 지금이라도 속으로 은밀히 하는 일을 먼저 없이 하여야 년 전 일청사단(日淸事端) 같이 만들지 않을 것이니, 실상으로 공포하여 어느 나라 사람이든지 속으로 운동하는 것은 당초 거절할 일이다. 백성을 일으켜 국가 화복 안위를 관민이 함께 당하자고 하여 세상에 드러내 놓고 합의하여 의론할진대, 외국인이 서로 막아 가며 상관 못하게 하고 앉아 볼 터이니, 오늘 일당이라 아당이라 하는 자 암만 있은들 뉘게 가서 의론하리오.

제5권 제47호

대한제국 광무 6년 3월 6일 (木)

(신민의 충분(忠憤))

나라를 위하여 죽는 것이 영광이라 함은 어제 논설에서도 대강 말하였거니와, 우리나라에는 이것을 진정으로 알아듣는 자가 없는 고로, 혹 말로는 여러 번 들어보았으되 참 행하는 자는 보지 못하였도다. 대개 사람이 충분(忠憤)한 마음을 가지고 나라를 위하여 죽기까지 나아가는 것이 나라에도 이(利)요 자기에게도 참 이 되는 줄을 설명하노라.

삼십년 전은 일본이 어떻게 어둡던지, 소고기를 먹을 줄 몰라 소는 그저 죽여 썩히며, 혹 그 고기를 먹으면 사람이 죽는 줄로 알았는지라. 이렇게 어둡던 나라가 서양 각국과 통상 교제한 지 삼십년 동안에 어떻게 진보가 되었든지 오늘 동양의 영국이라 하나니, 세상에서 그 근본을 궁구하여 그렇게 속히 된지 알고자 아니 하리요.

그 근본을 말하는 자들 다 가로되, 고산정지(高山정지)라 하는 사람 하나로 인연하여 되었다 하나니, 고산정지는 한날 평민으로 서양 사람들의 사는 법률 제도와 세상 형편을 깨닫고 보니 불가불 하루바삐 고쳐야 하겠는데, 전국에 상하 관민이 모두 어두워 어찌할 수 없는지라. 대로로 돌아다니며 주야 통곡하다가 길에서 자처(自處)하여 죽었나니, 그 때는 사람들이 다 그 사람을 미친놈이라 하였으나, 오늘날 그 백성이 다 깨어놓고 보니 비로소 그 사람의 이름이 들어난지라. 실상을 말하면, 이 사람이 아무 일도 한 것 없이 죽었을 뿐이오, 그 후에 충신열사들이 많이 생겨 죽기도 잘하고 일도 많이 하였거늘, 이 사람의 공이 상등에 처함은 괴이한 듯하나, 일을 의론하는 법이 그 성공하는 자를 제일로 치는 것이 아니라 먼저 기초 잡아 놓은 자를 상공으로 치나니, 이 사람이 당초에 명예나 이익을 바라는 것 없이 다만 일편 혈성으로 애를 쓰다 못하여 스스로 죽었나니, 다른 사사 뜻 없이 진정 혈심으로 목숨을 버리기까지 나아간 것은 부지중 그 값진 피로 씨를 뿌려 놓은 것이라. 이 마음으로 기초를 잡아 놓은 고로 그 후의 사람이 성공하여 놓은 것이라.

그러므로 이 사람의 이름이 만고 사기에 빛나게 되었나니, 이 사람을 참 죽었다 하겠느뇨. 만일 목숨을 아껴 구구히 살았더라면 누가 고산정지를 알았으리요. 그런즉 이것이 참 그 사람에게 이익이라. 그러나 이 이익을 바라고 죽으려 하면 그 기회도 얻기 어렵거니와 기회를 만나도 차마 죽지 못하는 법이라. 고산정지가 그때에 어찌 이 명예 얻을 줄을 미리 알고 하였으리요. 다만 충애의 열심히 생겨야 충분(忠憤)한 자리를 당하면 이해 성패를 불고하고 곧 결단하나니, 열심이 아니면 나라는 어찌 되며, 사람이 사업을 어찌 하리요.

청국의 강유위(康有爲)는 우리나라 신문에도 무수히 말하던 바이어서 거의 다 알려니와, 당초에 한미한 선비로 외국을 구경도 못하고 외국 언어 문자도 모르되, 번역한 서책을 많이 공부하여 학식을 포부(抱負)하며, 충애가 간절하여 갑오전쟁 이후로 광서(光緖) 황제께 누차 상소한즉 황제가 불러 보시고 바깥일을 부탁한지라. 글을 지어 백성을 권면하며, 회를 모아 충애를 배양하다가, 급기 서태후(西太后)가 개화를 싫어하여 황제를 폐하고 정사를 찬탈하며, 강유위와 동지들 여섯 충신을 잡아 죽이는데 유명한 의사가 여럿이라. 다 죽기를 자원하여 영광스레 몸을 버렸으며, 강유위의 아우가 또한 그 중에서 죽고, 강유위는 다행히 면하였는데, 그 죽을 곳에서 여러 번 벗어난 것을 볼진대 첩첩이 신기한지라.

이것이 다 자기가 구구히 살기를 구하여 도망한 것이 아니라 다 외국 사람들이 각기 자기 목숨 보호하듯이 하여, 당초에 듣도 보도 못한 사람들이 몇 백 원씩 내어 보호하며, 서태후가 자객을 보낸다 하여 그 처소에 병정을 옹위하고 출입하는 사람과 음식을 낱낱이 검사하여 이렇듯 구하여 내었으므로, 영미 각국 신문 잡지에 강유위의 성명 아니 나는 날이 별로 없었는지라.

세상에서 열심히 그 사람이 무사히 넘기기를 바라므로 그 이름을 모르는 자가 별로 드물었나니, 강씨가 당초 한민(閒民)한 사람으로 목숨이나 위하여 조용히 살기를 도모하였으면 누가 강씨의 이름을 알리오마는, 전혀 몸은 버리고 나라를 위하는 연고로 세상에서 이렇듯 사랑하여 보호함이니, 이것이 강씨의 이익이라. 충의 열심이 아니면 어찌 되리요.

이상 두 사람의 대강 행적을 보건대, 이런 마음이 없고는 이 명예를 얻을 수 없고, 이 사람이 없고는 나라가 될 수 없는 줄 알겠도다.

제5권 제62호

대한제국 광무 6년 3월 25일 (火)

(청 공사의 조회)

일전에 청 공사 허태신(許台身) 씨가 우리 외부(外部)에 조회하고 청구하되, 대한 북계에 둔취한 병정들이 청국 군사를 잡아다가 월경하였다 하고 경년(經年)토록 가두어 두니, 해(該) 지방대에 훈칙하여 놓아 달라고 하였다더라.

이 사연을 들으니 나의 마음이 자연 감동하여 청인을 위하여 비창한 회포가 생기는도다. 대개 청국 관민이 대한에서 갑오년까지 행악(行惡)하던 것을 생각하여 보라.

남의 국태공(國太公)을 꾀어다가 수삼 년을 욕보이고, 각국 공사가 입궐 폐현(陛見)할 때에 궐문 밖에서 교자(轎子)를 내려 걸어 들어가되 청국 사신은 그대로 타고 앉아서 탑전에 즉입(卽入)하며, 청국 상민들은 대소 관민을 무론하고 구타 후욕(詬辱)하기를 기탄없이 하며, 그 외에 무리한 대접이 이루 다 말할 수 없었고, 오늘날 외국인의 한성 개시(開市)한 것이 당초에 청인으로 인연하여 된 것이라. 그때 만일 청인만 성중에 없었더라면 통상 조약에 한성 개시를 허락지 않았을 것인데, 청인이 그 사경(四境)과 경위(經緯)는 생각지 않고, 그때까지도 당당한 세력으로 세상에 당할 나라가 없는 줄로만 알고 거만 무례함을 고칠 수 없은즉, 청인은 한성에서 장사하며 다른 외국인은 어찌 말라 하리요. 부득이 허락되어 지금 대한 정치에 큰 문제가 된지라.

그때 대한 신민들은 그 수치와 그 무리를 당하면서 분하고 부끄러운 생각은 일호도 없고, 도리어 범 같이 두려워하며 상전 같이 대접하더니, 불과 육칠년 동안에 형편이 이렇듯 변하여, 그 백성이 오늘날 대한 사람의 손에 잡혀와 경년토록 간혔으되 호소할 곳이 없다가, 어찌하여 그 공사 허태신 씨가 불쌍한 사정을 말하며 놓아 보내기를 간청하니, 세상 일 변하는 것이 이렇듯 측량키 어려운지라. 완고한 양반네들, 지금 세상은 날마다 변하여 가는 것을 좀 알면 좋을 지로다.

저 청국 백성으로 말하면, 세계에 제일 큰 대국이오, 의관문물(衣冠文物)과 예악법도(禮樂法度)가 세상에 제일인 줄로 알고 오만자대(傲慢自大)함을 비할 데 없던 백성이, 오늘은 만국 만민의 종이 되어 의지도 없고 돌아볼 데도 없이 되어, 그 불 쌍한 남녀노소들이 외국 군사의 밥이 되어 금극(金戟)이 충돌하는 곳에 무죄한 혈육이 중원 산천에 편만하므로, 충신열사의 자손들은 난신적자(亂臣賊子)의 유(類)가 되며, 성현의 묘예들은 강도의 당(黨)이 되며, 예의지방(禮義之邦) 신민들은 이족(異族)의 노예가 되니, 그 사정을 생각하면 영웅의 강개한 눈물이 사람의 옷깃을 적실지라.

저 어리석은 백성들은 모두 운수로 돌려보내고 고칠 도리를 생각지 못하거니와, 실상을 상고하면, 첫째, 저희가 저희 직책을 못함이오, 둘째 윗사람들을 잘못 만난 연고라. 만일 저희들이 남의 나라 백성 같이 영광스러운 피를 흘려가며 그 정부 압제를 면하고 외국의 수치를 막아 영원무궁한 태평 기초를 닦아 놓았으면, 세상에 제일 많은 인종과 가장 부강한 강토를 가지고 어찌 저렇듯 되었을 리가 있으며, 그 관원

된 이들이 백성을 참 나라 근본으로 대접하여 교육으로 북돋우며 법률로 김매어 그 뿌리를 든든히 박아 주었더라면, 나라와 백성도 저 모양 아니 되고, 자기네 영화 부귀도 영원히 끝나지 않았을 것을, 당장 이(利)만 생각하여 여지를 남겨두지 않았은즉, 서양 속담에 이른바 날마다 금알 낳는 거위를 급히 쓰기 위하여 배를 가름과 같은지라. 그런즉 상하가 다 자기의 잘못함으로 저 지경을 당함이니, 수원숙우(誰怨孰尤: 누구를 원망하고 누구를 탓하랴) 하리오. 실상 불쌍할 것도 없다 하리로다.

그러나 동양 사기가 시작된 이후로 대한과 청국은 관계도 별로 긴중하거니와 정의가 항상 자별(自別)하여 심상한 외국과 같지 않은 중, 겸하여 지금 형편인즉 동양이 만만위급(萬萬危急) 하므로 각국의 눈이 모두 이 두 나라에 있은즉, 지금이라도 이 두 나라가 손을 잡고 서로 권면하여 가며 수단 있게 조처하고, 부지런히 일을 하여 능히 따로 설만치 될 것 같으면, 각국이 다 주의를 변하여 모두 좋은 친구가 되고 동양이 태평부강 하려니와, 그렇지 못하면 필경 불구에 이 두 나라로 인연하여 동서양에 풍진을 일으켜 놓고 그 중간에서 성명이 없어지고 말지라. 그런즉 이 두 나라가 지금 동서양 안위에 기계고등(奇計孤燈)이 된지라. 좋으나 언짢으나 두 나라 교제는 특별히 친근하여야 될지라. 피차간 관민 물론하고 서로 형제같이 대접하기를 원하노라.

청 공사 조회 중에, 그 군사들이 월경하였다 하고 잡아 가두었다 하였으니, 이는 우리 생각에 좀 모호한 듯한지라. 당초 관병 같으면 그곳에서 어찌 하다 잡혔으며, 또한 대한 병참소(兵站所)에서 무슨 까닭으로 잡아다가 가두었으리요, 필경 무슨 사연은 있는 것이라. 작년에 그 지방 청인들이 종종 소동(騷動)하여 대한 지방에 침범도 하므로, 몇 백 명씩 작당하여 노략질도 무수히 하므로 변방 민심이 대단히 소요하여 우리 정부에서 관병을 파송하기까지 이르렀은즉, 대한에 손해도 적지 않았거니와, 만일 이 지방에서 폭동이 일어나면 타국이 기회를 얻어 간예할 염려가 없지 않은지라.

허 공사가 마땅히 이 사연을 그 정부에 보고하여 별반 방책을 마련하여 그 지방 난민을 진압하여야 내 권리 보호하는 도리에도 타당하거니와, 해(害)가 이웃에 미치지 않을 것이니, 십분 주의하여 양국의 정의가 돈목(敦睦)하여 지방이 편안하기를 기약하노라.

제5권 제64호

대한제국 광무 6년 3월 27일 (木)

*(이승만의 청일전쟁기 소개 기사)

(서책이 아니면 학식을 발달하지 못함이라)

서책이라 하는 것은 곧 사람의 귀와 눈이라. 사람이 소경과 귀머거리 외에야 누가 귀와 눈이 없으리오마는, 다만 옆에 소리나 듣고 앞에 빛이나 볼 뿐이고 심지어 막힌 곳과 가린 것은 보고 듣지 못하나니, 소경과 귀머거리에 비하면 얼마 나으나, 천리 밖 만리 밖을 소상히 듣고 보는 자에 비하면 귀 없고 눈 없는 이보다 얼마 나을 것 없는지라. 멀리 듣고 멀리 보는 법이 있으면 무엇을 아끼며 무엇이 어려워서 배우지 않으리오.

지금 세상에 전어기(傳語器) 전기선(電氣線)이 아무리 통신하기에 신기하며, 천리경 현미경이 멀리 보기에 아무리 경첩(輕捷)하다 하나, 이것은 사람마다 가지기도 어렵고, 설령 저마다 가졌다 할지라도 오히려 다 듣고 다 보지 못하되, 다만 서책과 신문은 가장 경첩하고 신기한 보배라.

천만고 이전에 현인군자들에게 가르친 말씀이며, 영웅호걸의 고담준론을 면대(面對)한 듯이 듣고 앉았으며, 천만리 밖 세계 만국에 조석으로 변하는 형편과 정치 태도를 거울 속같이 들여다보나니, 이렇게 아는 사람과 십리 밖 일이 어떤지 백리 밖에 무슨 변이 있는지 모르고 지내는 사람을 비하면, 어찌 밥 발레가 아니리오. 외국 사람들은 각색 전문 실학(實學)의 서책은 이를 것도 없고, 각국 정치 교화와 풍속 인정 등류 각색 새 서책을 날마다 지어내는 것이 한량없어서, 어디 무슨 새 소문이 있거나 이상한 일이 생기면 일일이 탐지하여 실상대로 기록하며, 한 가지 전문학 책도 해마다 새로 발명하여, 삼년만 지내면 벌써 묵은 책이라 하여 새로 난 것을 구하나니, 이러므로 지식이 날마다 넓어지며, 학문이 해마다 진보되어, 오늘 세계에 굉장한 기계 제도와 세계에 문명한 정치 학식이 다 한때에 된 것이 아니고 지나간 오륙십년 동안에 점점 늘어서 저렇듯 된 고로, 오는 백 년 동안에는 바다를 말리고 산을 옮기는 기계가 생길는지 모른다 하는 바라.

신문의 이익은 우리나라에 한두 가지 신문이 있어서 보는 이들은 다 짐작하는 바이거니와, 깊고 장황한 사정은 신문으로도 다 못하는지라. 마땅히 서책을 새로 지어내어야 우리나라 사람들이 소경과 귀머거리를 면할 터이거늘, 실제로 학문 책은 지어낼 사람도 없거니와, 책 권간 번역을 하거나 지어낸다 하여도 재정이 없어 발간을 못하니, 실상 학문이야 어찌 얻어들어 보리오. 실로 한심한 일이라.

전 주사(主事) 현채 씨의 호는 백당이라. 백당 선생이 연래로 교육상에 대단히 주의하여, 다른 힘도 적지 않거니와, 서책을 번역하여 낸 것이 여러 길이라. 국한문으로 섞어 보기 쉽도록 만들어, 여간한 문자나 아는 이는 다 보기 좋게 박아 냈으므로 보고 깨닫는 사람이 또한 불소(不少)한지라. 당초 빈한한 선비의 처지로 지내기가 어려웠으나, 다만 그 성력(誠力)으로 재정을 구집하여, 부지런히 일 하여서, 이렇듯 한 것이라. 그 공효를 깊이 감사히 여기노라.

그러나 힘에 부쳐 책을 많이 발간하지도 못하거니와, 이천 만 남녀를 통계하여 보면 불과 홍로점설(紅爐點雪)이라. 우리는 국문 보는 형제자매들을 위하여 책을 많이 발간도 하고, 만들기도 하는 것이 더욱 긴급한 줄로 알고 항상 힘써 주의하더니, 재작년에 비로소 일청전쟁기(日淸戰爭紀)라 하는 책 한 길을 국문으로 번역하여, 간간 번역인의 주의로 분석하여 놓았나니, 이는 곧 갑오년에 청국과 일본이 전쟁한 사적이라. 이로 굉장하거니와, 더욱이 대한에 관계되는 사건인데, 우리나라에서 전쟁된 줄은 모를 사람이 없으나, 그 실상이 어찌하여 되었으며, 동양과 우리나라에 관계가 어떠하며, 어느 나라가 참 어찌 패하고, 어느 나라는 어찌 이겼으며, 우리나라에서는 장차 어찌 하여야 강토를 보전하며, 동양을 어찌하며 유지할는지 아는 사람이 몇이나 되느뇨.

이 책은 삼국지나 임진록(壬辰錄) 등 고담책(古談冊)과 같이 한두 사람의 의견으로 지어낸 것이 아니라, 그 나라 황제의 국서들과 조칙 반포된 것이며, 정부와 공사 사이에 내왕한 공문들이며, 전권대신들이 담판한 문답과 각국 전보, 신문에 확실한 진본을 모아다가 합하여 사적을 만들고, 방책과 형편을 의론하여 놓은 것이니, 눈으로 보고 귀로 들은 들 어찌 이렇듯 소상(消詳) 분명하리오. 이것을 보고 앉아 있으면 세상 형편과 각국 태도며, 우리나라의 장래 일을 거울 속같이 볼 터이니, 어찌 사람의 귀와 눈이 아니라 하리오.

이 책을 만들어 놓고 발간할 힘이 없어 오늘까지 묶어 두었으니 과연 애석한 바라. 몇 천 길 박아내어 전국에 퍼졌으면 인민의 귀와 눈을 열어주는 일일 뿐더러, 아는 대로 다투어 보기를 원할 터이니, 값을 적게 매겨 방방곡곡이 지소를 내고, 광고를 붙여, 사다 보기 편리케 하면, 자본 빼기도 어렵지 않을지라. 유지한 자본 있는 동포들은 큰 사업상에 유의하거든, 본사로 찾아오시면 자세히 의론하겠노라.

제5권 제65호

대한제국 광무 6년 3월 28일 (金)

(눈물이 만든 일)

작년에 붕서(崩逝)한 영국 여황 빅토리아는 보는 이들도 많이 짐작들 하려니와, 이 부인네는 다만 영국 사기(史記)에만 처음 난 성군이 아니라, 세계 성군 중에도 흔치 않은 임금이라. 등극(登極)한 지 육십여 년 동안에 착한 일과 옳은 도리에 유명한 사적(事蹟)은 서책으로서 다 말하기 어렵다 하는데, 이 여황 시대에 영국의 국기가 참 세계에 영광을 드러내고, 토지가 널리 개척되어 오대부주에 영국 속지 없는 곳이 없으므로, 지금 영국 관할에 있는 토지가 합 일천삼백만 방리(方里), 지구를 통합하여 오분지 일을 차지하였으며, 통히 인구가 사억만 명이라.

자고로 독립국이 남의 속방(屬邦)이 되면 그 백성은 항상 불합(不合)이 여기는 법이거늘, 이 여황은 덕화가 어찌 협흡(協洽)하였든지, 탄일 경축에 속국 백성들이 더욱 즐거워하며, 충애하여 그 여황을 만민의 어머니라 하며, 심지어 상관없는 외국 백성들이 공덕을 기념하기 위하여 재정을 수합하여 병원과 학당 등을 지어 만민에게 이익을 끼치게 이 이름을 빅토리아 기념학당이라, 기념병원이라 하나니, 이는 당초에 기념비를 세우려 하여 대신에게 청하여 주달(奏達)한데, 여황의 대답이, 백성의 뜻을 빼앗기 어려워 부득이 허락은 하나, 만일 백성의 뜻을 중히 여기지 않을진대 하지 말라 하겠노라 하시니, 대신이 조용히 황태자께 물은데, 그때 황태자는 지금 황제 에드워드 칠세(Edward VII)라. 답왈(曰); 어머님의 성의는 측량키 어려우나, 만민에 유조한 일을 하면 기뻐하실 듯하다 하는지라. 이 뜻을 옳게 여겨 학당과 병원을 설시하기로 작정함이더라.

일천팔백사십칠 년은 이 여황이 이십팔 세 되었을 때라. 이때에도 영국이 많이 열리지 못하여 아일랜드 지방에 토지가 많이 황무하고 도로가 누습하여 위생에 방해되는 것이 많으므로 인하여 괴질이 자주 생겨 이 해에 사람이 여러 천 명씩 상하는지라. 어두운 나라 같으면 하늘이 주는 재앙이라든지 운수라 하여 어찌 할 수 없다 할 터이로되, 여황이 국회를 열고 친히 회석에 참여하사 그 지방 개척할 방책을 의론할 때, 대소 관원이 그 일을 별로 관계있게 여기지 않는지라. 여황이 친히 일어서서 회원을 대하여 연설하시다가, 무고한 백성이 정부 관원의 위생 잘못함으로 몇 천 명씩 죽어나가는 정경을 말씀하시며, 인하여 목이 메어 음성이 변하며 눈물이 앞을 가리는지라. 그 모인 신하들이 어떻게 감동되었겠으며, 그 후 듣는 백성들이 어떻게 감복하였겠느뇨. 그러나 이런 일이 인력으로는 못하는 바라.

만일 인심 얻기를 위하여 짐짓 작색(作色)하여 될진대, 혹 어두운 사람이나 한두 백성은 속기 쉽지만 여러 백성을 여러 해 동안은 속이지 못하나니, 남이 그 뜻을 아는 날은 세상이 곧이듣지 아니하기는 물론하고 도리어 큰 해가 되는 바이거늘, 이 여황은 여기서 낙루한 것이 신하들로 하여금 감동하게 만들자는 것이 아니라 불쌍히 여기신 마음이 정곡(正鵠)에서 나온 고로, 이후에 그 괴질 있는 지방을 옥체가 친림하시어 그 병을 무릅쓰고 몸소 문병하시며, 인하여 삼사 차를 거동하시자 친왕과 대신 이하도 어찌 안연(晏然) 무심하리요.

어찌 힘들 써서 친히 내왕하며 개척하여 놓았던지, 이태 후에 다시 거동하실 때 팔월 초삼일에 거동 날인데, 여황이 친왕을 데리고 초이일에 떠나시어 코크 강변에 내리시니 강변에 선창 등절이며 층층이 포진하여 놓은 것이 대단히 굉장한데, 여러 십리 동안을 연접하여 불빛이 화초 밭 속같이 되었으며, 강중에 가득한 선척이며 길가에 고루 거각이나 촌락에 수간모옥(數間茅屋)이나 모두 성수만세를 경축하는 빛이라.

한 촌가에서는 온 집안 식구가 모두 언덕에 올라 내외가 서로 하는 말이, 이 어둡던 지방을 이렇게 만들어 놓은 것은 우리 여황의 눈물이 만든 것이라 하며, 갓 우산 지팡이 수건 등물을 손에 잡히는 대로 들어 높이 저으며 여황 폐하 만 만세를 목이 쉬도록 부르다가 감정을 못 이기어 눈물들을 나타내는지라. 그때부터 이곳을 여황동(女皇洞)이라 이름 하여 영영 기념하며, 그곳 촌 여인이 수놓은 족자를 만들어 그 거동을 그렸는데, 여황이 어린 친왕을 데리시고 마차에 앉으신 좌우로 신민(臣民)이 옹위하여 갓을 저으며 만세 부르는 형상을 만들고, 송덕한 글을 지어 수놓았는데, 이것이 세상에 가장 귀하게 여기는 물건이더라.

이 여황이 돌아가신 후에 만국이 널리 슬퍼하였나니, 이는 여황이 만민을 자기 몸같이 사랑하시는 연고라. 예수교의 애인여기(愛人如己)하는 본의가 아니면 될 수 없는 일이라 하는 바더라.

제5권 제83호

대한제국 광무 6년 4월 18일

(인구의 성쇠)

세계 인구를 통합하면 십육억만 명이라. 그 중 관계있는 몇 나라 인구를 대강 상고하건데, 청국에 사억만 명이니 세상에 제일 많다 하던 나라이요, 인도국이 삼억만 명이니 영국에 다 속한 노예라. 지금은 영국 인구로 통합하여 본방과 각 속지 인구를 함께 치므로 사억만에 이른지라 청국과 비등하게 되었으며, 미국이 칠천만 명이고, 아라사가 일억 삼천만 명이고, 일본이 사천여만 명이라. 대한에 이천만 명이라 함은 실로 빙거 없이 가량 치고 하는 말이나, 외국 신문에 보면 혹은 일천 이삼백만 이상으로 일천칠팔백만 명까지 이르도록 한정이 없이 혹은 이렇다 하며 혹은 저렇다 하여 질정(質定)이 없으니, 이만한 수치(羞恥)가 또한 없는지라.

내 나라 인구가 얼마인지 모르니 남이 무엇이라 지목하리오. 어서 깨어서들 인구도 자세히 조사하며 토지를 측량하여야 하려니와, 설령 이천만 명이라 할지라도 청국에 비하면 이십분의 일이오, 일본에 비하면 절반이오, 미국에 비하면 거의 사분의 일이라. 실로 적어서 각국과 비교치 못하리라 할 것이다.

그러나 나라의 강약은 백성 다소에 있지 않고, 다만 국민의 마음이 발달하고 아니 하기에 있나니, 청국으로만 보아도 십분의 일 되는 일본에 패한 바 되며, 인도국은 팔분지일 되는 영국에 속하여 삼억만 명이 노예 노릇을 하나니, 우리 이천만 명이 원기만 발달하여 사람마다 속에 충분(忠奮)한 마음이 들어 몸이 죽어도 나라를 보호할 생각만 있으면, 오늘날 사천만 명 가진 일본이 네 갑절 되는 아라사와 비등하려 함을 부러워할 것이 없을지라. 사람마다 속에 충분한 마음을 한 가지씩 얻어 넣도록 힘써야 할 것이니, 이는 새 학문과 내외 사정을 아는 데서 생김이라. 국민의 장진(長進)을 바라는 사람들은 널리 권면할지어다.

매 일백년을 한 세기라 하나니, 한 세기 동안에 어느 나라든지 매 백 명이 평균적으로 갑절씩 는다 하나니, 작년이 일천구백일 년인즉 십구 세기가 마치고 이십 세기가 새로 시작되는 해라. 이럼으로 작년이 각국에서는 범백(凡百) 사업의 흥하고 쇠한 것을 조사하여 지나간 세기 동안에 어찌된 것을 비교하며, 오는 세기 동안에 어떻게 진보될 것을 권장하는 고로, 각색 일에 비교하여 공포한 것이 심히 많은지라. 우리는 지난 백 년 동안을 두고 비교할진데 또한 가관(可觀)할 곳이 없지 않도다.

대개 나라의 흥쇠(興衰)를 보려면, 인구의 늘고 아니 느는 것과 재물이 흥성하고 아니함을 보아 비교하나니, 영국의 흥왕함을 볼진대, 일천팔백일 년에 인구 매 백 명이 일천구백 년에 이백육십삼 명이니 일배반이 늘었고, 일천팔백 년에 상업이 매 백 원 세입 가량이 일천구백 년에 일천이백오십 원이니 십일배 반이 늘었고, 농업 우체 재조 부세 등물이 각각 십여 배 이상 일백오륙십 배가 는 것이 많은데, 그 중 학문이 진보된 것은 겨우 육 배 가량이 늘었으니, 학문상 진보가 가장 더딘 줄을 짐작하겠도다.

서양 각국에는 일국의 재정을 의론할 적에 탁지부를 장치한 것을 의론하지 않고 다만 백성의 재정을 헤아려 비교하나니, 일천구백 년 처음에는 전국 재정이 이천이백 조원이니, 일백만이 일조라, 일천구백 년 끝에는 일만이천사백 조원이니 십 배가 넘어 남은지라. 전국 인민이 균평히 매 명에 분배하면 삼백삼 방(파운드) 씩 차지되니, 한 방이 십 원 가량이라. 그런즉 백 년 동안에 인구가 이배반이 늘고, 재물이 십여 배가 늘었으니, 그 굉장히 흥왕된 것을 가히 보겠더라.

우리나라의 흥왕한 것을 볼진대, 백성은 날로 줄어들어 인구 조사를 빙거할 수 없고, 재정은 점점 줄어들어 상업 어업 농업 등 모든 이익을 낱낱이 남에게 잃으니 백성이 장차 살 수 없이 되어, 어두운 백성들은 그 근인을 깨닫지 못하고 혹은 인구가 많이 죽어야 하겠다 하며, 혹은 개화로 인연하여 이러하니 외국인만 없으면 여전히 태평 부요하겠다 하는지라.

이런 어두운 식견에 대하여 장황이 말할 겨를이 없으니, 영국은 당초 본방에 터가 좁고 백성이 많이 살 곳이 없는 고로 각국에 퍼져나가 재정을 벌어들인다거나 토지를 점령하여 저렇듯 되었고, 일본은 백성이 본방에 다 살기 어려워 각처에 식민지를 확정하며, 심지어 자유도한(自由渡韓)의 의론이 일어났나니, 백성 늘고 땅 좁은 것이 걱정 아닌 줄은 파혹할 것이다. 일본과 영국도 전에는 인구와 재정이 해마다 줄다가 법률 정치를 고쳐 개명상 주의를 발달한 이후로 흥왕하는 바라. 대한 관민들은 각기 상업 농업 각색 직무를 남보다 낫게 하며, 외국에 가서 재물을 벌어들일 주의를 생각할진대, 어찌 개화의 해를 홀로 당하리오. 하루 바삐 앞으로 나가기를 힘써야 되리로다.

그러나 진취된 일을 볼진대, 사오년 전까지 처사국(處士國)으로 지내다가 문호를 열고, 만국과 상통하며, 자주독립국으로 영은문(迎恩門)이 없어지고 독립문이 되었으며, 백성이 제국신민이 되어 각국과 동등 이익을 누리니, 허문상(虛文上)으로 보면 이렇듯 속히 진흥한 나라가 없다 할지라. 장차 오는 백 년 동안에는 얼마나 흥왕 될는지 한량이 없거니와, 우리 관민이 일심으로 힘써서 이 지나간 허문상의 흥왕이 참 실제상 이익 되기를 원하노라.

제5권 제92호

대한제국 광무 6년 4월 29일 (火)

(영일 동맹에 대한 각국 의견)

상해의 어떤 신문이 영일 동맹에 대하여 의견을 말하였는데, 그 신문이 지금이야 왔기로 번역하여 등재하노니, 그 글에 왈(曰); 본사에서 영일 동맹을 보고해 오되 이 일이 의사 밖에 됨이라 하노니, 이로부터 동양이 태평을 보전하며, 인하여 서양에도 유익할지니, 이 약조를 그 관계되는 청국과 고려에 전하면 반드시 생각이 있을지라.

대개 동서양의 태평을 보전하기는 전혀 청국과 고려에 있나니, 비컨대, 각국의 관계가 쇠사슬 같아서 한두 코라도 상한 곳이 있으면 모두 다 요동될지라. 지금 청국과 한국이 썩어 상한 곳이거늘, 이 약조의 대지(大旨)가 그 토지와 국권을 보전하는데 있은즉, 상한 곳을 이어서 끊어지지 않게 함이라. 온 사실이 흔들리지 않기를 위주 함이로다. 연내로 각국의 근심이 청국의 강성함에 있지 않고 청국이 약한데 있나니, 이는 청국이 약한즉 강한 자가 욕심을 부려 온 지구가 소동될 기틀을 만들 것이니 만국의 손해가 어떠하겠느뇨. 만일 강성할진대 각국이 서로 상지하여 넘겨다보는 마음이 없어지리니, 태평의 기틀이 어찌 이에 있지 않으리오.

지금 이 약조가 되었은즉 깊이 바라는 바는, 일정한 다섯 해 세월을 허수히 보내지 말며, 이 정한 것을 예사 약조로 알지 말고, 또한 외국인을 원수로 여겨 군함과 병정이나 확장하여 남을 방비한다는 생각을 두지 말고, 학교를 흥왕하여 교육을 위주하며, 상업과 공업을 흥왕하여 오년 안에 부강을 이루어야 하리로다. 청국이 쇠약하여 동아(東亞) 대주(大洲)에 처한 것이 대로상에 돌무더기 있는 것 같아 항상 행인의 거마를 상해하니, 속히 치워서 여럿이 편리케 하는 것이 어찌 합당치 않으리오. 이 약조가 미리 날짜를 정하여 그 주인으로 하여금 자의로 치우기를 권함이니, 그 안에 치우지 않을진대 어찌 영구히 버려두리오. 반드시 여럿이 나서서 없이 할지니, 심히 위태하리로다.

각국이 이 약조를 매우 좋게 여기는 것은, 청국이 흥왕할 기망을 다행히 여김이거늘, 청인들은 독립할 생각은 없고 공연히 의심을 두어 장차 내정을 간예하련다, 무슨 이익을 도모하련다 하여 고루한 의견으로 편벽된 생각만 가지고 남을 막으려고 하니, 어찌 개탄치 않으리오. 생각하여 보라. 당당한 제국으로 남의 보호를 받는 것이 욕되는 줄 알지 못하니, 일이년을 거연히 지내면 필경은 보호도 어찌 못할 뜻을 어찌 깨닫지 못하느뇨. 생각이 이에 미치니 기쁘던 마음이 도리어 두렵도다.

토이기국을 생각하라. 이 나라가 날로 망하여 가므로 사실상 상함과 같아 영(英) 법(法) 덕(德) 삼국이 지탱하여 보호하나니, 그 토이기는 할 수 없어 그러함이거니와, 청국은 아직도 보아주려는 나라가 없지 않은지라. 결단코 오년 세월을 허송하지 말 것이니, 가위 시호시호, 부재래(可謂 時乎時乎, 不再來)로다.

경자년(更子年)에 의화단(義化團)이 일어나기 전에 미국이 서양 각국과 합하여 청국을 보존하며 전국을 열어 놓을 약조를 정하려 하다가, 난리가 나서 성사 못되고, 영(英) 덕(德)이 약조하여 난리를 빙자하고 토지를 점령치 말자 하자, 미국이 찬조하다가, 지금 난리가 평정된 후에 영(英) 일(日)의 조약이 이루어지니 미국 덕국이 크게 기뻐하여 일본에 전보하여 치하하였으며, 법(法) 아(俄) 양국도 또한 해롭다 아니 하나니, 각국이 다 좋게 여김이로다.

심지어 각국의 신문으로서는 덕국(德國) 신문이 이 약조를 크게 관계있어 하면서 동양을 태평케 하리라 하며, 여러 나라 신문이 다 즐거이 찬성하는 뜻이고, 아라사 신문도 또한 찬성한다 하며, 영일(英日)은 더 말할 것 없거니와, 일본은 더욱이 영광스럽게 여기니, 이는 일본이 동양에서 일어나 만국공회에 처음 들고 세계에 유명한 나라와 약조를 정하였으니 그 명예가 가장 굉장한 연고라. 그 끝에 하였으되, 영화를 인연하여 교만한 마음이 생겨서는 못쓸 터이니 도리어 조심할 일이라 하였더라. 이로 볼진대, 동양에 통상 전도와 교섭, 우체 등 모든 사무가 날로 흥성할 줄을 기약할지라. 청국이 다시 깨우기를 바라노라 하였더라.

이상은 상해 신문이 말하여 청국을 염려함이니, 이것을 볼진대, 전일에 본사에서 설명한 말에 관계가 어떠한지 짐작할지라. 청국의 관계가 곧 대한의 관계이니, 다섯 해 세월을 오늘같이 보내다가 장차 후회 막급할 염려를 생각들 좀 하기 천만번 축수하노라.

제5권 제93호

대한제국 광무 6년 4월 30일 (水)

(오년이 잠깐이라)

편할 때에 위태함을 잊지 말라 함은 자고로 정사(政事)하는 자의 평생 잊지 않을 바이거늘, 하물며 오늘날 대한은 비록 목전에 큰 화근이 없는 듯하나 실로 태평무사한 때가 아닌즉, 어찌 더욱 경계할 바 아니리요.

향자(向自)에 청국에 일이 있을 때에 우리가 누누이 말하기를, 지금 각국이 대한에 별로 상관치 않는 것은 청국이 분주한 연고라. 청국 일만 귀정(歸正)되면 곧 대한으로 주목하리니, 이전에 무사함을 편히 여기지 말고 급히 일하여야 남의 색책(塞責: 책임을 벗기 위하여 겉만 둘러대어 꾸밈)이라도 할 계제가 생기리라 하되, 귀 밖으로 듣고 여전히 지내다가 급기야 의화단(義和團)이 정돈되며 영일의 조약이 이루어지니, 각국이 대한에 주목하여 우리말과 틀림이 없는 줄을 가히 빙거할지라.

다행한 바는, 청국 일이 저만치 관후하게 조처되고, 인하여 대한 일에도 당장 화는 면하여, 오년 여한을 보아 가지고 종시 할 수 없으면 달리 변통하자 하였으니, 이 기회를 타서 우리가 일을 하려 하면 다행이 되려니와, 일을 아니 하고만 보면 장래 험한 일을 사람이 미리 측량치 못할 일이로다.

지금 세상 형편이 날로 변하므로 내두(來頭: 이제부터 닥쳐오게 될 앞)를 미리 말하기 어려운 중에, 더욱이 대한 일은 사람이 정신을 차릴 수 없으므로 내일 어찌될 것을 믿는 자 없으되, 외국에서 작정하고 행하는 일은 우리 정부나 백성이 홀로 앉아 막을 수도 없고, 외국 공론으로 되려는 것은 아니 되어 본 적이 없나니, 세상 공론이 아침 령(令)을 저녁에 고치는 것과 같지 않은 줄을 알아야 하겠도다.

어제 논설 폭에 외국 공론을 들어 볼진대, 어찌하여야 될는지 짐작도 있으려니와, 세상이 청국을 미약하다, 쇠패하다 함은 군사가 남보다 적다함이 아니라, 완고한 구습을 버리지 못하여 남의 경위를 찾지 못하고 위격(違格)으로만 남을 반대하니, 전국 인민 사억만 명이 다 군사가 되기로서 만국 경위를 반대하고야 어찌 능히 저당(抵當)하리요. 그러므로 적은 나라로도 남의 경위를 배워 나도 남과 같게 행세하여 가지고, 그 사람의 경위로 시비를 분석하자 할진대, 설령 강한(强悍)한 자가 경위 없이 나를 해하려 할지라도 각국의 관계를 위하여 막아줄 터이니, 이것이 참 강하게 되는 것이라.

이것을 하자 하면 아무리 죽기보다 싫을지라도 개명(開明)을 주의하여, 처음은 원숭이라는 지목을 들어가면서도 남 하는 일은 기어이 흉내라도 내어보려고 작정을 하여야 비록 하루 이틀에 부강할 지경에는 못 이를지라도, 남들이 다 장래 여망이 있다 하여 흔단(釁端)이 막히려니와, 종시 완고 변으로만 갈진대, 소위 암혈은사(巖穴隱士)라 하는 이들이 영웅호걸(英雄豪傑)일지라도, 외국 일에는 아주 밤중이니, 자기 생각에 아무리 잘한다 한들 세계에 반대하는 일이라 어찌 지탱하기를 바라리오.

그런즉 속으로는 누구를 의지하든지, 누구를 가까이 하든지, 오년 안에 하루바삐 작정할 것은 개명주의를 반포하여, 아무리 좋은 법이라도 옛것이라고는 일제히 정지하고, 새 법이라고는 아무리 싫을지라도 알고 본뜨기를 밤낮 쉬지 말아야 할 것이다. 또한 남 믿는 마음을 먼저 버려야 할지니, 남을 믿지 말라 함은 남을 다 의심만 하라 함이 아니라, 한두 외국이 나를 도와서 적국을 막아줄까 하는 생각을 버려야 하겠다 함이라. 사람을 이렇게 믿는 것은 장래의 위태함만을 염려한 것이 아니고, 당장 모든 사람의 시기와 분심을 격동하여 나를 없이 하고자 하는 생각이 나는 법인즉, 열 사람의 분을 일으켜 놓고 한 친구의 정의(情誼)로 능히 안연 무사하겠는가.

이 영일조약(英日條約)에 세계 각국이 기뻐하는 뜻을 표하였은즉, 각국이 좋게 여기는 뜻을 참량(參量: 참작)하여 행하면 그 일이 나에게도 대해(大海)가 되겠고, 겸하여 그 기쁘게 여기는 각국이 다 나의 공변된 친구가 되려니와, 만일 그렇지 않고 종시 내 길로만 갈진대 저 각국이 다 나의 적국이 될지라. 이렇게 된 후에 속으로 무엇이나 주어가며 정의를 사려하면 어찌 될 이치가 있으리오.

슬프다, 세월이 여류(如流)하여 다섯 해 동안이 잠시간이니, 이 다섯 해 동안을 어찌 심상한 때에 비하여 다만 한두 날 시각인들 편안히 보내리오. 이 다섯 해 세월이 대한의 영원한 성쇠(盛衰)의 고동이 되리로다. 바라건대 우리 관민들은 날마다 잊지 말고 서로 깨우쳐 경동(驚動)하여 가며, 하루 한 가지씩이라도 배우고 행하여 열리는 사람이 날마다 늘며, 사업이 날마다 하나씩 늘어서 각국에 명예가 생기며, 명예 중에서 정의(情誼)가 생기기를 밤낮 힘쓸지어다.

제5권 제97호

대한제국 광무 6년 5월 5일 (月)

(크게 위태한 일)

전일에 여러 날 비가 아니 와서 가무는 빛이 있는 고로 민간에 의론이 흉용하여, 흔히 하는 말이, 년 내로 가뭄 드는 것이 다른 연고가 아니라 외국인들이 철로를 놓아 산천의 혈맥을 끊은 고로 이러하다 하여, 도청도설(道聽塗說)에 인심이 대단히 불평하다 하니, 이런 말은 전혀 백성이 어리석은 데서 나는 것이라. 그렇지 아니한 이유는 차차 말하려니와, 우선 우리나라 관민이 그 위험함을 먼저 깨달아야 할지로다.

년전 청국에 의화단(義和團)이 당초에 이 주의에서 생겼나니, 이는 당시 위에 앉은 이들이 개명을 싫어하여 은근히 외국인들을 반대하므로 백성들이 그 바람에 따라 이런 요언을 내어 가지고, 하나가 불자 백천(百千)이 따라 나서 전국이 일시에 소동되어 가지고, 필경 저희가 다 서로 밟아 어육이 되고, 황실까지 위태하였으며, 철로를 보호한다 하여 외국 군사가 삼사만 명씩 둔취하여 내지에 편만하므로, 그 지방 백성은 모두 외국 군사의 밥이 되나니, 그 해(害)가 어떠하뇨. 필경 철로는 날로 더 쌓이며 외국인은 날로 더 들어오므로, 외국 상민들이 들어오는 대로 청인 대접하는 것은 점점 심하여 동등 사람으로 여기지 아니하니, 이는 어두운 백성의 백번 경계할 일이거늘, 대한 사람들이 지금 이런 의론이 생기니 백성의 어리석음도 가히 한심하거니와 장차 그 화가 어디로 돌아갈는지 깊이 헤아려들 볼지어다. 심히심히 위태하도다.

대개 지금 세계에 철로 아니 놓은 곳이 없으며, 제일 개명 부강한 나라일수록 철도가 많아 나라에서도 이것이 아니면 어찌할 수 없는 줄로 알며, 백성도 이것이 아니면 살 수 없는 줄로 알아, 철로 많이 놓을수록 국민의 이익이 발달하며 농공상업 등 각색 경영이 달라 번성하되, 비 아니 온다는 요사한 말은 하는 자도 없고 믿는 자도 없거늘, 어찌 대한에 홀로 놓는 해가 있어 비가 아니 오리요.

하늘이 만국의 산천을 철로 놓아 이(利)보게 하고, 유독 대한만 못 놓게 창조하였을까. 이는 전혀 우준한 사람들이 풍수지설을 믿고 뫼 터와 집터를 보아 화복길흉을 가린다는 허망지설을 준신하는 데서 생김이니, 국민의 식견이 이렇게 된 후에야 무슨 학식을 의론하리요. 진실로 수치를 면할 수 없는 바라. 어서서서 고치기를 힘써야 하려니와 이것을 수치스러운 줄을 모르고, 겸하여 당연히 이런 줄로 믿는 바라 할지라도, 우선 국가의 당장 화근을 돌아보아 고쳐야 할지라.

당초 인도국이 망하던 사기를 보아도 귀신과 풍수 등 각색 요사한 의론을 준신하여 천문 지리의 참 이치와 국가 흥쇠의 정치 학식은 궁구치 아니하고 허탄한 말만 곧이들어, 각기 의견대로 요사한 말을 지어내어 각색 구기(嘔氣)와 패습이 층층이 생기자 공연히 외국인을 미워하여 사분(私憤)을 포함하였다가 일시에 격동되어 불일 듯 일어나므로, 마침내 걷잡을 수 없어 필경 외국 군사가 들어와 전국을 충돌하고 비로소 정돈하였으나, 백성의 우준한 의단(疑端)을 파혹치 못한즉 종시 외국인 살해할 생각이 없어지지 않는지라.

부득이 그 집정한 어리석은 자들을 폐하고 자기 나라 개명한 사람으로 권세를 맡겨 백성의 학식을 늘리며, 군사를 갔다가 사방에 둔취하여 민심을 진압하므로, 인하여 그 나라가 없어졌나니, 이러므로 영국이 인도를 속국으로 만든 것이 실로 부득이하여 행함이라 하나니, 백성의 어두운 해가 이렇듯 심한지라.

백성도 어서 파혹하여야 하려니와 집정(執政)한 이들이 먼저 깨어 백성을 인도하여야 될지니, 이것을 파혹하기는 개명한 학문을 보는데 있는지라. 다만 옛글만 읽어가지고는 종시 어두움을 면치 못하리니, 일변 천문지지(天文地誌)와 격치(格致) 화학 등 학문을 보아 하늘은 어떻게 되었으며, 일월성신과 우로상설(雨露霜雪)이 어찌하여 되는 것이며, 강해(江海) 산천과 조석수(潮汐水) 미는 법이며, 사시한서(四時寒暑)와 주야 회명(晦明)되는 이치를 알며, 정치 경제학을 보아 어찌하면 부국강병하며, 외교 내치하는 법을 대강이라도 알아야 비로소 향배가 생겨 동서를 분간할지라.

그 후에는 오늘날 믿는 것이 모두 우준패리(愚蠢悖理)한 줄을 스스로 깨달아 부끄러운 줄을 알고, 진실한 것을 구하며, 남이 이런 말을 할진데 그 허탄함을 믿지 않고 바른 이치를 궁구할지니, 지금 어두운 것이 자연히 열려 이해득실을 짐작하여 흥리제폐(興利除弊)할 사업이 날로 흥왕하리니, 공연히 외국인 미워하는 폐단도 덜리고 외국인과 평등권리를 만들어 이익을 남에게 잃지 아니하고, 남의 이익을 학식으로 이겨 빼앗을 도리가 생길지니, 지금 위태함을 편히 하는 방법이 이외에 어디 있으리오.

그런즉 유지하신 관민들은 속속히 번역관을 설시하고, 실학을 캐어 국문으로 번역하여 전국 남녀가 보기 쉽게 하며, 우선 한문 책자 보는 이들은 청국에서 번역하고 만든 책들을 광구(廣求)하여 보며, 우선 각 학교에 나누어 가르치게 할 것이며, 아는 대로 사람마다 서로 알려주어 철로 때문에 비 아니 온다는 이런 어리석은 말이 없어지며, 인하여 장래에 위태한 화근을 방비할지어다.

제5권 제98호

대한제국 광무 6년 5월 6일 (火)

(농업 발달의 주의)

자고로 농업은 천하에 큰 근본이라 하였나니, 농사가 아니면 사람의 식물이 생길 곳이 없는 연고라. 지금 태서 각국에서 상업으로 제일 힘을 많이 쓰나 농업을 적게 여기는 것이 아니요, 실상인즉 농민이 낸 토산 곡물과 공장이 낸 제조 물화를 매매 무역하는 자 없으면, 영국 같이 토박하여 식물이 부족한 나라에는 다만 손으로 제조한 물건만 쌓아놓고 출포시키지 못하며 먹을 것은 극귀하여 항상 기한(飢寒)을 면치 못할 것이요, 미국 같이 토옥(土沃)한 나라는 각색 곡식과 면화 목재 등 각색 긴요한 재료가 한량없이 쌓여 이루 다 먹고 쓰지 못하되, 돈을 두고 주린 타국의 백성을 살릴 도리가 없을지라. 그러므로 상고(商賈)가 있어 각 지방에 있고 없는 것을 무역 매매하여 세상이 널리 이익을 누리게 하며, 타국의 긴요한 재리(財利)를 내 나라로 모아들이자 함이니, 과연 부국이민(富國利民)할 방책이 상업에 지나는 것이 없도다.

그러나 만일 내 나라에 토산 물화가 없으면 무엇을 수출하여 타국의 재물을 수입하리요. 불과 외국 물품을 실어 들여 내 나라에 와서 썩어 없어지고 영원히 긴용할 금 은 동 철 등물이 만국으로 빠져 나가리니, 필경은 그 나라에 고혈이 말라 백성이 거산(擧散)할 지경을 면치 못하리니, 그 형편을 보고 앉아 상업만 위주할진데, 가령 외국에서 제조한 물건을 내 손으로 실어들이고 몇 천원 몇 만원의 이익을 볼지라도 실상은 자기 일신상 이익만 되었지 전국에는 은근히 해가 되는지라. 마땅히 물건을 만들어 외국으로 수출하고 그 대신 재물을 수입할 방책을 마련한 후에야 비로소 나도 이롭고 전국이 다 이로울지라. 그럼으로 물품을 만들어 내는 것이 상업(商業)의 근본이라 하겠도다.

그러나 물품을 제조하자면 그 재료가 먼저 본토에서 생겨야 그 이익이 온전할지라. 본토 물산으로 말하여도 금 은 동 철 석탄 보석 등류는 다 한량이 있어 다 캔 후에는 더 생기지 아니하되, 각색 곡물과 면화와 초재(草材)와 목재와 차, 실과(實果) 등 물건은 인력만 들이면 한량이 없나니, 아라사는 목재로 각국 재물을 수입하며, 미국은 곡물과 면화로 수출 물화의 거액을 삼나니, 농업이 실로 제조물의 근본이 될지라, 어찌 국민의 가장 힘쓸 바 아니리요. 지금 우리나라에도 공상(工商) 등 각색 사업이 하나도 확장되지 못하였으나, 출구(出口) 시켜 외국 재물을 바꾸어 들이는 것은 다만 곡식 한 가지라. 이 외에 만일 농업을 확장하면 그 이익이 어떠하리오.

우리나라 사람들은 말하기를, 우리나라에 농업은 남만치 못하다 하나, 실상은 전국 토지 삼분지 이가 아직도 개척되지 못한 땅이라. 외국 제도를 모본하여 각처 토리(土理)와 기호를 조사하여 곡식이나 나무의 합당한 것을 가리어 심으며, 물 없는 곳은 인수(引水)하여 개척하며, 물 많은 곳은 빼어 마르게 하며, 기계를 써서 수삼 백 명에 힘을 한두 사람이 대신하게 하여 삼분지 이에 버려둔 땅을 낱낱이 개척하여 놓았으면, 전국 인민이 개명의 이익도 알 것이오, 오늘날 이 곤궁한 기한(飢寒)도 면할 것이오, 인하여 공장제조와 무역통상이 날로 흥왕하여 부강

지역으로 스스로 나아갈지라. 부국(富國)할 근본이 어찌 이에 있지 않으리오. 소위 경장(更張) 이후로 백성이 아직까지도 개화의 참 이익은 보지 못하고 도탄만 날로 심하니, 무식한 백성들이 어찌 개화를 싫어하여 심지어 철로로 인연하여 비가 아니 온다는 말이 생기지 않으리오.

그러나 이런 일은 다만 정부에서만 하려 하여도 재력이 부족하여 일조일석에 못될 것이라, 마땅히 백성이 먼저 그 이해를 알아 날로 개명학식을 힘쓸진대 상하가 동심합력(同心合力)하여 날마다 진취될 기상이 있을지라. 만일 그렇지 아니하면 이 좋은 토지를 그저 썩혀두고 백성은 궁곤빈한(窮困貧寒)을 면할 날이 없을 터이니, 필경 타국이 대신하여 개척하는 경위가 생길지라.

일인 조선협회(朝鮮協會)의 대지(大旨)에, 농업을 찬조한다는 뜻이 곧 이것이니, 이는 일본이 처음 시작한 것이 아니고, 만국공법의 본의가 천하만국을 일체로 열어놓아 버린 지방과 폐한 물건이 없도록 만들자 함인즉, 그 본토 백성이 이것을 모르면 남이 알아 행하게 하며, 알고도 행치 아니하면 부득이 하여 남이 대신 행하나니, 남이 대신하는 날은 그 본방(本邦) 주장자의 권리는 없어지나, 어찌 그 주장자 한 사람의 완고하고 편벽됨을 인연하여 하늘이 낸 토지와 물건을 폐하여 두고 만국의 이익을 폐하리오 함이니, 이는 폐치 못할 일이라.

그런즉 우리나라 관민 간에 외국 하등인민이 날로 들어와 이익을 점령하는 것을 억지로 막으려 하면 모래로 바다 막는 모양이니, 관민이 합의하여 남이 하려는 각색 일을 내 손으로 먼저 하여 놓으면 남은 자연 막힐 터이니, 지금이라도 개명만 힘쓸진대 농업으로도 하늘에 숱한 재앙을 두려워 아니하며 부강 안락으로 나아가리로다.

제5권 제99호

대한제국 광무 6년 5월 7일 (水)

(백성이 공변된 이해를 알아야 할 일)

열 집이 한 동리에 살며, 사람마다 타동으로 나가서 벌이 해다가 함께 그 동리에 모아들여 온 동리를 부유하게 만들진대, 열 집 식구가 모두 풍족한 사람이련마는, 저마다 널리 생각지 못하고 서로 그 동리에서만 뜯어 먹으려 하니 재물은 달리 생길 곳이 없고, 여간 재산도 각기 뜯어가서 동리가 날마다 말라 들어가면, 본래 빈한한 자는 더욱 살 수 없으려니와, 여간 부요하던 자도 또한 지탱치 못하게 되나니, 이는 저마다 알기 쉬운 이치라. 기왕에 힘들여 벌기는 일반이거늘 어찌 널리 생각지 못하나요. 이는 그 사람들이 공변된 이해를 깨닫지 못하는 연고로다.

나라는 몇 천만 몇 억만 명이 모여 사는 한 동리라. 이 동리에 사는 사람들이 각기 제 생각만 하여 남들은 죽거나 살거나 나 하나만 편히 먹고 지내는 것이 상책이라 할진데, 새로 생재할 도리는 없고 서로 해(害)할 일만 생기며, 타동 사람들은 날마다 건너와서 백 가지로 취리하여 가므로 있는 재물은 점점 줄어 들어가며 전국이 모두 수화도탄(水火塗炭)이 되나니, 이는 공변된 이해를 모르고 편히 앉아 먹자는 본의(本義)의 결실이라, 어찌 사람마다 살필 일이 아니리요.

지금 대한 사람들이 모두 사사 이익만 취하여 공변된 손해를 만들고, 그 중에서 저도 해를 크게 당하며 깨닫지 못하고 다만 목전에 한두 푼 이(利)만 취하여 가장 슬기로운 줄로 여기니, 항상 이러하다가는 도탄을 면하기는 새로에(*고사하고) 필경 서로 멸망에 이를지로다.

근일 신문 보는 자들의 말을 들어보라. 한 장을 들고 논설부터 광고폭원까지 내려 보고 재미없어 던지며 왈(曰); 아무것도 볼 것은 없도다 하는지라. 그 신문의 말을 볼진대, 외국에서 전선 철로 금광을 달란다, 영일 조약이라, 아법 동맹이라, 조선협회라, 한청협회라, 자유시민이라, 농상 등 업의 확장이라, 기타 무엇 무엇이 모두 국제 민생에 대관계되는 일이거늘, 이것을 보고 아무것도 없다 하니, 그 사람의 의사에는 무엇이 참 긴요하고 관계 있겠나요.

이 대답을 하려 할진대, 필경 그 사람의 사정과 처지를 먼저 물어야 할지라. 그 사람이 선비 같으면 마땅히 선비마다 과거를 주고 벼슬을 시킨다 하는 말이 있어야 참 긴요하다 할 것이고, 농부 같으면 곡식이 하늘에서 비 오듯 한다는 소문이 있으면 반갑다 할 것이며, 그 나머지 각색 사람이 다 제게 이로운 말이 있어야 좋다 할 것이고, 제게만 관계 없으면 온 천지가 모두 번복된다 하여도 남의 일이라 할 터이니, 실상은 그 천지가 나 하나를 없이 하려고 번복되는 것은 아니나, 온 세상이 다 맷돌질을 하는데 어찌 저 혼자 안연무사하리요.

우리나라 사람들이 근자에 더욱 침익(沈溺)하여 국가안위와 동포의 생사를 초월(楚越)같이 여기므로, 국민이 크게 관계되는 일을 듣고 혹 걱정하는 자 있으면 서로 흉보며 꾸짖어 왈(曰); 우리는 그런 일에 상관치 말고 우리 벌어먹을 일만 하는 것이 본분이라 하니, 사람마다 각기 직업을 힘쓰는 것이 백성의 본분 아닌 것이 아니나, 백성의 원기가 없어지고 이해 분변에 어두워 부득이 하는 말이라. 실로 그 관계를 궁구하면, 각기 자기의 본분을 지킨다 하는 것이, 비컨대, 이웃집에 불 붙는 것을 보고 잡지 아니하여 나중에는 차례로 자기 집에까지 미치게 만드는 것이라.

국중에 광산 철로 농업 어업 상업의 이익을 남이 차례로 차지하며, 외국의 각색 천역(賤役)하는 벌이꾼들이 전국에 퍼져서 나의 고혈을 점령하며, 탐관오리가 민재(民財)를 토색하며, 법률이 문란하고 경계가 없어지면 이 나라 백성이, 이웃 친구가, 이 집안 식구들은 장차 무슨 이익을 도모하며, 무고한 자는 무엇을 의뢰하여 보호를 받으며 가진 재산을 어찌 제 것이라 하리오. 그런즉 장차 도모할 이익도 없고, 생업 재산을 보호할 것도 없으며, 빈한곤궁은 날로 심하여 너나 할 것 없이 다 죽고야 말게 될 처지에 앉아, 본분만 지키고 죽기를 고대하는 것이 슬기롭다 하겠느뇨. 마땅히 일제히 나서서 서로 이르며 깨우쳐 전국 상하가 동심합력 하여 외환을 막고, 탐학을 없이 하며, 태평부강의 기초를 잡아 놓은 후에 본분을 지켜야 능히 보전하리로다.

제5권 제101호

대한제국 광무 6년 5월 9일 (金)

(이등박문 씨의 유람)

일본 전 총리대신 이등박문 씨는 육년 전에 대한에 와서 다녀갔던 이라. 일본을 중흥한 큰 정치가로 세계에 유명한 재상인데, 우리나라에서도 그 사람의 행적을 아는 자 많은 바더라.

씨가 작년에 유람차로 구미 각국을 다녀 회국하였는데, 도처에 대접도 융숭하고 훈패와 상전(賞典)도 많았는데, 급기 덕국(德國)에 이른즉 덕국 황제께서 간곡히 접대하시고 이르되,

짐이 몸소 귀 대신을 영접하매 영광이 불소(不少)하도다. 전 황제께서는 귀 대신에게 붉은 매를 수놓은 보석(寶石)을 주셨거니와, 짐은 별도로 귀중한 보석으로 꾸민 보석을 주노라, 하시고 그 수행원들을 돌아보시고 왈(曰); 군 등이 귀국하여 귀국에 저러한 대신 있는 것을 짐이 투기한다고 말하라. 이 대신은 곧 동방에 비스마르크라. 짐이 이런 대신 없는 것을 한하노라.

하셨더라.

상고하건데, 비스마르크(Bismarck)는 한문으로 바사맥이라, 보로사 왕 윌리엄 제일을 도와 일천팔백칠십 년에 불란서를 이기고, 게르만(日耳曼) 각국을 합하여 덕국을 만들고, 그 왕으로 덕국 대황제가 되게 하였나니, 근래 세계 정치가 중에서 가장 유명한 재상이다. 칠년 전에 졸(卒)하매 각국이 다 슬피 여기는 바더라.

갑오년 전까지도 일본이 세상에 이름이 별로 드러나지 못하던 나라였다. 토지와 인민을 청국에 비하면 겨우 십분지 일에 부치는 처지로 감히 청국을 대적하여 전쟁을 시작하자, 당시에 세상에서 치소(嗤笑)하기를, 어린아이가 힘센 장정과 다툼 같다 하여 그 망령됨을 웃더니, 급기야 평양과 의주서 패하고, 압록강을 건너 여순 대련만으로 물밀 듯 들어가매 장차 북경이 소동될지라. 부득이 이홍장(李鴻章)을 보내어 사억만 원 배상과 대만을 떼어 주고, 천만 애걸하여 간신히 화친을 이루었나니, 각국이 모두 당연 실색하여 그 기이함을 말하되, 삼십년 전에 구라파 북방에 조그마한 보로사 국이 당당한 세계 강국 불란서를 승전한 일보다 더욱 신기하다 하였는지라.

이때에 이등박문 씨가 일본에 총리대신으로 전쟁을 작정하고, 나중에 이홍장과 평화 호약을 정하였나니, 일본의 명예는 더욱 말할 것 없거니와 이등박문의 영광이 어떠하겠느뇨. 이러므로 덕국 황제께서 씨를 동양에 비스마르크라 하고, 일본에 이 대신 있는 것을 부러워한다 하였으니, 나라에 신하된 자 이런 사적을 들으면 어찌 부러운 마음과 욕심이 없으리오. 이등박문으로 말하면, 당초에 불과 동방 조그마한 섬중 나라에 일개 신민이라. 그때에 일본국을 세상에서 별로 알지 못하였거든 일개 이등박문을 뉘 알았으리요. 경장 시초를 당하여 미국에 가서 공부하여 가지고 세상 형편을 깨달으니, 동방의 위태함이 시일이 급한지라, 곧 돌아와 개명주의를 힘써서 대신이 되어 가지고 수십 년 동안에 은근히 국세를 강하게 만들어 청국과 백전백승할 예산을 미리 정하고 앉으니, 청인은 아무리 강성하나 속이 어두워 겁내는 마음만 있는 고로 일패도지(一敗塗地) 하였나니, 개명하고 아니하는 관계가 이러한지라. 세계 정치가 평론이 만일 청국이 부대(富大)함으로 개명만 힘쓸진대 세계에 대적할 나라가 없으리라 하더라.

대개 이 처지를 당하여 나라의 신하된 자 참 큰 욕심을 품고, 나라를 개명 부강(富强)시켜 국세가 강장(强壯)하게 만들고자 할진대, 일도 심히 용이하고 공업이 극히 커지는 바라. 나라가 개명에 힘을 얻으면 오늘 잔약빈한(孱弱貧寒)한 처지로도 몇 해 안에 사람의 의사 밖에 나는 표적이 드러나는 법이니, 그 지위를 얻은 자가 힘쓰고자 할진데 어려운 일이 아니건만, 사람이 항상 목전에 적은 이익을 도모하여 참 무궁한 사업과 영원한 영화 이름을 도모치 못하나니, 실로 한심한 인생들이라.

이런 천재일시(千載一時)되는 기회를 잃고 여간 부귀를 누린다 한들 이런 때를 장차 언제 다시 만나 보리오. 이등박문이 실로 별 사람이 아니라, 능히 그 기회를 당하여 그 지위를 얻어 가지고 기틀을 맞춰 일하여 된 것이니, 이런 장원한 욕심을 먹고 공업(功業)을 도모하여 대한에 비스마르크가 생기기를 힘써 볼 때로다.

제5권 제102호

대한제국 광무 6년 5월 10일 (土)

(사람마다 권하오)

전일에도 누차 말한 바이거니와, 백성이 태평 부요하자면 나라가 부강 안락하여야 될 것이고, 나라가 부강 안락하자면 그 나라의 신민 된 자들이 일을 하여야 되리니, 우리 대한에 신민 된 자는 다 누구누구요, 우리가 다 신민이라. 만일 근본을 궁구하여 가까이 말하자면, 각기 나 하나가 이 나라 신민이니 나 하나가 일하면 내 나라가 부강 문명할 것이오, 나 하나가 일을 아니하면 전국 인민이 다 각기 나 하나식이니, 다 각기 서로 믿고 일하는 자 없으면 나라가 어찌 스스로 부강 문명하리오.

시래 풍송 등왕각(時來 風送 滕王閣: 때가 되면 바람이 등왕각으로 보내준다)이라 함은 실지 공부하는 자의 심히 어리석게 여기는 바니, 이런 자들은 말할 것 없거니와, 우리 좀 유지각(有知覺) 하다는 자들이 또한 이런 어두운 말을 믿고 자연히 될 줄을 믿고 앉아서 걱정들만 하여서야 무슨 효험이 있으리오. 마땅히 나 먼저 일하여야 될지라. 우리 대한의 신민 된 이들이여, 각기 힘써 보지 않으려 하나요.

나라를 위하여 일한다 함은, 다만 큰 권세를 잡고 큰일을 하는 것이 아니라, 사람마다, 남녀 물론하고, 심지어 어린아이까지라도, 각기 저 당한 처지대로 애국하는 충심으로 열심히 하여, 크나 적으나 이국평민(利國平民)할 일에는 계제(階梯)와 기회를 만나는 대로 힘쓰는 것이 실로 나라 위하는 일이라. 이천만 명의 화복 안위에 관계한 크게 공변된 일을 할 때에 어찌 한두 사람이 혼자 하여 되리오. 설령 집정대신이나 관찰사 군수의 힘으로 하려고 할지라도 전국 백성이 못하게 하면 좋으나 언짢으나 될 일이 없고, 만일 백성이 하려고만 할진대 관원 네가 아니하려 하기로 아니 될 수 있으리오.

그런즉 지금 우리나라에 관원 되신 이들이 일을 잘못 조처들 한다, 좋은 방침을 시행치 않는다, 탐학과 협잡을 무단히 행한다 하여 모든 이런 일로 남을 시비하고 칭원(稱寃)하는 것이, 실상은 모두 우리 백성들이 글러서 다 각기 일 아니하고 직책을 담당치 못하며, 권리를 찾지 못하는 까닭이오, 백성이 의뢰가 없고 도탄이 날로 심하다, 생애가 없고 이익이 적어서 일하여 먹고 살 도리가 없다 하는 것이 실상은 다 우리가 우리의 일을 아니하여 이러함이라.

범백 일을 다 그 근본을 캐어보면 모두가 우리가 일 아니하여서 우리가 해를 당하고 앉은 것이라. 이것을 알진대 오늘부터라도 일하는 사람들 되어 보고자 아니하겠는가. 생각건대 사람의 마음 가진 자는 다 이런 말을 들으면 힘써 보고 싶은 마음이 있을지라. 그러나 무엇을 어찌하면 나라를 위하여 유조할 일이 될는지 몰라서 알고자 하는 자도 또한 없지 않을지라. 한 가지를 제일 긴요한 것으로 설명하겠노라.

지금 이 처지에 앉아 참 나라에 유조하고 백성이 안락하자 하면 반드시 실제로 개명주의(開明主義)를 질정하여 차차 주의가 성취된 후에야 능히 부강 안락할 날이 있을지라. 탐관오리(貪官汚吏)도 없어질 것이고, 두국해민(頭局解悶)하는 자들이 용납지 못할 것이고, 이용후생(利用厚生)할 일이 날로 흥왕 될 것이고, 생애와 이익이 점점 많아져 기한곤궁(飢寒困窮)을 면치 못하는 자 점점 없어지고, 태평 부강한 복을 서로 누릴지라. 개명주의의 성취 되고 못 되기가 어찌 우리나라와 백성의 명맥(命脈) 소관이 아니리오.

이 주의를 성취 시키자면 전국 백성으로 하여금 다 그 관계를 깨닫게 한 후에야 될 터인데, 그 관계를 알게 하여 주는 법은 여러 가지라. 그 중에 학교 설시하기와, 서책 만들어 전파하기와, 연설로 세상 형편을 알게 하여 경향을 물론하고 집마다 사람마다 이르고 깨우쳐야 처음은 듣기 싫어하며 미워하다가도 필경은 이 중에서 깨어나는 법이거늘, 이 몇 가지는 지금 졸지에 행할 일이 못 되고, 다만 신문 한 가지가 있어 여러 가지를 능히 대신할 만하니, 이것을 널리 전파하여 경향 관민이 남녀노소를 다 보게 하여야 할 터이거늘, 이것도 보는 자 겨우 이천여 명가량이니, 그 나머지 일천팔백여만 명은 신문이 어떤 것인지도 잘 모르는 모양이라. 이런 천지에서 어찌 국민의 발달을 희망하리오. 위선 신문 한 가지를 널리 전파하는 것이 제일 급선무라.

이것을 보고 옳게 여기는 이들은 당장에 작정하고 심지어 부지간에 수고를 아끼지 말고 권면하여, 신문의 주의를 말하고, 어떤 신문이든지 다 택하여 깊이 주의하여 보고 깨닫는 것이 생기게 하며, 깨닫는 대로 남을 권면하여, 한 사람이 열 사람에게 전하고, 열 사람이 백 사람에게 전할진대, 얼마 동안에 전국 인민이 다 보게 되겠도다.

제5권 제103호

대한제국 광무 6년 5월 12일 (月)

(생각하는 법)

서양 학사들의 말이, 오늘날 세계에 각색 기계가 첩첩이 생겨나서 사람의 지혜로 측량치 못할 일이 많다 하나, 아직까지도 사람의 육신기계 같이는 만들지 못하니, 실로 신기 정묘한 기계는 사람의 몸에 딸린 사지백체(四肢百體)라.

인조물(人造物)이 아무리 정긴(精緊)하나 천조물(天造物) 같이 만들 수는 없나니, 서양 의학에 사지백체를 분해하여 놓은 것을 보면 참 기기묘묘하여, 심지어 털끝만한 것이라도 범연히 만든 것이 없나니, 만일 하나라도 달리 만들었더라면 우리도 육신을 어떻게 임의로 놀렸을는지 모를지라, 어찌 기이치 않으리오. 그러나 만일 이 육신 기계만 있고 헤드(head)가 없었더라면 시계나 자명종 등류 같아서 한번 틀어놓은 대로 항상 돌아갈 뿐이고 다른 변통은 없었을 터이니, 어찌 가고 싶을 때에 가며 오고 싶을 때에 오며, 안고 서며 자고 먹는 것을 어찌 제 임의대로 하리요.

만일 자의로 동(動)하는 권리가 없고 남의 힘을 빌어서 고동을 틀어주는 대로 움직일진대, 우리의 몸이 다 시계나 자명종이라, 시계와 자명종이 어찌 시계 자명종이나 다른 기계를 만들어 쓸 수 있으리오.

우리가 능히 각색 긴요한 기계와 물건을 만들어 쓰는 것은 다만 지혜 한 가지가 있어, 이 지혜로 능히 이 기계를 자의로 운동하며, 또한 이 기계 쓰기를 위하여 천지만물을 모두 부려 쓰게 마련이니, 이 지혜가 한량이 없어서 쓸수록 널리 발달되어 세상에 장차 못할 일이 없을지라. 어찌 긴요치 않으리오.

하나님이 사람을 내시고 곧 이 지혜를 주사 만물의 주인이 되게 하시니, 마땅히 이 지혜를 넓혀 각색 천조물을 모두 쓰는 물건으로 만들어야 할지라. 성현의 글에 격물치지(格物致知)라 하는 것이 곧 이 뜻이건마는, 이후 선비들이 이 뜻을 궁구치 못하여, 격물(格物)이 무엇인지 모르므로 물건의 이치를 캐어 사람이 쓰는 것을 만들지 못하였으므로, 다만 배 한 가지로만 보아도, 사천여 년 전에 지은 나무 배 조각이 오늘까지 한 모양이고 조금도 나아진 것은 없나니, 우리가 처음으로 지었을 때에 서양에서는 배 이름도 모를 뿐 아니라 그때까지 나라 이름들도 없었나니, 각색 개명이 다 동양에서 처음으로 생겨서 서양으로 들어갔으되, 지금 저 사람들은 각색 것이 다 우리보다 앞서서 우리가 도리어 배우게 될 뿐 아니라, 도리어 사람이 측량치 못할 일이라 하여 귀신의 조화라 하나니, 어찌 수치스럽고 분한(憤恨)치 않으리오.

당초 사람들이 생길 때에 서양인들의 재주가 특이하여 그러한 것이 아니라, 다만 다 같이 풍부한 지혜를 잘 쓰고 못쓰기에 달렸나니, 지혜를 잘 쓰는 법은 아무 다른 것이 없고, 다만 생각하고 아니하기에 있는지라. 저 사람들은 한 가지 물건을 보면, 저것을 어찌하여야 더 경첩(輕捷)하고 좋게 만들까 하여 천만번 생각하므로 필경 나은 도리를 터득하며, 그 후 사람이 또 더 생각하여, 화륜선 한 가지가 될 적에 몇 사람이 확장하여 된 것이니, 아직도 부족하여 더 경첩하게 만들려고 주야 생각하며 토론하는 중이라. 백만 사를 이렇게 하여 가지고 저렇듯 되었으므로, 작년 일 년 동안에 미국 안에서 부인네가 새로 발명하여 낸 물건이 오십여 가지라. 해마다 남녀 합하면 장차 어떻게 진보되겠느뇨.

우리나라 사람들은 다만 보기 쉬운 기계만 보고 하는 말이, 서양 사람들이 물건 제조에는 통리(通理)하였다 하나, 격물학(格物學)이 어디서 생기느뇨, 다만 사람의 궁리에서 생긴 것이니, 물건을 저렇듯 궁리할 때에 정치와 교화는 또한 어떻게 궁구하였겠느뇨. 그 사람의 성리학을 살필진대 실로 지정지미(至精至美)한지라. 사람마다 이 학문을 공부하면 다들 박사가 될지라. 마땅히 힘들 쓸 일이거니와, 가장 급히 힘쓸 것은 생각하는 법이라. 처음은 생각하기 괴로우나 차차 생각할수록 발달하나니, 범사를 심상히 보아 넘길 것이 아니니라.

본 신문이 비록 정치학식에 통투(通透)한 것은 없으나, 교화와 성리논란에 연래 섭렵한 것이 또한 적지 않은지라. 연속해서 내는 말이 다 각국 박사들이 의논하여 놓은 것 중에서 빼어 시세형편에 이끌어 알아듣기 쉽도록 만드는 것이니, 보는 이들이 십분 주의하여 널리 궁구하여 볼진대 자연 깨닫는 것이 적지 않을지라. 깨닫는 대로 행하기를 힘쓸진대 하늘이 내신 육신 기계와 그 속에 품부한 지혜를 요긴히 쓰게 만들러라.

제5권 제106호

대한제국 광무 6년 5월 15일 (木)

(사월 팔일)

오늘은 음력 사월 팔일이라. 고풍으로 일국에 큰 명일(名日)이니, 언제부터 시작되었는지는 자세치 않거니와, 만호(萬戶)에 등을 달아 관등(觀燈)놀이가 심한고로, 이날을 대단히 유명한 날로 쳐서 일년 가절(佳節)이라 하거니와, 어찌하여 명일이 되는지는 아는 자 몇이 못 되는지라. 이는 백성이 범사를 다 근본은 궁구치 아니하고, 다만 옛 풍속이나 따라 옳고 그른 것을 묻고자 하는 마음이 없는 고로, 전국이 준행하는 것을 그 연고를 알려고 아니함이니, 어찌 어리석다 아니 하리요.

백성이 이 지경에 이르면 국세가 날로 잔약하여지는 법이니, 이전에 우리끼리만 지낼 때에도 교화가 쇠약하여 가는 염려가 없지 않거늘, 하물며 지금 만국이 교통하여 옳고 참된 것을 다투어 궁리하므로 어둡고 어리석은 것은 하나도 없이 하기를 도모하여 서로 문명을 자랑하며 미약한 것을 경장(更張)하려는 세상에 처하여, 어찌 완고함을 고집하고 스스로 수모(受侮)를 자취하리요. 마땅히 근본을 캐어 참된 것을 취할 일이라.

상고하건데 이날은 곧 석가여래(釋迦如來)의 탄일이라. 실상은 석가여래 탄생한 나라의 중들이 지켜 내리는 날과 같지 아니하나, 불서(佛書)를 옮겨올 때에 이 날로 빙거를 얻어 책력이 틀리는 줄은 모르고 한번 행한 대로 번번이 준행함이니, 지금 생각하면 얼마쯤 어리석은 일을 믿어 내려온 것이라, 마땅히 고쳐야 할 것이다.

당초에 석가여래 불이 동양 인도국에서 탄생하니, 인도국은 청국과 접경이라. 청국 서남방 간에 있는 히말라야 산 넘어 있나니, 이는 세계에 제일 높은 산이라. 생각건대 이전에 이 산을 넘어 다니지 못하여, 수로로 인도양을 연하여 인도국 지경을 당하므로, 인하여 내왕을 통치 못하고 하늘가에 있는 줄로 알아, 서천 서역국에 약수 삼천리가 닫쳤다, 혹 불력(佛力)이 아니면 가지 못한다 하던 바라.

지금은 인도국 삼억만 명 인구가 다 영국의 노예가 되어, 영국의 힘으로 회당과 학교를 도처에 설시하여 인민의 문명이 날로 진보되며, 이제 와 속박한 것을 낱낱이 풀어 자유를 저마다 누리게 하니, 백성이 점점 열려 불교와 우상을 섬기던 구습을 버리고 진실한 대로 해마다 여러 십만 명씩이나 철로와 전선을 통하여 동서양이 조석 상통하므로, 청국과 대한과 일본에서는 더욱 지척(咫尺)이라.

이전에 우리나라에서 불도를 숭상할 때에 사람들이 믿기를, 이날에 부처가 하강(下降)하여 고해창생(苦海蒼生)을 죄에서 건져서 극락세계로 인도하였다 하여 특별히 등을 달아 기념하는 정성을 표하므로, 어리석은 자녀들은 서역국을 곧 극락세계나 연화대(蓮花臺)로 알고 죽어서 그곳에 가기를 평생 축원하는 바이러니, 지금은 조석 상통하므로 인도국 사람들이 세계에 쇠멸하고 하천한 인종이 되어, 삼억 만 동포로 사천만 명 되는 영인의 노예가 되었나니, 중의 말과 같이, 사람이 죽어 다시 환생할진데 이곳에 태어나기 원할 자 누구이뇨. 어서 바삐 전일에 어리석었던 것을 부끄러워하고 허무한 것을 숭상치 말지라.

사람이 허탄(虛誕)한 것을 좋아하면 실정(實情)한 것은 행치 아니하나니, 이는 자연히 그리 되어 스스로 깨닫지 못하는 법이라. 자초로 내 나라 개국한 날과 만민부모의 탄신이며 자주 독립한 날은 기념하는 예식이 없고, 이런 분명치 못한 일에 성의가 홀로 장하니, 어찌 신민의 충성이 남의 나라 인민과 같다 하리오. 각국은 그 나라 명일 중의 개국과 자주 독립한 날이 제일 큰 명절이라. 등과 국기를 집집이 달고 충의를 표하며 연회가 난만(爛漫)하여 기쁜 뜻을 드러내나니, 저러한 사람들이 우리를 보면 어찌 충애 있다 하리오.

근년에 와서야 각국의 행하는 법을 모본하여 등과 기를 달고 경축하는 예식을 행하나, 일국을 통계하면 아는 자 몇이 못 되니, 이는 교화가 널리 젖지 못함이라. 차차 깨어서 오늘 같은 명일은 폐지하고 만수성절과 개국 기원 경절에 전국이 다 경사롭게 여겨 한 백성도 교화에 젖지 않은 자 없이 되어, 기쁜 중에서 감동하는 문물을 섞어 경축가를 불러보기 골절(骨節)에 미친 원이로다.

제5권 제112호

대한제국 광무 6년 5월 22일 (목)

*이승만의 번역서 권장하는 글

(무술정변(戊戌政變) 개론)

향자(向自)에도 백당 선생 현채 씨가 신학문에 유조한 서책을 많이 번역하여 낸 공효를 말하였거니와, 무술년에 청국에 사변이 일어난 전후 사적을 번역하였는데, 당시에 유명한 선비 강유위(康有爲), 양계초(梁啓超) 등 제씨의 행적과 서태후(西太后)와 광서(光緖)황제의 행한 일이며, 각 친왕 대신들과 리홍장(李鴻章) 등 대관들의 용심(用心)하는 것과, 어찌 되어 전국을 소동(騷動)하고 세계에 동병(動兵)을 만든 모든 정형이 소상하여, 한번 보면 청국 사정과 동양 형편과 천하 태도가 어찌 변하는지 그 실상을 가히 알만한지라.

국한문으로 섞어 번등하여 여간 한문자나 아는 자는 알아볼 만하니 이런 서책이 대한 선비들에게 가장 긴요한지라. 자고로 청국은 대한과 사기(事記)상이나 태도상이나 정치상에 항상 상득(相得)한 관계가 있는 고로, 근일 처지를 보아도 또한 같은 것이 많아서, 각국이 청국에 대하여 하는 일은 대한에도 또한 행하려 하나니, 이때에 신민 된 자 나라 형편을 몰라서 못 쓰겠고, 만일 알려면 이 책이 밝은 거울이 될지라.

어찌 요긴치 않으리오.

현 씨가 그 긴요함을 택하여 이일상 씨와 서로 찬조하여 발간하였는데, 당초 그 뜻인즉, 이런 책을 백여 국민의 지혜를 늘리기에 효험이 있게 하여 가지고 번역소(飜譯所)의 한 기초를 잡자 함일러니, 책을 백여 낸 지 얼마 동안에 보기를 즐겨하는 자 없어 묶어 두어 폐물 되기를 면치 못한다 하니, 극히 한심한 일이다.

지금 국세를 걱정한다, 민폐를 근심한다, 관원이 농법 탐장(弄法貪贓)한다, 백성이 각기 직책을 못한다 하는 것들이 다 근본인즉 학식(學識) 없는 데서 생긴 것이라. 이것을 고치자면 학식을 안 연후에야 되겠고, 학문을 얻자면 서책을 보아야 될지라. 사람이 새 학문을 보면 지금 세상을 알며, 세상을 안즉 자기 나라와 백성의 내두(來頭)를 위하여 걱정이 생긴즉, 그 중에서 충분(忠憤)한 혈기가 생기며, 혈기가 생긴즉 몸이 의(義) 아닌 자리에 알아서 구구한 목숨을 보전하는 것이, 차라리 의(義) 자리에 죽어서 길게 영광스러운 것이 좋은 줄로 큰 욕심이 생기나니, 백성이 이 마음이 생긴 후에야 비로소 나라에 원기가 있어서, 국중에 대포 한 자루가 없어도 외국이 실례하기를 어렵게 여기며, 이 마음이 없으면 백만 명 군사라도 평시는 위엄이 장하다가 위태한 땅만 당하면 사사 마음이 이기어 서로 빠지기로 위주하나니, 누가 어렵게 여기리오.

지금 개화(開化)에 가깝다 하는 자들의 의론을 들으면, 무슨 일은 급히 행할 것이고 무엇은 급히 폐할 것이라 하여 고담준론(高談峻論)이 흡사한 고명학사(高名學士)라. 외국 언어문자도 통하며, 각국 사정도 더러 안다 하는 자들도 그 행위를 보면 모르는 사람만 못한 자 많으니, 이는 다름 아니라 충애(忠愛)의 열심이 생기지 못함이니, 국민의 열심을 배양하여 원기를 붙들고자 할진대 이런 서책을 많이 보아야 능히 될지라. 유지한 자 어찌 권면치 않으리오.

그러나 지금 이 밤중에 앉은 사람들이 이런 연고는 모르고 다만 서로 잔해(殘害)하며 서로 원망하니, 어찌하면 저 칠야(漆夜)에 앉은 사람들을 깨우쳐 이 연유를 알게 하리요. 이는 선각(先覺)한 자들의 직책이 더욱 무겁도다.

이런즉 직책을 행하고자 할진대 순편(順便)하기를 도모하고는 못될지라. 마땅히 목숨을 버리기까지 힘쓰기로 작정할지니, 이것을 먼저 질정(叱正)하여야 될지라. 대개 사람의 마음이 각각 자기의 믿는 것을 좋아하고, 믿지 않는 것을 싫어하는 법이니, 이 천지에 생장하여 수신제가 치국평천하(修身齊家 治國平天下)하는 법이 우리 성현 네 끼치신 고서(古書)에 넘치는 것이 없는 줄로 알아, 지금이라도 이것만 통하여 가지면 만국을 다 억제할 만하다 하나니, 이것을 버리고 남의 정치 학식을 보라 하면 좋게 여길 자 어디 있으리오. 오늘날 이 관계를 아는 이도 몇 해 전에는 저 사람들과 같았나니, 저 사람들도 전에 나와 같이 이런 말 권하는 자를 해코지 하는 것이 괴이치 않은 이치라. 저 사람의 싫어함을 인연하여 권면치 못하면 어찌 듣고 깨우리요.

그런즉 친불친 간에 그 싫어함을 헤아리지 말고 알아듣도록 권하여, 여러 번을 들으면 비로소 생각이 변하여 스스로 알기를 힘쓰므로, 한 번 아는 날은 곧 나와 같은 사람이라, 마땅히 위태함을 불계하고 끝끝내 권면하여 전국이 다 나 같이 되기를 힘쓸지어다.

바라건대 유지하신 이들은 헛걱정만 하지 말고 이런 번역소를 힘대로 찬조하여 혹 재정도 연조(捐助)하며 혹 책권도 널리 전파하여 집집이 사람마다 새 학문을 숭상하여 국중에 문풍(文風)이 번성한 후에야 발달할 기틀이 생기리라 하노라.

제5권 제119호

대한제국 광무 6년 5월 30일 (금)

(교화가 정치의 근본)

동서양을 물론하고 학식과 재주는 사람마다 숭상하는 바라. 사람이 재주에 학식을 겸하여 놓으면 범백(凡百) 사물에 무식하고 재주 없는 사람들보다 특별히 달라서, 선비가 되어도 과거를 하여 자품(資稟)의 우열대로 지위를 당하여 사업을 한량없이 할 것이오, 농민이 되어도 남보다 특별히 인력을 덜 들이고 추수를 많이 거둘 것이오, 공장이 되어도 유명한 물화를 제조하여 온 세계가 다 이용하게 하고 명예와 재산을 수없이 얻을 것이오, 상민이 되어도 세계에 부상대고(富商大賈)가 되어 한 사람의 상권이 나라 재력보다 낫게 될지라.

그런즉 세상만사가 다 이와 같아서, 재주가 조금 있고 학문이 또 그만하면 그 사업과 이익이 또한 그만 할 것이오, 재주도 많고 학식도 많으면 또한 사업과 이익이 그만 할지라. 그러나 본래 재주가 없는 자도 밝은 교육을 받으면 그 중에서 재주가 생기기도 하며, 본래 재주 많은 자도 교육을 받지 못하면 도리어 둔하여 무재(無才)한 자만 못하여지기도 하나니, 학문(學問)이 어찌 사람을 잘 되게 하고 못되게 하는 근본이 아니리요. 마땅히 사람마다 학식으로 일평생 자본을 삼아 높은 사업을 이루고, 높이 대접을 받을진대, 나라가 자연 높은 대접을 받으며 날로 부강에 나아가리로다.

그러하나 학문을 공부하여 재주만 배양하고 마음을 배양치 못하면 그 재주가 도리어 없는 이만 못하여지나니, 마땅히 교화(敎化)로 먼저 학문의 기초를 잡은 후에 학문을 늘려야 그 학문이 비로소 전국의 마음을 함께 배양하여 좋은 마음으로 좋은 재주를 유공(有功)하게 쓸지라. 어찌 교화를 소홀히 여기리오.

만일 그렇지 아니하면 인심이 날로 침의(沈毅)하여 배우는 재주를 가지고 세상에 유익하게 쓸 줄 모르고, 혹 알지라도 그 일은 장원(長遠)하여 경영치 아니하고, 궤휼과 권변(權變)으로 당장 이익을 도모하므로, 정부 관원이 되어서도 개명한 정치학을 공부한 자가 완고하고 어두운 이보다 협잡과 간휼(奸譎)을 더 심하게 하며, 농사를 하여도 남의 기계를 늑탈하거나 은구(隱溝)로 기계를 대어 남의 논에 물 옮겨오기를 꾀하며, 공장이 되어서는 남을 속여서 물건을 만들어 재물을 취하며, 상민이 되어서는 금봉에 주석 가루를 섞는다, 은과 백동을 위조한다, 그 외 각색 재주로 휼계(譎計)를 써서 세상을 속이고 재리(財利)를 구하나니, 이런 일을 일일이 다 말할 수 없으나, 이런 일로 미루어 보아도 재주 있고 학식 있는 자의 수단이 우준하고 무식한 자의 졸(拙)한 것보다 세상에 해가 더 심한지라.

그 재주 있는 자는 다만 세상만 해롭게 하고 자기 몸과 집안은 영구히 편하고 부요하다면 세상은 어찌 되었든지 나부터 내 평생 영귀안락(榮貴安樂)할 일을 취할 터이나, 이치가 그렇지 않은지라. 저 어리석은 자들은 목전의 이익만 탐하다가 당장 저의 몸이 사망에 빠지되 깨닫지 못하나니 어린아이가 우물에 들어감 같은지라, 어찌 불상치 않으리오.

세상사를 보아가면 혹 애인락선(愛人樂善)하여 평생을 착한 일하기에 부지런하여 빈한곤궁(貧寒困窮)을 달게 여기는 자도 까닭 없이 화패(禍敗)를 당하는 이도 있고, 혹은 충렬(忠烈)이 일월(日月)을 사무치고 의리가 상설(霜雪) 같은 자일수록 환란이 잦아서 고초를 면치 못하나니, 천리(天理)의 보응(報應)이 지위 분명치 못할진대 차라리 이욕(利慾)을 도모하다가 함께 재앙을 당하는 것이 옳다 할 터이나, 이 중에 천리가 자재(自在)하여 그 환란질고(患亂疾苦)로 인애와 충의를 굳게 하여 드러냄이라. 육신의 고초를 이기어 가지고 이름과 공업은 영구히 빛나는 바이거니와, 저 물욕에 사망을 당하는 자들은 한 가지도 지탱하는 것이 없나니, 적이 지각 있는 자 어찌 이것을 탐하리오.

그러나 성질이 원체 맑지 못한 사람은 졸연히 깨닫지 못하나니, 마땅히 심성을 다스리는 교화를 받아 천리 인정의 관계를 알아 선악화복(善惡禍福)을 분간할 만한 후에 학문을 힘써야 참 쓰는 그릇이 될지니, 이러므로 교화가 학문의 근본이라 함이라. 성리(性理) 다스리는 교화는 공맹(孔孟)의 도로 근본을 삼을 터이나, 이 도는 중간에 쇠미하여 행하는 법을 알기 어려운지라. 서교(西敎)의 좋은 책을 많이 보아 인의예지에 실지로 행하는 도리를 빙고할진대, 비록 그 교는 행하지는 않더라도 우리 유도(儒道)와 종지(宗旨)를 배워 본받기에 큰 효험이 있을 줄로 믿노라.

제5권 제127호

대한제국 광무 6년 6월 9일 (月)

(생각하는 법)

나폴레옹(Napoleon Bonaparte: 1769~1821)은 백 년 전에 세계에 유명한 영웅이라. 지금은 우리나라 사람들도 듣고 아는 자 많으려니와, 당초에 한미한 병졸로 세상 요란할 때를 당하여, 사면에 난리를 평정하고, 공업(功業)이 높으매, 팔 년 동안 불란서의 황제가 되어 구라파 온 천지를 흔들어 놓고, 각국 제왕을 자기 자서제질(子壻弟姪)로 내고 폐하기를 임의로 하므로, 당세에 백성들이 천신 같이 여겨, 심지어 어린아이가 울다가도 나폴레옹이 온다 하면 감히 울지 못하였다는 말이 있었는지라. 평생 사적을 보면, 위력으로 세상을 번복코자 하여 장부가 세상에 못할 일이 없다고 하였는데, 병법도 무략(武略)의 대가요, 법제를 만든 것이 또한 유명하여 정치의 대가라 하나니, 각국 남녀노소에 그 이름 모르는 사람이 없는지라. 그 평생 사적이 신문 잡지 등에 항상 드러나는 바이더라.

어떤 친구가 나폴레옹을 대하여 그 지혜 용맹의 근인(根因)을 물은데, 답왈(曰); 나를 세상 사람들이 혹 영웅호걸의 천품을 타고 낫다고도 하며, 운수를 잘 만나 그렇다고도 하여, 다 인력으로 되지 못할 줄로 알아 그러하되, 실상은 항용(恒用) 범인과 다를 것이 없는지라. 본래 기질의 청탁은 혹 타인과 좀 다를 듯하나, 총명 지혜는 다 같이 타고났으니 별로 다를 것이 없건마는, 다만 한 가지 연고가 있으니, 이는 생각하는 법이라. 나의 평생에 신기하고 굉장하다는 사적이 다 생각하는 데서 나온 것이니, 밥 먹을 때에나 공부할 때에나 각색 일 할 때에 생각 아니할 적이 없어, 자다가 밤중에 몇 번씩 일어나는 것이 생각에 미쳐 그러함이라. 다른 연고는 없노라 하였다더라.

이것을 볼진대, 사람의 지혜 구멍이 다른 물건과 자별하여, 생각을 아니하고 폐하여 두면 기계 버려둔 것 같아서 날마다 녹이 슬어 쓰지 못하게 되는 것이오, 생각을 많이 하면 더할수록 더 늘어, 혹 영웅호걸의 사업도 성공하고, 혹 화륜 전선 등 기계도 발명하나니, 이 생각이 깊이 들어갈수록 남이 생각하기 어려운 곳에 미치나니, 사람의 일평생에 대소사를 다 먼저 생각이 있어 예산을 마련하여야 그 일이 낭패가 적을지라.

만일 난대로 자라서 되는 대로 살다가 죽는 것이 세상에 제일 장한 것으로 여기는 사람이야 당초에 낫게 되자는 바람이 없으니 무슨 생각이 있으며, 생각이 없으니 무슨 경영이 있으리오. 다만 목하에 한두 푼 이익이나 보고 알기 쉬운 고로 탐하여 전후좌우를 불고하고 함정이라도 들어가다가, 필경 자기도 해롭고 남에게도 해가 미치나니, 어찌 지혜를 의론하리요.

그러나 생각하는 것이 또한 법이 있나니, 만일 법 없이 잘못 생각하다가는 도리어 생각 아니 하느니만 못하기 쉬운 법이라. 생각의 대강 본의가 항상 어질고 공평함을 잊지 말아야 하나니, 벼슬하기를 도모하는 자 어진 마음을 잊어버리고 벼슬하는 것만 재주로 여기는 고로 허무한 도록을 꾸며 고발을 행하며, 장사하여 부자 되기를 경영할 때에 공평함을 잊어버리는 고로 물건을 위조하며 값을 에누리하여 당장 몇 푼의 이(利)를 도모함이라.

진실로 공평한 마음으로 장사를 하려 할진대 먼저 학문(學問)을 배워 장사하는 이치를 알아가지고, 아무쪼록 새 법을 궁구하여 물건을 남보다 낫게 짓고, 값을 남보다 적게 받아, 남도 이롭고 나도 이롭기를 경영하는 고로, 외국 상고(商賈)들은 당초 적은 자본을 가지고 시작하여 그 상권이 얼마 안에 자라서 각국에 널리 퍼지는 자 많으며, 우리나라 상민은 자본을 많이 가지고 시작하여도 얼마 안에 거판(擧板)하는 자 많은 것이다.

벼슬하려는 자로 말하면, 어진 마음을 잊지 않고 경영하는 고로 우선 정치학을 졸업하여 백성을 수화(水火)에서 건지며, 나라를 흥왕하게 만들 도리를 궁리하며, 남모르는 학식을 품어 가지고 그 지식으로 인연하여 지위를 얻고자 하는 고로, 당초에 남을 해롭게 하여 가지고 벼슬하자는 생각은 나지 아니하고, 세상이 그 이익을 다 누리나니, 이러므로 범백 일이 어질고 공평한 마음을 잊지 않고 많이 생각하는 자는 그 이익이 또한 널리 미쳐 생각나는 대로 널리 하매, 이런 생각은 참 이롭다 하려니와, 그렇지 못하면 주야 생각이 남을 속이거나 얽어 넣어서 이롭고자 하나니, 그 생각은 깊이 들어갈수록 해가 커질지라.

지금 우리나라 관민 간에 세상이 무엇인지 모르고 일신이 생겨난 것만 장히 여기는 자들은, 당초에 생각이 무엇인지도 모르려니와, 조금이라도 영위(營爲)가 있는 사람은 대소 간에 생각이 없지 않을지라. 부디 공평과 인애를 잊지 말아 생각할 때마다 비교하여, 조금이라도 불미한 것이 있거든 곧 버리고 달리 생각하여, 학식과 지혜를 넓혀 바른 도(道)로 인도하여, 무엇을 하든지 범연히 넘기지 말고, 주야 생각함으로 지식을 늘려 지혜를 얻어 가지고, 사업을 많이들 하여 보기 힘쓰는 것이 좋을 듯하도다.

제5권 제133호

대한제국 광무 6년 6월 16일 (月)

(아라사의 혁명 상기)

지금 세계 각국의 정치를 분별하여 의론하건대 세 가지 등분이 있으니 첫째 전제요, 둘째 헌법이오, 셋째 공화라.

전제(專制)는 임금이 위에서 임의로 행하여 신하와 백성이 받들어 준행할 뿐이므로 권리가 방한(防閑)이 없어 옳으나 그르나 능히 막는 자 없는 것이니, 아라사, 토이기, 청국, 대한이 다 이 정치하는 나라다.

헌법(憲法)은 정부와 백성이 상합(相合)하여 아래서 정치를 찬양하므로 임금은 위에서 대모(大謀)한 정사만 통탈하고, 사소한 일은 각기 직책을 마련하여 서로 넘치지 못하나니, 이는 임금의 권세가 방한이 있음이라. 영(英), 덕(德), 오(奧) 등 구라파 각국이 거반 이 정치요, 동양에는 일본 한 나라뿐인데, 불과 삼십 년 안짝에 시작된 것이다.

공화(共和) 정치는 전혀 백성이 주장하는 것이니 미국, 법국과 구라파 몇 나라와 남아메리카 주 각국이 이 정치이다.

통틀어 말할진대, 동서양이 백년 이전에는 모두 전제 정체라. 일국의 치란 안위와 만민의 화복 길흉이 전혀 한 임금에게 달려, 다행히 요순(堯舜) 같은 성군을 만나면 전국 인민이 모두 태평 안락한 복을 누리고, 불행히 걸주(桀紂) 같은 세상을 당하면 모두 도탄어육(塗炭魚肉)을 면치 못하되, 어찌 할 도리가 없어 하늘만 우러러 탄식할 뿐이므로, 대소 인간사를 모두 운수와 천명으로 돌려 능히 돌이키지 못할 줄로 여기므로, 서양에도 백년 이전 사기를 보면 놀랍고 참혹한 정사가 많았는지라.

일백이십여 년 전에 미국에서 새 정치가 생기매, 각국에서 처음 듣고 대단히 위험하게 여겨 그 주의가 발달되기를 극히 저희(沮戱)하더니, 이 뜻이 차차 전파되어 대서양을 건너 구라파로 펴져 동양에 전하여 온 지구에 흩어지기로, 음식에 양념 쳐서 섞어놓은 것 같은지라. 오륙천년 대 세계사기를 몇 십 년 동안에 새 정치로 양념 치듯이 섞어 변혁하여 놓을 때에 그 변동이 또한 어떠하겠느뇨. 각국에 이 주의가 물 젓듯 들어가는 대로 비상한 소동이 생겨, 인명도 무수히 상하였더라.

지금 세계 큰 나라 중에 아라사가 가장 열리지 못하였다 하나니, 이는 다름 아니라 아라사의 정부 대관들과 상등인은 학문과 지식의 개명이 영(英) 미(美) 등 국만 못하지 않되, 전국 백성이 많이 개명치 못한 고로 열리지 못한 나라라 하는 바라. 그 집권한 이들이 생각하되, 이 새 주의가 국중에 퍼지는 날은 자기네가 권리를 감삭(減削)당할까 염려하여, 아무쪼록 백성이 모르고 어두워서 윗사람들의 명령이나 승순(承順)하게 만드는 것이 옳다 하여, 교섭 통상 권도(權道)와, 공회 사회며, 신문 잡지 등 발간 통행(通行)하기며, 그 외 범백(凡百) 일에 속박함이 무수하여 혹 일호라도 거슬리는 자 있을진대 혹 중률(重律)에 처하며, 혹 시베리아 황무지지(荒蕪之地)로 몰아 귀양 보내므로, 그 나라 개명이 방해가 무수하여 그 천지에는 영구히 변혁이 없을 듯하나, 그 관원들도 교육은 시키지 않을 수 없을 줄로 알아 전국 대도회에 각 학교 제도는 문명 각국과 방불하다 하나니, 이 교육 중에서 백성의 지식이 열리는 대로 새 정치의 주의가 섞여들어 변동이 자주 일어나며, 그 중에서 항상 내란이 일어나는지라.

대소 간에 이런 운동이 생길 때마다 죽고 벌 받고 귀양 가는 자 많으니 다시는 일어날 기틀이 없을 듯하다가, 얼마 아니 되어 또 일어나며, 옥사가 생겨 년내로 점점 자주 나며, 작년에는 아라사 옛 서울 모스크바 대학교 학도들이 영(英), 법(法), 덕(德), 오(奧) 등 각국 도성에 동지자들과 체결하여 비밀히 군기를 끌어들여 각 처에 묻어 놓고 모의를 꾸미다가 발각이 되어, 군사를 발하여 사면(四面)을 진압하고, 수천여 명을 포박하여 수설불통(水泄不通)하게 만들고 위엄을 드러내자 그 형적이 영구히 없을 듯하거늘, 근자에 그 운동이 더욱 대치(大熾)하여, 대소 무관들이며 경찰 대관들과 정부에 세력 있는 관원들이며 각 학교에서 화응(和應)하는 자가 무수하여, 심지어 여학교 학도들이 모두 합력(合力)하매, 형세 가장 창궐(猖獗)하여 졸연히 진정키 어려울 듯 하다더라. 이 일이 장차 언제 결말이 날는지 모를지라.

세계에 관계가 심중한 고로 각국이 매우 주목하여 혹은 이 거조(擧措)가 장차 아라사 정치를 변혁하리라 하나, 우리는 생각건대, 그 백성의 깨운 자 많지 못하니 아직 될 수는 없을 듯한지라. 그러나 이것이 그 변혁의 자라는 것이니, 지금 설혹 저 사람들을 다 죽인다 하여도 점점 더 성할지라. 필경 제어치 못하게 되려니와, 저 백성을 공법으로 의론할진대, 그 나라 집권한 이들에게는 극한 죄인이나, 국민을 개명 진보상으로 나가자 함은 다만 그 나라 인민의 화복에만 관계가 아니라 세계 대세의 안위와 관계 되나니, 대개 그 나라가 정치를 개혁하고 세상에 공변된 뜻으로 더욱 화평을 주장하며, 탐욕을 두지 말아 만국화평을 보전할진대, 어찌 천하에 행복이 아니리오.

제5권 제135호

대한제국 광무 6년 6월 18일 (水)

(교사 참상)

지나간 십일일 오후 열한 시 이십 분 즈음에, 전라도 청도 근처에서 화륜선 목증(木曾)천환과 구마(九馬)천환이 서로 마주쳐, 구마천환이 상하여 불행히 파선하자 그 배 안에 있던 사람 중에 천행으로 살아난 자 오십 인이고, 종적 모르는 사람이 십팔 인인데, 그 중에 대한 사람이 십사 명이고, 미국인이 하나요, 일인이 셋이라. 선인 팔 명과 목증천환에 올랐던 사람 하나와 한인 한 명이 빠져 죽었으며, 실었던 물건은 몰수이 잃었다더라.

이날 해중(海中)에 안개가 끼어 지척(咫尺) 불문하는 고로 목증천환이 사방으로 뒤지다가 찾지 못하고 돌아왔다더라. 이 불행한 사람 중에 미국인은 곧 정동 배재학당 총교사 아펜젤러 씨라. 그 동행하였던 조한규 씨와 함께 빠졌으니, 아펜 씨의 참사한 소문을 듣고 경향 간에 놀라며 슬퍼하는 자 응당 무수할러라.

씨의 전후 사적은 거의 짐작하는 바이거니와, 수십 년 전에 대한에 나오니, 이때는 대한 사람들이 심목고준(深目高準)한 사람들과 잡담도 잘 아니할 때라. 간신히 우접(寓接)하여 듣도 보도 못하던 학문을 가르쳐, 서양 각국이 어떠하며, 개명 세상이 어떠한지 알게 하고자 하나,

사람의 이목(耳目)과 심장을 변화시킨다는 요언(謠言)이 성풍(成風)하여 가까이 가는 자 없는지라. 간신히 몇 사람을 얻어 교육하며 의식 범백(凡百)을 주어 의탁하게 하매, 차차 입학하는 자 여럿이러니, 갑오년에 이르러 우리 정부에서 약조하고 보조금을 달마다 내리므로 입학하는 자 무수하여, 유명한 선비들이며 재상 자질들이 많이 모여 경향에 불원천리하고 오는 자 날로 성하여서 학도가 삼백여 명에 이른지라. 이 중에서 학식이 날로 늘어 성취하여 나간 사람도 많거니와, 가장 유공한 것은 개명 세계에서 교육상 제일 긴요히 여기는 토론회 조직하는 법이 여기서 먼저 생겨 학도 중에 아는 자 많으니, 차차 인민의 지식이 열리는 대로 다 그 실효가 있을 것이라.

여기서 대한 사람의 신문(新聞)이 먼저 생겨, 본 신문이 오늘까지 지탱하므로 부지 중 효험도 적다 할 수 없을지라. 비록 아펜 씨가 시키거나 주선하여 된 것은 아니나, 개명주의와 학식을 가져다가 우리의 전일 어둡던 것을 열어준 연고로 이만치 성취되어, 그 중에서 교육받은 자는 나라의 독립권을 보호하는 것이 다만 정부의 직책일 뿐 아니라 백성이 각기 담당할 의무로 여기며, 나라와 백성을 위하여 목숨을 버리는 것을 영광으로 아는 충애의 열심이 생겨 위태함을 무릅쓰고 나아가려 하며, 아무리 어려운 때라도 백성이 하려 하면 되는 줄을 알아 기어이 힘써 보려는 자가 차차 생기므로, 자연 다른 학교와 달라서 국세의 위태함을 염려도 하며, 탐관오리의 악함을 논핵하려고도 하므로, 부득이 정부의 싫어하는 바 된지라. 씨가 고괴(古怪)치 않고 대한 청년들을 충애로 인도하여 원근 간에 의리상 친구로 믿는 자 허다하였도다.

직책이 선교사가 된 고로 자초로 낙선애민(樂善愛民)하는 뜻을 맡아 경향에 출몰하여 교화로 감동시키기와, 사람 구제하기로 평생을 종사하였으므로, 귀한 고초도 많이 겪고, 입에 맞지 않는 조선 음식도 거의 못 먹을 것이 없으며, 동리에서라도 죽게 된 사람이 있으면 모르는 자라도 어두울 때에 친히 나무를 지고 쌀을 메고 가서 구제하며, 병든 이와 환란 당한 자를 힘대로 구호하며 위로하여, 공동(共同)한 은인으로 여기는 자 또한 무수하더라.

총히 말할진대, 대한 사람의 구제를 위하여 평생을 허비한 사람이라 그 공효가 적지 않으니, 지금은 비록 그 공로를 모르기도 하고 혹 불합하게 여길 자도 없지 않으려니와, 국민이 차차 열리는 날은 효력을 널리 깨달을지라. 지금도 각처에 슬퍼하는 자 불소(不少)하니, 만리타국에 와서 이렇듯 하기 실로 어려운 일이라.

사람이 다만 사사 이해만 알고 공변된 이익을 모르면 사람값에 갈 것이 없다 하거니와, 다시는 저희를 위하여 일하여 줄 사람이 없는 법이라. 만일 공변된 이익을 알고 그 공변된 은인을 극히 받들어 영광을 세상에 드러낼진대, 그 백성을 위하여 죽기까지라도 힘쓰기를 아끼지 않을지라. 그런즉 이런 유공한 교사의 공로를 포장(褒奬)하지 못하면 우리를 위하여 일하는 자들의 마음을 권장할 수도 없고, 또한 외국인들이 우리를 공변된 은공이 무엇인지 모르는 사람이라 할지라. 마땅히 우리의 감격하게 여기는 뜻을 표하는 것이 옳을지라.

각국에 이런 풍속이 있나니, 우리는 생각건대, 각 교회 중이나 학교에 선생 학도 중에서나 유명한 이들이 발기하여 몇몇 대관네 이하로 경향 동지인들에게 연조를 청하여, 드러난 곳에 영원 기념비를 세워 그 사업을 들어낼진대, 다만 그 사람에게만 영광일 뿐 아니라, 내외국인민으로 재물을 허비하고 기력을 다하여 우리를 위하는 자들에게 위로가 되겠고, 또한 권면이 많이 될 터이니, 유지하신 이들은 널리 의론들 하기를 발론하노라.

제5권 제153호

대한제국 광무 6년 7월 9일 (水)

(내외 법 변할 일)

서양 각국에 내외 법(內外法) 없는 줄은 다 짐작하려니와, 우리나라 사람들은 자고로 내외 하는 것이 교화와 예절에 가장 높은 뜻으로 아는 고로, 남이 내외 아니 하는 것은 곧 무례한 오랑캐의 풍속으로 아나, 실상은 내외 아니 하는 데서 예모가 더 생기며 교화가 더욱 높여지는 법이라.

대개 내외 분별하는 본의는 다름 아니라 사람의 음풍(淫風)을 막자 함이니, 비유하건데 수말을 암말과 함께 세우지 않음과 같아서, 서로 보지 않고 떨어져 있으면 관계치 않다 함인즉, 어찌 사람 대접하는 도리라 하리요. 저 짐승은 일러도 듣지 못하고 가르쳐도 화할 수 없는 고로 부득이 따로 두려니와, 사람은 만물의 신령이라 하여 인의예지의 교화가 있거늘, 사람의 마음을 화하여 스스로 음욕이 끊어지게 하지 못하고 외면으로만 막으려 하니, 불과 이목(耳目)만 가리고 마음은 화할 수 없는 이치로 여김이라. 은근히 음심(淫心)을 기름이니 어찌 실상 근원이 막히리오. 만사가 다 마음에서 생겨 되는 바이거니와, 더욱 음심은 마음먹기에 있는지라.

사람마다 생각하기를, 남녀는 만나면 의례히 합하는 이치요, 또한 이것이 세상에 좋은 것으로만 알진데, 어찌 이목 가리기를 어려워 못하며, 무엇으로 능히 금단(禁斷)하리요만은, 다만 심중에 생각하고 사람마다 알기를, 이것은 세상에 부정한 개와 돛의 행실이라, 친 부부 외에는 당초에 합하지 못하는 이치와 법으로 알진데, 함께 있을지라도 곧 남자나 여자끼리 있음과 다름이 없을지라.

그러므로 국법을 마련하여 한 본처 외에는 다른 처첩을 두지 못하며, 남자끼리 있을 때에도 음담패설을 못하나니, 이는 사람의 마음이 말하는 데서 생기기 쉬울뿐더러, 부인을 대하여도 실체가 없고 더욱 엄숙할지라. 사람마다 어려서부터 교육하여 남녀의 분간을 마음으로 하게 하는데, 이런 법으로 가르치는 학문과 서책이 또한 한이 없는지라. 이 교화에 화하여 사람마다 스스로 금할진대 이 어찌 정결한 세상이 아니리요. 이것이 곧 성인이 가르치신 바에 제 몸을 이기어 예(禮)에 회복한다 함이라. 저 교화와 예절의 한층 더 높음이 어찌 부럽지 않으리오.

하물며 남자의 의심을 인연하여 여자는 일평생을 가두어 보내니, 천지간에 무죄한 죄인이라. 이것이 아주 풍속이 되어 피차 의례건으로 아는 고로 괴롭게 여기지 않거니와, 그 본의를 생각하면, 여자의 부모 처자 된 자가 자기를 내어 놓기만 하면 곧 변통이 날 줄로 의심하여 가두어 세상을 못 보게 함이니, 어찌 인류로 대접함이라 하며, 또한 그 평생을 생각할진데 어찌 가련한 목숨이 아니리요.

천지의 광대함과 산천의 수려함과 인간의 화락함과 희로애락의 감정을 남과 같이 못하고, 생산의 괴로움과 살림의 궂은일은 다 맡아 다스리며, 안한무사(安閒無事)한 장부의 평생을 위하여 종노릇으로 세상을 마치니, 일생의 낙이 무엇인지, 인생의 동등 권리가 무엇인지 모르는지라, 어찌 공평타 하리요.

만일 내외를 공평히 정할진대, 날마다 반 일은 여자가 갇히고 반

일은 남자가 갇히거나, 며칠은 여자가 들어앉으면 며칠은 남자가 또 들어앉거나 하여, 피차 같이 하여야 비로소 공평타 할 것이거늘, 어찌 하늘이 여자만 설움을 당하게 만들었으리요. 다만 기질이 남자보다 약하여 부득이 남의 절제를 받는다고 하여, 강한 자의 임의로 남의 정경(情景)을 생각지 않아서야 천지에 화기를 어찌 보전하며, 짐승의 강한 자가 약한 자를 잡아먹는 뜻에서 다를 것이 없을지라. 이로 인연하여 국민의 사업과 교육상의 방해가 불소하고 또한 외국의 수치를 면치 못하나니, 내외 하는 풍속을 고치는 것이 가장 중대한 관계라.

그러하나 지금 이 교육과 형편에 내외를 트고 보면 첫째, 여인에게 문란한 풍습이 생기겠고, 둘째 부인이 무리한 욕을 면치 못할지라. 마땅히 부인의 교육을 먼저 힘써 남과 접제하는 법과 언어 행동에 몸 가지는 도리며, 제 몸을 자중(自重)이 처하기와, 남 대접을 공손히 하여 자기의 천생 권리를 지키기에 값이 있는 줄을 알아야 여인이 강성하며, 가도가 문란하여지는 폐단이 없이 스스로 정결한 풍도와 화락한 성질이 생겨 무리한 욕을 당치 않을 것이고, 한편으로 풍속을 변하여 남자끼리 모여 음담 패설하는 악습을 일절 금하여야 될지라.

우리나라에 공경사부(公卿士夫)라 하는 이들도 모여 앉아 헌화(獻花) 작담(作談)할 때에 보면, 어미를 두고 맹세하거나, 여자를 가리켜 음담 함이 참 사람의 입에 담지 못할 말이 많아, 조금이라도 교화에 힘을 입은 자는 들으면 얼굴이 뜨뜻할 때가 많은지라. 대개 사부(士夫)라 하는 사람은 국중에 풍화를 인도하는 자이라, 하민(下民)이 자연 화하여 딸려가는 바이거늘, 이 인도자들이 이러한 후에야 아래 백성이야 일러 무엇 하리오. 여인이 있으나 없으나 말 세 마디면 욕설과 음담을 번번이 두 마디에 내리지 아니하니, 각국 중에 구습이 고약한 나라는 대한 같은 자 없는지라. 어찌 수치스럽지 않으리오.

소위 상등인의 마음인즉, 상놈의 계집은 본래 점잖지 못하니 아무래도 관계치 않고 사부의 부인은 절기가 있으니 감히 못한다 하는지라. 성인의 도가 양반만 오륜(五倫)을 알고 상놈은 모른다 할 이치 없고, 또한 음란치 않는 것은 여인을 위함이 아니라 자기의 행실을 높이 하여 일국의 민풍(民風)을 정결케 하려 함이거늘, 이것을 모르고 상한(常漢: 상놈)이나 노예들을 대하여는 버릇없이 회담을 청하여 풍속을 더럽힌다.

상한이라 하는 사람들은 자기 몸을 낮추어, 우리 상놈은 아무래도 관계치 않다 하여 음란 부정한 대로 길에 지나는 여인이 있으면 상하를 물론하고 손가락질 하며, 웃기와 더러운 맹세와 패설로 체면을 불고하니, 이 중에서 풍속이 괴패(壞敗)하여 지금은 어찌할 수 없이 되었은즉, 점잖은 부인네가 길에 나서기를 누가 좋아하리오.

이것이 우리나라 교육과 문명상으로 나아가기에 긴중히 관계되는 것이니, 이로부터 국법도 마련하여야 되려니와, 위선 백성이 먼저 스스로 고쳐서 나 먼저 악습을 버리며, 남의 악습을 내 힘자라는 대로 가르치며 말려서 국가 교육의 기초를 먼저 잡아 놓을지어다.

제5권 제156호

대한제국 광무 6년 7월 12일 (土)

(옥정군 급)

감옥서가 서소문 안 전 전환국에서 지나간 삼월에 종로 전 감옥터에 새로 지은 벽돌 양제 집으로 이사하여, 거처와 범절이 전보다 매우 낫고, 죄수의 정경이 또한 적이 낫다 함은 기왕에도 들리는 대로 기록하였거니와, 감옥 정사가 국정에 관계됨이 지극히 커서 심상히 보지 못할 줄이, 첫째 백성의 생명 재산을 이것으로 보호하며, 둘째 법률의 밝고 어두운 것이 여기 달렸으며, 셋째 국전 인민의 편하고 위태함이 또한 이에 달림이라.

만일 옥정이 밝지 못하여 협잡(挾雜) 농법(弄法)으로 능히 기강을 세우지 못하면 악민(惡民)을 무엇으로 징계하며, 양민을 어찌 보호하겠으며, 만일 압제 위협과 법외에 형벌로 세력 있는 이들의 장악에 농락하는바 될진대 법률이 어찌 밝아지겠으며, 감옥이 더럽고 누추하여 위생에 크게 손해될진대, 설령 법률이 공평하기로 어찌 외국이 그 백성을 그 속에 갇히게 하고자 하리요.

제도를 다 위생에 합당케 만들어 개명한 사람이라도 들어와 갇혀라 하기가 부끄럽지 않을 만하여야, 차차 법률 공평히 되어가는 대로 외국인을 다스리는 권리가 속히 돌아올 것이오. 그 속이 굴속이나 지옥

같아서 들어가는 자가 견딜 수 없게 될진대 어찌 인의지도(仁義之道)에 합당타 하며, 설혹 지금은 그 안에 갇힌 사람만 죄수라 하나, 사람마다 성인이 아니거든 대소 죄 간에 범하지 않는 자 몇이나 되겠소. 점잖은 관인이라도 대소 죄 간에 범하는 날은 곧 거기 들어가는 날이니, 이 어찌 남의 심상한 일로 여기리오. 그러므로 우리가 옥정(獄情)이 이만치 진보해감을 기뻐 여기며, 일변으로 어서 더 밝아져서, 우리도 일본 같이 순검을 보내어 범법하는 외국인을 잡아다가, 대한 백성들과 동등으로 가두어, 대한 법률로 공평히 다스림을 받는 것을 우리 눈으로 구경하기를 고대하는 바라.

근일에 다시 들은즉, 옥정이 심히 군박(窘迫)하여 일시가 민망한 사정이 있으니, 이는 곧 집은 적고 죄수는 많음이라. 이 고열(高熱)을 당하여 공기 흩어진 도로 상에서도 사람이 가까이 앉아 호흡을 상통하면 병이 난다 하거늘, 옥중은 그렇지 못하여 여염가(閭閻家) 적은 이간통 반짝 만한 간 속에 사람이 눕지 못하고, 심지어 덧 업혀 지내는 자 많으며, 문 앞을 가면 한증기운이 쪄 오르므로 앉은 사람이 모두 주야로 한증 속에 앉은 모양이라.

밤에는 번차례로 앉아 쉬는 곳이 많으므로 감옥 서장이 매일 한 번씩 문을 열어주어 나와서 바람을 쏘이게 하므로 얼마 나으나, 종시 견딜 수 없어 죄수들이 혹은 왈(曰); 칼을 씌우고 차꼬를 채워 마당에 두면 좋겠다고 하는 자도 있고, 혹은 왈(曰); 차라리 대포를 맞아 다 죽을지언정 이것은 견딜 수 없다 하여 혹 부르짖으며 우는 자도 있고, 혹 옥관(獄官)을 보고 살려 달라 애걸하나, 서장이 또한 무슨 수로 변통하리요 하니, 이 말이 비록 심한 듯하나, 삼월에 이사한 후로 불과 육십여 일 동안에 이 미결 통합하여 자고(自苦)한 죄수가 합 이십여 인이라, 어찌 참혹하지 않으리오.

년래로 감옥서 죄수가 합 삼백여 명을 넘어본 적이 없었거늘, 근일에 죄수가 더욱 늘어 지금 시수(時囚)가 삼백오십 명에 이른지라. 별로 결처(決處)는 많지 못하고 날로 갇히는 사람만 점점 느니 장차 어찌 될는지. 만일 이대로 삼하(三夏)를 지내다가는 불쌍한 목숨이 많이 상할지라. 호생지덕(好生之德)에 손해가 어떠하며, 정체 상에 령오(令悟)가 가득하다는 말에 수치가 어디까지 미치리오. 혹 그 집이 적어서 그렇다 할 듯하나, 설혹 수백 간을 지은들 결처는 적고 잡혀드는 자는 많을진대 또한 몇 달 지나서 또 가득하다 하리오.

지금 그 집이라도 날마다 결처를 많이 하며, 죄에 경중과 마음에 회개하고 아니함을 살펴 사전에 많이 넣어 돌아가 양민이 되기를 권하면, 위선 어진 정사가 드러날 것이오, 죽을 목숨이 불소(不少)히 살 터이니, 그 인덕이 어떻다 하리오. 법관 되신 이들이 속히 변통하여 여러 인명 구제하기를 눈 씻고 바라는 바로라.

제5권 제161호

대한제국 광무 6년 7월 18일 (金)

(상업으로 나라를 흥왕하게 하는 법)

자고로 장사하는 법은 없을 수 없나니, 이것이 아니면 물건의 귀천유무(貴賤有無)를 바꿀 수 없는 연고라. 사람에게 그 긴요한 관계가 특별하거늘, 근래 풍속은 어찌하여 장사를 가장 천히 아느뇨. 반드시 그 연고가 있으리로다.

공자 제자 자공(子貢)이 장사로 재물을 불렸으되 공자께서 불가(不可)하다 하시지 않았나니, 이로 볼진대, 상업이 도학(道學)과 갈릴 것이 아니거늘, 중간에 와서 성인의 교화가 차차 쇠하여 가며 세상이 모두 이(利)끗을 따라 협사(挾詐)와 속임이 도덕을 손해하는 고로, 당시 선배된 자들이 옳은 도로 가르쳐 진실함으로 화하고 좋은 법을 마련하여 흥왕 발달시킬 생각은 못하고, 상업을 쳐서 세상에 아주 취리하는 마음이 막히면 풍속이 자연 맑아지리라 하여, 아래 백성은 선배들의 말을 따라 향하는 고로, 또한 스스로 천히 알아 점점 내려올수록 더욱 심하므로, 장사하던 사람은 벼슬에 나지 못하며, 심지어 양반의 자식은 부모가 기한(飢寒)에 당장 죽게 되었을지라도 솜 둔 중치막(*벼슬하지 아니한 선비가 입던 웃옷의 한 가지. 소매가 넓으며 앞은 두 자락 뒤는 한 자락이며, 옆은 터져 있음)을 입고 집집이 구걸을 다닐지언정, 강건한 육신으로 장사와 벌이를 하여서 부모와 처자 가속이며 자기 몸을 보호하는 일은 넉넉히 할 수 있을지라도 차라리 손끝을 부비고 앉아 굶어 죽을지언정 아니 하나니, 이는 악한 풍속에 결박되어 생각이 발달치 못하고, 다만 헤아리되, 지금 일시에 곤궁을 못 이기어 천한 업에 한 번 투신하면 좋은 문벌을 버리는 것이니, 조상에도 욕이요 이후 자손에까지 누가 될지라. 죽기로써 앉아 기다림이 옳다 함이니, 실로 이 생각을 인연하여 청고(淸高) 정직(正直)함으로 각색 더럽고 그른 일에 다 이 같이 간섭하지 않을진대, 비록 형세는 빈한하나 안빈낙도(安貧樂道)하는 재주는 높다 하련마는, 예절이 의식에서 생김은 인정에 자연함이라.

기한(飢寒)이 몸에 간절하므로 아니 날 생각이 없어, 모든 괴악한 행습은 글 읽었다는 선비 중에서 많이 생기나니, 이러므로 선비가 많을수록 각 세는 점점 빈곤하고 풍속은 점점 퇴폐해지며, 장사로 위업하는 이들은 자연 정실한 도리와 화식하는 법을 들어보지 못하여 신의와 도덕으로 재물을 불리는 뜻을 모르므로, 속이기와 에누리하기를 상업의 의례 일로 알므로, 지금 우리나라 장사하는 사람들의 악습을 볼진대, 정대한 사부(士夫)로 접담(接談)하여 물건 매매하기 싫은 생각이 날지라. 진실로 상고(商賈) 중에 이런 악습이 많을진대 극히 하등대접을 받아도 원통하다 하지 못할지라. 어찌 상업이 차차 흥왕하기를 바라리오. 마땅히 상업의 학문을 공부하여야 할지라.

하물며 지금 세상은 만국이 상업으로 흥리하는 근본을 삼으므로, 천하의 화평 안락함과 국가의 부강 발달함과 인민의 이용후생 할 도리가 다 이에 달렸는지라. 어찌 흥왕 시키기와 보호하기에 법이 소홀하며 규모가 작으리오. 대한에 와 있는 영 미국 상민이 불과 이삼 명이로되 영사가 있어 보호하는 외에 군함이 종종 들어와 순행하나니, 이로 볼진대 상민 보호하는 데 전력함은 가히 알지라.

상업상에 학문과 교화가 가장 많아서 도덕과 신의로 주장을 삼으므로 나라가 부요할수록 인의가 밝아지며, 교화가 높을수록 재물이 넉넉하여지나니, 이것이 참 도덕재리(道德財利)를 합하여 문명부강의 극도에 나가는 법이라.

더러운 재물을 경히 여겨 기세가 물욕을 거절하고, 빈곤함을 달게 여겨 도를 즐기자는 말과 비교하면, 청렴 고결함이 적어 도학의 본심을 버리는 듯하나, 높고 맑은 말이 항상 실상 얻기 쉬운 법이라. 만일 이 도덕을 전국이 숭상할진대 빈한 곤궁(貧寒困窮) 함을 면치 못할 터이니, 빈한 곤궁 중에 들어서 옳은 도덕을 즐길 사람이 몇이나 되겠으며, 몇몇 도학군자들만 이 도를 지키고 모든 백성은 행할 것이 없다 할진대 어찌 성인의 당당한 도(道)라 하리요.

비컨대 한 사람은 성실한 도덕으로 재물을 많이 모아 평생의 부요한 낙을 누리며 불쌍한 인생을 위하여 좋은 사업을 많이 할진대, 이는 재리와 도덕에 두 가지 복을 겸한 자이고, 한 사람은 도덕 인애가 남보다 배승(倍勝)하나 가세 빈곤하여 제도 창생(昌生)하는 사업을 못하고 필경 주리거나 굶어 죽을진대, 이는 한 가지 복이 적으며 세상에 공효가 또한 부요한 사람만 못할지라.

재리(財利)를 구하는 사람이 마땅히 신의 도덕을 주장삼아 상업의 지위가 높게 만들어 놓고, 대신이라도 퇴사하면 곧 장사하는 것이 좋은 일로 알아, 사람마다 실지상 사업을 경영하여 가지고 나라를 부강케 하는 것이 긴급한 시무(時務)라.

나는 간절히 원하노니, 장사 위업(爲業)하는 이들이 신의를 주장삼아 상민의 지체를 높여 가지고, 상업을 천히 여기던 풍속이 없어져서 사람마다 장사하기를 즐겨 하도록 인정이 변하여, 국가에서 상업보호시키는 것을 당연한 급무로 힘쓰게 하기를 원함이라. 내일 논설에 더 말하겠노라.

제5권 제162호
대한제국 광무 6년 7월 19일 (土)

(상업으로 나라를 부강케 하는 법(연속))

작일 논설에 상업 흥왕 하는 것이 지금 세상에 긴중한 관계를 말하였거니와, 우리나라에서도 재상들이 벼슬 내어놓는 날은 장사도 하며, 장사도 학식(學識)과 재주(才-)만 넉넉하면 벼슬하는 것을 마땅한 일로 여겨, 도덕과 재리가 합하여 발달되기를 원하노니, 상민 된 이들이 그 일의 긴급함과 직책의 큰 것을 알아, 그 상업이 다만 자기의 사사 상업뿐이 아니라 곧 나라 부강의 근본이 됨을 알아, 장사를 아무쪼록 외국인의 재물을 거두어들이는 법으로 생각하며, 외국인에게 잃은 상업 권리를 내게로 다시 돌아오도록 힘쓸진대, 이것이 곧 흥왕할 근본이니, 만리 장정(萬里長程)에 첫 걸음이라.

근자에 일본 고베 크로니클이라 하는 신문에 본즉, 하였으되, 한국의 유지한 이들이 회사를 조직하여 자본을 모아 가지고 권연회사(卷煙會社)를 설시하여 엽초 잎으로 권연을 말았는데, 맛과 모양과 제작이 여송연(呂宋煙)과 흡사한지라. 지금 새로 만드는 것이로되 수요가 있어 사먹는 자 많으니, 차차 진보하여 더 잘 만들고 더 싸게 팔아 이름이 나면 일본 권연회사에서 큰 권리를 빼앗길지라. 본토에서 담배를 심어 많이 내면 외국에서 실어 들이는 선태(船台)가 한이 없을 터이니, 일본 권연회사에서 아무리 싸게 팔고자 하여도 대적할 수 없을 것이오, 차차 흥왕하여 외국으로 수출하면 일본 각 권연회사에서도 손해 당할 염려가 있다 하므로, 내가 이것을 보다가 반가운 마음이 비할 데 없어 헤아리되, 우리나라 사람의 재주가 이렇듯 정미하거늘, 사람마다 하려는 마음이 없어 교육을 못 힘쓰니 장차 어찌하면 좋으리오, 하다가 급기 그 아래를 본즉 하였으되, 그러나 그 회사 전주(錢主)들이 상업에 깊은 지식이 없어서 장구한 경영을 못하고 당장 이를 보려 하므로, 불구에 그 회사가 철파(撤罷)되리라 하였는지라. 이것을 보고 다시 탄식함을 마지 않았노라.

외국인이 사업 기초 잡는 법은, 위선 장사로 보아도, 당장에 이(利) 남기는 것이 장사가 아니라, 당장은 해를 보더라도, 몇 십 년까지라도 예산을 미리 차려 가지고 남보다 물건을 낫게 만들며, 돈은 적게 받아도 오래만 지탱하여 가면, 그 상표가 이름이 나서 사람마다 그것을 찾는 고로, 남이 필경 장사 권리를 빼앗기고 물러가나니, 그 물건이 널리 팔린즉 자연 이(利)가 크고 장원(長遠)하여 그 회사 상표만 팔아 몇 갑절 이가 되나니, 이것이 장사에 먼저 주의하는 바이거늘, 우리나라 사람들은 아직 이에까지 미치지 못하니, 어서 가르치기도 하려니와 배우기도 시각이 급하도다.

지금 대한에 상업이 발달치 못하여 서양 사람들은 당초에 장사할 것이 없다 하는 바이거니와, 항구가 점점 열리며, 철로가 차차 통하는 대로 외국 상업은 해마다 늘어날 터인즉, 우리나라 사람들이 외국 자본을 아니 가지고 큰 상업을 경영하기 어려운지라. 외국인의 장사하는 법이 다 제 자본으로 혼자 하는 것이 드물고 항상 자본 가진 이가 맡겨서 주관(主管)도 시키며, 외국에 앉은 사람과 약조하고 그곳 물가를 보아 기별하는 대로 물건을 대어주어, 큰 상점도 되며 혹 큰 지점도 되나니, 피차에 그 이익이 어떠하리오. 지금 외국에 자본 가진 자들이 대한 상업이 장차 흥성할 줄을 미리 알고, 대한 사람의 이런 일 의론할 만한 사람을 얻고자 아니함이 아니로되, 외국인들이 알기를, 대한 사람 중에 상민은 더욱 신의가 없어서 남을 속이기로 장기를 삼으므로 그 사람들과는 당초에 아무 경영도 마는 것이 옳다 하여, 신(信) 있고 없음을 묻고자 아니하니, 피차 무슨 이익을 도모하리요.

마땅히 신의로 주장삼아 위선 물건 매매에 제반 악습을 차차 고쳐 가며, 내외국 장사 형편을 살펴 배포(排布)를 차리며, 외국인들에 점잖고 자본 있는 이들을 신의로 상종하여 차차 이름이 나면 자연 전주가 찾아와서 푼전척리(-錢-利)가 없어도 부상대고(富商大賈)가 되지 말라는 법 없으니, 범사가 내게 있는지라. 나면서 새 사람이 되어야 할 것이오.

물건 제조하는 것도 외국 물품을 모본하여 대한 사람에게도 팔며, 외국인에게도 발매하여, 남과 권리 다툴 줄을 먼저 알아야 될지라. 근자에 어떤 미국 사람 하나가 금전 오십만 원을 내어놓고 광고하되, 천하 각국에 경기구를 쓰지 말고 다른 기계를 만들어 타고 공중에 올라가 전쟁에 쓰게 하는 자 있으면 상품을 주겠노라 하므로, 각국의 이학가(理學家)에서 궁리하는 자 무수한지라. 우리나라 사람들도 이런 큰 도리에 경영이 있을진대, 무당 소경을 버리고 차차 실지 있는 학문을 공부할지니, 이런 일은 생각도 할 수 없다 함은 스스로 재주를 버림이라.

이상 몇 가지에 뜻을 배양하여 큰 이익을 도모할진대 흥왕 발달에 기초가 될 듯하오.

제5권 제163호

대한제국 광무 6년 7월 21일 (月)

(아. 법. 덕 약조의 설명)

주한 아(俄) 법(法) 덕(德) 삼국 공사가 새로 정한 약조는 잡보에서 보았으려니와, 대개 약조 종류에는 두 가지 등분이 있으니, 맹약(盟約)이고 조약(條約)이라.

맹약(盟約)은 두 나라나 혹 몇 나라가 맹서하여 전쟁에 나아가는 길이라도 서로 주선하자 함이고, 조약(條約)은 서로 정의상으로 연합하여 화평한 중에서 서로 주선하자 함이니, 두 가지의 뜻이 대단히 같지 아니하나, 정의와 세력을 특별히 합하여 경영하는 바를 도모하자 함은 일반이라.

일영(日英) 동맹은 동양 전면에 화평상 이익을 보호하기 위하여 정한 것이나, 부득이 전쟁이 되는 날은 서로 연합하자 하는 뜻이 있으니, 이는 맹약이고, 아 법 덕 삼국의 이번 약조라 함은 오로지 대한에서 이익 권리 얻기를 위함이니 이는 조약(條約)이다.

이 다섯 나라 형편으로 그 약조의 성질을 의론할진대, 지금 천하 안위가 전혀 영(英) 아(俄) 양국에 달렸는데, 구라파 각국은 다 위험한 형편을 먼저 깨닫고 각기 제 권리를 굳게 하여 아라사가 접촉할 곳이 없게 하므로 영(英) 아(俄)에 다투는 형세가 아세아에 있는지라.

아세아 지형을 볼진대, 영국은 멀고 아라사는 가까운 고로, 자세히 알지 못하는 자들의 의론인즉, 영국에 주의함이 아국만 못하리라 하나, 실상인즉, 영국의 상권이 아세아에 제일 많으며, 겸하여 아세아에 아국 권세가 확장되는 날은 영국의 형세가 기울어지는 날이니, 지금 양국이 저울대 다투듯 하는 형세가 한번 기울어지면 장차 영국에 위태할 염려가 없지 않은지라. 그런즉 영국의 주의함이 아라사보다 더할 터이나, 영국의 뜻은 상업을 확장함이 곧 권세자라는 것인 고로 토지를 취하는 데 있지 아니하고 아라사의 형세를 막아 상권을 넓히는 데 있으니, 아라사는 다른 이익이 없고 다만 토지 관할하는 권리에만 있는 고로 혹 불고(不顧)체면 할 염려가 없지 아니한데, 동양에서는 다만 일본이 알고 막기를 갈력하여 심지어 전쟁까지 예비하므로, 불언중 주의가 영국과 같을 뿐더러, 일본에 권세가 자라는 것이 아라사의 싫어하는 바이고, 영국은 오히려 낫게 여기리니, 이는 아라사가 영국의 적수인고로, 적수에 자람은 당연히 싫어하려니와, 일본은 영국의 하수(下手)인고로, 하수의 자라는 것이 관계치 않을 뿐이라.

또한 아라사가 만일 동양에서 토지를 점령하면 그곳은 영국의 상권이 미치지 못할 뿐 아니라 기왕 있던 권세도 밀려날 것이고, 만일 일본이 토지를 차지하면 아라사의 병권은 한 걸음 물러갈 것이고 영국의 상권을 더 늘어날 것이니, 이러므로 영일의 관계는 자연한 성질로 맺혀 됨이라. 두 나라 중에 하나라도 손해될 일은 곧 각기 자기 일로 알게 형편이 되었은즉, 그 동맹에 약조한 사연과 같이, 오년 안에 무슨 일이 있으면 함께 주선할 뿐 아니라, 오년 후에라도 이 형편이 크게 변하기 전에는 서로 끌려 다닐지라.

만일 한(韓) 청(淸) 양국이 각기 이 형편을 깨달아 동양을 유지코자 할진대, 일본이 구태여 먼 영국과 연맹하였을는지도 모르겠거니와, 당연히 한 청 양국과 연맹하여 멀리 영국과 은연중 상응하였을 것이니, 하늘 밑에 누가 엿보며, 한 청의 권리를 누가 감히 털끝만치라도 건드리리오. 일본도 또한 삼국을 보호하기만 뜻할지라 다른 뜻이 생기지 못할 것이거늘, 종시 깨닫지 못하여 옷을 벗고 호구(虎口)로 들어가며 생문방(生門方)이 여기 있다고 하는 고로, 세상 형편이 변하여 억지로라도 사지를 벗겨내어 주려 하나니, 이것은 그 사지에 들어가는 자를 불쌍히 여길 뿐 아니라, 그 호랑이가 사람을 먹으면 기운이 자라서 사람을 또 상하려 할 터인 고로 곧 자기네 일로 알고 벗겨 내려 하나, 사의(辭意)로 가르쳐서는 종시 아니 들은즉, 불가불 억지로 하는 수밖에 없는바, 만일 영국이 나서서 대신 끌어내려 하면 아라사가 그저 있지 않을 터인즉, 영국은 상관치 아니하고 따로 앉아 일본으로 대신 행하게 하고, 만일 아라사가 일을 시비하려거든 영국이 탄하여 왈(日): 일본은 한국(韓)의 이웃이니 나서서 붙들려 함은 당연하거니와 우리는 멀리 있어 상관할 까닭이 없다 할지니, 아라사가 영국의 말을 듣고 물러가면 일본이 혼자 상관할 것이오, 만일 아라사가 물고 놓은 고기를 놓고 가지 않을진대 영국은 반드시 힘으로라도 대적할지니, 두 범이 싸우는 사이에서 일은 시세를 맞추어 경영을 행할지라.

그 승패득실을 미리 알 수 없으나, 좌우간 형편이 이렇게 된즉 일본의 뜻은 자연 전과 달라서 이런 중에서 이익을 도모할 생각이 날 테니, 일본의 이익은 곧 나의 손해라, 이러므로 아라사의 관계가 더욱 중하여, 이 형세를 반대될 만치 합력함을 경영하여 법(法) 덕(德)과 약조함이라. 아 · 법 · 덕 약조의 성질은 미완이로라.

제5권 제164호

대한제국 광무 6년 7월 22일 (火)

(아 · 법 · 덕 약조의 설명(연속))

어제 논설에 보면, 영 · 일(英日) 맹약의 관계를 좀 말하였거니와, 이 약조로 인연하여 아라사의 형세가 외로워지므로, 몽고 만주 등지에서 날로 자라던 권세가 졸지에 감삭하여 점점 물러가게 되므로, 아 · 법(俄法) 조약이 또한 무력해지는지라. 피차 이익을 도모할 생각이 없지 않으나, 각국의 공의가 그렇지 않아, 부득이 물러날 경우가 되므로 돌이켜 대한으로 주의하니, 대한 형편이 또한 일 · 영(日英)의 약조를 인연하여 아 · 법의 주의가 잘 서기 어려운지라.

불가불 합력하는 힘이 있어야 할 터인 고로, 화란국 약조를 아(俄)가 대리하며 지금 덕국과 또한 합작하였다 하니, 이는 전혀 일 · 영에 권세 저울대를 다투려 함이라. 끝끝내 대한 형편에는 점점 급하여 옴이라. 창천(蒼天)을 바라보매 근심 구름이 가득하도다.

시험하여 아 · 법 · 덕의 약조를 의론컨대, 아 · 법이 오늘까지 합맹(合盟)하여 함께 주선한다 함은 종시 나의 믿지 못함이라. 대저 아라사는 지금 세상에 강한 진(秦)나라이라. 각국이 믿는 마음은 적고 두려워함이 많은데, 하물며 서력 일천칠백이십오 년에 피터 황제 십사조 유훈 중에 하였으되, 법국과 천하를 평분(平分)할 약조를 정하되, 만일 법국이 듣지 않거든 오지리(오스트리아)와 약조하여 합력하여 법(法)을 멸하고, 곧 군사를 옮겨 오지리를 멸할지니, 둘 중에 하나를 먼저 합하여 한 나라를 멸한 후에 그 하나를 마저 없이하면 아국이 천하를 통일할 큰 계책이라. 만일 법(法) 오(奧) 양국이 다 듣지 않거든 아국이 양편으로 갈등을 붙여 서로 시기로 다투게 만들어 놓고, 양국에 힘이 피곤하기를 기다려 먼저 게르만(日耳曼)을 치고 법(法) 오(奧)를 쳐서 서로 멸하면 구라파 각국이 다 항복하여 아국을 받들어 대황제로 섬기리라 하였는지라.

이 유명(遺命)이 세상에 발각된 후에 구라파 각국이 주야 방비하여 지금은 구라파에 다시 넘겨다 볼 곳이 없게 되었으나, 모든 나라가 다 꺼리는 마음은 종시 없지 않은지라. 이러므로 아 · 법의 약조를 법국 정치가에서도 논박하는 자 무수하며, 지금 덕국이 따라 합약(合約)하였다 함은 더욱 이상한 일이라. 덕국은 다만 아라사만 의심할 뿐 아니라 이천칠백칠십 년 덕 · 법 전쟁 이후로 양국이 항상 빙탄(氷炭)이 되어 서로 갈려 다니는 것은 한두 해가 아니거늘, 지금 삼국의 합함은 결단코 못될 일이라.

비컨대 범의 의심 같아서, 서로 합하여도 피차 앞서가지 못할지니, 어찌 실정으로 주선하리오. 잠시 언어로 서로 찬조하는 일에는 혹 효험이 있으려니와, 실상 이해 관계되는 자리에서는 쟁단이 일기 쉬울지라.

우리는 헤아리건대, 이번 세 공사(公使)의 약조라 함은, 장원한 경륜함이 아니라, 잠시 대한 정권 상에 평균한 형세를 보전하자 함인 듯한지라 무슨 실력이 있으리오. 대한에 농권(弄權)하는 자들이 일영(日英) 약조를 인연하여 성세를 빙자함에 권세가 일영으로 쏠릴 염려가 있는지라. 이 세 공사가 합의하여 의론 자리에 서로 찬조하면 어두운 사람들이 믿기에도 튼튼할 것이오, 철로 광산 등 이익 도모에 효력이 있을지라. 그 의향이 불과 이에 있을 듯하니, 이 정형을 짐작하는 이들은 별로 관계없이 알려니와, 그렇지 않은 사람은 혹 태산같이 여길 이도 있을 것이고, 만분 다행히 알 이도 있을지라. 이런 기틀을 보면 광산 철로 전선 등 이익 얻을 주선에 장차 주의할지라. 정부에서 결단코 허락은 아니 할 듯하나, 이로 은근히 난처한 사단은 많을지라. 갈수록 생각하며 분기 충발함을 이기지 못하리로다.

동포, 동포여. 나라의 형세가 점점 이러하매 우리의 장래 이익을 날로 남의 손에 돌려보내니, 이후에 우리가 부강을 도모하고자 하나 어디서 재물 근원이 생겨 오늘날 곤궁한 사정을 면하겠으며, 한번 남에게 허락한 후에는 무슨 힘으로 다시 찾겠느뇨. 저 얻기를 도모하는 사람은 우리가 버려두는 것을 보고 거두어 쓰는 것을 만들고자 함이라. 만일 우리가 관민 합력하여 차례로 흥왕 시키기를 도모할진대, 외국인의 욕심이 자연 막혀 넘겨다보던 친구들이 차차 받들어 줄지라.

밖의 형편이 날로 급박하여 들어오는데, 우리는 안연 무사히 있어 서로 잔해(殘害)하기와 서로 다투기로 세월을 허송하다가 기회를 다 잃으려 하는가. 아무리 사사 이해에 몸을 빼앗지 못할지라도, 청컨대 잠시 잊어버리고 앉아 한시 동안만 생각하여 보라. 아무리 백성이 합의치 못하더라도 붙들어 일으키며, 관원이 아무리 불합(不合)하더라도 옳게 하도록 인도하여 가지고, 영원히 국가를 반석같이 받들어 함께 동락하는 것이 참 장원한 계책이 아니겠는가.

제5권 제168호

대한제국 광무 6년 7월 26일 (土)

(전염병 막을 의론)

인생 백 년 동안에 제일 두려운 것이 질병이요, 질병 중에 제일 두려운 것이 전염병이라. 강건한 육신이 일조에 병이 들면 영웅 준걸의 만사 경륜이 부운(浮雲)이 되고 말며, 한 곳에서 전염증이 생기면 편시간에 흩어져서 백인 천인이 삼 쓸듯 없어지나니, 일신의 염려와 일국의 염려와 천하의 큰 염려가 이보다 심한 것이 어디 있으리오. 마땅히 별반 도리가 있어 그 병근(病根)을 캐어 막는 법을 마련할 것이거늘, 성인의 의약 내신 본의를 버려 병근을 구하지 않으며, 요사한 문복(問卜)에 혹한 바 되어 사람마다 믿기를, 무슨 귀신이 있어 병을 내고 없이한다 하며, 역질 괴질 등류가 다 천재(天災)나 신수(身數)라 하나니, 어찌 어리석지 않으리오.

당초에 두진(痘疹: 천연두의 겉 증세), 역질(疫疾: 천연두를 한방에서 일컫는 말)이 인도 지방에서 생겨 동서로 퍼져 전파하여 생령의 손상됨이 한이 없거늘, 동방에서는 오늘까지 두신(痘神)이 있어 생사를 임의로 한다 하여 빌고 위함으로 살기를 구하며, 서방 사람들은 이 병이 열기에서 생겨 서로 전염하기를 마치 전기의 서로 이끄는 힘과 같다 하여, 우두(牛痘)를 마련하여 사람의 몸에 있는 열기를 감하게 하여 근원을 다스리므로, 지금 서양 세계에서는 두질(痘疾) 이름이 없고, 얼굴 얽은 자가 없는 바여서, 귀신을 공경하여 변한다는 의론은 보지 못하는 바라.

지금 우두법이 동양으로 벗어나오자 시험하여 본 자는 그 무한한 공효를 알고 즐겨 쓰는 터이거늘, 어두운 사람들은 종시 고집하여 왈(曰): 사람의 생사가 팔자(八字) 운수(運數)라, 역질(疫疾)로 죽을지언정 조상부터 하던 것을 막으면 도리어 신벌(神罰)이 있으리라 하니, 억색(臆塞: 몹시 원통해 가슴이 막힘)하여 할 말이 없도다. 설령 귀신이 있을지라도 몰아내어 목숨을 구할 도리가 있으면 할 것이거늘, 그 귀신에게 자손을 해마다 잃어도 섬겨야 한다 함은 죽기를 자취함이로다.

각색 전염병이 모두 위생 잘못하는 데서 생기나니, 옴 같은 종류는 누습한 데서 나며, 괴질 종류는 썩고 습한 데서 벌레가 생겨 사람의 눈에 보이지 않으나 편시간(片時間)에 수없이 번성하여 혹 공기에 싸여 날기도 하며, 혹 먹는 물에 섞여 흐르기도 하며, 혹 병인의 대소변과 코침에 섞여 나와 바람에 날아 음식에 들어가는 데로 사람이 편시에 상하나니, 이러므로 각국에서 위생 제도에 극히 힘써 인민의 거처를 정결(淨潔) 조강(燥强: 땅에 습기가 없어 흙이 보송보송하고 깨끗함)하게 하며, 수구(水口)를 깊이 하며, 버리는 물건을 한만히 섞이지 못하게 하여 악취와 습기가 없게 하며, 음식을 정히 간수하여 독물이 들지 못하게 하고, 물을 끓여 벌레가 죽게 하여 마시며, 검역 병원이 특별히 있어 각 항구에서 지키며, 선척과 윤선(輪船)의 들어오는 것은 의원이 행인을 진맥한 후에 들이되 병이 있으면 당초에 풀지 못하게 하므로, 공법에 각국이 이 직책이 있어 의례히 준비하는 법이니, 이는 다만 본방 생민만 보호할 뿐 아니라 만국 인민을 다 같이 서로 위생함이라.

악질이 있을 때에 쥐가 그 병을 전하는 근인(根因)이 있다 하여 재작년에 일본에서 전국에 반포하고 쥐를 없이 하라 하여, 각처 순포막에서 값을 주고 쥐를 사는데, 쥐 잡아 오는 자 한량이 없어서, 일 년에 이 날에 써서 없이한 나라 돈이 불소하였으며, 필리핀의 모든 섬에 퍼지는 병은 이와 모기 등 각색 물것이 전염하는 고로, 물것을 제거하는 방법에 진력하여 인력도 많이 허비하고 재정도 많이 쓴지라. 이렇듯 함으로 지금 서양 각국에는 이런 병이 들어가지 못하며, 혹 생겨도 퍼지지 못하고, 아세아와 아프리카 등 지방에서 종종 생겨 큰 화가 되는 바라.

자고로 난리와 흉년 뒤에 이런 대병이 행하나니, 이는 다름 아니라 흉년과 전쟁에 사람이 상하여 시신을 미처 거두지 못하므로, 각처에 널린 육체에서 썩고 상하여 독한 벌레가 나서 퍼지는 연고거늘, 이것은 모르고 화불단행(禍不單行)으로 면하지 못할 재앙이라 하나니, 어찌 그 본원을 막으리오. 마땅히 의학과 위생법을 궁구하여 각처 사람 사는 곳에 도로를 정결히 하며, 개천을 정히 치고, 오예지물(汚穢之物)을 한만히 버리지 말며, 우물을 높이 쌓아 장마 때에 더러운 물이 넘어 들어가지 못하게 하며, 길가와 문 앞에 어린아이 대소변 보는 것을 절금(切禁)하고, 측간을 별도로 신칙하여 피차 정(淨)하도록 힘쓰면 외양에 보기도 좋고 외국인의 수모도 면하겠고 인민의 피차 위생이 될 터이니, 어찌 소홀히 하리오.

대개 세상은 내 몸 혼자 사는 세상이 아니니, 나의 편함을 취하여 남의 해를 돌아보지 않거나, 나의 게으름을 인연하여 남과 같이 좋은 일을 아니 하는 자는 도리도 아니거니와, 국법에 마땅히 지켜 하게 할 일이라.

근자 청국 지방에 병이 생긴다 하니 접경한 각처에 큰 염려라. 특별히 황칙(皇勅)이 내리시어 금역원(禁疫院)을 설시하라 하셨다 하니, 만민이 감(感)은 무궁하며, 외국인이 더욱 칭송할지라. 속속히 실시되어 내외국인의 대화(大禍)를 방비함을 바라는 바라.

만일 이 일을 전적으로 대한(大韓) 관원에게만 맡겨두면 사무에도 정밀치 못할 염려가 있거니와, 당장 월급자리 늘리는 것을 기회로 알아 사사 경영이나 만들지라. 년 전에 제중원(濟衆院)을 설시하고 학도를 교육하며 병인을 치료하게 마련하자, 얼마 안에 주사가 사십여 명이라, 외국인들이 지금까지 웃기를 마지아니하며, 심지어 말하기를, 무슨 사업을 하자면 대한 관원의 장악에 맡겨 가지고는 못되리라 하는지라. 겸하여 금역(禁疫)하는 일은 외국 선척에 관계되는 것이니, 고명한 외국인에게 맡겨 사무를 주관케 하는 것이 좋을 듯하도다.

제5권 제174호

대한제국 광무 6년 8월 2일

(자유 권리를 잃은 근원)

지금 소위 개명(開明)하다는 지방에서 목숨보다 귀중히 여기는 것은 자유 권리(自由 權利)다. 하늘이 사람을 내실 때에 각기 평등(平等) 권리를 품부하여 만물은 사람이 쓰는 바 되되, 사람은 사람이 쓰는 것이 되지 않게 하셨거늘, 인심이 천리를 생각지 못하고 자기의 쓰는 물건을 만들어 천지의 화기를 대단히 손상하는 고로 중간에 이르러 대란이 생겨, 필경 인명이 여러 만 명이 상하고야 비로소 악습을 금하여 법률을 개정하며, 풍속이 대변(大變)하니, 인하여 사람마다 자기의 천생 권리를 목숨보다 중히 여겨, 이것을 모르는 사람은 곧 인류에 비하지 않으려 하나니, 대강 그 내력을 의론할진데 다음과 같다.

이삼천 년 전에 극히 문명부강(文明富强) 하여 그때 소위 천하를 다 통일하였던 희랍, 로마 등 국에서부터 백성 다스리는 자와 그 친척의 권리가 높아가는 대로 백성의 처지가 차차 낮아져 가며, 백성의 처지가 낮아져 가는대로 사람의 천생권리(天生權利)를 잃어버려 점점 약하고 천하여지다가, 필경은 부리는 우마(牛馬)와 쓰는 물건같이 되어 세가자제(世家子弟) 외에는 만민이 모두 위에 있는 사람들을 위하여 생긴 줄로 여겨, 유래하는 교육 서책과 고담 속설이며 풍월 글귀에 모두 윗사람에게 순종하여 압제와 부림을 달게 받도록 권도하며, 조금이라도 반대 거역하여 자기 뜻을 세우려 하면 옳고 당당하여도 곧 불충불의한 죄인으로 치는 고로, 아래 백성이 이 결박을 받으며 이 풍기(風紀)에 화(化)하여 교육을 받지 못하므로 지혜가 날 수 없고, 풍속에 끌리므로 압제를 당연히 여겨, 다만 남의 무리함을 의례히 받을 줄로 여길 뿐 아니라, 만일 받지 않고자 하는 자 있으면 큰 변괴로 여기나니, 이러므로 대신은 임금의 종이오, 중신은 대신의 종이오, 그 다음으로 미관말직이 다 차례로 남의 종이오, 상놈은 양반의 종이오, 아이는 어른의 종이오, 여인은 남자의 종이오, 빈천한 자는 부귀한 자의 종이며, 양반 중에도 층층이 종이오, 상놈 중에도 또한 그러하여 사람마다 남의 종이니, 심지어 사고팔기를 짐승같이 하자, 당초에는 다 같은 동포형제로서 변하여 서로 종이 되고, 종이 변하여 서로 우마(牛馬)가 된지라.

국세가 이에 이르자 그 강대 영귀함이 다 멸망하였고, 이후로 일어나는 구라파 각국이 모두 사람을 노예(奴隷)로 대접하여, 불란서에서는 칠팔십년 전까지 악습이 어찌 심하든지 당시에 십오만 명 되는 양반이 모두 법률 정치에서 임의로 하는 권리를 가져, 심지어 사람 생살(生殺)을 천편(擅便)히 하므로, 전국 인민이 모두 십오만 명 양반의 종이 되어, 심지어 사부(士夫)가 부인이 듣기를 싫어한다고 동래 백성들이 주야 풍우를 무릅쓰고 근처에 개구리 우는 소리를 금하여야 무사히 견디어 신실하다 칭하였고, 각국에 더욱 심한 악습이 생겨 농부를 땅에 속하여 매매하나니, 아라사의 국법은 조상이 한번 땅을 장만하여 놓으면 그 자손이 몇 대를 전하든지 남에게 팔거나 주지 못하고, 다른 사람도 또한 살 생각을 하지 못하나니, 이는 권리 가진 자가 자기 자손 보호하기를 위하여 만든 법이라.

그 후에 양반은 농사 아니 하기 위하여 마름과 농호를 영구히 그 땅에 속하게 하여 놓자, 토지 매매할 때에는 그 사람 수효까지 처서 땅값을 회계하는 고로, 농부의 자손은 대대로 농부요, 빈천한 자는 대대로 빈천한지라. 상놈이 문견이 늘면 지식이 생기며, 지식이 생기면 남과 비등할 권리를 찾을 생각이 날 터인 고로, 하등인은 글을 가르치지 아니하며, 저 난 곳에서 백리 밖에는 임의로 내왕치 못하고, 다만 난 자리에서 우매같이 거처하여 평생 그 주인의 일이나 하며 천대와 매 맞기로 인생의 본분을 삼아 끝까지 참고 받는 것이 옳은 도리로 알고, 또한 이 뜻으로 저희끼리 서로 가르치므로, 혹 윗사람의 무리함을 받지 않으려는 자 있으면 저희끼리 다스리고 책망하나니, 마치 우리나라에 관원이 백성을 대하여 존대하거나 양반이 상한(常漢: 상놈)을 대하여 존대할진대 그 백성과 그 상한이 도리어 흉보고 나무람과 같은지라.

이렇듯 하여 아라사에 양반이 한 집에 삼사백 명 노예 가진 자 있었나니, 전국 인민이 다 남을 위하여 나서 남을 위하여 죽는 물건이고, 나라에 신민도 아니고, 하늘이 내신 인류도 아니라. 천리에 어김이 어찌 이보다 더 심하리오. 예가 극한 데 이르면 반드시 변하나니, 그 변한 사적이 또한 신기한지라.

내일 논설에서 말하려니와, 이상 몇 가지는 이치에 크게 어긋난 악습이라. 우리나라 사람들은 아직도 풍기가 변치 못하여 별로 변괴로 여기지 아니하나, 구라파 사람들은 제일 참혹히 놀랄 일로 여기나니, 구습을 벽파(劈破)하고 정리(情理)를 생각하면 사람마다 그 패리(悖理)함을 알지라. 이상 몇 가지가 대한 사람들의 식견보다 좀 심한 곳이 있으나 본의는 다 한가지라. 상하 간에 이 악습을 깨치고 남의 자유를 놓으며 나의 자유를 찾아야 장차 흥왕 발달할 기초가 생길지로다.

제5권 제182호

대한제국 광무 6년 8월 12일 (火)

(소년의 전정을 기약할 일)

세계 대학교 중에 가장 큰 곳은 한 집에 학도가 삼사천 명이고, 교사가 수삼 백 명이라. 학교 중에서 범백 사무를 거의 다 자주하여 정부에서 찬조는 할지언정 별로 간섭은 적으므로, 학사들의 졸업증서 주는 권리와 범과(犯科) 하는 자를 다스리는 재판 권리가 다 학교 중에 있어, 학교 중에서 정한 장정 규칙을 따라 임의로 처판(處辦)하나니, 민국의 교육 숭상하는 본의와 국세의 흥왕 하는 근본이 이에 있음을 가히 알겠도다.

영국의 옥스퍼드와 미국의 예일대학교 등은 비록 제일 크다 할 수는 없으나 가장 오랜 학교요, 또한 양국 사기(史記)에 유명한 재상들과 세계에 드러난 정치 대가와 문장 학사며 현인군자와 교사, 도사며 각색 굉장한 사업주들이 다 이 학교들에서 많이 생긴 고로 각국에 유명하여, 유람하는 자 구경하지 못하면 불행히 여기며, 앉아 듣는 자 한번 보기를 원하더라.

이 집에 들어가면 옛 사람들의 공부하던 처소와 큰 사업을 시작하던 사적(事跡)이 여전하여, 전일에 이런 사적을 보고 깊이 앙모하던 자 그 집에 들어가면, 완연히 그 사람을 본 듯하여 재삼 배회함을 깨닫지 못할지라. 청년 제자 되어 이런 집에 들어가 공부하는 자 그 복력이 또한 어떠타 하리오.

대개 사람의 일평생 한 되는 일은 젊어서 배우지 못함이고, 젊어서 한 되는 일은 빈한곤궁(貧寒困窮) 하여 공부할 계제 없음이라. 사람의 이름과 영화가 사업 중에서 생기며, 사업이 지혜 중에서 생기며, 지혜가 학문 중에서 생기나니, 학문이 사람에게 관계됨이 어떻게 긴중하뇨. 이 학문이 있기는 재주에만 있지 아니하고 근(勤)한 데 있나니, 근(勤)만 있으면 빈한곤궁함이 능히 저희치 못할 것이오, 차차 재주가 늘어 둔함을 이길지라. 그러므로 각색 일에 근(勤)이 제일이고, 재주가 둘째거니와, 재주와 근(勤)이 구비하여 가지고도 능히 공부할만한 계제가 못 되어 마음껏 힘쓰지 못하며, 처지에 딸려 학문의 길을 잘못 들어, 평생을 자자히 보내되 점점 사곡(邪曲)한 길로 들어가 한 가지도 성공한 것이 없이 일생을 허송하되 깨닫지 못하는 자들의 정경을 생각할진대 더욱 분한(憤恨)함을 이지기 못할지라.

대한에 총명 지혜한 사람들을 볼진대 진실로 의사에 뛰어나는 자 많아서 서양 사람들도 항상 칭찬하며 애석히 여기는 바라. 이 인재를 모아 이상에 말한 대학교 같은 데 넣어서 실지상 학문을 교육할진대 우선 일이 년 일이 삭 안에 수삼천명 중 이름이 낭자할지라. 명예가 원근에 파다할 것이고, 차차 사업상 학식이 늘면 명류 달인 되기를 옥스퍼드와 예일 대학교에서 생긴 이만 못지않을 것이거늘, 교육이 흥왕치 못하여 학문이 중한 줄을 모르는 고로 아까운 재주를 혹 허랑 방탕이 버리며, 혹 아혹한 길로 들어가 복술 상서 지술 등 글을 배우거나 혹 여간 글귀의 고서를 좋아하여 평생에 배운 갓으로 한 일은 없이 다만 즐거이 소견(消遣)하기를 위하여 세월을 허송하므로, 남이 물품 제조 화학 이치

등을 발명하여 놓은 것을 보면 곧 놀랍게 여겨 사람의 생각으로 못될 일인 줄 아나니, 어찌 애석하지 않으며 원통치 않으리오.

전에는 소위 문명이라 하는 것이 있어 동양 몇 나라가 거의 다 같으므로, 문벌이 좀 부족하게 태어난 사람인즉 영웅준걸의 재략을 품고도 능히 그 범위를 벗어날 생각을 하지 못하였으므로, 하늘이 특별히 품부한 인재가 다 아깝게 없어져서 국세가 인하여 이 모양이 되었거니와, 지금 세상은 대단히 달라서 권세 가진 자 아무리 편색과 문벌을 찾고자 하여도 명분 구별하는 악습이 날로 없어질지라. 지금 정부에서 인재를 다 캐어 쓴다고는 못할 터이나 몇몇 미천하던 관원들을 볼진대 옛 풍속의 행할 수 없는 줄은 아무라도 깨달을지라. 이 세상에 난 자 우물 고기로 바다에 남과 같으니, 어찌 넓은 것을 싫어하여 다시 실개천을 찾아 들리오.

자제들을 가르치지 못함은 부형의 책망이라. 자질 둔 이들은 마땅히 교육을 힘써 매가육장(賣家鬻莊)이라도 하여 공부시키는 날은 만리장정(長程)에 노자(路資) 주는 것이오. 소년 자제된 자 학식을 구하는 것이 만리 장천(長天)에 날개 얻음 같은지라.

일본에 지금 중흥공신(中興功臣) 된 이들의 사적을 보면, 당초에 외국 유학을 원하여 혹 남의 고용인도 되며, 혹 의식을 남에게 부치고 서양에 가서 풍상을 무릅쓰고 공부한 사람들이라. 오늘 신고를 무릅쓰고 학식을 얻는 것이 자기의 일생 경영만 될 뿐 아니라 나라의 전정이 또한 이 한 가지에 있으니, 우리나라 소년 자제들을 위하여 권면하노라.

제5권 제188호
대한제국 광무 6년 8월 20일 (水)

(문명의 세력)

지금에 개명 세계라 말하면 의례히 구라파와 북미주로 알고, 반개(半開)와 미개한 세계를 말하면 의례히 아시아와 아프리카와 남미주로 아나니, 이는 그 많은 수를 따라 일컬음이라.

구라파에도 토이기국은 이전에 돌궐이라 하던 종류이니, 이 인민은 열렸다 할 수 없고, 북미주에는 우구리키 산과 캐나다 북방 근지로 얼굴이 검붉은 인디언이라는 토종은 아직도 야만들이오, 아시아의 중앙지방 몇 나라는 반 개국(半開國)이라 하며, 동편 끝으로 일본은 지금에 미개하였다 이르지 못하겠고, 서방 가와 북방 타타 인종이 거류하는 지경은 아주 미개하여 종종 야만이라 일컫는 바다.

아프리카 주는 본래 흑인종의 본토인 고로 지금껏 야만지방이라 하나, 남방 끝으로 일대 지방은 백인종이 들어가 살아 몇 나라가 되며, 북변으로 지중해 연해 지방과 서편으로 해변 등지는 다 열린 곳이 많아 점점 문명이 중앙으로 뻗어 들어가며, 남미 주에도 몇몇 민주국은 열린 곳이 많되, 어두운 모든 섬들과 대서양 서편에 여러 작은 섬들은 다 영 미 법 덕(德)이 점령한바 되어 날로 열려가므로, 결국은 혹 아이를 죽여 제사 지내며, 혹 사람을 잡아 고기를 먹던 야만들이, 지금은 도리어 아시아에 모든 반 개국 인류보다 몇 배 나은 곳이 많아서, 항상 뒤에 있던 자가 앞서기 쉬운지라.

대개 개명(開明)은 떡 만드는 술 같아, 술기운 들어가는 데마다 부풀어 올라 가로에 독한 기운을 뿜어내나니, 문명(文明)의 세력이 미치는 곳은 항상 조용하지 못하여 묵은 기운을 다 몰아내치고, 그 문명이 좇아온 원지방과 균평한 세력을 얻은 후에야 편안함을 회복하는 법이니, 지금 구라파의 온 지방이 다 태평 안락하되, 종종 위태할 염려가 생김은 다만 토지의 완고함이 구라파의 균평한 형세를 기울어지게 하는 연고이고, 그 외 오대부주에 곳곳이 시비가 일어나 혹 경위로 다투기도 하며, 혹 전쟁으로 싸우기도 하여, 시(時)로 날(日)로 쉴 때가 없음이, 혹 토지를 빼앗는다, 혹 상권을 다툰다 함이 실상은 다 문명의 형세가 점점 퍼지는 고로 개명의 세력과 완고한 풍기가 함께 설 수 없음이라.

삼십여 년 전에 일본이 경장을 시작할 때에는 국중이 처처에 대란(大亂)하여 신민(臣民)이 서로 다투어 골육이 상쟁(相爭)하므로 위망(危亡)의 화가 곧 미칠 듯하더니, 급기야 경장하는 세력이 득승(得勝)하며, 국민이 차차 안돈되어 부강에 나아가 필경 평균한 세력을 얻은 후에야 비로소 편안하여 다시 다툼이 없음으로, 여기서 세력이 뻗어서 연접한 지방으로 퍼지나니, 지금은 청국과 대한과 더불어 다툼이 자주 생기는지라.

청국과 대한은 아직까지 완고한 세력이 득세하므로 밖에서 들어오는 개명세력을 받지 아니하여 부지중 국민은 편안치 못하고, 구습은 점점 없어지는지라. 이것을 진작 깨닫고 자의로 개명을 받아 일할진대, 처음은 어렵고 위태함이 곧 부지치 못할 듯한 지경에 이를 터이나, 완고의 힘을 이기고 경장의 기초를 세워 놓은 후에는 차차 흥왕에 진보할지니, 이는 내 손으로 내 일하여 내 권리를 보전하는 법이오, 만일 위태함을 염려하여 당장 무사하기만 도모하여 능히 완고의 풍습을 버리지 못할진대, 국권이 구습과 함께 쇠하여 없어지고, 개명의 힘이 그 개명한 나라 세력과 함께 득승하나니, 이는 내가 내 일을 못하므로 남이 내 일을 대신하고 내 권리를 차지하는 법이라.

그런즉 선왕의 옛 법을 버리지 못하여 환란을 달게 여기는 자는 토지를 보전하지 못하나니, 차라리 선왕의 법은 버리고 선왕의 토지를 보전할지언정, 선왕의 법을 지키고 토지를 버려 선왕의 인민이 타국의 노예 되기를 달게 여기리오.

옛적에는 각국의 다툼이 항상 병혁(兵革)을 위주 하여 경위를 물론하고 욕심을 빼내며, 이기는 자는 토지를 차지하며 인민을 노예 만드는 것이 성풍(成風)하여 나라와 나라가 서로 다투는 일 뿐이더니, 근래에 각국이 교화를 위주 하므로 공법과 경위로 조처하는 도리가 있어 화평을 보전하기 힘쓰므로, 그 대신에 학문상 싸움이 대단하여 지혜와 재주로 서로 다투므로, 득승하는 자는 천하에 횡행하여 상등 지위의 대접을 받으며, 지기를 달게 여기는 자는 점점 핍박을 당하여 필경 멸종하기에 이르나니, 나라가 개명하면 어두운 나라와 다툼이 생기고, 정부가 어두우면 열려가는 백성과 다툼이 생기나니, 이러므로 지나간 세기 동안에 구라파 안의 전쟁을 통계하면 정부와 백성 사이 싸움이 나라끼리 싸운 것보다 많다 하는지라. 새것과 옛것에 다툼이 이러하니 이는 문명의 세력이오. (미완)

제5권 제189호
대한제국 광무 6년 8월 21일 (木)

(문명의 내력(연속))

작일 논설을 볼진대, 지금 세상에 문명이 오대주에 퍼지지 않은 곳이 없어, 그 세력이 미치는 곳마다 다툼이 생겨, 썩고 묵은 구습을 변한 후에야 능히 편안하여지는 이치를 알지라.

이 일이 사람의 지혜와 성질을 따라 이루어지는 고로, 어떤 나라는 혹 속히 되기도 하고 어떤 나라는 혹 더디 되기도 하나, 어떤 사람이든지 한번 이 기운에 화하여 성질이 변해진 후에는 곧 어두운 곳을 열며, 완고한 사람을 화(化)하게 만들기로 자기의 직책을 삼는 공심(公心)이 생겨, 이 공심으로 인연하여 세력이 생기는데, 이 세력은 나라 힘으로도 막지 못하고 엄혹한 법률로도 금치 못하여, 날마다 자라며 해마다 퍼지므로, 필경은 이 세력이 온 세상에 균평히 펴져 우열과 강약의 등분이 없이 된 후에야 피차 다툼과 빼앗음이 없어지고, 병기와 전쟁이 변하여 이용후생(利用厚生)할 그릇과 태평 안락한 세상이 될지라.

이 일이 몇 세기 안에 성공될 표적의 미리 보이는 것이 벌써 여러 가지라. 얼마쯤 열린 사람은 의심 없이 믿는 바라. 지금 교화 높은 나라 사람들이 일하는 것을 볼진대, 이 일에 전력하는 것이 제일 높은 도덕으로 아나니, 이 일이 어두운 사람을 밝게 하며, 환란의 백성을 안락케 하며, 잔약한 나라를 부강케 하며, 잔학(殘虐)한 세상을 인선(仁善)케 만들어 다 같이 자유의 권리와 문명의 지위를 누리게 함이라.

영 미국 사람으로 보아도 거의 백년 이전에는 악한 정사와 악한 풍속에서 피차 환란과 궁곤을 당함이 비할 데 없더니, 문명을 받은 이후로 세계에 상등인이 되어 다만 한두 사람이라도 가는 곳에는 높이 대접하지 않는 자 없으니, 이 어찌 개명의 힘이 아니리요. 그런즉 이 일에 종사하는 자는 곧 사람을 구원하며 나라를 구원하며 세상을 구원하는 자이라. 그 일이 어찌 존귀치 않으리오. 우리나라에도 이런 일에 주의하는 사람이 많이 생기기를 바랄지로다.

그러나 지금 우리가 개화라, 문명이라 일컬을진대 사람마다 영국 법이나 미국 법으로 알 뿐이고 그 내력은 알지 못하여, 우리 황인종은 당초에 제품이 백인종만 못하며, 우리 아시아 주는 등분이 구라파나 아메리카 주만 못할 줄로 여기니, 어찌 어둡지 않으리오. 자초로 그 내력을 볼진대, 육천여 년 전에 인종이 아시아 주 서방에서 처음 생겼고, 사천여 년 전에 홍수에 인종이 멸한 후에 노아의 자손이 그 한 지방에서 퍼져서 나라를 세우고, 백성을 다스리는 법이 이곳에서 먼저 생겼고, 오늘날 만국에 통행하는 천문 지지 화학 산학 등 각색 학문과 그 외에 각색 물건 제조의 시작이 다 여기서 씨가 생겼으며, 그 중 영광스러운 것은 만국이 받드는 종교주가 다 여기서 탄생함이니, 공자와 석가여래와 예수와 모하멧이며, 그 외에 만고동서(萬古東西)에 유명한 성현네들이 다 아시아에서 나시니, 유교는 아시아 동방에서 행하여 이 교에 힘입어 야만을 면하고 개명에 나갔으며, 불교는 아시아 중앙 인도국 등지에서 받들어 또한 사람의 자비와 인선을 권하였으며, 모하멧 교는 아시아 서방에서 행하여 페르시아와 토이기와 애급 등 국이 다 준행하므로 그 세력이 또한 적지 아니 하니, 지금 회회교(回回敎)라 하는 것이라.

그러나 이 세 가지는 지금 다 쇠하여 널리 전하지도 못할뿐 아니라 점점 없어져 가며, 나라와 인민이 쇠잔하여 가는 바요. 예수교는 아시아에서 받지 아니하는 고로 구라파로 건너가 온 구주에 덮이니 천주 희랍 등 교가 다 한 근원이다.

이 종교에서 새 교가 생겨 지나간 삼백년 동안에 번성하여 구교를 변화시키고 좇는 나라가 많으며, 날로 흥왕하여 아메리카주로 들어가 전파되고, 도로 동으로 뻗어 나와 아프리카를 건너 아시아 주에 도로 와서, 동편 끝에 대한과 일본에까지 미치니, 천하에 퍼지지 않은 나라가 없고, 신교를 받드는 나라는 점점 흥왕하고 구교를 받드는 나라는 점점 쇠하여 가나니, 이는 각국 정치가 다 교화(教化)에서 근본이 됨이라. 통히 말할진대, 교화 문명이 다 우리 동양에서 나서 서양으로 가 자라서 다시 동양으로 돌아옴이니, 이삼천 년 전에는 서양에서 동양 학문을 위주 하였거니와, 지금은 동양에서 서양 학문을 위주 하여야 할지니, 신문 잡지와 각색 서책 등류에 서양 학식을 옮겨 전하여야 민국을 발달시키는 본의를 잃지 않음이 되리로다. (완)

제5권 제190호

대한제국 광무 6년 8월 22일 (金)

(국시를 세워야 국권을 보호하는 법)

실진(失眞)한 사람을 볼진대, 사지백체(四肢百體)를 어찌 놀리는지 자기도 까닭을 모르고, 하는 일이며 아프고 가려움과 옳고 그른 것을 통히 모르고 요동하나니, 우매한 자들은 그 연고를 모르고 혹 귀신이 붙었다고도 하며, 혹 무엇에 홀렸다고도 하여, 굿도 하며 예방도 하나, 서양 의학사들이 발명한 의론에는, 그 사람의 두골이 비어 전혀 주의가 없어 그러하다 하는 고로, 고치는 법이 다만 풍병원(風病院)을 지어 광인을 모아다가 그 뜻에 맞추어 차차 새 정신이 나게 하는 도리밖에 없다 하나니, 이는 두골이 사람의 생각하는 곳이라. 여기서 생각하여 주의를 정하여 사지백체에 명령하는 대로 사지백체는 받들어 행하는 고로, 수족은 혹 한두 가지가 부실하여도 과히 낭패는 아니 되려니와, 만일 두골만 부실하면 곧 전신을 다 버리는 법이라.

우리나라에도 이런 병인이 많으니 차차 개명되는 대로 나라에서 풍병원을 설시하여야 어진 정사에 유감이 없으려니와, 지금이라도 각처에 인선(仁善)한 형제들이 사립으로 설시하는 것이 또한 큰 사업이 되리니, 대한에 제일 먼저 설시한 풍병원이라고 영원히 유전할 사업을 누가 먼저 빼앗을는지 우리는 눈을 씻고 기다리노라 나라의 두골은 곧 정부니, 정부의 주의(主義)는 곧 국시(國是)라 하는 것이라. 국시가 서지 못하면 일국이 곧 미친 사람의 사지백체와 같이 되어, 다만 폐한 물건만 될 뿐 아니라, 손은 제 머리에 불을 놓고 제 몸에 칼질을 하며, 발은 제 다리를 차고 상하여 피륙이 하얗게 되며, 골절이 부러져도 아픈 줄을 모르고, 필경 제 수족으로 제 몸을 망친 후에 말지니, 다만 하루인들 국시를 세우지 않고야 어찌 부지하기를 도모하리오.

지금 우리나라 관민들이 절증(折憎) 하는 바는, 내 나라 백성이 외국인을 의시(疑視)함이라. 외국인을 상종하는 자는 그들은 곧 내 백성이 아니니 죽여 마땅하다 하는지라. 우리가 또한 백성들의 하는 것을 볼진대 과연 그 폐가 없지 아니하여, 각 어학교에서 공부하는 학도들은 자기를 가르치는 나라 사람의 주의에 따라 곧 그 나라는 세상에서 제일이라, 가장 믿고 의뢰할 만하게 여기며, 자기의 주위는 곧 잃어버려 타국은 다 부족하게 여기므로, 각 학교가 은근히 편이 갈리며, 외국인을 상종하는 자와 외국인에게 고용된 자들이 또한 각기 이러하며, 천주교 희랍교에 드는 자들 중에 무식한 자 또한 이 마음이 없지 아니하여, 서로 시기하며 서로 구축(驅逐)하기를 마치 갑오 이전에 각 궁가(宮家)와 각 세도가(勢道家)의 청직 하인배가 서로 편당을 이루어 뽐낼 때와 흡사하므로, 함께 한 나라 신민이 되어 우리의 화복길흉이 다 내 나라에 같이 달렸나니 우리가 각기 각국에 배운 바를 함께 합하여 내 나라를 흥왕시켜 가지고 우리가 다 같이 복락을 누리자는 충애의 마음이 없어지니, 만일 영구히 이러하다가는 그 해가 필경 우리에게 같이 돌아올지라.

페르시아가 망할 때에 아라사에 의지하여 득권득리(得權得利)한 자와 법국에 의지하여 보호 얻은 자가 서로 원수로 여겨 잔멸하다가, 급기야 토지를 분할하는 날에는 다 일체로 남의 노예가 되어, 외국 군사가 들어와 사부(士夫)의 아내님과 며느리 씨와 따님 들을 임의로 택하여 겁탈하며, 재상의 자질들을 잡아 시베리아로 귀양 보낼 때에는 당시에 아라사를 의지하고 나라를 팔아서 대신협판의 영귀를 누리며 영웅호걸 노릇하던 양반님 네들은 이때를 당하여 재상가에 이런 법이 있느냐고 호령 한마디 못하며, 연춧대(*토담을 쌓을 때 쓰는 나무) 주장(朱杖: 붉은 칠을 할 몽둥이)이며 주뢰홍사(周牢紅絲) 등 형구를 두고도 한번 다시 써보지 못하며 가슴을 찢을 뿐이오.

또한 당년에는 '부재기위(不在其位)하여 불모기정(不謀其政)이라.'(*그 자리에 있지 아니하면 그 정사를 의논하지 않는다.) 나라 일을 우리가 상관할 바 없다 하던 백성들의 생명 재산이 어육(魚肉)이 되는 날에는 다만 피눈물을 울어 후회할 뿐이니, 그 화가 어찌 나라에만 관계된다 하리요. 백성들이 마땅히 마음을 먼저 고쳐 아무리 싫어도 국민을 위하여 충애를 좀 생각하여야 하겠은즉, 관원들이 개탄(慨歎)히 여김이 또한 불가(不可)타 이르지 못하려니와, 그 관인들의 속을 볼진대, 그 폐습이 또한 백성만 못하지 않은지라.

그 벼슬하는 것이 몇 가지 길이 있으니, 외인(外人)을 인연하여 가지고 나가는 것이 그 중 큰 길이라. 그 속내는 구태여 더 말할 바 아니로되, 형이 먼저 한 후에 동생들더러 부모를 잘 섬기라 하여야지, 만일 나는 집을 팔아먹되 너희는 효자가 되라 할진대 누가 그 형의 말에 감동하리요. 다만 나무라고 원망하여 내 수족으로 내 몸을 때려 부수고 같이 해를 당하기를 재촉할 뿐이라.

통히 말할진대, 지금 관민이 하는 대소사가 그 어쩐 까닭을 모르고 하는 것이니, 마땅히 국시를 먼저 세운 후에야 상하가 상통하여, 사지백체의 각각 하는 일이 다 몸을 보호하는 것이 될지라. 국시 세우는 법은 이후에 다시 설명하겠노라.

제5권 제191호
대한제국 광무 6년 8월 23일 (土)

(세월이 인생을 재촉하도다)

세월이 한번 가면 다시 오지 아니하며, 인생이 한번 늙으면 다시 젊지 못함은 여항(閭巷) 동요에도 부르는 바이거니와, 우준(愚蠢) 무식한 사람은 귀천(貴賤) 영욕(榮辱) 간에 세상에 살아 있는 것만 중히 여겨 사는 욕심에 끌리는 고로, 백년 천년을 항상 살줄로만 알고 세월의 가는 것은 깨닫지 못하느니라.

그 중에 적이 감동하는 회포가 있는 자는 항상 무진세월 약유파(無盡歲月 若有罷: 무궁한 세월도 파할 날이 있듯이)의 탄식을 스스로 금치 못하다가, 추월(秋月)을 당하여 서풍이 옷깃에 들어오며 귀밑이 서늘하고 이슬 풀에 벌레는 치적이며, 뜰 나무는 바람에 요동할 때, 비감한 마음이 더욱 감동하여 자연 탄식이 발하며 외로운 생각이 나나니, 자고로 문장과 시인의 유전하는 글을 볼진대, 만고천지가 과객(過客)같이 거연히 지나가며, 부생(浮生)이 뜬 거품과 하루살이 같이 잠시간 다녀가는 탄식이 실로 한량이 없는지라. 시속 선비에도 글자나 읽고 풍월 귀나 읊조리는 이들은 이 회포가 적지 아니하므로, 이 추절(秋節)을 당하여 더욱 비추(悲秋)하는 회포가 응당 간절하리로다.

과연 세월 가는 것을 생각할진대, 조그마한 시계 속에 주야로 제

꺽제꺽하는 소리가 우리 인생을 재촉하는 것이라. 우리가 이 소리를 항상 들어서 아까도 그 소리요 어제도 그 소리이므로, 내일 모레가 또한 이 소리라 하여, 항상 그 소리로 알아 그러하되, 실상은 이 소리 속에서 나서, 이 소리로 사라져, 이 소리로 늙어가나니, 이 한 번 우는 소리가 다시 오는 것이 아니라 한 번 가고 다시 못 오는 세월이니, 이것이 곧 우리를 한 번 늙으면 다시 젊지 못하게 하는 세월이라. 늙으면 죽고 죽으면 다시 나지 못함은 만고에 면치 못하는 이치니, 한 번 가면 다시 오지 못할 세상에 헛되이 나서 헛되이 없어질 것을 생각하면 어찌 통곡할 일이 아니리요.

그러므로 자고로 문장(文章)을 슬퍼 아니한 자 없으나, 저 슬픔을 인연하여 혹 꿍도 통곡도 하며, 혹 호리건곤(毫釐乾坤)에 장취(長醉)하여 일생을 보내는 것은 다 선비의 변통이라. 취한 듯 미친 듯 세월 가는 것을 잊어버리고 지내자 함이니, 진실로 세상을 잊고자 할진대 차라리 아주 죽어 아주 모르는 것이 나을지라. 어찌 아까운 세월을 헛되이 보내고 버린 사람이 되어 여생을 마치리오.

남아가 출세하여 이 마음이 없어도 못쓰겠고, 이 마음을 인연하여 이렇게 버려도 못쓸지라. 다만 죽어도 썩지 않는 법이 있으니, 이는 이름을 끼치는 사업(事業)이라. 대소가(大小家)에 사업을 한 가지씩 세우고 세상을 버릴진대, 나의 몸은 없어져도 나의 이름은 없어지지 않나니, 이 이름이 후세에 전하는 대로 빛난 사적이 천추에 향기로워 듣는 자 그 형용(形容)을 사모하며, 공업(功業)을 추앙하여 혹 비를 세워 공업을 기념하며, 동상(銅像)을 만들어 기상을 보게 하나니, 이 어찌 영원히 산 사람이 아니리오.

더러운 저 명리객(名利客)들은 다만 오늘 사는 줄만 알고 편시간에 늙어가는 줄은 생각지 못하여, 좋은 권리와 좋은 기회를 얻고도 욕심에 종이 되어 혹 불의(不義) 행사도 하며, 혹 음사(淫奢) 방탕하여 죽어 썩어질 육신을 위하노라고 후일을 경영치 못하다가, 인생이 부득항소연(不得抗訴然)하여 분수추풍(分數秋風)에 뉘우침이 생기나, 영웅호걸이 이미 늙은지라 어찌 다시 젊으리오.

사람이 불의를 행하고 영귀(榮貴)를 얻는 자는 필경 그 앙화(殃禍)가 몸에 미침을 면치 못하려니와, 설혹 다행히 면하여 와석종신(臥席終身) 할지라도 급기 늙어 죽는 날에 병상에 누워 생각하면 자연 두렵고 뉘우칠 마음도 생기려니와, 평생을 부지런히 모은 것이 쓸 데가 무엇이뇨. 슬프다, 인간만사가 부운(浮雲)이 되나니, 영귀를 탐하여 아까운 기회와 권리를 잃고 천추에 꽃다운 이름을 경영치 못하는 자는 진실로 더럽고 밉고 또한 불쌍하도다.

대개 사업(事業)이라 하는 것은 남에게 유조(有助)하여 그 공업이 여러 사람에게 널리 미침을 이름이니, 이 은택이 널리 미치면 공업이 클 것이고, 적게 미칠진대 공업이 적을지니, 벼슬에 있는 자 이 공업을 도모할진대 일도 용이하고 공효도 드러나기 쉬울 터이나, 명리객은 항상 이것을 경영치 못하나니, 평민으로 성공함이 있을진대 더욱 장하고 귀하게 알지라. 하물며 이때는 백성의 사업이 관원의 사업보다 많은지라, 외국에 유명한 사업한 선비들의 행적을 배워 일생을 헛되이 저버리지 않음이 우리가 서로 권면코자 함이로다.

제5권 제192호

대한제국 광무 6년 8월 25일 (月)

(사람의 두 가지 변통)

사람에게 두 가지 변통이 있으니, 첫째는 제 몸을 너무 작게 여김이오. 둘째는 제 마음을 너무 크게 여김이라. 분별하여 말할진대, 첫째 제 몸을 작게 여김은 무식 중에서 생기느니, 무식한 자 유식한 자를 대하면 자연 두려운 마음과 저 사람만 못한 생각이 나서 헤아리되, 나는 저 사람의 하는 일을 할 자품(資禀)이 못 되는 줄로 여겨 잘 될 생각이 없으므로, 자연 영위(營爲) 상에 경륜이 없어 아무 일도 생각지 아니하고 되는 대로 지낼 뿐이니, 그 사람의 일생에 무슨 일을 성취하리요. 변해 버린 사람이라 할지니, 다 같은 제품을 가지고 생각을 적게 하여 스스로 버리는 것은 진실로 애석한지라. 우리나라에 이런 사람이 많으니 유지한 자의 깊이 탄식하는 바라. 이 병통은 실지 사업상 서책을 많이 보아 하고자 하는 마음이 자랄진대 자연히 고쳐질 것이다.

둘째, 크게 생각하는 병통은 학식이 깊지 못한데서 생기나니, 당초에 적게 생각하던 사람이 여간 문권(文券)을 얻어 마음이 적이 자라 자기도 이런 사업을 힘쓰면 되는 줄로 믿을진대, 그 하고자 하는 마음이 한이 없어 세상 이목(耳目)에 굉장한 일을 도모코자 하므로 높은 벼슬을 하여 큰 권세를 희롱하거나, 재물을 많이 가지고 거부니 갑부니 부상대고(富商大賈)가 되어 보고 싶을 뿐이오. 심지어 여간 사회상 사업 같은 일은 모두 눈에 차지 못하여 사업 같이 보이지 아니하므로, 인하여 마음이 들떠 혹 사곡(邪曲)한 첩경을 뚫어 속성하기를 도모하다가, 죄에 빠지지 아니하면 불신 불의한 사람이 되기도 하며, 혹은 헛그림자와 헛바람을 따라 사방에 돌아다니다가 종내 마음을 잡지 못하면 횡잡(橫雜) 방탕에 빠져 부모처자를 잊고 인륜에 벗어난 사람도 되나니, 이는 뜻이 너무 큰데서 생긴 병통이라. 이 병통은 학문을 깊이 강구하는 데서 고쳐지나니, 양단(兩端) 간에 실지로 학문이 사람에게 이렇듯 긴중하도다.

이상 두 가지 병통에 그 일생을 헛되이 버리는 자 실로 한량이 없으니, 전국에 이런 큰 병통을 고치려면 사람마다 먼저 지식을 발달시켜 마음을 자라게 하는 학문을 구할 것이오, 그 다음은 지식을 연구하여 마음을 절제하고 지혜를 널려야 할지니, 지혜가 널려질진대 세상에 뜬 영귀와 사람 이목에 굉장히 여길 일에 경륜이 적어지고 생각이 다시 작은 데로 들어가, 내 몸에 좋을 일을 잊어버리고 세상에 널리 유조할 일을 경영하나니, 이는 곧 사람의 마음을 화하여 악한 자 착해지며, 어두운 자 밝아지며, 약한 자 강하여지며, 옅은 자 높아지게 만들기를 자기 평생 직책으로 삼나니, 달포와 해포를 두고 부지런히 종사한 것이 다만 한둘 약하고 적은 자의 마음이 고쳐감이라.

저 권세와 위엄이 세상에 드러나 흔천동지(掀天動地)하는 자에게 비하면 털끝같이 경한 듯하되, 그 털끝만한 마음이 차차 펴지는 날은 그 은택과 이익이 전국에 덮이며, 또 자라면 온 천하에 미치지 말라는 법이 없는지라. 세상만사가 마음 한 가지에서 되나니, 이 마음을 기르며 인도하는 일이 어찌 만사에 으뜸이 아니리오. 오늘날 우리나라에 모든 악하고 어둡고 요사한 풍속이 다 사람의 마음이 밝지 못한 까닭이라. 이 풍속을 법률과 권세로 고치고자 할진대 혹 그 외양에 들어난 것은 금집(禁執)하려니와, 부지 중 은밀히 하는 일은 변할 수 없나니, 마땅히 사람의 마음을 먼저 열어 속이 먼저 밝아진 후에는 법과 권세로 요사한 일을 시키려 하여도 백성이 행하지 않을 터이니, 나라에 어두운 일을 어디서 서보리오.

그런즉 세상에 크고 높은 사업은 사람의 도덕(道德)을 배양(培養)하는 이에서 지나는 일이 없는지라. 그러므로 나라에 고명한 선비 있는 것이 어두운 집에 등불 켬 같다 하여 나라마다 특별히 존경하여 보호하나니, 각국이 전쟁할 때에라도 고명한 학사 있는 지방은 양국이 인가하여 특별 보호대로 반포하므로, 다만 내 나라에서 보호할 뿐 아니라 적국도 또한 그 지방은 무단히 침범하거나 대포를 놓지 못하는 법이니, 선비 대접함이 이렇듯 존중한지라. 그 선비가 만일 제 몸이나 즐거이 하며 제 도덕이나 높일 뿐일진대 어찌 이 대접을 받으리오. 실로 온 세상 사람을 위하여 일하는 연고더라.

제5권 제193호

대한제국 광무 6년 8월 26일 (火)

(벼슬이 족히 귀할 것 없음)

자고로 벼슬 좋아 아니 하는 자 없는데, 그 좋아하는 뜻인즉 세 가지 분간이 있어, 당초에는 선비가 도덕과 재학(才學)을 닦아 세상을 건지고, 나라를 다스릴 경륜을 품어 가지고 당세에 쓰임이 되어, 은택을 사회에 베풀고 이름을 후세에 빛내고자 한즉, 먼저 그 지위와 권리를 얻어야 될지라. 공자께서 천하에 철환(轍環)하심이 영귀(榮貴)를 구하심이 아니라 그 도를 전하고자 하심이고, 그 후 현인군자의 때를 기다리며, 성군을 택한 자 그 좋은 것을 천하와 함께 하자는 뜻이라.

이러한 공명(公明)이야 세상에서 뉘 아니 원하며, 사람마다 이 영귀를 원할진대 각기 먼저 도덕과 학문을 구할지니 뉘 아니 현인군자리오. 국중 백성이 모두 천하를 위하여 일할 공심이 더욱 큰즉 외람히 분수에 넘치는 영귀를 도모치 아니하고, 다만 나보다 더 나을 사람이 있으면 내 앞에 나서서 일하도록 도와주며, 나도 마음과 행실을 더 닦아 먼저 내 몸을 다스려 가지고 남을 다스리려 한즉, 구차히 나가기를 도모치 않을지라. 이는 동양에 개명이 극도에 이르러서 하는 일 없이 나라가 태평하던 때요.

중간에 이르러는 도(道)가 쇠하며 공심이 없어서 자기의 부귀를 전자 전손(傳子傳孫)하여 영구히 보전할 의사가 생기므로, 먼저 반상(班常)이라는 등분을 구별하여 공경대부의 자손 외에는 벼슬을 못하게 만들고, 소위 명분(名分)이라는 두 글자를 지어 등분을 분별하므로, 이름은 상 중 하 삼등이라 하나 실상은 하등 분 안에도 몇 백 가지 층등이 있어, 심지어 의복 거처와 언어 행동까지 다 방한이 있어 감히 그 범위 밖에는 나지 못하게 만들고, 그 중에서도 혹 총준 영결한 인물이 생기면 통분히 여겨 벽파(劈破)할 생각이 날까 저어하여, 하등인은 글을 가르치지 아니하며, 어둡고 어리석어 소와 개같이 윗사람의 부리는 바 되어 순종하기를 제 직분으로 알게 만들어, 종은 죽여도 살인이 없다고 아뢰는 자는 입이 있어도 말을 못하는 법이라.

하늘이 높고 땅이 얕으니 빈천한 자가 부귀한 자를 섬김이 천지에 떳떳한 이치라 하나니, 이렇듯 백성을 굴레 씌워 차차 풍습이 되어, 지금은 문벌(門閥)을 벽파한다 할진대 하등인이 도리어 분발 격노하여 왈(曰); 양반과 상놈은 판이하게 다르니, 우리나라에는 반상을 없이 하면 세상이 망한다 하여 조상부터 받아 내려오는 압제와 굴레를 면하여 볼 생각은 일호도 없으니, 풍습이 이렇게 된즉 선비가 공부하는 바가 또한 아랫사람을 농락하여 다 나의 장악에 들어오게 만드는 것을 학문 지식으로 알았지, 대공(大公) 무사(無私)하여 온 세상 사람을 다 평등으로 위하여 다 같이 한 임금의 신민과 한 하나님의 자녀로 다 같이 복을 받자는 생각이 나지 못하므로, 벼슬이 곧 사사(私事) 물건이고 공기(公器)는 아니라. 무단히 남을 얽어 함정에 넣거나, 전국에 고혈(膏血)을 긁어 입신하는 계제를 삼거나, 나라 땅을 팔아 낭탁(囊橐)을 채워 가지고라도 벼슬만 보전하는 날은 그 조상의 착한 자손이고 그 자손의 어진 조상이 될지라. 당시나 후세에 남의 시비가 무엇에 어려우리오. 이렇게 된즉 세상에 두려울 것이 없고 다만 일시에 영귀를 도모할 뿐이라, 도덕과 학문을 어디서 들어보리오.

이상 두 가지를 볼진대, 처음은 먼저 재학(才學)을 닦아 가지고 세상을 위하여 일하기로 영귀를 구함이고, 둘째는 자기 집안과 자손을 위하여 온전히 할 경륜으로 공명(公明)을 구함이거니와, 지금 와서는 소위 문벌을 벽파한 이후로 상 중 하 등분과 유무식(有無識) 분간 없이 유장천혈(油牆穿血)을 하여 가지고라도 재물만 있으면 별로 못할 벼슬이 없으니, 소위 명분도 물론이거니와 어느 틈에 재학(才學)을 의론하리요.

가장 불신 불의한 일을 많이 하고, 남을 심히 속이며, 남을 몹시 망하게 만든 자야 벼슬길에 나아갈 밑천이 생겨, 이 밑천을 들이고 빼기도 또한 재주 있게 하여야 판셈하기를 당장은 면하나니, 지금 방백 수령 가기를 원하는 자로 백성을 잘 다스려 명관이라, 청백리 되기 원이란 말은 없고, 다만 원(員)질을 잘하여 소리 없이 큰돈을 먹고자 할 뿐이니, 진실로 지각 있어 몸과 집을 보전하려는 자는 돈이 있어도 벼슬을 사지 아니한즉, 모두 나라 집을 해(害)하며, 생령이 멸하며, 자기 목을 따는 영웅호걸(英雄豪傑) 뿐이라.

슬프다, 이 벼슬이 사람에게 어찌 영귀(榮貴)라 하리요, 해가 독약보다 심한지라. 하물며 지금 세상에는 선비로 하는 사업이 관인보다 더욱 귀하게 여기나니, 어찌 저 더러운 데에 빠져 몸과 나라를 함께 상해(傷害)하리요.

제5권 제201호

대한제국 광무 6년 9월 5일 (金)

(청국의 인정 풍속(1))

구라파에 유명한 정치경제학사 리로이 뷰로 씨가 청국과 시베리아 일본 등 내지에 여러 해 유람하여 정형을 사실(査實)하고, 동양을 깨우는 논(論)이라 하여 책을 지었는데, 가장 확론이 많은지라. 청국 제목에 몇 가지를 빼어 번등(翻謄)하여 서양 학문가에서 청국을 어찌 의론하는가 알게 하고자 하노니, 청국 사정인즉 곧 대한과 같음이라.

그 글에 하였으되, 청국 백성의 천품을 통히 의론할진대 그 중 한 가지 특이한 것은 완고한 성질이라. 세계 각국이 혹 변혁하며 혹 흥왕하며 혹 진보하며 혹 퇴축하며 모두 변치 않은 자가 없으되, 청국은 홀로 이천여 년을 의연히 한 모양이라. 요셉과 마리아가 그 아기를 데리고 애급 국으로 들어갈 때에 어떤 청인의 생각과 풍물이 한번 판에 박아 놓은 후에 세상을 열력(閱歷)할수록 더욱 다져진지라.

중간에 불교가 생겨 온 아시아에 전파하여 옛 생각을 변하고 새 의사를 일으켰으되, 청국은 지금껏 그 이름만 전할 뿐이오 그 속은 변치 못하며, 도리어 불교를 변하여 청국에서 믿는 불법이 그 근본과 다른 것이 많으며, 가장 숭상하는 바는 공자와 및 여러 학자들이 모아 끼친 글을 위주하나 그도 또한 빈이름뿐이라. 실상 품행을 고쳐 행함이 적으므로, 통히 볼진대, 아무 교육도 능히 청인은 고치지 못하였도다.

지형이 자초로 바깥세상과 떨어져서 서로는 태산과 사막이 막히고, 동남으로는 대해가 둘러 이것이 천생으로 막은 담이 되다가, 급기 이 담이 능히 막지 못하게 되자 북으로 장성을 쌓아 바깥 형세를 막자, 서양 각국을 모두 변혁하여 놓은 모든 세력이 청국에는 조금도 힘이 없어서, 정치상 변혁이 세계를 흔들어 놓되 청국에는 사천년 동안을 정부나 사회상에 일호도 고치지 못하고, 십삼 세기 동안에 만주인종이 지나(支那)를 쳐 이겼으나 지나 인종은 변하기는 고사하고 만주인이 도리어 지나인을 따라 변하였으며, 이 큰 지방 안에 사억만 인구가 삼사천년 내로 유전(流轉)하는 문명을 봉하여 남에게 전하지도 못하고 남의 것을 받지도 않은지라.

지금 서양 사람들이 청인의 고치지 못함을 무수히 나무라나, 만일 우리 구라파 사람들더러 그 문명 부강과 교화정치를 모두 버려 없이하고 져 청인을 따르라 할진대 어떤 서양인이 마음에 즐거워하리오. 청인이 세상에 가장 많은 인종이로되 구주 세력이 청인에게 퍼짐은 많고 청인의 세력이 구라파에 퍼짐은 듣지 못한 바라. 현금 세계에 큰 문제는 구라파를 삼키려 하는 자 장차 삼킬는지 삼킴을 받을는지 예탁(豫度: 예측)할 일이라.

청인의 서로 같지 아니함이 또한 이상하여, 저렇듯 완고한 중에도 긴요한 것은 아는 대로 받음이니, 아무리 청국에 완고하고 교만하다는 자라도 서양 학식의 긴요한 것만 보면 즉시 굽히고 받아들이는지라. 태고 적부터 유전하여 오는 교훈과 고담을 믿어 완고한 풍습이 있음은 나무랄 수 없는 것이, 만일 이 성질이 없을진대 삼키는 세력이 또한 굳건하지 못할지라. 서인의 안목에는 별로 분별이 없으되 속을 보면 청국에 백성이 여러 가지라. 각 군 각 도에 천생으로 생긴 분간 외에 방언이 수십 가지 분별이 있어, 광동 사람이 북경에 가서는 언어를 통치 못하므로, 한 번은 청인 둘이 피차 지친간인데다 학식이 넉넉하되, 다만 서로 멀리 살아 지방이 다르다가 구라파에서 만나, 피차 본국말로는 알아듣지 못하는 고로 영어로 상통하니, 이로 볼진대 각색 일이 다 서로 달라서 고을마다 타국 같다가, 외국의 세력이 들어오는 날은 백 천 가지 반대하던 청인이 다 합하여 바깥 형세를 거절하는지라.

당초에 이 언어와 제도가 같지 아니한 연고인즉, 학식이 본래 서양과 달라서 방언을 한결같이 하자는 주의가 없으므로 그 무수한 글자가 음과 뜻이 각각 달라서 일정한 규모가 없으며, 겸하여 백성들이 돈도 없고 겨를도 없어 한 동리에 글방이 있기 전에는 멀리 가 공부할 수 없어 피차 의사를 바꾸지 못하므로, 인하여 방언이 대단히 달라진지라. 이 중에서 여러 천년이 되자 풍속과 인정이 달라지며, 충의가 또한 없게 된지라. 우리 서양인도 당초부터 충애를 알던 바 아닌 고로, 삼십오년 전까지도 게르만(日耳曼) 인종이 다투던 바라. 청인이 비록 같은 인종으로 같은 교화를 받았으나, 새 학문을 받기 전에는 알기 어려운 것이 괴이치 않되, 다만 기이한 일은 일본이 자초로 충애상 의리가 서인과 같으며, 그 나라의 고동(高同)한 이익을 위하여 죽을 기회가 있으면 영광스럽게 여기니, 이는 청인보다 다른 성질이라.

(미완)

제5권 제202호
대한제국 광무 6년 9월 6일 (土)

(청국의 풍속 인정 연속(2))

(리로이 뷰로 씨의 동양론 번역)

속이는 것이 청인의 재조라. 사람마다 이상한 성질이 한 가지씩 있으니 범사에 얼굴을 꾸미는 풍속이라. 위지(謂之) 외면치레라 하는데, 대소사 간에 용맹스럽게 바로 말하는 이보다 괴휼(怪譎)로 공교히 꾸미는 것을 말하는 자와 듣는 자가 다 좋게 여겨, 이것이 아주 청인의 행습이 되어, 설령 못된 일 하는 것을 남이 정령 눈으로 친히 보고 말할지라도 두터운 얼굴로 의례히 아니라고 하여 남을 속이려 하다가, 되면 남이 그 이허(裏許)를 알고도 재주로 여기며, 만일 속이지 못하면 그 못 속인 것을 부끄러이 여김이 죄짓고 형벌 받기보다 더 어렵게 아는 고로, 한 어린아이가 주인의 물건을 탐내어 집어 소매에 넣다가 잡히면 곧 소매에서 내어 땅에 놓았다가 다시 쳐들며, 거짓 웃는 얼굴로 말하기를, 그 잃었다던 것이 여기 있는 것을 날더러 집었다 합니까 하나니, 상하가 다 이러하여, 거의 백여 년 전에 영국 사신 마카니 씨가 천자에게 폐현(陛見)할 때, 모든 왕 대신들이 영접하여 들어갈 때, 그 사신이 한문을 모르는 줄 알고 그 마차에 새기되 영국에서 조공하려 오는 사신이라 하여 이렇듯 도로에 보는 자를 속여, 인하여 전국을 속이고자 하더라.

하는 체하는 것이 청국 정부에 창병(瘡病: 매독) 같은 고질이라. 다만 청국 백성만 하는 체할 뿐 아니라 정부 대관 이하로 그 중 하등인까지도 모두 하는 체하기에 썩고 병들어 일과 말을 함께 통할 수 없나니, 실로 거짓말 아니 하고 도적질 아니 하고 학정 아니 하는 자가 천에 하나가 어렵다 하나니, 서양의 덕행을 숭상하는 줄 안다는 리홍장도 진실한 사람 쪽으로는 갈 수 없어, 일청 전쟁 시에 농락하는 수단으로 무수한 재정을 어찌하였는지 급기 목숨을 보전치 못할 지경에 이른 후에 다시 토하였은즉, 왕공 대신과 세위(世謂) 내시배가 다 그 마음을 알거늘, 리 씨는 국은을 감격한다 하며 또한 동료들도 짐짓 대답하되 그런 줄 안다 하나니, 진실로 국은을 알진대 어찌 국재(國財)를 도적하리요. 국가의 공기를 사사이익으로 만들어 멸망을 자취함이라. 자연히 이 비루하고 썩은 행실이 아주 배여서 지금은 이것이 규모가 되었으므로, 통히 말할진대, 전국이 모두 광대와 탈놀음을 하는 중에 리홍장은 놀리는 주인이더라.

그 중에 벼슬 매매하는 회사가 있으니, 설령 돈이 없어 벼슬을 살 수 없는 자 있으면 그 친구들이 회사와 같이 고본금(股本金)을 같이 모아 내어 그 밑천으로 벼슬을 사서 계제도 얻고 돈량도 모아 차차 입신할 곳을 든든히 얻어, 백성에게 강도질을 하여도 능히 부지할 만한 권세가 생긴 후에는 모든 친구들이 고본표를 기록하여다가 변리나 이익을 부쳐 갚는 것이, 마치 서양에 금은이나 석탄광에 회사 하여 이익도모 하듯 하느니, 상해 도제(徒弟)는 감리사 지위와 월급이 은자로 육천 량이니 일 년에 은전으로 구천 원이라. 갈리는 기한이 다 불과 삼년인데, 근자에 삼십만 원에 매매하였더라.

재정을 낭비함이 또한 심하여, 정부에서 쓰는 돈을 볼진대 궁중에 놀이나 관원에 호강을 위하여 써 없이 할 뿐이오, 다시 날 곳은 없으므로 재정의 군졸함이 만분 심하되, 장난 같이 낭비하기를 서슴지 아니하여, 한 곳은 강이 흘러 궁궐의 후원이 상하는지라, 루 만금을 들여 강을 파 돌리고, 불쌍한 농민의 전장을 무수히 손해 하되 민정은 돌아보지 아니하며, 또 한 번은 군대를 다시 조직할 계획으로 국고금 중에서 예산 지출한 돈을 서태후의 탄일에 빛나게 경축하기 위하여 연회와 등불 켜기와 불놀이하기에 다 허비하였나니, 범사가 다 이러하여 백성에게 긁어다가 이렇듯 없이 하니, 어찌 민원이 없으리오. 그 소종래(所從來)는 생각지 않고 써 없이 하기만 위주 하므로, 이것을 아주 호기로운 의기로만 여겨 병 되는 줄을 모른다 하였더라.

(*본 기자가 이 구절을 번역하다가 재삼 탄식함을 마지않더니, 다만 원하기는 이것을 부끄러운 줄들 알아 관원이나 백성이 차차 남의 흉보는 것을 고쳐 가지고, 이 중에서 명망과 대접이 높아져서 폐습을 버리고 착한 길로 나아갈진대, 이 어찌 오늘날 남의 듣기 싫은 의론을 듣는 효험이 아니리오. 다 내 몸 먼저 생각함이 병에 이로운 쓴 약이 되리로다.)

(미완)

제5권 제203호
대한제국 광무 6년 9월 8일 (月)

(청국의 풍속 인정 연속(3))

백성이 도탄에 들되 변란이 나지 아니함이 또한 신기함이니, 여러 백년을 전하여 오는 것이 다 썩은 정치라. 전국이 모두 쇠패하는 빛이니, 궁궐 성곽도 다 망한 터 같을 뿐 아니라, 도로와 교량으로 보아도 한 번은 다 화려하고 편리하던 것이 다 버려두어 헐어지고 상하여 영히 다닐 수 없이 되었으니, 우리 서양 인정으로 말하면 민심이 오직 흉용(洶湧)하리오만은, 그 백성은 조금도 공익상 관계로 격분치 아니하며, 간혹 지방 소요가 일어나나 불과 사사원혐을 인연하여 일시 난민이 될 뿐이라. 그 난민 괴수가 지방관을 잡아끌고 읍촌으로 다니며 혹 구타하고 후욕(詬辱)하여 잠시 설분(雪憤)할 뿐이오, 공동한 공심으로 어떻게 제폐하여 조리 있게 조처할 줄을 모르나니, 이런 소동에는 정부에서 어렵게 여기지도 않으려니와 의례히 조처하는 도리가 있으니, 이는 곧 군사를 들어 탄압함이라.

대개 병력으로써 백성을 압제함이 청국 정부의 매일 정치이니, 우리 서양인의 이목으로 볼진대 백성의 발달 진취함을 막으며 토색 탐학 하는 국민의 원수와 국법의 죄인을 보호하는 학정이라 하여, 이 정치 밑에서 견딜 수 없을 줄로 알 것이거늘, 청인들은 여러 천년을 그 압제 밑에서 행습이 되어 변괴로 알지 않고 고칠 도리를 생각지 않을 뿐 아니라, 참 고칠 도리가 있다 하여도 아직 편한 것만 생각하여 효험 있는 일은 조금도 하지 아니하며, 그 중에 시세를 깨닫고 모합하려는 자 혹 있어서, 설령 근래 개진상 사업을 도모코자 할진대, 정치상에 별로 방해가 없을 소소한 일이라도 권문세가에 인허를 얻어야 하는데, 이 인허인즉 뇌물을 많이 바친 후에야 얻으며, 뇌물 외에 또한 백에 얼마씩 바치기를 약조하나니, 이는 백성에 염려가 적어서 이런 일을 경영치 못하도록 만드는 의사라. 이 중에서 기어이 성사하기를 힘쓸진대 설령 일은 될지라도 그 백성은 필경 부지하지 못하리니, 이러므로 백성이 편안히 살고자 할진대 아무 경영도 말고 순전히 어리석고 극히 빈한하여야 보전하는지라.

그런즉 진취상 사업은 하나도 될 수 없으므로 나라와 백성이 함께 점점 쇠패하여 들어가며, 백성 중에 땅이나 파고 막벌이나 하여 근근히 연명하며 바라는 것이 크지 못한 자에게는 바치는 세납도 적고 관부에 상관이 별로 적어 그러하되, 심지어 농업 공업상이나 통상 무역상에 조금 크다 하는 자는 강도 같은 관원들의 반찬그릇이 되리라.

청인들의 풍족히 여기는 마음이 한 가지 특성이라. 백성의 평생에 환란도탄이 비할 데 없으되, 정부에서 별로 돌아보지 아니하며, 생명재산에 보호하는 주의가 심히 적되, 다만 저의들의 풍속만 고치지 아니하고 그대로 지내게 버려두면 이것을 풍족히 여겨 받드는 직책에 소홀치 아니하며, 생계가 다만 수족을 주야 힘들여 빌어먹을 뿐이니, 세상에 사람이 어찌 살며 남의 정치와 법률이 어떠한지 들어볼 계제도 없거니와, 또한 겨를도 없은즉, 저의들의 당한 처지가 남만 못한 줄을 알 수도 없거니와, 그 천성이 완고하고 참는 마음이 굳어서 세상 사람들이 견딜 수 없을 처지를 당하고도 능히 편안 무심히 지내며, 그 고역하는 백성들을 볼진대, 큰 명일 외에는 잠자고 밥 먹는 시간밖에 잠시도 쉬는 겨를이 없으되, 이 평생 항상 즐겁게 보내며 괴로운 생각이 없어서 생령이 여러 만 명씩 상하는 환란 중에서라도 불가불 할 일은 다하고야 마는지라.

그 큰 나라에 해마다 괴질이 지나거나 큰 흉년이 들어 한 고을에 여러 만 명씩 쓸어내지 않는 해가 없으되, 인명이 어찌 천하던지 별로 요개(搖改: 흔들어 고침)치 아니하며, 더욱이 정부에서 천재(天災)라 미루고 돌아보지 아니하므로 인구의 나는 것이 더 많되 호구가 해마다 줄어들어, 생사를 비교하면 가히 놀랄 만한지라. 대개 나라에 재정과 산업은 늘지 못하고 인구만 해마다 늘진대 생명에 더욱 위협이 심할 것이거늘, 해마다 남녀노소의 죽는 재앙으로 인명을 한량없이 덜어 없이 하는 고로 전국 형편이 이만치나 부지하는 바라.

(미완)

제5권 제204호

대한제국 광무 6년 9월 9일 (火)

(청인의 풍속 인정 연속(4))

세계 개명한 나라를 통합하여 의논할진대, 세상에 살기를 위하여 걱정 제일 많이 하는 백성들은 구라파 인민들이라. 이 걱정 중에서 이렇듯 부강을 이루고도 오히려 부족하여 주야 애쓰고 일하는 바이거늘, 동양 사람들은 살기에 도무지 걱정이 없어서 제일 특별한 성품이 있으니 곧 죽는 것을 관계없이 여김이라.

청국에 여러 해 거류한 서양 의원들의 말이, 청인의 병을 고칠 적에 짜고 비트는 일을 아픈 소리 없이 앉아 견디는 것은 사람이 할 수 없는 일이오, 또한 아무리 어려운 일이라도 앉은 자리를 떠나지 않고 몇 시 동안씩을 지내며, 어디서든지 무심히 잠들기 쉬워 천병만마(千兵萬馬) 중에서라도 눈만 감으면 코를 고는 성질이오, 이 성질로 인연하여 남의 고통을 또한 돌아보지 아니하므로 옆에서 당장 죽는 소리를 질러도 조금도 놀라거나 동심치 아니하고, 마음이 굳어 눈물이 없는 고로 당장 죽을 사람을 데리고 무심히 안아 잔셈을 가리며, 사람이 물에 빠지는 것을 보고 안연히 물건 값을 돋우며, 형용할 수 없는 악형을 사람의 몸에 더하면서 한가히 앉아 바둑을 두기에 참척(*한 가지 일에 골똘하게 정신을 쏟아 다른 생각이 없게 되다)하나니, 통히 볼진대, 청인은 당초에 은의(恩誼)와 인애를 모르게 만든 인종인 듯하나, 실상인즉 자초로 잔악하고 참혹한 법과 풍속 중에서 여러 천년을 내려오며 사람의 당할 수 없는 고초를 겪는 고로 그 중에서 마음이 다져서 인정이 적어지므로 악한 일이 곧 이 중에서 생김일러라.

그 중에 자결(自決)하는 풍속이 흔하여 남에게 수욕(受辱)을 당할진대 칼을 그 원수와 다투어 사생을 겨룰 생각 대신에, 그 칼날을 자기 목에 돌려대어 심지어 하등 청인이라도 자처(自處)하는 것을 곧 자기 원수에게 설분하는 뜻으로 알아, 심지어 여인까지라도 이 생각이 다 같이 있는데, 하루는 어떤 사부가 부인 왕 씨에게 그 이웃 부인 방 씨가 도끼를 빌어다 쓰고 날을 상하여 주는지라. 왕 씨가 배상을 찾으려 한대 방 씨가 주지 않는지라. 왕 씨가 곧 목을 매어 자결하자 방 씨가 듣고 너무 과도함을 분히 여겨 즉시 우물에 빠져 원수를 갚았으니, 그 생각하는 법을 가히 알겠다.

근일에 어떤 선비 하나가 원억(冤抑)한 일이 있어 상소를 지어가지고 행행(行幸)하실 때를 기다리다가, 옥교(玉轎)가 앞에 지나가매 길가에서 자결하여 주품(奏稟)이 되게 하였나니, 이는 정부에서 그 일을 시행하여 주지 않는 고로 목숨을 버려 그 원굴함이 상달되기를 바람이라. 전국 상하 인민의 허수히 죽음이 이러하다.

각국의 군사를 말할진대 죽기 두려워 아니하는 자가 참 강병이라 하나니, 청인의 죽기를 초개같이 여기는 성질을 볼진대 세계에 강병이 될 듯하나 청국 군사인즉 제일 하등이라. 청인이 실로 죽기는 두려워 아니하나 겁이 가장 많으니, 이로 볼진대, 매양 그 심중에 무슨 영귀(榮貴)로이 여기는 것이 한 가지 있어야 죽기를 영광으로 여길지라. 제 손으로 허수히 자처(自處)함을 좋은 줄로 믿는 고로 능히 용이하게 행하되, 나라를 위하여 전쟁에서 죽는 것은 영광으로 여기지 못하는 고로 서로 피하기를 위주함이라. 위태한 곳을 당하면 서로 윗사람만 바라보다가 저의 윗사람이 먼저 돌이켜 서는 빛만 보면 곧 짐승 떼같이 흩어져 달아나는지라. 유지한 자의 의론이, 저 청인의 인애하는 성품과 죽기를 예사로 아는 성품을 밝은 장수가 있어 잘 교육만 하면 강병이 되기 어렵지 않으리라 하는 바요.

청인의 가도(家道)를 볼진대, 서양 풍속과 같지 않은 것이 많아서, 서인들은 부형 된 자의 그 자제 사랑함이 그 자제가 부형 사랑하는 마음보다 더하다 하거늘, 청인은 그렇지 않아서, 자식이 부모를 더 사랑하여야 한다 하나니, 효도가 덕행의 근원이라 함을 공자 이전부터 전하여서, 지금까지 힘써 자식이 자초로 죽기까지 부모를 받드는 것이 마땅한 도리라. 어려서부터 효성을 가르치는 훈계가 무수한데,

(미완)

제5권 제210호
대한제국 광무 6년 9월 16일 (火)

(청인의 풍속 인정 연속(5))

효행측(孝行則) 이십사 인 중에 한 사람은 노모를 봉양할 힘이 없어 부득이 세 살 된 여아를 내어다 묻어 없애고 모친을 공양하려 할 새, 아이를 업고 나가 땅을 파다가 금을 얻었다 하며, 이런 효행에 사적이 많은데, 청인은 생각하되, 삼천 가지 죄에 불효가 제일인데, 불효 중에도 무자(無子)함이 더욱 크다 하나니, 이는 그 부모의 제사를 끊음이라.

그러므로 혼인을 어려서부터 정하여 혹 태중에 든 아이를 가르쳐 정혼하며, 혹 처의 몸에 무자(無子)하면 남편이 버리고 다시 장가가는 권리도 있고, 혹 처첩을 겸하여 두기도 하나니, 본래 그 효행을 숭상하는 본의인즉 심히 아름다우나, 그 후로 이런 폐단이 많이 생겨 인종이 많이 죽는 폐가 이로조차 남이라.

제사 지내는 법으로 말하여도, 당초에는 길이 기념하기를 위함일러니, 차차 본의를 잊어버리고 헛 절차만 숭상하여 조상을 천신 같이 높여 가지고, 그 조상의 명예에 딸려서 높은 사람이 되려는 의견이 생기므로, 후세 자손은 능히 조상의 행적을 따를 수 없는 줄로 여겨 옛 사람보다 나아 보기는 생각도 못 먹을 뿐 아니라, 만일 선인 네보다 지날 뜻이 있다 할진대 곧 미친 의론이오 믿지 못할 말이라. 백성이 모두 이 생각의 결박을 받으므로 지혜와 원기가 능히 발달되지 못하고 점점 쇠망하여 오늘 저 지경에까지 이르렀으며, 그 다음은 부인의 학정(虐政)이니, 조상을 제사하는 법이 근래에 이르러 다만 헛이름만 행할 뿐 아니라 이 법으로 집안 가도를 엄하게 만들어, 그 가장 학대받는 자는 부인들이라. 청국 부녀들의 평생을 볼진대 진실로 귀하지 않은 세상이라. 일생에 기쁜 세월을 보지 못하므로 어려서부터 심규(深閨)에 갇혀 지내다가 급기 출가하매 그 사랑하는 부모를 이별하고 아무리 보고 싶어도 남편과 시부모의 허락 얻기 전에는 당초에 보러 갈 생각도 두지 못하며, 주야 시부모 공양하기에 게으르지 못하는 중, 시모가 흔히 심하여 그 자부되는 자는 곧 종으로 여기고 무진히 학대하되 호소할 곳이 없이 참을 뿐이오, 평생 문밖은 엿보지 못하고, 심지어 하등 여인 이 되어서는 무단히 출입하여 내외가 없나니, 그 행실에 부정함은 실로 말할 수 없는 바니, 이런 악습은 급히 변혁할 것이오.

청국의 가장 심한 악습은 노름하는 것이니, 전국에 상하 인민이 아니 하는 자 몇이 못 되며, 심지어 걸인이 헌 누더기를 마지막 내기하여 잃어버리며, 더욱 미친 백성들은 계집자식 빼앗기기를 내기도 하며, 더욱 심한 자는 손가락 마디를 잘라 내기하는 놈도 있으며, 어떤 소년 하나는 예수교를 믿되 자초로 노름에 미친 자라, 능히 끊지 못하다가 그 노름빚에 삼 원을 지고 갚을 수 없어 이십 세 된 아내를 빼앗긴지라. 어떤 서양 교사가 그 빚을 갚아주고 그 여인을 제 모(母)에게로 돌려보내었더니, 수삭 후에 그 남편이 찾아다가 다시 노름하여 필경 잃어 버렸더라.

이외에 심한 악습은 아편 먹는 행습이니, 청국에 아편연이 퍼진 이후로는 술 먹는 폐는 적으나 아편을 먹어, 전국을 통계하고, 매 동에 백성 오분지 일은 의례히 먹으니, 통히 경향에 아니 먹는 곳이 없으나,

시골은 좀 드물고 좀 상등인과 선비라 하는 유(類)에는 더욱 심하여 그 수를 헤아릴 수 없으나, 부유한 자는 음식과 거처가 나은 고로 상하는 자 적되, 하등인은 좋은 아편을 얻어먹지 못하며, 그 누습하고 어두운 굴속 같은 데서 누워 연기를 피우며 음식을 잘 얻어먹지 못하여, 가난한 자가 이십 세 이전에 먹기 시작한 자는 이십이 세를 넘기지 못하고 죽나니, 인명의 상함이 한량이 없더라.

(기자 왈; 이상 번역한 중에 대한의 이목에 별로 긴치 않은 것도 있고 또한 합하지 못할 구절도 있으나, 본문대로 낱낱이 번등함은 서양학사에 의론이 어떠한지 보고 짐작들 하시기를 위함이로다.)

(미완)

제5권 제212호
대한제국 광무 6년 9월 18일 (木)

(청인의 풍속 인정 연속(6))

귀신을 믿음이 청인의 큰 고질이니, 산천초목에 신 없는 곳이 없는데, 이 신은 감히 요동(搖動)하지 못하며, 만일 혹 노(怒)함을 격하게 하면 큰 재변이 있는 고로, 빌어 사(赦)함을 얻어야 무사하다 하며, 철로를 놓기와 광산을 열기와 전선을 세운 이들이 다 지신을 동(動)하며 지맥을 상한다 하여 감히 생각하지 못하나니, 이러므로 사지와 헤드를 모두 막고 격박(擊撲)하여 전국을 모두 봉하여 놓았으므로, 심지어 행동 출입과 장원을 수리하는 대로 신의 뜻을 맞추지 않고 감히 자유로는 못하므로, 인하여 전국을 다 봉하여 놓은지라. 아무리 목석같은 서양인이라도 청인이 헛것 믿는 거동을 보면 구역질남을 면치 못할지라. 이 고질이 있는 고로 아무 이치와 아무 법과 아무 말로라도 능히 인도할 수 없나니, 차차 교육상으로 권면하는 도리밖에 없는지라. 같은 인종과 같은 지방에 일인(日人)은 전혀 판이하니 신기한 일이더라.

이상 말한 바는 대강 청인의 드러난 풍기를 말함이거니와, 자세히 상고할진대, 특별히 좋은 성질이 몇 가지 있으니 참고 견디는 성품이고, 상고(商賈)에 합당한 자격이고, 부지런하고 검소하며, 남을 반대하는 성품과, 부모와 노인을 높이는 풍습이라. 이 몇 가지 좋은 성질이 있는 고로 그 정부에는 실로 여망(餘望)이 반점 없이 되었으나, 힘써 일하는 백성들은 아직도 장진(長進)이 없지 않은지라. 만분 긴급한 일은 정부와 백성이 함께 병혁(兵革)을 주장하여 심중에 먼저 진보할 기초를 세워 부지런히 일하여야 할지라.

모든 병통이 전혀 옛 법만 돌아보는 데 있어 정치를 변통치 못하고, 물건을 제조치 못하여 다만 버려둘 뿐이니, 만일 지금이라도 실지상 변혁만 힘쓸진대 불구에 발달될 표적이 여러 가지라. 그러나 청인을 새 학문으로 인도는 하려니와, 조상의 전래하는 옛 법은 버리게 할 수 없나니, 년래로 서양인이 청인을 가르쳐 모든 기계를 다 쓰게 만들었으되 다만 목수일은 가르치기 어려운 것이, 가위 지방에 영아원을 지을 때 목수마다 각기 의자를 하나씩 맡아 만들되, 둘이나 셋이 한 의자를 고치지는 영히 아니 하는지라. 그 연고를 물은즉, 본래 기이하다는 풍속이 이러하다 하나니, 그 성품이 이러하여 혹 서양교를 믿으면서도 그 허무한 숭상을 버리지 못하더라.

청국의 장래를 볼진대 왕사(往事)로 빙거할지니, 여러 백년을 두고 앞으로 나가기는 고사하고 뒤로 물러가기를 힘써, 만사의 근본을 궁구하기와 물건을 다스릴 지혜와 권력을 다 잃었은즉, 개진하기도 또한 여러 백년을 서양 학문으로 가르친 후에야 될 터인데, 이 일이 지금 방장 시초라. 이 일에 성공이 자연 용이치 못하려니와, 전국에서 재물 근원을 열기는 외국 자본이 아니면 되지 못할지라. 지금 청인의 재물 근원을 발한다 함이 다만 농사 한 가지요, 그 외에는 모두 사소한 이익만 경영하며 큰 자리는 착수치 못하니, 이는 불가불 백인이 대신 흥리(興利)한지라. 이런 이유를 알고 이런 경영을 이루고자 하는 서양인들은 마땅히 정부로 하여금 생명과 재산에 보호하는 권리를 극히 보호하여 흥리할 힘이 있게 하여야 될지라. 청국의 제조 공장이 차차 발달됨은 곧 청인의 도리요, 세계 각국에 다 같이 이로움이니, 어찌 영원히 버려 하늘이 감추어 둔 무궁한 재물을 저 청인의 수중에 버려두어 포진천물(暴殄天物: 물건을 아까운 줄 모르고 함부로 써버림) 하리오. 각국이 다 부지런히 주선할 일이라 하더라. (완)

(본 기자 왈(曰): 이상 연일 번역하여 낸 것을 보시는 이들이 혹 지루하게 여길 이도 많을 듯하나, 전편이 다 서양학사의 논설이라. 병서에 이르기를 지피지기(知彼知己)면 백전백승(百戰百勝)이라 하였나니, 지금 세상에 처하여 불가불 남의 의견도 알아야 할지라. 곡직(曲直) 간에 내 생각만 고집하여 남의 것은 듣고 보기가 원이 아니라 하는 자는 패망을 자취함이니, 이렇듯 장황히 번등하는 본의가 곧 이 병통을 고치고자 함이로다.)

제5권 제213호

대한제국 광무 6년 9월 19일 (金)

(해면을 관할하는 주권)

토지를 관할하는 주권인즉 그 나라를 다스리는 실권이 그 지방에 덮이는 연고라. 만일 그 실권이 없고 다만 헛이름만 걸어 아무 나라에 속한 땅이라 공포만 할진대, 누구든지 그 토지를 개간하고 인민을 보호하여 실상 주권이 시행될진대, 먼저 주장하였던 허명이 인하여 없어지나니, 이는 공법상 경위라. 그런즉 공법 시행하는 세상에서 헛이름만 가지고 행세할 수 없고, 또한 주권을 찾자면 보호하는 힘을 먼저 세워야 할지라.

그러나 이는 토지가 관계한 권리라. 세계에 드러난 토지는 다 만국에 관할한 바 되어 분할하였으므로, 혹 실권을 잃고 허명만 가진 나라도 있고, 허명도 차차 잃어 여지가 없어지는 나라도 있으니, 다 그 주권이 있은즉 공지로 있는 곳은 없거니와, 해면을 말할진대 온 바다가 다 만국의 공공지라. 각국이 다 같이 통행하여 독단할 자 없으되, 심 지어 어느 나라에든지 그 내지에 통한 바다와 혹 그 연해 지방에라도 조수(潮水) 떨어진 곳에 해변에서 물 위에 십 리 안은 그 나라 토지와 같이 관할권이 있나니, 그 언덕에서 경찰 보호하는 힘이 미치는 연고라.

그 주권이 미치는 해상에는 타국 군함이 임의로 출입하지 못하나니 이는 육지 상에 타국 군사가 병기를 가지고 오르지 못함과 같은지라. 그러므로 그 방한(防閑)되는 안에 바다는 곧 내 나라에 속한 토지와 같아서 그 안에 이익은 다 내 것이라. 그러나 공법상에 해면 십 리 안은 내 관할이라 하고, 능히 경찰보호를 합당케 못하여 타국 병선이 임의로 출입하되 능히 금집할 힘이 없고 도적이 창궐하되 능히 금단치 못할진대, 주권이 스스로 감하여 영구히 없어진 줄로 치나니, 주권이라 하는 것이 얻기도 어렵거니와 지키기가 더욱 어렵도다.

근자에 목포 등지에 수적(水賊)이 대치(大熾)하여 내왕하는 내외국 상선이 심히 위험한고로, 일본 공사가 대한 외부(外部)에 조회하고, 수적을 금치 못하면 일본 경무청 순사를 내어다가 정찰하겠노라 하였다는데, 들으니 수적에 수효가 사오백 명이오, 배가 육칠 척이라 하는지라. 이 보고가 적확한 소문인지 모르겠거니와, 일 공사의 조회로 말할진대, 공법상 주권 보호하는 관계를 모르는 이들은 혹 헤아리되, 만경창파에 도적을 금하고자 할진대 임의로 할 일이지 질문함은 무슨 연고이뇨 할 자 있을지라. 이로 인연하여 해상 주권보호에 관계 일절을 말하노니, 그 관계에 중대함은 일체로 알아야 할 일이로다.

대개 내 나라 해면에 도적이 있어 인명을 해하며 재물을 겁탈함은 내게도 큰 해라. 불소한 재정과 인력을 들여 보호할 일을 타국이 대신하여주마 할진대, 내게 오죽 편리하며 오죽 감사하리요마는, 남이 대신 힘써 보호하는 날은 곧 토지나 해면에 내 영원한 권리는 없어짐이라. 실상 권리가 없어지면 헛이름만 내 땅이오, 내 해면이라 하나, 실상은 다 남의 것이라. 당당한 내 권리를 버리고 남이 주장하게 할진대 필경은 나의 선 땅이 없을지니 어찌 관계가 적다 하리오. 청컨대 관민

간 대한 동포들은 나라를 보전하고 집안을 온전히 하려거든 성경현전(聖經賢典)과 고담 소설 등 서책이 아무리 급하여도 좀 정지하고, 공업 약장(功業約章)과 및 기타 실지 신학문을 좀 공부하여, 어서어서 이런 경위를 알아가지고 이런 폐단을 제하기로 함께 일하여 집과 나라를 다 같이 보호하여야 할지라.

만국이 교통하는 세상에 처하여 세상에 통행하는 법을 모르고 다만 옛 풍속과 정치만 의론하고 앉았을진대, 국권을 차례로 잃어버리고 앉아 무슨 도리로 장차 회복하겠느뇨. 태고적 법을 지켜 능히 보호하겠는가, 선왕의 법을 지키고 선왕의 토지권을 보호하지 못할진대, 조상의 유언을 중히 여겨, 조상의 신위가 없어지고 자손이 멸절함을 옳게 여기는 자이라, 이 어찌 참 조상을 위하는 도리라 하리오.

제5권 제218호

대한제국 광무 6년 9월 25일 (木)

(영미 조약 개정론)

한미 조약이 일천팔백팔십삼 년에 전권대신 민영목 씨와 미국의 흠차대신 복덕 씨가 상환(相換)하니, 곧 계미년 사월이라. 지금 이십 년이 되었고, 한영 조약은 일천팔백팔십사 년 갑신(甲申)에 전권대신 김병서 씨와 영국 전권대신 파하례 씨가 상환하였으니, 지금 십구 년이 된지라. 과연 세월도 쉽거니와 그동안 변한 일도 많도다.

이 약조 이후에 변한 일을 대강 기록할진대, 조선 소국(朝鮮小國)이 대한독립국(大韓獨立國)이 되어 광서(光緖) 연월을 버리고 광무(光武) 원년을 기록하며, 동지사(冬至使: 조선 시대에 매년 동짓달에 중국으로 보내던 사신)를 폐하여 소위 매년 조공(朝貢)이라는 물건을 없이하며, 청국 책사(策士)가 변하여 주한 공사(公使)가 되며, 영은문(迎恩門)을 헐어 독립문을 세우며, 남별궁(南別宮)이 변하여 황단(皇壇)이 되므로, 청국 황제가 친히 국서를 닦아 대한국 황제께 좋으심을 묻잡나이다 하셨으며, 장안에 남북촌 세도 대가가 태반이 다 외국 공영사관이며, 교회당과 학교와 상점이 되어 층층누각이 사처에 즐비한데, 쇠북소리는 조석(朝夕)으로 화답하며, 이상한 의복과 못 보던 의관이 심상히 섞여 살며, 단발하고 양복을 한 학도들과 순검 병정의 단발 복장한 신선한 거동은 도처에 허다

하며, 당년에 국태공 세력으로 외국인을 물리치며 외국 교사를 없이 한다는 비석을 크게 새겨 종로 대로상에 뚜렷이 세웠던 일편은 오늘날 간 곳 없고, 천주교 예수교인이 경향에 편만하며, 금년에 각국 대사를 청하여 교제가 두터우며, 종로상 전기등은 중천에 달려 있고, 전기차 화륜거며 전화기 전기선은 원근에 연락하여 언어와 소식을 접담(接談)한 것 같이 하며, 철로 광산이 차례로 설시되고, 각 항구가 열려 누각과 도로가 외국과 흡사하므로 상민과 유람객은 해마다 늘어서 상선 병선이 무시로 출몰하나니, 이외에 변한 인정과 물체를 이루 다 헤일 수 없으나, 각 거류지에 앉아 이십년 전의 정형과 비교하면 거의 반서양이 되었다 할지라. 이 약조 정할 때에 어찌 일찍 생각하였을 바리요, 진실로 측량치 못한 바라. 이십년 동안에 과연 속히 변혁되었다 하겠도다.

그러나 이는 다만 사물상에 변한 것이고 권리 상으로는 많이 늘지 못하여 도리어 감삭한 것이 없지 않으니, 권리 상 늘지 못함을 알고자 할진대 우리나라 국제 실권을 보아 알지라. 각국 통상조약 제 삼장에 하였으되, 각국 거류인을 대한이 관할하지 아니하고 각기 그 본국 관리에게 돌려보내어 다스리게 하나니, 이는 조선 법률이 각국과 같지 못한 연고라. 이후에 조선이 법률을 고쳐 각국이 그 백성을 조선 법률로 다스리게 하여도 관계치 않을 것을 본 후에는 이 조목을 고쳐 조선에 와 있는 외국인을 일체로 다스리게 한다 하였으니, 이것이 우리나라 실권의 제일 손해되는 조목인즉, 이것을 먼저 고치도록 주야 힘쓰는 것이 가장 급함이라.

일본은 이 약조 후 삼십여 년 동안에 지나간 기해년(己亥年)에 이르러 이 목(目)을 고치고 외국인을 일체로 다스리게 되었거늘, 우리나라는 이십 년이 되되 이것을 고치기는 고사하고 법률이 점점 더 문란하여 내 백성 다스리는 권리까지 점점 손상하여가니 아지 못할게라. 지금부터 십년 후에 혹 일본같이 회복할 도리가 생길까, 아직 소견에는 관민 중에 이 손해를 분히 여기는 이도 많지 못하니, 일본에 비하면 대한의 실제 진보가 대단히 더디다 할지라.

그런즉 사물 상 변혁은 이만치 많이 되었으나 실권의 진취는 이렇듯 더딤은 그 연고가 어디 있느뇨. 대한 관민이 자의로 하지 아니한 연고라. 대한제국의 독립권을 대한 신민이 목숨을 없이 하고 회복한 것이 아니고, 각 항구를 대한에서 개진하기 위하여 열어 놓은 것이 아니고, 철로 광산과 통상 전기 등 각색 일이 다 대한에서 하고 싶어 힘쓴 것이 아니라 사세에 끌려 부득이 한 일인즉, 이는 바깥 형세에 딸려 행한 일이라. 처음부터 이 내두(來頭)를 미리 알아 자의로 고치기를 힘썼을진대 나의 상(商) 권리를 먼저 세워 오늘날 치외 권리를 찾았을 희망이 있을 것이다.

그러나 일향(一向) 완고를 고집하다가 남의 이익은 다 주고 내 이익은 다 잃고, 허다한 세월을 매관매직하기와 학민(虐民), 농법(弄法)하기로 다 보내고, 어언간 약조를 개정할 기한을 당하여 미영 양국이 먼저 고치기를 재촉한다니, 아지 못할게라. 정부 제공(諸公)은 무슨 회복할 조목을 미리 타상(妥商: 온당하게 서로 협의하고 의논하는 일)하였는지, 지금도 종시 변법자강(變法自疆) 함을 힘쓰지 않고 이 모양으로 일향 몽롱하게 지내다가는, 오는 이십 년 후에 다시 약조 개정할 기회가 있을는지.

제5권 제226호

대한제국 광무 6년 10월 4일 (土)

(화복이 고르지 못한 연고)

어떤 친구가 우연히 탄식하여 왈(曰); 작년에 년사(年事)가 불풍(不豊)하여 시골 농민들은 곡식을 구경치 못하며, 다만 악한 풀잎으로 연명하여 혹 부황(浮黃)도 나며 아사(餓死)도 하여, 남부여대(男負女戴) 하고 유리개걸(流離丐乞) 하는 자 무수하며, 서울은 쌀값이 고등하여 남북 산 밑으로 모든 궁촌에는 황황오오(遑遑嗷嗷) 한 정형이 사람의 눈으로 차마 보지 못할 처지에 있으며, 지금 괴질이 유행하여 성중에 매일 밤 나가는 시신이 평균 하여 수백여 명에 나리지 않는다 하는데, 어떤 곳은 한 집에서 오륙 식구가 어린 것 하나만 남고 다 참혹히 상하였으며, 혹은 집이 없어 남의 집에 우거하든지 혹 남의 곁방이나 행랑살이 하다가 무지한 병이 침노하므로 괴악한 주인이 문밖에 내어 놓아 길가에서 토사하자, 내외국 행인들이 보고 혹 야만 나라라도…, 하며 혹 떠메어 병원이나 집으로 끌어가는 자도 있고, 혹 그 죽는 자의 처자 가속이나 있으면 붙들고 부르짖는 소리와 형상을 사람은 차마 보지 못할지라.

특별히 상(上)으로부터 삼천 원 내탕전을 내리시어 생령을 구제케 하시니, 그 일을 맡은 이들이 참 위생을 위하여 바로 쓸는지 혹 이럭저럭 써 없이 할는지는 모르겠거니와, 성의의 간절하심은 이러하시고, 한

편으로 외국 공영사는 합력하여 사오만 원의 돈을 허비하고 임시 위생원을 설시하여 가난한 사람이라도 약을 얻어 쓰게 만드니, 그 뜻이 이렇듯 감사한지라. 사실을 생각하면, 외국 친구들은 이렇듯 힘써 대한 인민을 구제하고자 하거늘, 내 나라 대신이며 관찰 군수 등 직책 맡은 이들은 푼전척리 내어 위생상에 보조하였단 말은 듣지 못하니, 그 수치 당하는 양반네들은 부끄러운 줄도 모르고 분한 줄로 모르거니와, 우리는 소위 예의지방 신민이라고, 참 분하고 부끄러움을 이기지 못할지라.

지금 이 처지에 처하여 장안에 형편을 살필진대, 조금도 황망한 빛은 없고 안연 무사하여 시화세풍(時和歲豊)한 때 같으며, 도리어 의복 음식과 궁실 누대는 날로 사치 화려하여 가히 사람의 눈을 놀래며, 잔치와 노래며 풍류와 기생은 한가한 때가 없이 사면에 태평일락(太平逸樂)한 광경이니, 아지 못할게라, 시량(柴糧)이 날로 고등하여 오륙년 전에만 비하여도 곧 사람이 다 살 수 없을 듯하거늘, 어디서 돈이 항상 생겨 여일이 이러한지 실로 측량치 못할 일이라 하는지라.

본 기자가 청파(靑波)에 답하여 왈(曰); 그대의 말이 곧 지금 사람들이 다 하는 말이라. 내 그 연고를 대강 말하겠노라.

맹자가 양혜왕께 일러 가라사대, 왕이 어찌 나라를 이(利)하게 할고, 하시면, 대부 왈, 어찌 내 집을 이롭게 할고, 하리니, 상하가 서로 이(利)를 도모하면 나라가 위태하리다 하셨나니, 지금은 벼슬하는 이들이 이(利)를 도모하는 세상이라. 국가 안위는 고사하고 권리를 잡히는 날은 내 이(利)를 경영하나니, 이것이 바로 소위 십시일반(十匙一飯)이라. 가난한 농민 만 명에게서 한 량씩만 거두면 거둔 사람은 만량이라. 이것으로 혹 놀기도 하며 흔히 써 없이 하기도 하여, 당초에 없던 것이 공짜로 생긴 줄로 여긴즉, 세상 호강을 극히 다하여도 항상 무궁하여 가난한 백성이 다 없어지기까지는 그 재물 근원이 마르지 않을지라.

백성인즉 아무리 가난하여도 한 량씩 잃어버린 것으로 죽지는 않을 터인즉, 내 수족만 좀 더 부지런히 놀리면 땅에서 나는 곡식으로 보충하겠고, 전에 밥 먹든 것을 오늘 죽 먹으며, 전에 면주나 모시 입던 것을 오늘 양목이나 베 입으면 관원에게 잃어버린 한 량 돈을 충수하겠다 하여, 저희가 어려움을 견디고 관원에 욕심 구렁텅이를 먹이려 하니, 슬프다, 이 구렁텅이가 한이 없어 백 가지 천 가지로 내라 하니, 점점 더 어려울수록 점점 더 부지런하고 더 겸손하니, 이로 인연하여 아무것도 아니하는 자는 더 편하고, 돈 량 있어 권리 이을 밑천을 가진 자는 더욱 부요 호화하며, 부지런히 벌어먹고 괴롭게 일하던 백성은 더욱 애쓰고 더욱 힘쓰며, 가난 곤궁하던 자는 더욱 기한(飢寒) 사망을 면치 못하나니, 이는 소위 부자는 더 부자 되고 가난한 자는 더 가난하여지는 세상이라.

좋은 사람은 한량없이 좋고 어려운 사람은 한량없이 어려운 때인즉, 어려운 백성은 아무리 죽겠다 하나 아직 극항(極亢)에 이르지 아니함으로 이만치라도 부지함이라. 장차 극항에 이르는 날은 피차 사망 기한을 면치 못할 터인데, 오늘날 부요 호화한 사람이 먼저 재앙을 당할지라. 이는 하늘이 반드시 무심치 않을지니 소소히 믿을 바이거니와, 서전(書傳)에 하였으되, 하늘 들으심이 백성으로부터 하며, 하늘 보심이 백성으로부터 하신다 하였나니, 민심이 돌이켜 천리(天理)를 바로잡고자 하는 날은 하늘이 반드시 국세(局勢)를 부지하게 하실 줄 믿겠도다.

제5권 제239호

대한제국 광무 6년 10월 21일 (火)

(사랑함이 만국 만민을 연합하는 힘)

천지 만물의 본성을 비교하면, 사람은 모여 살게 마련이고 짐승은 흩어져 살게 마련이라. 그러므로 인류 되고는 여럿이 모일수록 서로 의뢰하고 힘 있고 지혜와 권세와 재물이 더 생기며, 짐승은 모일수록 빼앗기와 싸우기와 살육함이 더욱 심하나니, 이는 사람이 영혼이 있어서 지혜가 금수보다 나은 연고라.

그러나 금수 곤충 중에도 헤드가 밝은 짐승이 있어 길짐승의 이리떼와, 날짐승 중 벌의 떼와, 길벌레 중 개미떼는 다 무리를 지어 서로 보호하는 고로, 형체는 지극히 적되 남에게 능멸을 받지 아니하며, 사람 중에도 야만 종류는 각기 흩어져 사방으로 다니며 노략질과 싸우기와 살육하기로 다만 수족의 힘만 믿고 사므로, 약한 자는 강한 자의 밥이고, 유세한 자는 무세한 자의 호랑이라. 서로 해(害)하기만 하고 보호할 줄은 모르는 고로, 백만 명이 모인 중이라도 열린 인종이 다만 일이십 명만 들어가 돌입하면 물결 헤어지듯 하나니, 그 힘이 부족함이 아니고, 권세가 믿지 못함이 아니라, 실로 합할 줄을 모르는 연고이니, 합할 줄 모르는 인류를 합할 줄 아는 금수에게 비하면 우열의 등분이 어떠하뇨.

이 합하고 못 합하는 연고인즉 사랑 한 가지에 달렸나니, 열린 사람은 지혜가 남보다 나은 고로 자기 몸 하나가 세상에 살 동안에 모든 사람을 힘입어 복과 낙을 누리며, 만일 자기 혼자만 있고 빈 천지에 남은 없을진대, 홀로 살 수도 없거니와 그 고적하고 외로움을 견디지 못할지라.

그런즉 자기의 화복길흉이 전혀 남에게 달렸고, 남의 화복길흉이 또한 나에게 달렸나니, 남이 다 착하고 어진 사람이면 나의 복락이 무궁할 것이고, 내가 또한 착하고 어진 사람이면 남이 나를 힘입어 즐거운 이익이 있을지라. 사람마다 서로 보호하고 사람마다 서로 위로하여, 지방에 동서남북과 인종에 황백적흑을 물론하고 일체로 친 동기같이 사랑할진대, 우리 사는 이 세상이 참 극락세계가 아니리오. 그러므로 사람마다 다 각기 자기 사는 세상을 지옥을 만들려면 만들고 천국을 만들려면 만드는 힘이 다 제게 있는지라. 마땅히 세상 사람을 자기 몸같이 사랑하여야 옳도다.

대한이 중간에 이르러 교화가 어떻게 쇠하였든지, 상하귀천, 남녀노소, 반상, 관동(冠童), 각색 등분에 사람이 서로 속이고 잔해하여 정의가 점점 떠나며, 원혐(怨嫌)이 점점 깊어지므로, 오늘날 탐관오리라, 행악 토색이라, 압제 위협이라, 충애가 없다, 윤리가 끊겼다 하여 온 지방이 모두 환란질고(患亂疾苦)와 수화도탄(水火塗炭)에 모두 죽지 못하여 간신히 살아가는 중이오, 조금도 세상에 사는 재미와 낙은 없어 모두 원망하고 부르짖는 빛이니, 이 중에서 그 근인은 모르고 한갓 원망하고 호소만 하면 어찌 스스로 변하여 화락하게 되리오. 마땅히 그 본원을 궁구하여 그 뿌리를 먼저 고쳐야 이 귀찮은 세상도 한 번 변하여 즐겁고 반가운 세월이 되어 볼지라.

대개 그 근본인즉 사랑 애[愛]자를 자세히 모르는 연고라. 만일 이 글자의 근본을 헤아려 남을 사랑하는 것이 진실로 제 몸을 사랑하는 도리가 되는 줄로 믿을진대, 사람을 잡아다가 가죽을 벗기고 뼈를 부러뜨릴 관원이 없겠고, 무죄한 자를 얽어 없이 하고 경무관 하려는 백성도 없을 것이며, 그 외에 모든 불공 불편한 일이 전혀 없을 것이거늘,

(미완)

제5권 제240호
대한제국 광무 6년 10월 22일 (水)

(사랑함이 만국 만민을 연합하는 힘(2))

사람마다 남 사랑하기를 자기 몸같이 할진대, 관원이 어찌 무단히 백성을 잔해하며, 백성이 어찌 관원을 원망하리요. 상하가 다 사랑 애[愛]자 뜻을 몰라 국세(國勢) 민정(民政)이 다 이러함인즉, 사람이 각기 상고할 바라.

한문에도 본래는 부모가 자식을 사랑하며, 어른이 아이를 사랑하는 데만 이 글자를 쓰는 것이 아니고, 신하가 임금을 사랑하며, 자식이 부모를 사랑하는 데도 애군(愛君) 애친(愛親)이라 쓰는 바이니, 마땅히 친근하게만 쓸 것이고 상하의 분별은 없거늘, 차차 학문의 본의는 잃어버리고 헛되이 층등을 마련하여 윗사람이 쓰는 것을 아래 사람이 쓰지 못하게 하기로 가진 악습이 생기며, 사랑 애자 쓰기까지 분별을 만들어 아래 사람은 사랑 애자를 쓰지 못한다 하나니, 당초 글자 뜻을 먼저 잃었거든 어찌 그 관계를 깨달으리오.

당초에 사랑하는 마음이 어진 데서 생긴 것이니, 어진 마음이 없는 자는 사랑할 줄을 모를 것이고, 사랑할 줄 모른 후에는 해(해)하고자 하는 생각이 나는 것은 인정에 자연한 이치라. 슬프다, 사람이 누가 어진 마음이 없으리오마는, 물건을 보면 욕심이 생겨 본심을 가리는 고로 혹 약간의 재물을 인연하여 사람을 상해하기도 하며, 천륜의 정을 끊기도 하나니, 물건이 사람을 해함이 이다지 심하거늘, 온 세상이 모두 물건에 끌리어 욕심으로 세상을 해치며 자기 몸들을 해롭게 하니 어찌 한심치 않으리오. 저 물욕에 끌려 골육 간에 서로 다투며 윤리를 상하는 자들로 하여금 잠시 그 불같은 욕심을 정지하고, 사람의 근본을 생각할진대 반드시 어진 마음도 날 것이오, 사랑하는 뜻도 있을 것이니, 어찌 감히 잔혹한 손을 내릴 수 있으리오.

오늘 세계상 인구를 통합할진대 십오억만 명이라. 각기 오대주에 나누어 처하여 피차 그 지방을 넘지 못하고 따로 지방을 작정하여 그 안을 지키고, 풍속과 언어 문자와 의복 음식을 다 자의로 정하므로, 몇 백 년 몇 천 년을 지난 후에 본즉 대단히 서로 다른지라. 이 다른 의복을 보면 곧 저희들의 원수로 알아 피차 잔해하려 하다가, 지나간 삼백여 년 이후로 만국이 문호를 서로 통하고 의복 음식과 각색 풍속 교화의 좋고 좋지 않은 것을 비교하여 좋은 것을 따르게 하자, 전에 제 의견만 가지고 고집하던 완습(頑習)이 변하여 남과 합할 의견이 나며, 혼인을 상통하여 오색 인종이 서로 섞여 살아 정의를 친근히 하고, 인하여 그 근본을 생각한즉, 모두 한 조상의 자손이고, 한 하나님의 자녀들이라.

마땅히 서로 사랑하기를 동포같이 하리라 하여 타국 인민을 위하여 교육을 권면하며, 타국인을 위하여 회당과 학교와 병원을 지어 목숨을 버려 가며 일도 하고, 심지어 적십자회를 모아 전쟁을 당하여 탄환이 비 오듯 하는 중에라도 들어가 적병이나 내 군사나 피아를 물론하고 상한 군사를 끌어다가 극력 치료하여 살려 제 나라로 돌려보내나니, 이런 모든 일이 어찌 사랑 애(愛) 자의 힘이 아니리오. 지금 세상에서는 이 사랑하여 이 힘으로 십오억만 인민이 함께 연합하여 복락세계를 만들어 볼지어다.

제5권 제243호

대한제국 광무 6년 10월 25일 (土)

(추야월색(秋夜月色))

사람에게 괴로운 것은 세상일이라. 고금에 국태민안(國泰民安) 할 때라도 세상사를 생각하면 인생이 무단히 늙는다 하나니, 하물며 이때 이 형편에 앉아 국사와 민정을 낱낱이 생각하자면 울어도 시원치 않고, 말해도 쓸데없이 더욱 다만 미치고 병만 될지라. 여러 날 시폐(時弊)를 대강 말하기에 생각도 괴로웠거니와, 듣기에도 생신(生新)할 구석이 없을지라.

잠시 정지하고 강산풍월을 의론하여 적울(積鬱)한 회포를 소창(消暢)하는 것이 또한 한 가지 쾌활한 흉금이 되겠도다. 본 기자는 본래 서책에 반이나 미친 자라. 내외국 문자의 고금 사적을 전후에 벌려놓고 그 중에서 주야 스스로 분주히 지내므로, 문밖에 있는 물색과는 상관이 별로 없는 고로, 세월 가는 줄을 자연 모르고 지내는데, 간밤에는 홀로 상을 의지하여 등을 도두고 책을 대하여 각국의 유람한 사적을 구경하며 홀로 탄식도 하며, 홀로 흠선(欽羨)도 하다가, 홀연히 창밖에 찬바람이 움직이며 기러기 소리가 서리를 부르짖는지라.

책을 놓고 허희(歔欷) 장탄하여 왈(曰); 세월이 덧없도다. 지루한 여름이 우연히 다 진(盡)하고, 벌써 삼추가 장차 며칠이 못남아 북풍이 겨울을 재촉하니, 무정한 광음(光陰)은 물 흐르듯이 나거늘, 무단한 인생은 공연히 심려만 허비하며, 명절(名節) 가신(嘉辰)에 강산 풍경을 구경치 못하고, 주야골몰 분요히 신산한 세상일에 달 가고 해가 가니 어찌 괴로운 인생이 아니리요.

언파(言罷)에, 인하여 서안(書案)을 밀치고 창을 열치니 만정(滿庭) 월색이 백주같이 밝은지라. 몸을 일으켜 뜰에 내려 배회(徘徊) 방황하노라니, 사면에 인적은 고요한데 나뭇잎에 우는 바람 두어 집 다듬이 소리를 은은히 전하며, 만리장천(萬里長天)에 구름은 한 점도 없고 달빛이 낮같아서, 소슬한 기운이 사람의 옷깃을 침노하는데, 남산 북악은 은은히 푸른빛이 반공(半空)에 솟아 유형무적(有形無籍)하게 보이는지라. 이때 경개가 참 장부에 흉금을 쾌락하게 하는도다.

세상을 널리 생각하면, 산천이 천엽(千葉) 속같이 된지라. 저 산 너머 산이 얼마요, 저 물 건너 물이 몇 겹이라. 이 산과 이 물 사이에 묻혀 있어 평생을 거쳐 출입하는 것이 뜰 가운데 개미와 같아서, 그 뜰 밖과 담 넘어, 또 그 뜰과 마당 같은 천지가 얼마인지 모르고, 다만 그 일신 부쳐 있는 데만 넓은 세계라 하나니, 이 중에 초로백년(初老百年)에 꿈결 같은 세월을 부귀공명에 극(極)하다 하나 불과 하루살이 일생이라.

이 일생을 위하여 혹 살인탈재(殺人奪財)도 하며, 혹 불의행사(不義行事)도 하며, 혹 나라를 팔고 세상을 속이다가 필경은 당대에 화를 면치 못하거나, 한 몸과 집안이 패망함을 당하며, 요행이 벌을 면할지라도 장래 지하에 그 벌이 없지 않을 터이니, 사람의 어리석음이 어찌 미물보다 낫다 하리요.

마땅히 마음을 고쳐 하나님을 두려워하며, 몸을 대신하여 사람을 사랑하여 일평생에 어질고 착한 일에 목숨을 맞출진대, 이 세상에서도 지극한 낙이 부귀공명보다 나을 것이오, 이후 영원한 복이 길이 한없을지니 어찌 즐겁지 않으리오. 무궁한 회포에 대강을 기록하여 세상에 인애한 동포들을 권하노라.

제5권 제245호

대한제국 광무 6년 10월 28일 (火)

아직까지도 동서를 분간치 못하는 사람은 말할 것 없거니와, 대강이라도 세상 형편을 짐작하는 이는 개명주의(開明主義)가 하루 바삐 확장되어야 부지할 것이오, 개명주의를 확장코자 할진대 교육이 아니면 어찌할 수 없는 줄을 다 알아들을지라. 그런즉 교육이 아니면 나라와 백성이 흥왕 발달할 수 없으니 교육이 제일 급하다 하는 바이나, 교육에도 분간이 있는지라.

학교를 설시하여 인재를 내자 함은 교육에 대지(大旨)가 될 터이나, 학교는 무슨 돈으로 방방곡곡이 일조일석에 설시하겠으며, 설령 방방곡곡이 설시한다 한들 당장에 서책이 없은즉 일어나 영어를 몇 해 배워 가지고 그 글로 책을 볼 만한 후에야 참 학문을 공부하여 보겠고, 또한 그 후엔들 학도 된 이들만 학문이 있고 그 나머지 전국 남녀는 다 어두워서 동서를 분간치 못할진대 어찌 교육 공효가 있으리오.

그런즉 지금 제일 급하고 긴한 것은 새 학문 서책이라. 한편 학교를 세우고 생도를 가르치려고 해도 국문으로 번역한 학문서책이 있어야 하겠고, 한편으로 공부 못할 사람과 아니하는 전국 남녀노소들로 하여금 사람마다 보고 읽어 겉가량은 다 알려 가지고야 학교에서 공부하는 학도들도 효험이 있을 것이고, 또한 백성들이 학문의 긴한 줄을 알아서 국재(國財)를 의뢰하지 아니하고 각기 자의로 학교를 설시하여 서로 권면하며 가르칠지니, 경장 시초에 제일 먼저 할 일이 서책을 만들어 전국에 펼치는 것이라.

그러나 우리나라에 이십여 년 내로 경장주의(更張主義)를 인연하여 내란도 몇 번 있었고 법률도 고쳐 보았으나, 오늘까지도 책 만들어 전파할 회사라든지 공회를 지은 것은 없고, 연전에 학부에서 편집국을 세워 대한 사기, 지지, 심상소학(心象小學), 공법, 회통, 태서신사 등 책권을 청국에서 만든 대로 번간(飜刊)하여 도로 한문을 내고, 다만 태서신사를 국문으로 번역하였으나, 한문 모르는 이는 볼 수 없이 만들었고, 그 외에 현채 씨가 책 질이나 번역한 것이 또한 국한문으로 섞어 만든 것이오, 그 외에는 다시 들어보지 못하였으며, 널리 신문으로 인연하여 패가망신한 이도 있으나, 그 후로는 책과 글에 옳은 말하다가 다시 화를 당하였다는 이는 없은즉, 국중에 인민이 무엇으로 개화의 이익을 깨달으리오.

경장 이후로 생도를 뽑아서 서양 각국에는 보내어 본 적도 없거니와, 몇 십 명 일본에 보낸 것이 학비금을 주지 못하여 무슨 곤경을 겪으며 타국의 거랭이 노릇을 하니, 생도 된 자들에게도 불행이거니와 세상에서 대한 정부와 백성을 일체로 어떻다 하겠느뇨. 이로 말하면 유학생을 보내었다고 말할 수 없이 되었으나, 그 후로 종종 자리하여 미국에 가서 공부하고 근자에 돌아온 자도 여럿이오, 일본에서 유학하던 자도 돌아온 자가 여럿이라. 그 문견과 의사의 개명함은 의심할 것 없거니와, 본래 외국에 가서 공부하는 본의는 새 학문을 먼저 배워 가지고 내 나라 모르는 사람들에게 알려주어 열리게 하는 것이 첫째 직책이

기로, 돌아온 후에는 서책을 만드는 것이 의례히 하는 일이거늘 우리나라 생도들은 책 한 권 만들어 낸 자 없으니, 설령 발간할 수가 없어 그러할진대 국중 신문에 대강이라도 기록하여 세상이 어떠한 줄을 만분지일이라도 알게 하려던 것인데 당초에 이런 것을 보지 못하니, 그 무슨 연고이뇨. 학식이 이에 미치지 못하여 그러한가.

생각건대 학식이 부족함이 아니라 실로 충애의 마음을 많이 배양치 못함이라. 공부를 하여 가지고 내게 리(利)할 것을 먼저 생각한즉 권문세가에 추세(抽稅)도 하여야 되겠고, 어찌 별입시(別入試)도 치러야 될 터이니, 이 판세에서 개명하는 주의를 가지고는 합할 수가 없으니 불가불 배운 것은 다 버려두고 남 하는 대로 가야 될지라. 능히 개명변(開明辯)으로 입을 열지 못함이니, 새로 배우는 이들은 부디 남의 나라 백성의 충애지심을 먼저 배워 볼지어다.

제5권 제246호

대한제국 광무 6년 10월 29일 (水)

(부강 문명의 근원)

세계의 문명 근원을 상고하건데, 인물과 정치 교화가 다 아시아 주에서 생겨서 아프리카 주를 지나 구라파로 들어가 퍼져 가지고 아메리카주로 미쳤는바, 애급과 희랍과 로마 국이 서로 전하여 점점 더욱 성하였고, 오백여 년 전에 로마 국이 개명하여, 개명이 세계에 퍼져 영 법 덕 미(英法德美) 등 국이 다 여기서 얻은 문명으로 날마다 진보하여 오늘날 극한 세력을 누리나니, 실상은 다 우리 동양에서 근원이 생겨 아시아 모든 나라가 극히 문명할 때에 영 미국 등은 이름도 없었거늘, 어찌하여 오늘날 이렇듯 성쇠의 이치가 바뀌었나니, 반드시 그 연고가 있을지로다.

먼저 열린 동양은 어찌하여 이렇듯 쇠약하고 나중 배운 서양은 어찌하여 저렇듯 강성하뇨. 그 연고를 물을진대 다만 지혜 길을 열고 열지 못하기에 있는지라.

당초 정치와 교화의 근원이 옛 성현께서 창설하신 바라. 모든 성현들이 아니런들 우리가 아직도 오랑캐를 면치 못하였을지니, 문명의 근원을 열어 놓기는 이 성현네가 하셨다 하겠으나, 한편으로 생각하면 문명의 지혜를 막은 자 또한 옛 성현네라 할지라.

옛사람의 글과 옛 사람의 말을 자세히 궁구하여 볼진대, 항상 옛 성현은 곧 천신같이 높여 후대 사람이 능히 따르지 못할 줄로 알게 하였으므로, 옛 성현이 말하지 않으신 것은 후대 사람이 말을 못하며, 옛사람이 행치 못한 것은 후대 사람이 행치 못하고, 고인이 모른 것은 후인이 알지 못하여, 설령 지혜가 고인보다 나은 자 있어도 성현의 모르던 것과 잘못한 것을 바로 잡으려 하면 곧 난적(亂賊)으로 몰리므로, 사농공상(士農工商)과 각색 일이 다 옛사람의 말에 결박당한 바 되어 조금도 넘치지 못하므로, 옛글에는 격물치지(格物致知) 등 설이 있으되 그 후 사람이 물건 이치를 발명하지 못하여 금 은 동 철을 캐어 쓰지 못하며, 전기 공기 등을 잡아 쓰지 못했나니, 이 어찌 옛사람의 해를 받아 지혜길을 막음이 아니리오.

실상인즉 옛사람이 말한 바는 예의만 말할 뿐이오, 이 외에 참 이치가 있는 줄은 모르는 고로, 그 말이 많을수록 참 이치와 어기는 것이 많은지라. 그러나 그 말한 바가 다 당세에 어두운 사람들의 의사에 합하는 고로, 천신같이 받들어 추신하여 조금도 분석치 못하였으니 어찌 지혜가 더 나갈 수 있으리오. 이러므로 옛사람의 정치와 교화가 일호도 더 늘지 못하였나니, 늘지 못하면 줄어드는 것은 자연한 이치라. 인하여 동양은 이렇듯 쇠하였고 서양 사람들은 중간에 유명한 철학사들이 생겨 이르되, 고인의 지극한 도덕 인의가 다 세계가 소년 될 때에 제일 좋은 법이나, 세월이 갈수록 따라 변하여야 진보가 되리라 하며, 혹은 왈(曰); 고인이 기왕에 우리들을 먼저 인도한 자 되었은즉 어찌 뒤 사람을 막으리오, 하며 혹은 세상만사를 다 의심내기로 주장삼아 이르되, 옛사람의 말씀이니 의심 없다는 말을 마땅히 버리고 일마다 먼저 의심을 두어 내 눈으로 친히 본 후에 믿어서, 의심 중에서 믿음을 얻으면 이것이 참 믿음이라 하나니, 이런 말이 세상에 통행하여 모두 준신하므로, 이후로 새 의사가 첩첩이 생겨 옛사람이 못한 문명을 차차 성공한 것이라.

대한 사람들도 이런 세상을 당하여 종시 옛사람의 말만 고집하지 말고, 각기 자기 지혜로 생각하여 이치를 궁구하여 제정신을 차릴지어다.

제5권 제247호

대한제국 광무 6년 10월 30일 (木)

(미국 백성의 권리론(1))

인민의 권리가 자유(自由)와 자주(自主)하는 데 있나니, 자유(自由)는 제 뜻대로 행하여 남의 압제를 받지 아니함이오, 자주(自主)는 제 몸을 제가 다스려 남의 관할을 받지 않음이라. 이 의론이 서양에서 생겨 점점 발달되어 극진할 지경에 이른지라. 동양 사람들은 이 뜻을 알지 못하는 고로 인민의 권리를 의론하면 곧 천리(天理)를 어기는 줄로 알며, 혹 위에 거리끼는 줄로도 알아 말하기도 어렵게 알며, 듣기도 즐겨 아니하니, 슬프다, 백성이 권리가 없으면 정부가 어디서 생겨 이 권리 다투는 천지에서 각국 사이에 서겠느뇨. 미국 인민의 권리를 대강 말하리로다.

사백년 전에는 세상 사람들이 다 믿기를, 하늘 밑에 다만 아시아와 유럽과 아프리카 주 세 대륙만 있는 줄로 알고, 아메리카 주 오스트레일리아 주를 전혀 모르고 지내었으므로, 아메리카 주의 큰 육지는 다 막막한 거친 들에 본토 야만 인종들이 각각 섞여서 살 뿐이라. 이때에 세 대륙 중에서도 각기 이 세상 밖에는 아무것도 없다 하여 피차 본토만 지키고 지내다가, 콜럼버스가 의외에 대서양을 건너 아메리카 주를 찾아내매 스페인, 포르투갈, 프랑스 제국 사람들이 연속해서 건너가 남북미와 중앙미주에 흩어져 거친 땅을 열고, 수풀을 베어 밭을 이루며, 집도 지어 차차 개척하니, 이때에 구라파에 사람이 번성하여 살 곳이 적은지라. 구주 각국이 관원을 파송하여 새 땅을 늘리며 백성을 인도하여 식민지를 만드니, 영국에 속한 땅이 열세 고을이더라.

이때 구라파 각국에 교화가 열리지 못하여 제왕과 장상(將相)된 자 권세를 희롱하여 인민을 학대하므로, 윗사람 된 이는 곧 하늘 신명같이 높이고, 백성은 곧 짐승같이 천한지라. 백성이 압제와 탐학에 잔흔(殘痕)한 포학을 당하며 전쟁이 날로 심하여 평정한 구석이 없으므로, 생령이 각국 군사의 어육(魚肉)이 되며, 천주교의 폐단이 극하여 교사와 신부 등의 폐단이 무수할 때라. 이 형편을 당한즉 유럽 온 세상은 곧 생령의 한 도탄(塗炭) 속이라.

서쪽으로 대서양을 건너간즉 만리옥토(萬里沃土)의 물산이 풍부한 별유천지(別有天地)가 있는지라. 비유컨대, 진시황의 포학한 세상에서 피난하는 자 무릉도원(武陵桃源)을 찾아가 자작일촌(自作一村)하고 살았으며, 근년 우리나라 백성들이 피난하여 아라사 지방으로 월강입적(越江入籍)함과 같은지라. 백인종이 물밀 듯 들어가니 그 중에 상업을 위하여 가는 자와 금은 광산을 위하여 가는 자 또한 무수한지라. 그런즉 미주에 오는 백성은 다 학문과 지식도 유여(有餘)하고 근력도 다 든든하여 능히 따로 설만한 사람들이라.

그러나 인민이 많아지며 관원이 또한 따라오니 탐학 압제가 옮겨와 영국 속지에 학대가 날로 심하여 그 공평치 못한 사정을 이루 다 말할 수 없는지라. 미주 인민이 참다못하여 일천칠백칠십육 년에 비로소 독립할 의론이 생겨 격서(檄書)를 만들어 사방에 전하여 왈(曰); 하나님이 온 세상 사람을 다 동등 권리로 내셨다 하여 인민이 도처에 벌 일듯

하므로, 영국과 칠팔년을 전쟁하여 인명이 무수히 상하고, 비로소 영국을 몰아내치고 독립자주국의 기초를 세울 새, 새로 전고에 없던 정치를 창립하니, 이것이 곧 지금 미국이 행하는 정치라. 이후로 유럽에서도 모본(模本)하여 변혁한 나라가 여럿이더라.

하회(下回)를 보라.

제5권 제248호

대한제국 광무 6년 10월 31일 (金)

(미국 인민의 권리론 연속(2))

미국이 독립하던 처음에는 다만 열네 나라가 합하여 합중국이 되었으므로 빈 땅이 아직도 무수하더니, 그 후로 혹 전쟁하여 얻기도 하며, 혹 돈을 주고 사기도 하여 차차 늘어나므로, 지금은 동으로 대서양과 서로 태평양과 북으로 캐나다와 남으로 멕시코 해안에 달하니 합 사십오 개니, 사십오 국이란 뜻이라. 일백이십 년 전에 전국 인구를 조사한즉 통히 삼백만 명이더니, 지금은 팔천만 명에 이르렀으니 생령의 번성함이 이렇듯 신속한지라. 그러나 이 중에 타국에서 입적하여 들어온 자 많은데, 지금도 유럽에서 입적하여 미국인이 되는 자가 날로 늘어 매일 여러 천 명이더라.

합중국의 서울은 워싱턴이라. 상의원과 하의원이 있어 전국을 대표하였으며, 정치제도는 전국 안에 몇 개의 적은 나라가 있고, 각기 적은 나라 안에 몇 개 고을이 있고, 매 고을 안에 몇 개 성(省)이 있고, 매 성 안에 몇 개 면이 있고, 각 면 안에 몇 개 촌이 있고, 각 촌 안에 몇 호의 집이 있어, 전국 안이 다 한결같으며, 정부 관제는 법을 정하는 관원과 법을 행하는 관원과 법 맡은 관원의 세 가지로 권리를 나누어, 각 국 각 성에 여일히 설립하여 조금도 다른 곳이 없으며, 그 중에 한 사람이 두 가지 권리는 맞지 못하는 법이니, 법률 만드는 자는 법률을 행하는데 간예치 못하고, 법률을 행하는 자는 법률을 맡는 권리가 없나니, 이는 그 중대한 권리를 한두 사람에게 온전히 맡기면 폐단이 생기기 쉬운 고로 평균히 나누어 서로 제어하게 함이라.

이 세 가지 권리를 나누어 맡은 관원이 선정하는 권리인즉 전국 인민에게 맡겨 공변되이 택하여 정하나니, 팔천만 명 인민이 다 같이 맡은 정부라. 그 정부에 세 가지 본의가 있나니, 일은 백성이 세운 정부요, 이는 백성을 위하여 세운 정부요, 삼은 백성이 행하는 정부라. 대통령 이하로 심지어 순검병정까지라도 다 백성의 권리를 보호하는 직책에 매였고, 조금이라도 남의 권리를 침탈하거나 손해하지 못하나니, 남녀노소와 부귀빈천이 국법 아래는 다 일체로 평등 백성이라. 이것이 열린 나라에 개명 상등 인민의 제도더라.

동양 전제하는 나라에서들은 백성을 전혀 어둡게 만들어 국정을 찬조하는 권리가 없게 만들고, 몇몇 관원이 임의로 하나니, 이로 볼진대, 미국에 관원 된 이들은 아무 권리도 없는 듯하나 실상인즉 도리어 더 많은지라. 무식한 백성의 관원 된 이는 비유컨대 양의 무리를 영솔한 자와 같으며, 그 짐승이 다 지휘하는 대로 딸려 다니기는 하나, 그 양의 떼가 많음으로써 그 사람의 권리는 많아질 수 없는지라.

그러므로 남이 혹 토지도 달라 하며, 혹 대신을 구타하며 핍박도 하거니와, 저 열린 백성 위에서 일체로 자유 권리를 맡겨 다 제 몸을 다스리게 하고 각각 권한을 정하여 저의 자주하는 권리를 보호하는 직책만 맡고 앉을진대, 그 모든 사람의 권리가 다 자연히 그 관원에게 속하나니, 그런 관원에게는 남이 감히 무례한 말을 내지 못하는지라.

이후로 구미 각국에 정치 풍속이 날로 변하여 법국, 영국이 차례로 흥왕하였으며, 동양에 일본도 이 법을 의방(依倣)한 후로 흥하였고, 아라사는 아직 고치지 못하였으나 전 황제 알렉산더 제이 폐하는 정치를 고치려다가 못하였고, 지금 황제 니콜라스 제이 폐하께서 힘써 고치려하시니 내란이 점점 자주 생기는 것이 다 변혁의 시초더라. (미완)

제5권 제249호
대한제국 광무 6년 11월 1일 (土)

(미국 인민의 권리론 연속(3))

물론 어느 나라든지, 물론 무슨 정치든지, 그 근본인즉 다 헌법으로 위주 하여 되는데 이는 곧 장정(章程)이라. 미국이 설립되던 처음 정치 본의가 한 총장정이 있어서 그것을 중앙정부에서 주장하고, 그 아래 각 고을에는 나누어 장정을 정하되, 총장정의 본의를 따라 정하며, 매 장정 한 조목의 밑에 주(注)를 내어, 그 장정의 뜻과 인민권리의 방한을 말하고, 또한 정법(政法), 사법(司法), 행법(行法)의 세 가지 관원(官員)을 분별하여 기록하고, 그 다음에는 관원을 선정하며 돈을 수합하여 공회(公會)를 설시하고, 교육을 흥왕시키는 모든 관계의 조목을 다 자세히 장정하여 놓나니, 이 모든 일을 다 장정에 실어 그 장정이 심히 권세가 있나니, 그 장정 잡은 이가 임의로 가감을 못함은 여럿이 만들어 사법 행법 관에게 나누어 맡겼은즉, 그 맡은 관원이 임의로 문란치 못하는 연고라. 미국 장정 중에 기록한 바 그 인민의 권리를 분별하여 번역할진데,

제 일관(第一款)은, 미주 정치의 본의를 보호하는 자의 권리 분별이 아래와 같으니,

일(一)은 나라 권리가 다 백성에게서 남이오. 이(二)는 정부

가 전혀 백성을 위하여 세운 것이오, 또한 백성의 공번된 권리 중에서 생긴 것이며, 삼(三)은 백성을 임의로 자주하게 하여 다 평등으로 대접함이오. 사(四)는 벼슬의 중수(重數)와 처지의 등수를 분별치 아니함이오. 오(五)는 누구든지 모든 세상 사람에게 유조한 공로가 있기 전에는 홀로 이익을 차지하는 권리는 허락하지 않나니, 이는 장사에 도고(都庫)하는 경위와 같은 것이오. 육(六)은 관인을 선정하며, 나라 일 처판하는 처소를 짐짓 막거나 방해하지 못하고, 나라에 백성 된 자는 누구든지 다 일체로 대접하며,

제 이관은 사람의 생명을 보전하는 자의 권리 등분이 아래와 같으니,

일은 모든 사람이 다 일체로 제 몸과 제 집과 각색 재산의 문권을 보호하는 권리가 있어서 일호라도 법에 관계치 않는 것을 무단히 사탐(查探)하거나 잡아 가두거나 하는 폐단이 없을 일이며, 이는 죄인을 잡을 때에 반드시 초체(初締)가 있어 그 사람의 성명, 거주지와 무슨 직업 하는 것이며, 무슨 일에 잡는 것을 자세히 기록하여 그릇함이 없게 하고, 다짐을 받아 잘못 잡는 폐가 없게 하며, 삼은 사사(私事) 채송(債訟)에 짐짓 남의 재물을 속이고 빼앗는 증거가 있기 전에는 사채로 인연하여 옥에 가두는 폐는 없이할 것이오.

제 삼관은 인민의 재산을 보호하는 자의 권리가 아래와 같으니,

일은 백성의 사사 물건을 나라 일에 쓸 때에는 그 값을 주기 전에는 공히 쓰지 못할 일이며, 이는 농사하는 땅을 영구히 구실(* 온갖 조세)로 주지는 못하나니, 이는 두어 나라에서만 준행하는 절목이오.

제 사관은 사람마다 무슨 교(敎)를 믿어 받들든지 각기 자유로 행할 마음을 보호하는 자의 권리가 아래와 같으니,

일은 인민이 교 믿는 것을 임의로 하게 하되, 심지어 처첩을 두거나 종을 매매하여 부리는 등류의 모든 악습 외에는, 다 마음대로 하게 할 것이오, 이는 종교를 따로 만들 것이오, 모든 교는 다 일체로 대접하며, 삼은 나라 일에 교회로 인연하여 분별치 못할 것이오, 사는 교를 제 마음대로 따라 행하는 권리에 타인이 얻어 간예치 못할 것이오.

(미완)

제5권 제250호

대한제국 광무 6년 11월 3일 (月)

(미국 인민의 권리론 연속(4))

제 오관은 인민이 정치상에 임의로 논란도 하고 논설도 지어 각기 자유로 하나니, 그 권리가

일은 글을 마음대로 지어 각기 자유로 행함이오. 이는 모든 백성이 다 말하기와 글짓기를 자유로 하는 권리가 있어 막지 못하되 다만 방한이 있어 그 책임을 담당치 못할 자는 무단히 행함을 허락지 아니하며,

제 육관은 인민이 회(會)를 모아 모여 의론하는 것을 자유로 하게 하나니,

일은 모든 백성들에게 유조할 일에 모여 의론하는 것은 자유로 하기를 금하지 못함이오, 이는 백성이 모여 공번되게 관계되는 일에 설치(雪恥) 신원(伸寃)하려는 자는 자유로 모여 청원하기를 금하지 못함이오.

제 칠관은 평민이 군인의 행패(行悖) 포학함을 받지 않게 함이니,

일은 무관이 반드시 문관 아래 처함이오. 이는 태평할 때에

는 군사를 기르지 못함이오. 삼은 태평할 때에 평민의 집에 주인 허락을 듣지 않고 병정을 유숙치 못하게 하며, 사는 사람마다 칼과 총을 몸에 임의로 지녀 보호하며 병기를 만들게 하되, 다만 비밀히 감추지 못하며,

제 팔관은 시세에 합당치 못한 법률이 있어 백성이 괴로움을 당하는 자는 마땅히 고쳐 폐단을 제할 일이니,

일은 법률 범하기 전에 범한 죄인을 법률 정한 후에 다스리지 못함이오. 이는 온 나라 관민이 합하여 정한 일을 그 후에 정한 법률과 합하지 않는다고 폐하지 못할 일이오. 삼은 기왕 행하기 시작하는 법률은 의회원에서 회의하고 잠시 정지하기 외에는 아무도 폐하는 권리가 없으며,

제 구관은 송민(訟民) 중 피고 된 자의 권리를 보호함이니, 이는 자고로 전제정치 하는 나라에서들은 송민을 공평히 대접하지 못하여 폐단이 가장 심한 고로, 이런 폐단을 미리 막고자 하여 특별히 피고를 보호하는 권리를 마련함이니,

일은 죄인 중에 난리를 일으킬 죄범 외에는 능히 오래 가두고 판결하는 폐단이 없을 것이오. 이는 살인죄범 일관 외에는 무론 무슨 죄상이든지 다 속(贖)을 바치고 면하거나 혹 보방(保放)하거나 다 막지 못할 것이오. 삼은 보방증인의 구문(口文)을 많이 받지 못하며, 사는 재판정에서 심판할 때에 무론 어떤 백성이든지 들어와 방청하게 할 것이오. 오는 죄범을 곧 그 범법한 지방에서 다스릴 것이고 멀리 이송치 못하며, 육은 태서에 옛 법을 따라 재판할 때에 매양 배심관(陪審官)을 정하나니, 이는 검사 외에 따로

열두 사람을 택하여 검사와 함께 앉아 재판하여 양편 공초(供招)와 법관의 처판(處辦)하는 것을 살피나니, 서양에서는 의례히 배심관이 있는 법이라. 그러나 여간 사소한 일에는 원피고가 다 자원하면 혹 배심관이 없어도 관계치 아니하나, 하나라도 허락지 아니하면 배심관을 폐치 못하며, 칠은 토지와 재산에 관계가 되거나 혹 명예에 손해되는 일은 어떤 사람이든지 법정에 호소하되 상하 관민 귀천의 등분을 구별하지 않을 것이다. 팔은 피고를 잡을 때에 마땅히 그 잡는 연고와 사건의 관계를 먼저 알려 줄 것이고, 구는 심문할 때에 원고가 마땅히 분명한 증거를 대질(對質) 설명할 것이고, 십은 피고가 법정에서 일어서서 자의로 변명도 하고 혹 법률사가 대인(代人)하여 변명도 하며, 십일은 백성을 위협으로 늑초(勒招)를 받지 못할지니, 동양 글에는 죄 의심 있는 자는 경하게 판결한다 하며, 서양 속언에는 열 죄인을 놓는 것이 한 무죄한 사람을 벌하는 것보다 낫다 하였으며, 십이는 죄를 정하여 판결하기 전에는 죄인이 아니니 성명 재산에 자주 권리를 손해하지 못하며, 십삼은 한 번 판결한 후에는 다시 변개(變改)하거나 혹 놓았다가 다시 가두지 못하며, (미완)

제5권 제251호
대한제국 광무 6년 11월 4일 (火)

(미국 인민의 권리론 연속(5))

이상 연일 논설에 아홉 가지 권리 표한 것은 다 장정에 낱낱이 실어서 인민이 모두 행하는 바이니, 동양에 미개한 나라들의 문구치레와는 판이한지라. 이 조목을 오늘날 누가 합당치 않다 하며, 분수에 지난다 하리요. 마땅히 열린 사람은 다 즐겨함을 마지않을지라.

그러나 이것이 다 자연히 되거나 위의 사람들이 다 자의로 하여 준 것이 아니라, 실상은 다 그 조상과 부형네가 무한히 신고하여 영광스러운 피를 한없이 흘리며, 귀한 돈을 한없이 허비하고, 비로소 이러한 향복(享福)의 기초를 잡아놓아 후생에게 끼친 고로, 후세 사람들이 또한 값지게 보호하여 그 법의 얻은 권리를 일호도 잃지 않기를 목숨보다 중히 여겨 행함이라.

그 권리를 보호하는 법이 두 가지가 있으니, 하나는 교회요, 하나는 학당이라. 이 두 가지가 서로 찬조하여 문명부강을 이루었나니, 이는 교화로써 인민의 마음을 활발케 하여 압제한 풍기와 악한 풍속의 결박함을 면하여 스스로 일군 것이니, 옳은 도로 주장을 삼아 사람마다 자기 몸을 먼저 다스려 남의 다스림을 받지 않을 만치 된 후에야 스스로 주장하는 마음이 생기며, 자주(自主)할 줄 아는 후에야 자유(自由)하는 완전한 지위에 이르러, 지혜(智慧)와 덕화(德化)로써 남에게 전하여 자유의 권력이 점점 넓어지게 하나니, 이것이 덕화의 뿌리에서 자유 실과가 열린 것이다.

미국이 영국을 면하고 자주독립한 것이 세계에 빛난 사적이라. 그 귀중히 여김을 말할진대 한갓 인민의 권리(權利) 한 가지니, 양력 칠월 초사일이 미국의 독립 명일이라. 이 날은 전국이 제일 큰 명일로 쳐서 기념 예식을 행하며, 격서의 주장 뜻을 외우고 애국가를 부르므로, 타국에라도 미국 국기 꽂인 곳은 다 경사로운 날이라. 전망(戰亡)한 공신들의 분묘에 남녀노소가 올라 경축하며 꽃을 펴고 영광을 들어내므로, 백 년 전 지난 일이 어제 같이 새롭게 감동한 눈물이 스스로 내리므로, 이 천지에서 성장하는 어린아이들의 애국하는 충심을 배양하며 독립할 뜻을 굳게 하나니, 이 어찌 우연한 일이라 하리오.

오늘날 미국의 흥함과 구라파 각국의 흥왕함을 볼진대, 백성이 권리 있는 나라는 새로이 흥하고, 권리 없는 나라는 쇠하는 이치를 소상히 알지라. 지금 청국을 볼진대 백성이 사억만 명이라. 온 세계 인민의 사분지 일을 가지고도 능히 따로 서지 못하니, 이는 백성에 자주하는 권리가 없는 연고라. 위아래가 서로 붙들지 못하며, 사지백체가 서로 보호하지 못하여 반신불수 된 병인과 같이 되었으니, 더욱이 청국보다 작은 나라가 이 세상에서 백성의 권리를 모르고 지내고자 할진대 어찌 수족을 결박하고 앉아 도적을 막고자 함과 다르리오.

미국에 백성 권리를 인연하여 생긴 관민의 일체 이익을 볼진대, 다만 백성의 향복(享福)만 장할 뿐 아니라, 정부 관인들의 영귀와 복락이 더욱 굉장하니, 어느 나라든지 그 나라에 뿌리 된 백성을 먼저 힘있게 만들진대 미국 같이 흥왕 되기를 판단(判斷)코 알 일이거늘, 어두운 사람들이 이것은 모르고, 백성의 권리가 있는 날은 위의 권리는 없어지는 법이라 하니, 어찌 어리석지 않으리오.

청컨대 일본과 영국을 보라. 이 두 나라가 다 백성의 권리 있는 나라로 황실에 위엄과 영화가 더욱 드러나, 그 나라 신민 된 자는 황실 보호하기를 제 몸보다 몇 층 중히 여기는 고로, 타국인이 혹 영인이나 일인을 대하여 그 황실에 실례되는 말을 할진데 어린아이라도 반드시 변색하고 설분하기를 생각하여 제 몸에 안위와 이해를 돌아보지 않나니, 백성의 권리가 없어 가지고 황실이 외국의 보호를 받는 나라와 비교하면 어느 나라 황실이 참 태평 만만세에 부강안락하다 하겠느뇨. 나라에 신민 된 자, 일체로 생각할 일이라 하노라.

제5권 제252호
대한제국 광무 6년 11월 5일 (水)

(동서양의 전쟁 결말)

성쇠치란(盛衰治亂)은 자고로 한 번씩 돌아다니는 이치이니, 이는 동서가 다를 것이 없는지라. 만국사기(萬國史記)를 볼진대, 동양에도 자래로 전쟁이 무수하였으나, 백여 년래 구라파 안의 전쟁을 볼진대, 아시아 주의 전쟁은 불과 잠시간 지나는 풍파뿐이라, 실로 태평무사한 구석에 한가히 잘 놀아 여러 백년을 지내였고, 유럽 주에서는 전쟁이 잠시도 쉬일 날이 없어 풍진 속에서 늙어죽는 자 무수하다가, 지나간 백여 년에 나폴리 난리에 유럽의 지방과 아프리카 북방과 아시아 서방 지경을 통히 흔들어 천하가 대란하게 만들므로, 그 참혹한 병화는 다 말할 수 없는 지경이라.

이 중에서 사람이 모두 깨여 다시 이런 일이 없이 영원히 태평할 도리를 각기 주장하므로 지혜가 열려, 사람이 귀천 강약을 물론하고 각기 제 권리를 지켜 남에게 잃어버리지 않을진대 남이 격외에 욕심을 부리지 못하나니, 각각 제 권리만 지킬진대 사람 사는 곳이 다 태평할 것이고, 나라가 다 열려 남의 무리함을 받지 않을진대 또한 강한 나라가 포학을 방사(放肆)히 못할지니 세상이 다 평안하리라 하여, 서로 제 몸을 먼저 개명하여 남만 못한 염려가 없이 되므로, 지금은 세상에 태평

무사한 곳을 찾고자 할진대 유럽 주로 갈지로다.

아시아 주에서는 남들이 분주히 보내는 세월을 가만히 허비하고 아무 일도 못하여, 평안한 데서 병이 들어 졸지에 무슨 일이 있으면 두서를 차리지 못하게 되었으니, 오래 편안하면 위태한 일이 생김은 면하기 어려운 일이라. 서양에서 극한 동편으로 뻗어 나오게 개화가 되어 청국과 먼저 통상약조를 정할 때, 청국이 허락하지 않으려 하다가 영국과 법국의 두 번 난리를 만나고, 부득이 광동을 열어 통상 항구로 정하고 통상교섭을 하는 체함이 이미 사십여 년 전이라.

그 후로 군제(軍制)와 학교 등류를 변혁 한다 하나 모두 궤휼하고 완고한 풍습으로 실상 효험을 행하지 못하므로, 밖의 형세는 점점 밀어들고 안 사정은 날로 말이 안 되는지라. 백성이 그 중에서 도탄을 견디지 못하는 중에, 갑오년(甲午年) 일병(日兵)의 난리를 만나 세상에 머리를 들지 못하게 된 이후로, 광서(光緖) 황제 폐하께서 천하 형세를 깨달으시고 경장을 힘쓰시다가, 마침내 서태후와 단친왕(端親王) 영록(榮祿) 등의 찬탈함을 당하여 옥체가 여러 번 위태하시나, 세상 공론이 없지 아니하므로, 어리석은 소견으로 전국 백성을 일으켜 외국인을 내치고 마음대로 하여 보려 하다가, 전국의 의화단(義和團)을 일으켜, 각국의 연합군이 일시에 돌입하므로, 한두 집권한 자의 어두운 죄로 세계가 대란(大亂)한지라.

인하여 청국이 영구히 없어진다는 의론이 분분하여 토지를 분할한다 하므로 뉘 능히 그렇지 않다 하리요만은, 다만 세계의 걱정하는 바는, 청을 분할한 후에 각국이 좋게 흩어지지 못할 터이니, 이 뒷일이 더욱 위태하더니, 다행히 각국의 화의로 연합군이 물러가고 통상조약을 다시 정한지라.

이전 약조는 다 폐지되고 다시 새로 정하므로, 온갖 것이 동서양 큰 전쟁 기틀의 결말이 되는 날이라 각국 관민이 주야로 기다리며 의론이 무수하던 바라. 청국이 무양히 보전함은 세계의 다행일 뿐더러 대한에 더욱 만행(萬幸)이라. 그 약조 전폭을 내일 본보에 발간할 터이나, 대개 지금은 동양이 소요할 시대라, 마땅히 태현무사(太賢無事)를 구차히 도모치 말고, 용맹을 내어 나라 위엄을 떨쳐 가지고, 세계와 같이 균평한 형세를 만들어 영영 태평 안락할 기회를 세울지어다.

제5권 제260호

대한제국 광무 6년 11월 14일 (金)

(서양에서 동으로 뻗는 형세(1))

오대주를 통히 비교할진대 유럽주가 가장 작은지라. 그 안에 큰 나라가 여섯이오, 작은 나라가 십여 국이라. 그러나 그 힘이 족히 온 세계를 다 제어하여 아시아, 아프리카, 아메리카, 오스트레일리아 등 대주에 있는 모든 나라들을 혹 그 속지를 만들거나 혹 그 보호를 받게 만들었나니, 지금 형편으로 볼진대, 온 지구가 다 유럽 주 사람의 보호를 받는다 하여도 또한 가하겠도다.

자래로 유럽 주 사람들이 그 세력을 이렇듯 널리 확장한 법을 상고하건대, 그 방침이 한두 가지가 아니로되, 그 중 큰 근인(近因)들을 합할진대 통히 세 가지를 넘지 않는지라. 일(一)은 토민(土民)을 몰아내치는 법이니, 유럽인이 아메리카에 들어가 그 본토 야만인종을 몰아내치듯 하는 법이오. 이(二)는 땅을 분파하는 법이니, 유럽인들이 아프리카에 들어가 흑인들의 땅을 빼앗아 나누듯 함이오. 삼(三)은 보호하는 법이니, 유럽인이 아시아에 이르러 황인종을 대접하듯 함이니, 먼저 약조를 정하여 잘 보호하여 주다가 농락하는 수단을 부려 은근히 차지하는지라. 이 세 가지가 유럽 주인들의 세력이 온 지구에 퍼지게 한 큰 법이라.

유럽주 모든 나라들이 자고이래로 토지를 개척하며 문명 발달을 일으킨 근인을 궁구할진대, 그리스(희랍) 국이 제일 먼저 흥하여 타국을 노략하기로 위주하여, 알렉산드리아 왕이 천하를 쳐서 항복 받고 위엄이 고금에 진동하는 바라. 그 후에 그리스가 망하고 로마 국이 일어나 위엄이 천하를 진동하는지라. 또한 쳐 빼앗기로 힘을 써서 유럽, 아프리카, 아시아 삼 대주 지방을 널리 통합하다가, 로마 국이 다시 쇠하며 게르만(日耳曼) 인종과 페르시아(파사) 국이 흥하여 또한 권세를 다투어 로마 국의 압제와 결박을 면하고 새 뜻을 발달시키므로, 이것이 유럽이 진보하든 시초다.

그러나 페르시아와 소아시아 지방에 회회교민(回回教民)이 있어서 기독교인을 무수히 학대하는데, 주디아(Judea: 유대) 국에 예수 탄생하신 곳을 기독교인들이 가서 구경하는 자들이 무수한데, 이곳이 회회교인의 관할에 있는 고로, 기독교인들이 학정을 못 이기여 필경 십자군이 일어나 회회교인들과 여러 해를 전쟁하므로, 유럽과 아시아가 서로 왕래를 통하며 개화를 시작하던 큰 기회로 여기던 유럽 주에 지금 유명한 나라들이 다 이때에 뿌리가 박힌 나라이더라.

게르만인 마틴 루터라 하는 이가 일어나 로마교의 압제와 학정을 반대하고 반대교를 설시하여 국교의 결박을 면한 후에, 인심이 일제히 열려 새 빛을 밝히며, 옛 학문과 지리를 밝히며, 글 밝은 사람이 점점 많이 생기며, 바다 건너다니는 자 크게 성하며, 모르는 땅을 찾자는 의론이 일어나니, 스페인(서반아) 국과 포르투갈(포도아) 국 사람이 북으로 영 법 덕 아 등 모든 나라들을 밀치니, 그 지방이 다만 영국 리수로 삼백팔십만 방리라.

인구가 날마다 늘어 땅은 다하고 천조(天造)한 물건을 또한 다 말린지라. 사람이 더 살 곳이 없을 염려가 있더니, 이태리 사람 콜럼버스가 뜻밖에 아메리카 주를 찾아내므로, 백인이 날마다 건너가서 버린 들을 열고, 전답을 만들며, 흑인을 몰아 북방 산곡으로 몰아 내치는 나라를 세우므로, 수백 년이 채 못 되어 그 땅이 또한 다 개척되므로 다시 사람 살 곳이 적더라. (미완)

제5권 제261호

대한제국 광무 6년 11월 15일 (土)

(서양에서 동으로 뻗어오는 형세(2))

아메리카 중에 다시 사람이 가득하여 더 살 곳이 없게 되자 비로소 식민할 정책을 생각하여, 태평양을 향하여 오스트레일리아 주를 찾아내니, 이곳 토민의 살빛은 감람색이라. 이 야만 인종들이 몇 천 년을 버려두고 개척지 못한 땅을 백인들이 들어가 차례로 개척하여 점령하자, 수십 년이 지나지 못하여 땅이 다 열리고 인민이 또 가득한지라.

다시 아프리카 주로 향하니, 아프리카 주 북방은 이집트(애급) 국이 있어, 개척 후 제일 먼저 개명한 나라요, 그 북은 지중해를 격하여 유럽 주에서 건너다니기 심히 가까워, 유럽 주 사람들이 여러 해를 그 땅을 분할하여 차지하였으나, 그곳에 평탄한 들이 많고 산봉 같은 언덕이 없어서 통상항구에 긴치 못한지라. 겸하여 중앙에는 큰 사막이 있어 여러 만 리를 통할 수 없고, 장기(瘴氣)가 심하여 오래 살기 어려운 곳이라. 겨우 물과 산 좀 있는 곳만 들어가 웬만큼 개척하고 영구히 버려두었더니, 차차 죽기를 무릅쓰고 수고를 아끼지 아니하며 각국이 점점 개척하여 나누어 차지하며, 그 버려두었던 모래 밭 만 여리를 법국(法國)이 개척하여 세력을 펴 놓았은즉 또 어디 무슨 땅이 있으리오.

그러나 힘으로써 남을 항복받는 것은 그리스와 로마 국이 행하든 법이라. 전에는 이런 일을 포학에 가깝다 하여 어진 정사가 아니라 하더니, 근래에 이르러는 부강할 법을 말하는 자가 말하기를, 강한 자가 약한 자를 이기는 것이 자연한 이치라. 나라가 제 힘으로 강하게 만들고 앉았을진대 약한 나라를 치고 멸하여도 악한 것이 아니라 할지니, 이는 내가 저 약한 자를 치지 않아도 지금 세상에 그 약한 자가 남에게 부지하지 못할지라.

그러므로 강한 자가 약한 자를 치는 것이 당연한 일이라 하나, 문명국 사람의 의견은 이와 달라서 말하기를, 우리 사는 대륙에 땅이 없어서 살 곳이 부족하지만, 다른 지방에서는 저 버려두는 땅이 많아, 심지어 온 세계 삼분지 이가 다 어둡고 약하고 포학한 정부들의 손에 달려 다 버려둔 것이라. 그 연고인즉, 세상 사람들이 다 어리석어 윗사람 된 자들에 압제와 헛된 말에 결박을 벗지 못하여 능히 하늘이 내신 존귀한 본 지위를 찾지 못함이니, 옳은 도가 있어 인심을 발달시켜야 되겠고, 사람의 지혜가 부족하여 능히 새 법을 생각지 못하는 고로 하늘이 내신 물건을 캐어 쓰지 못하며, 자의로 교통할 줄 모르는 고로 장사를 상통치 않고, 물건을 바꾸지 않고, 산과 바다를 통하지 못하며, 흉년에는 타국 곡식을 옮겨오지 못하고, 평생에는 나의 없는 물건을 남의 있는 것과 바꾸지 못하여 다만 땅을 차지한 주인이라는 헛이름만 있을 뿐이고 땅 생긴 본의는 깨닫지 못하는 고로, 이런 악한 정부의 권리 밑에 토지가 속함은 온 세상 사람들에게 일체로 해(害)되는 것이라. 비컨대 사람의 전신에 혹이 달린 것 같아서 베어 버려도 해될 것이 없는지라.

이러므로 문명 부강한 나라가 잔약한 완고 정부를 없이하고, 세상을 균평히 열어서 만국 만민이 일체로 이익 되게 하는 것이 옳다 하는지라. 인하여 개명한 사람 이르는 곳에는 어두운 사람들을 몰아내며, 문명한 나라의 세력 미치는 곳에는 야만나라를 복멸하는 것이 종종 행하는 바라. (미완)

제5권 제262호

대한제국 광무 6년 11월 17일 (月)

(서양에서 동으로 뻗어오는 형세(3))

이상에 연일 말한 바는 다 유럽 주 사람들이 당초에 정치와 교화를 변혁하여 문명에 이르므로, 인종이 번성하여 땅이 좁은지라. 세상에 퍼져 동양에까지 뻗어온 근인과, 개척 식민하는 법의 몇 가지를 기록함이거니와, 또한 법이 있어 약한 나라와 통상교섭 하다가 그 나라의 내란을 타서 취하는 법이라.

대개 정사가 확실히 개화 못된 나라에는 내란이 자주 나는 법이오, 내란이 잦음은 이웃 나라에 해 되는 고로 이웃 나라가 항상 간예(干預)하나니, 수백 년 전에는 아라사와 프러시아와 오스트리아 삼국이 파란 국(폴란드)을 멸하고 땅을 나누었으며, 칠년 전에는 미국이 쿠바를 위하여 전쟁하고, 마닐라(여송)와 필리핀 섬을 차지하였는지라. 각국이 자초로 이런 법을 쓰되 미국은 홀로 불가하다 하여 남의 토지를 엿보지 않더니, 전 대통령 매킨리(William McKinley) 씨의 창론(唱論)함을 인연하여 토지 넓히기를 주의하니, 이 역시 시세에 끌림이로다.

그 외에 아라사는 토지가 아무리 넓으나 적도북방 극한(極寒)한 지방에 있어 얼지 않는 항구가 없는 고로, 일년에 반년은 군함을 무상시에 출입하되, 겨울 반년 동안은 졸지에 급한 일이 있어도 쓰지 못하는지라. 겸하여 삼십여 년 전에 유럽 각국이 아라사를 막아 흑해 밖으로 군함을 나오지 못하게 하였으므로, 이후로는 더욱이 어찌할 수 없는 고로, 동으로 뜻을 두어 얼지 않는 항구 얻는 것이 제일 주의하는 바이러니, 일천구백 년 동안에 청국 지방에서 여순구와 대련만을 얻어 군함 출입하는 항구로 만들고, 시베리아 철도를 놓아 요동으로 뻗치는 대 철로를 통하므로, 이때부터 아시아 동방 육지와 청국과 대한 사이에 있는 황해에 아라사의 세력이 한량이 없는지라.

지금 대한에 와서 경흥철로를 주의하며, 마산항을 거쳐서 은밀히 운동하는 하는 힘이 또한 적지 않은 모양이라. 대한 관민들은 다 아는지 혹 다 알고 조처할 방책이 미리 있는지 말하는 사람도 없고 걱정하는 모양도 보지 못하니, 어찌 다시 청국에 대련만 여순구가 되지 않을 줄을 믿으리오.

지금 청국이 아무리 쇠패하고 잔약하다 하나, 무엇으로 보든지 대한에 비하면 아직도 몇 배 나은 청국이 그 장악에 들어 눈을 뻔히 뜨고 도 벗어나지 못하거늘, 하물며 몇 배 못한 대한이 홀로 그 수단을 면하기 어찌 용이하다 하리오.

다만 청국보다 낫기를 바라는 것은, 토지가 적고 인민이 많지 아니하여 과히 다스리기 어려울 처지가 아닌즉, 지금이라도 정부에 사람만 몇몇이 있어 죽기로써 기약하고 전국을 혁신하여 보려 할진대 청국보다 대단히 쉽고 속할 것이니, 그런 후에는 아라사는 고사하고 세계만국이 다 와도 두려울 것도 없고, 만국에 세력을 합한 자라도 당초에 엿볼 생각이 없을 것이거늘, 종시 이 개명 직책을 경영하는 자도 없거니와 하는 일들은 청국보다 몇 층 더 못한 정사라, 이 좋은 토지 삼천리를 전혀 협잡(挾雜), 탐학(貪虐), 비패(鄙悖)한 정치에 부쳐놓고 각 군에 명령을 끝까지 시행하며, 각국에 흔단(釁端)은 날마다 내어 놓으니, 슬프다, 저 정치를 개명하여 인민이 날로 늘므로 남의 토지로 옮기는 나라는 어떤 세상이며, 당당한 내 천하로 정치를 잘못하여 인민이 날로 쇠하여 가며 권리를 보존하기 어렵게 되는 나라는 장차 어찌할꼬. (완)

제5권 제263호

대한제국 광무 6년 11월 18일 (火)

(대한의 근일 정형(1))

대한 속담에 등잔 밑이 어둡다 하며, 외국인의 속담에 런던 소문을 들으려거든 파리로 가라 하나니, 대한 소문을 들으려거든 일본으로 가야 자세히 들을지라.

우리는 미처 듣지도 못할 일을 날로 드러내어 신문 잡지 등에 날마다 나는 것이, 깊은 궁중에서 한둘이 비밀히 의론하는 말이나, 정부의 몇몇 관인이 가만히 운동하는 소문을 낱낱이 전파하는 데 실로 기괴망측(奇怪罔測) 하여 대한 사람이라고는 얼굴이 뜨뜻하여 차마 보지 못할 말이 많은지라. 실로 혈기 있는 장부는 곧 칼에 엎디어 죽고 싶은 생각이 몇 번씩 나나니, 저 아무것도 보도 못하고 세상사를 다 자기가 혼자 알며, 남은 귀도 없고 눈도 없는 줄로 알아, 그 수모 중에서 가장 호강스레 지내는 사람들에게 비하면, 공연히 세상일을 아는 것이 도리어 병이라 하겠도다.

그러나 일본에서 오는 신문 잡지 등에는 너무 해참(駭慚)하여 대한 신민 된 충분(忠憤)한 자의 입으로 옮기기 어려운 말이 많으므로, 우리가 흔히 얻어 보기도 원치 않거니와, 혹 보고도 번역하지 않되, 이 대한에 밝은 양반네들은 혹 오히려 우리에게 외국인의 의견을 옮게 여긴다 하며, 간혹 정치상 득실을 말할진대, 내 나라 흉담(凶談)을 내어 외국인이 보게 하니 대단히 불가타 하는지라.

슬프다, 이런 어두운 인류들의 말은 별로 논란할 것 없거니와, 내 나라 사정을 제일 모르는 사람은 대한 백성이라. 서양 사람은 동양 정치관계를 말할진대 의례히 청국이나 일본을 의론할 뿐이고 대한 일에는 별로 말하는 자가 드무나, 우리나라 내정을 알기는 통히 대한정부 대관 네보다 오히려 소상한지라. 근자에 미국 학사 아더 브라운 씨가 대한에 와서 일삭 가량을 유람하고 돌아가 유람기를 내어 대한 정치사정을 그 중에 대강 말하였는데, 관계가 적지 않기로 연일 번등(翻謄)할 터이니, 우리나라 상하 관민 간에 일체로 주의하여 보아, 남이 내 사정을 아는지 모르는지 이 사정을 기재하는 터인즉, 우리를 어떻게 평론하는지 깊이 생각하여 보기를 바라노라.

그러나 그 글을 번역하는 중에도 오히려 그 뜻을 다 옮기기도 어렵고 또한 다 하기 어려운 말도 있으니, 불가불 말과 글이 자라는 대로 대강 뽑아 올릴지라. 우리나라 소년들이 외국 글자를 속히 공부들 하여 참 개명한 학문과 법률 서책도 보며, 이런 신문 월보 등서를 볼 줄 알아 세상 사람들의 공론도 들어보며, 의견도 알아 차차 완고한 옛 생각을 버리고 새 의사를 두어 차차 내 나라 일도 알고 남의 세상도 보아 사람마다 우물 속의 고기를 면하고 광활한 바다를 향하여 넓은 천지를 구경할진대, 인민의 지혜와 식견이 늘어 몇 해 안에 나라에 지혜 있고 개명한 사람이 충만할지니, 이 어찌 나라의 영광이 아니리오.

이런 글을 번역하는 본의는 첫째 이 권리 가지신 이들이 그렇게 여겨 고치기를 권함이오, 둘째 이 권리 아니 가진 이들이 듣고 배워 새 의견이 나기를 권함이라. 그러나 그 의론에 시비곡직(是非曲直)은 본사에서 모르는 바라, 다만 본문을 따라 번등할 뿐이로다. (미완)

제5권 제265호

대한제국 광무 6년 11월 20일 (木)

(대한의 근일 정형 번역 연속(2))

아더 브라운 씨의 글에 대강 하였으되, 내가 대한에서 한 달을 허비하였는데, 내지에 있는 미국 교회는 다 다녀 보았으나 대구만 보지 못하였으며, 서울서 평양은 육로로 다녀 구경도 많이 하였노라.

대개 대한에 가장 큰 문제를 말할진대 두 가지로 분별할지니 정치(政治)와 교화(教化)라. 그러나 두 가지가 서로 관계되어 떠날 수 없나니, 먼저 정치를 말할진대, 정부가 심히 약한지라. 통히 덕행(德行)을 배우지 못하여 그 황실과 정부 안 관원들이나 경향 간 백성들이나 일체로 비패(鄙悖)하고 썩었으며, 백성은 까닭도 없는 세를 많이 물며, 어떤 백성이든지 재산만 있는 줄로 알면 곧 잡아다가 그 더러운 옥중에 가두고, 돈을 많이 불러 제 재산을 힘대로 바치도록 가두어 두거나 혹 악한 형벌을 행하며, 벼슬은 인재 여부를 물론하고 혹 친근한 이에게 시키거나 혹 값 많이 주는 작자에게 팔거나 하여, 이익 나는 것은 같이 먹으며, 법사(法司)에서들은 남의 물건 빼앗은 자들이 법관이 되는 고로, 백성이 원통한 일이 아무리 많다 하여도 설원(雪冤)하여 준다는 일은 없으며, 범백 일이 저렇듯 썩어서 조금도 생맥(生脈)이 없으므로 아직까지 그 나라가 부지함은 사람마다 신기히 여길지라.

그러나 아직까지 부지하는 연고인즉 백성의 참는 성품이 서양 밝은 백성과 달라서, 죽을 만치 어려운 사정이라도 아직 견디어 볼 힘이 질기므로 좌우간에 아직 귀정(歸正)이 나지 않음이오. 겸하여 밖으로는 각국의 상지(相持)하는 중에 들어 서로 제어하는 고로 부지함이라. 이 두 가지 연고가 있는 고로 아직 근근이 지내여 가는 터이로되, 그 관민은 알지 못하고 도리어 태평성대로 여기더라.

재정을 말할진대, 또한 정치와 같이 문란한지라. 관원들의 압제하기와 도적질함으로 인연하여 전국 백성은 재산 모을 생각을 아니 하나니, 가령 한 농민이 소 한 마리를 더 매거나 집을 몇 간 늘릴진대, 올빼미 같은 관원의 눈이 방방곡곡을 둘러보다가 곧 그 솜씨에 당한즉 조반석죽(朝飯夕粥)도 못 이을 터이니, 누가 애쓰고 일하고자 하리까. 그럼으로 여간 쌀섬이나 만들어 겨우 먹을 것이나 장만하면, 그 후는 할 것이 없어 소일거리를 구하노라고 무수히 협잡할 병통이 생긴다.

외국 물건을 실어 들이는 것이 나라마다 그 백성의 진취하기와 편리하기를 위함이거늘, 조선에는 도리어 큰 해가 되는 것이, 당초에는 온 나라 사람의 입는 옷감이 항용 백목(白木)이고 좀 나은 것은 면주(綿紬)라, 이것을 다 본국에서 틀을 놓고 손으로 짜서 입든 것을, 서양목과 일본 비단이 들어온 후로는 생각할 줄 모르는 백성들이 손으로 힘들여 짜기보다 적은 값에 사 입는 것이 편한 줄로 여겨, 영구히 배워서 만들어 보기는 시험치 아니하며, 기타 담배 기름 등류의 천백 가지를 다 제 손으로 지어 쓰던 것을 외국에서 기계로 제조하여 값 적게 받는 것을 대신으로 사 쓰며, 짓던 것은 다시 하지 아니하니, 이러므로 외국 물건은 한없이 들어가나 외국으로 실어낼 물건은 하나도 없은즉 어찌 재력이 마르지 않기를 도모하리오.

이로 볼진대, 대한 사람들이 일인(日人) 같이 활동하고 제조하는 백성이 아니다. 광산과 삼림이 여러 곳인데 백성들에게 혹 인가를 하고도 뒤로는 빼앗으므로 하나도 확실히 캐어 쓰지 못하며, 외국 회사에서들 관원에게 혹 뇌물을 약간 쓰고 인가를 얻어 캐어내므로 관원들이 당장 이(利)를 얻어, 하나도 백성 위하는 데 쓰는 것이 아니라 헛되이 낭비하고, 백성에게는 조금도 이익이 없으며, 모든 소출은 다 외국인에게로 돌아가는지라. 이렇듯 전국 재정이 모두 외국으로 나가며 조금도 들어오는 것은 없다. (미완)

제5권 제266호

대한제국 광무 6년 11월 21일 (金)

(대한의 근일 정형 번역 연속(3))

동양의 아라사 형세를 볼진대, 아시아주 해면에 있는 군함이 사십오 척이고, 극동에 있는 군사가 합이 십삼만 명인데, 배와 군사를 다 조선에 압근(狎近)한 곳에 두어 무슨 일만 있으면 운동하기 가장 경편하게 하였으며, 날로 예비하는 것이 다 조선 지방에 가까워서, 일조에 시비만 생기면 조선이 곧 전쟁마당이 될지라.

바깥 형편은 실로 이렇듯 위름하거늘, 조선 정부의 내정을 볼진대 두 시비하는 나라 사이에서 끌려 왔다 갔다 할 뿐이고, 따로 설 줄은 모르는 지라. 일본 관원들이 일천팔백구십오 년 십 월 팔일에 국모를 해한 죄범을 도모하여 이로써 조선을 영구히 장악에 넣으려 하더니, 일천팔백구십육 년 정월 십일일에 황실이 도리어 아라사 공관으로 이어(移御)하시므로 일본의 경영은 여의치 못한 모양이라.

지금은 소위 외교상 큰 문제라 하는 것이 철로 금광과 차관 얻는데 관계한 일뿐이라. 지금 조선 안에 내왕하는 철로가 다만 서울과 제물포 사이에 통하는 것 하나 뿐이라. 일천팔백구십육 년 삼월에 이 철로 인가를 미국인 모스에게 약조하여 주었더니, 일천팔백구십팔 년 십이월 삼십일일에 그 인가를 일본 회사에게 넘겼는데, 그 회사에서 지금 주장하는 바라. 일천팔백팔십팔 년 칠월 팔일에 일인이 인가를 얻어 서울과 부산 사이에 전보를 놓았고, 근자에 또 약조하여 경부철로를 놓는데, 자본금 이천오백만 원을 각기 수합하여 곧 모아놓고, 금년 팔월 이십일에 영등포에서 기공예식을 행하는데, 내외국 관원이 모여 거행하고 역사를 시작하였는데, 부산 항구인즉 일본 적마관에서 열시 동안이면 윤선이 도박하는지라. 무슨 일만 있으면 순식간에 군사를 조선 내지와 서울에 편만하게 만들지라. 이러므로 아라사 공사는 어수룩하게 말하기를, 이 철로가 조선에 좋은 것이 아니라 하더라.

아라사는 경부철로 반대에 운동이 있으니 이는 곧 조선 북방으로 통하기를 경영함이라. 일천팔백구십육 년에 불란서 회사에서 의주 철로를 인가 얻어 곧 놓으려다가, 약조한 기한 안에 그 회사에서 일을 시작하지 못하는 고로, 그 회사에서 다시 주선하여 일천팔백구십구 년 칠월에 도로 조선 정부로 돌려보내며 약조하기를, 이 철로를 조선 정부에서 놓고 기계 공장과 모든 물건을 다 불란서 것을 쓰기로 하였으나, 내외국인이 모두 믿기를, 조선 정부에서 지금 돈도 없거니와 돈이 있어도 철로 놓는 일이 산천 기도만치 긴중하지 못할 줄로 아는 고로, 이 일을 전혀 아라사에 맡겨 주장하게 하고, 돈과 물건을 통히 아라사나 불란서에서 구하려 한다 하는데, 지금 불란서 공사가 그 철로 놓을 기지를 측량하는데 간섭하니 사실이 다 이상하더라.

의주는 조선 서편 끝이라, 청국 만주와 연접하여 포트오더와 상거(相距)가 심히 가까운데, 포트오더는 지금 아라사의 군사가 가장 많이 있는 곳이라. 아라사 목전 지방과 통하여 시베리아 철로와 연속하므로, 조선 북방으로 통하여 군사를 서울로 실어들이기 심히 속하므로, 일본에 상거만 못지않은지라.

밖의 예비는 두 나라가 다 이렇듯 주선하여 놓고, 조선 내지에 두는 군사는 두 나라가 약조하여 각기 팔백 명 외에는 더 두지 못하기로 작정이므로, 일본은 서울에 육백 명을 두었으나, 아라사는 별로 긴할 것이 없게 여기는 고로 다만 삼십 명만 공관 보호로 두고, 그 외에 다른 나라에서는 군사를 두지 않고 다만 군함만 두니 항구에 도박하며, 일본은 홀로 부산 항구에 인가가 있어 해저 전선을 놓아 일본으로 통하고, 서울로 통한 전보와 철로를 보호한다, 혹 일을 시킨다 하고 긴요한 곳마다 병참소를 설시하였더라.

(슬프다, 대한 천지에 사는 신민들이여. 이런 형편을 아는가 모르는가. 목을 높여 크게 부르짖노니, 사람마다 알게 할지어다.)

(미완)

제5권 267호

대한제국 광무 6년 11월 22일 (土)

(대한의 근일 정형 번역 연속(4))

대한에 근일 쓰는 화폐를 말할진대 통히 혼돈세계라. 외국 사람이 처음 보면 기가 막혀 할 말이 없을지라. 경향에 통용한다는 돈이 일본 돈과 대한 돈을 섞어 쓰나니, 이것도 정신없는 일이라 하려니와, 소위 조선 돈이라는 것은 동을 섞어 넓게 만들고 가운데 모진 구멍을 내어 끈에 끼게 만들어 이를 일러 엽전(葉錢)이라 하는데, 한 개를 서울서는 한 푼이오, 시골서는 오 푼이라 하며, 실상 쓰는 데는 읍촌 물론하고 같이 상환하며, 그보다 좀 더 두터운 돈은 또한 동으로 만들어 시골 돈 오 푼이오, 서울 돈 스물다섯 닢이라 하며, 그 다음은 좀 더 적은 백통전이 있으니, 시골서는 스물다섯 닢이오, 서울서는 일백이십오 푼이라. 통히 헤아리기를 매 량(兩)으로 회계하는데, 한 량이 일백 푼이라 하며, 오전 외에는 조선 돈이 없는데, 물건 매매하는 중수(重數)를 볼진대 조선 돈 일백 푼어치 물화를 금전(金錢) 삼십칠 전이면 상환할지라. 돈이 이렇듯 일정한 규모가 없어 정신을 차릴 수 없으며,

일본 돈이라고 통행하는 것이 또한 여러 가진데 금전이라고는 볼 수 없고, 지전(紙錢)이라고는 수십 원짜리까지 통행하나 시골 사람들은 당초에 받지 아니하며 말하기를, 종이가 무슨 돈이라 하느냐 하는지라.

부득이 내왕(來往)하는 노자(路資)를 엽전으로 바꾸어 가지고 다녀야 하나니, 노자가 거의 나귀에 한 바리가 되니 먼 길을 다닐 수 없는지라. 급기야 평양에 이른즉 지전을 구하기가 도리어 어려워 매 원에 이십 전씩을 가계에 주고, 제물포나 서울에서는 곳곳이 달라 구십칠 전까지 바꾸었으며, 기타 정신 차리기 어려운 일은 물론하고, 통히 돈이 어찌 귀하든지 여러 백 리 내왕에 합이 노자가 몇 푼이 되지 못한지라. 내 생전에 겨를이 있거든 조선에 가서 쓰고 온 돈을 다 합하여 볼 터이니, 전후에 몇 푼이 들었는지 보면 참 가소로울러라.

거처하는 집을 볼진대 빈한 곤궁함이 겉에 드러나는지라. 그 중 장하다는 대궐과 관사를 보면, 청국 제도를 모본하여 그 인민의 안목에는 가장 웅장하게 여기나, 외국인에 보기에는 심히 옹졸하여, 미국과 비교할진대 그 임금 계신 대궐이 미국 촌에 사는 상민(常民)의 집만 못하여, 상민의 좌우 마구간 벌린 것을 보면 한 고을 관찰부 영문(營門)보다 낫다 할지라.

그 집들이 다 짓기에만 옹졸할 뿐 아니라, 한번 지은 후 몇 대를 전혀 수보(修補)할 줄 몰라 모두 파상한 벽과 마당이 도처에 보이며, 여염가(閭閻家)는 흔히 거칠게 지어 전혀 기동(機動)으로 힘을 쓰며, 기동인즉 곧은 나무가 귀한 고로 흔히 굽은 나무로 버티고 안에 수숫대를 집 새끼로 엮어 세우고, 진흙을 발라 벽을 쌓아 겨우 풍우를 가리며, 집 위는 성중에 극히 상등집이 진흙으로 구운 기와로 덮고 기타는 다 볏짚으로 엮어 두터이 이었고, 문과 창은 사람 출입하기 위하여 한두 군데 외에는 공기를 통하기 위하여 내는 창은 드물며, 소위 창에는 두터운 종이를 발라 햇발이 들면 겨우 어두운 빛이 나고, 방바닥은 흙인데, 혹 기름 묻은 종이로 바르기도 하고, 혹 짚으로 엮은 자리도 펴며,

매간 바닥 밑에는 고래(*방고래의 준말; 방의 구들장 밑으로 나 있는, 불길과 연기가 통하여 나가는 길. 갱동)를 놓아 부엌에서 음식 익히는 불길에 연기가 통하게 하며, 잘 때 침상(寢牀)은 아주 없고 다만 방바닥에 누워 자므로 유람하는 자 혹 불행이 길 침상을 아니가지고 떠날진대, 불가불 토민들과 같이 방바닥에 누워서 무수히 모여드는 물짐승과 싸워서 밤을 지낼러라. (미완)

제5권 제268호
대한제국 광무 6년 11월 24일 (月)

(대한의 근일 정형 번역 연속(5))

대한에 인종을 조사할진대 해마다 줄어드는데, 그 연고인즉 일인이 점점 많이 넘어와 식민지로 정하고 사는 까닭이라. 철로와 전보는 위에 말하였거니와, 이 외에 석탄광과 금광 네 자리와 고래 잡는 기지와 우체사 설시와 은행소 삼사 처와 학교 열여덟 곳이 다 일본의 주장하는 바라. 이 여러 가지 사업을 내지 각처에 벌려놓고 일인들이 이익을 얻는데, 이 모든 사업주들이 기초를 점점 확장하는 대로 새로 건너와 자리를 점점 늘리는지라.

우선 한 가지로 보아도 일인 하나가 제물포 앞에 섬을 하나 사서 아주 점거하려 하였으며, 장안에 대궐 기지가 좁아서 미국 교회에 속한 학당 터를 사서 대궐을 늘이고자 하는지라. 조선 황실에서 그 교회를 문밖으로 옮기고 그 터를 팔진대 성 밖에 정하는 대로 어디든지 주마하는지라. 교회에서 서소문 밖에 강 못 미쳐 놓인 언덕을 달라 하매 궁내부에서 허락하고 그 땅을 사서 주려 하더니, 급기 땅 임자들에게 물은즉 일인이 먼저 다 샀다 하는지라. 일인더러 팔라 한즉 일인이 허락지 아니하여 부득이 파의하였으며, 한 번은 내가 친히 일인의 촌을 가서 보니 대궐 남편에 산을 끼고 있어 장안을 나려다 보므로 온 성중을 다 호령하려도 어렵지 않을지라. 그 언덕에 총이나 대포를 드러나게 놓은 것은 볼 수 없으나, 땅을 층층이 파고 곳곳이 흑을 돋우어 놓은 것이 곧 포대나 대포 묻은 것 같더라.

형편이 이러하되 한국 정부나 백성은 조금도 관계되는 줄을 모르는 고로 일본이 그 반대 되는 나라의 속으로 운동하는 것이 어떠한지 의심나서, 일본정부에서 작년에 일본 공사에게 신칙하여 대한 정부나 황실에서 비밀히 토지를 어느 나라에 주며 빌리는 것을 깊이 사실하여 특별히 보고하라 하였는데, 이 신칙을 드디어 보고한 사연을 볼진대, 덕국은 다른 땅을 얻은 것이 없고 다만 김성에 있는 금광 한 자리를 1899년에 덕국 상민 월터에게 허락한 것이고, 미국 백성이 차지한 것은 서울에 있는 전기 철로와 운산금광 한 자리인데, 이 금광은 대단히 크다고 유명한데, 고용인은 서양인이 사십 명이고, 일인이 삼십 명이고, 조선인이 일천이백 명이라. 해마다 이만오천 원씩 궁내부로 세납하는데, 이 금광 약조를 당초에 모쓰라 하는 이가 얻어서 지금은 헌트와 패셋트가 주장하며, 영국은 운산 근처에 금광 한 자리를 얻어 푸리카드 모간이 주장하나니, 이는 영국 국회원이고, 향항(香港: 홍콩)과 상해은행소 회사 주인이라. 이 사람에게 속하여 또한 일이 매우 잘 된다 하며, 그 외에 가장 중대한 것은 조선 해관이 영인(英人) 맥클리비 브라운의 장악에 들었더라.

기타 아라사는 함경도에 석탄광을 얻어 일하다가 나는 것이 시원치 못한 고로 중지하니, 이는 일인(日人)이 매우 반가이 여기는 바이오. 고래 잡는 인가와, 집을 내지에 세우고 철로에 기름 예비하는 곳을 마련한 인가며, 압록강과 두만강 등지에 장목 베이는 인가를 아라사 사람이 다 맡았는데, 그 재목인즉 상등나무라 하여 아라사에 큰 리가 될 것이라 하며, 내지에 수운하기 위하여 조선 북도 연해변으로 길을 대단히 힘써 닦아놓아 요동 반도에서부터 해삼위까지 통하기 가장 편리하게 만들었으며, 아라사에서 년 전부터 석탄 기지를 얻으려고 무수히 힘쓰더니 어찌 되었는지는 자세히 말하지 않았으나, 절영도와 그 근처지방을 조선이 벌써 속으로 인가하여 그런 줄로 믿는 자 여럿이라 하더라.

기자 왈(曰): 이상에 말한 바는 다 일본 공사가 그 정부에 보고한 사연을 들어 아더 브라운 씨가 기록한 글이라. 그 시비곡직은 본사에서 상관할 바 아니거니와, 대개 대한 정부에서 내 토지를 보전하는 직책을 어떻게 행하였던지 세상에서 이렇듯 의심함을 마지아니하는지라. 어린 아이도 저 가진 떡은 남을 주기 싫어하여 혹 빼앗으려는 자 있으면 곧 소리를 지르거든, 나라에서 토지 보호하는 것을 어찌 싫어하는지 비밀히 약조하여 속으로 주려 하므로 내 백성은 알지도 못하고 남은 시비가 이러하게 되었는고. 통분, 통분. (미완)

제5권 제269호

대한제국 광무 6년 11월 25일 (火)

(대한의 근일 정형 번역 연속(6))

그러나 아라사가 년 전에 요동을 점령할 때에 일본이 심히 반대하는 고로, 일본을 달래기 위하여 조선에는 착수치 아니할 약조가 있었는지라. 이러므로 아라사가 조선 내정에 들어나게 간예치 못하고 불란서를 거간(居間)시켜 비밀히 운동하는데, 본래 불란서는 조선에 별로 주의함이 없으나 아라사와 비밀한 관계가 있어 불란서가 아라사를 위하여 조선에서 운동하고, 아라사는 그 대신에 다른 데서 주선함이라. 이 약속이 있음으로 아라사가 드러나게 착수하기 어려운 일은 모두 불란서가 대신 행하여 정부에 권리 자리를 많이 얻으므로, 모든 일이 전혀 불란서와 아라사의 편당에게 다스림을 받는지라.(이 구절에 불긴한 말은 번역치 않노라.)

모든 권리 자리를 처음은 법아(法俄) 양국 편당의 손에 있으나, 후에는 차차 아라사 혼자서 차지하는 바라. 해관 감독 브라운(백탁안) 씨가 영국인으로 탁지 고문관을 보다가, 아라사의 운동으로 브라운 씨를 돌려보내고 아라사의 심복을 두고자 하여 여러 번 시비가 되었으나 잘 되지 아니하므로, 황실에서는 군색한 재정을 돌리고자 하여 불란서에게 오백만 원 차관을 얻고 해관으로 갚으려 하며, 정부 관원들은 해관을 그 동심(同心)한 자의 장악에 넣어서 재정을 마음대로 하고 싶어 협력하여 주선하는 일이 여러 번 되게 되었으나, 각 공관에서 심히 반대하며, 조선 정부를 권하되 브라운을 풀어 보내는 것이 조선에 이롭지 못하고, 또한 나라를 불란서와 아라사에 전당 잡히는 것이 대단히 불가하다 하여, 그 약조서가 비밀히 질정되어 인을 쳐서 시행하게 되었다가도 필경 파의(罷意) 되었으므로, 황실에서는 재정에 낭패된 것만 관계하여 부득이하여 반대편으로 주선할 새, 성중에 있는 일본 은행소에 오백만 원을 얻기로 애쓰는 중이더라.

아법(俄法) 양국의 운동하는 주선인즉, 성중에 있는 천주교회당에서 행하는데, 그 교당에서는 신부가 39인이고, 임원이 24인이라. 총회당이 서울에 있어 장안에 제일 화려한 집이라. 이 교당에 속한 것이 전국 안에 각색 학교가 61개요, 교민이 42,441이라. 주교 머렐씨가 주장인데, 그 위인이 가장 영특한지라. 통히 대표하여 소개가 되므로, 불란서 공관과 천주당 사이에 교제가 심히 친밀한지라. 교화와 공관일이 심히 합동하여 행하므로 주교나 신부를 곧 정치상 권리 가진 사신 같이 대접하는지라. 이러므로 아법의 권력이 이렇듯 굉장하여 특별히 군함이나 군사로써 위엄을 드러내지 않아도 운동이 넉넉하더라.

그런즉 조선에 있는 예수교 선교사들과 예수교인들은 자연 어려운 사정에 있는지라. 교사들은 항상 서로 권면하는 일이, 아무리 어려운 사정에 처하여 공평하지 못한 대접을 당하며 견딜 수 없는 사정을 받아도, 법과 권리는 무단히 소요하지 말고, 내정과 주권에는 간예치 말기로 힘쓰는데, 이것이 예수교회의 본 성질이라. 그러나 성서복음(聖書福音)은 항상 썩어진 나라에 변혁하는 시초라. 독립 성질과 인민에 덕행과 충애와 옳고 진실한 것을 가르쳐 풍속과 정형을 날로 새롭게 하므로, 이것이 필경은 변혁의 기초가 되는지라. 영국의 혁명과 미국의 독립이 다 이렇게 기초 잡혔나니, 대한에도 한갓 바랄 것은 교회에 달렸으나, 조선의 인정이 항상 약하고 안정하여 용맹이 적으므로, 자연 서양의 강장(强壯)한 인민보다는 더디 될 터이나, 조만간 개명에 기초는 이에 달린지라.

대개 썩은 정치와 복음의 힘은 함께 서지 못하나니, 아무리 정치상 관계를 간예치 않으려 하나 개명에 힘쓰는 사람들이 열심으로 교회와 합하여 속히 운동하고자 하는 고로, 교사들이 가장 엄금하여 자연히 화(化)하여 차차 되기를 주의하나니. (미완)

제5권 제270호

대한제국 광무 6년 11월 26일 (水)

(대한의 근일 정형 번역 연속(7))

각국이 개명을 시작할 적에는 항상 정변이 일어나 피가 많이 흐르고 되는 법이나, 다만 교화의 복음으로 기초를 잡은 후에는 흔히 피를 흘리지 아니하고 순히 되는 법이라. 이러므로 교회에서 하는 일이 날마다 대한의 개명을 재촉하여 대한을 변혁하게 만드는 바이나, 다만 사람의 마음을 한둘씩 고쳐 변하게 함이고, 생령을 소요하거나 법률에 침범함을 허락하지 않나니, 이 모양으로 필경은 공평 진실한 덕행을 인도 배양하여 조선 인민이 또한 도탄을 면하고 함께 문명 부강에 나갈 줄을 믿는 바라.

그러나 교회에서는 항상 정치상 간예가 없고자 하여 교사들이 항상 서로 조속(操束: 잡아서 단단히 단속함)하는지라. 하물며 조선이 아직도 개명에 나서지 못하여 처사국(處士國)이라 하나, 실상은 쾌히 열어 놓은 나라이라. 당초 통상 약조에는 각 통상항구와 거류지 외에는 무란히 내왕하거나 오래 살기를 허락지 않았으나, 그 후에 불란서에서 특별히 더 후한 약조를 얻어 어디든지 오국인(吾國人) 사는 곳은 다 같이 거류하게 한다 하였으므로, 각국이 다 전 약조를 불계하고 이와 같이 행하는데, 일인은 자초로 내지에 어디 아니 사는 곳이 없는 고로 각국인이 다 이로 인연하여 어디든지 못 가 살 곳이 별로 드물지라. 이 형편이 점점 더 열리기는 쉽데 다시 금하기는 만무한즉, 조선이 다시는 처사국이 되지 못할지라.

조선 사람의 성질이 좋은 것이 여러 가지니, 조선 관인들은 행사를 어찌하든지 교인들은 마땅히 자기 도리를 지켜야 할지라. 그러나 그 백성의 성질이 항상 약하여 청인과 일인만도 못하므로, 이 약한 성질로 인연하여 내지에서는 탐관오리에 도탄과 탐학을 받으며, 그 견딜 수 없는 사정을 무심히 당하고 할 수 없어 하며, 밖으로는 나라가 이웃 강국의 압제와 핍박을 당하며, 아직 무사히 부지하기만 다행히 여기는지라. 나라 형세가 인하여 곤궁 위급하므로, 이것을 아직 부지하기 위하여 무명잡세(無名雜稅)를 갖가지로 받으며, 재물을 늑탈하여 곤궁한 백성이 힘들여 농사한 곡식을 편히 먹어보지 못하므로, 이 중에서 날로 염치와 예모가 없어지며, 속이고 잔해하는 마음이 점점 자라서 어찌할 수 없는 지경에 이른지라. 그러나 그 백성의 총명은 남만 못지아니하니, 만일 좋은 정부 아래서 잘 교육하면 참 좋은 백성들이 될지라.

이 접경한 청국에는 외국인을 싫어하는 생각이 대단히 심하되, 조선에는 지금 이런 생각이 조금도 보이지 아니하니 실로 이상한 일이라. 삼십년 전에는 외국인을 받지 않으려 하여 1866년에 난리가 일어나 천주교인이 합계 2만 명이 죽은지라. 그 동안에 이 형편이 어떻게 변하였던지 그 구습이 다 없어지고, 다만 몇몇 관인들과 완고한 선비들이 혹 싫어하여 개명에 주의가 자연이 저희되는지라. 재작년 양력 11월 20일에 은밀히 조칙이 내리시어 민심을 선동하여 외국인을 반대할 거조를 12월 5일에 거사하게 하였더니(본사에서는 자세히 아지 못하는 바이나 본문대로 번역하노라), 대개 민심이 동하기 쉬운 것은 개명한 나라에서도 흔히 당하는 바이고, 한번 동한 후에는 졸연히 진정키 어려우며, 백성이 그 지경에 이른 후에는 원수와 은인을 분간치 못하는 법이거늘, 하물며 이 어두운 백성이 이 경우를 당한즉 그 위험함이 어떠하리오.

이때에 다행히 미국 공사의 연숙한 수단으로 세상에서 전혀 모르는 비밀한 운동을 미리 발각하여 이 비계(秘計)를 파하고 무사히 만들어 일을 잠시 궐내 묘계로 돌려보내고 무사히 타첩(妥帖)하였더니, 그 이듬해 3월 18일에 그 모의하던 자 중에 한 김영준이 교형에 처하더라.

이 중에 우리가 못 듣던 소문이 많이 있으니, 적실(適實) 여부는 본사에서 자세히 알 수 없으나, 년 전에 김영준이 경무사로 있을 때에 무슨 일이 있었던지 미국 공사와 산도 씨가 탄하는 고로 김 씨가 곧 봉변하리라 하더니, 산도 씨는 궁내부 고문관이 되고 또 어찌어찌 하더니 다시 김씨도 관계치 않고 다른 일도 없으므로, 세상에서 지금까지 이상히 여긴다더라. (미완)

제5권 제271호

대한제국 광무 6년 11월 27일 (木)

(대한의 근일 정형 번역 연속(8))

동양 각국에는 형편이 항상 위태하여 변란이 어느 때에 생길는지 모를지라. 그 근인인즉 정치가 바로 잡히지 못하고 탐장토색(貪贓討索)이 날로 심하므로 아무리 나약한 민정이라도 능히 견디기 어려울지라. 이중에서 어찌 장구히 편하기를 기약하며, 한번 소동하여 정신을 차리지 못하게 될진대 친구와 원수를 분간치 못할지라.

이번에 제주 민란으로 보아도, 천주교인들이 혹 세감(稅減)이 되어 늘려 받는 세를 거두는 고로, 백성이 견디지 못하여 일시에 일어나 교인을 무수히 살해하므로 형세가 심히 흉흉한지라. 간신히 진정하므로 예수교인들은 이 사건에 간섭이 없었으나, 이것이 다 민정을 진정치 못하여 생기는 근심이라. 하물며 흉년이 들기 쉬운즉 백성이 더욱이 어찌 견디리요. 이때를 타서 이웃 나라에서 이 사정을 자세히 알고 응당 민정을 선동하여 내란이 생기게 하고, 흔단을 타서 정치를 더욱 가까이 간섭하려 할지니, 조선 남도에서 불구에 소동이 일어나기가 심히 염려되는 바이더라.

그러나 이상에 말한 바는 다 드러난 근심이거니와, 그 속을 더 궁구할진대 가장 국세의 위급함인즉 민정이 모두 썩어지고, 요사하고 궤

흉한대 참혹하여 열린 백성은 잠시도 이 중에서 살 수 없을 듯 한지라. 서양 교사들이 남녀노소간에 사는 자 무수한데, 이 사람들인즉 다 조선이 어두워, 조선 백성이 환란토탄 중에 든 연고로, 이 나라의 사람들을 위하여 와서 각기 자의로 고초를 같이 겪으며 일하는 것이라. 만일 이 나라가 열리고 백성이 다 편안할진대 미국이나 영국에 교인들이 무엇 하러 왔으리요. 한 교사의 어린 딸이 있어 그 모친더러 묻기를, 어머니 여기 사람들의 사는 것이 미국만 못 하구려 한 대, 그 모친이 답 왈(曰); 오냐, 그러하다. 여기가 우리나라만 못한 고로 우리가 여기 왔느니라 하였나니, 외국 선교사들은 마땅히 이 뜻을 잊지 말고 이 사람들을 구제하기 위하여 일을 더욱 부지런히 할 것이고, 본토 사람들도 마땅히 이 뜻을 속히 깨달아 까닭 없이 미워하지 말지라.

이 백성들이 교제하는 모양을 볼진대 청국같이 반대하는 마음은 없고 도리어 외국인에게 의뢰하여 그 환란과 고초 당하는 사정으로 외국인의 구제를 바라며, 내가 내지 유람할 때에 도처에 그 민정을 살핀 것이 또한 족히 전국인을 다 짐작할지라. 가는 곳마다 사람이 겹겹이 에워싸서 구경하며 혹 웃는 낯으로 정답게 인사도 하고, 혹은 무엇을 가져다가 대접도 하며, 우리가 구하는 것은 말하는 대로 얻어주며, 우리가 혹 값을 주면 도무지 받지 않고 먼 길에 편히 내왕하기를 부탁하며, 정답고 공손함이 교인이나 일체로 각별하더라.

내외국인의 관계를 말할진대, 첫째 대한 사람들이 영민하여 감동하기 쉬운 고로 교육만 시키면 화(化)하기 청인보다 대단히 속(速)할 것이고, 둘째는 몇 백 년을 강한 이웃나라에 속하여 지내었으므로 지금은 비록 이름으로 독립이라 하나 실상은 아직도 외국에 의뢰하는 마음을 버리지 못하였으며,

셋째는 세를 많이 거두며 백성을 잘못 다스리는 중에서 환난곤궁

이 생겨 사람마다 구제하고 보호하여 주기를 바라므로 자연히 교회 중에서 도와주는 힘으로 구제하기를 바라며, 넷째는 미국 공사가 처음에 척신귀족(戚臣貴族)에 위태함을 구원하였고, 을미사변 때에 황실이 또한 위태한 고로 미국 공사와 여러 교사들이 힘써 보호하여 들였으므로 내가 폐현(陛見)할 때에 위에서 친히 날더러 그때 감사하던 말씀을 하시는지라. 조선에 근일 정형이 대강 이러하더라.

본 기자 왈(曰); 이상 여덟 폭에 연일 번역한 것은 다 아더 브라운 씨의 대한 유람기 중에서 대강만 뽑아 번역한 것이라. 연하여 자세히 보면 내 나라 사정도 더 알 것이 없지 않아 보여, 외국인이 우리를 어떻게 생각하는지 깊이 짐작할지라. 그만 끝을 마치노라.

제5권 제288호

대한제국 광무 6년 12월 17일 (水)

(인생이 금수만 못함)

세상 사람들이 자유 권리(自由權利)를 말할 지경이면 듣는 자 다 알기를, 이 권리는 사람 생길 때에 하느님이 다 같이 주신 것이라. 압제 정치하는 나라에서들은 공평한 생각을 두지 못하여 남의 권리를 모두 빼앗아 한두 사람의 이익으로 삼는 터인즉, 오랜 후에는 빼앗는 자만 의례히 빼앗을 것으로 여길 뿐 아니라, 빼앗기는 자도 또한 의례히 빼앗길 것으로 알거니와, 심지어 문명 자유 하는 나라에서들은 빼앗길 사람도 없고 빼앗을 사람도 없는 줄 알아, 자유 권리라 하는 것은 곧 인생에 한 가지 천성으로 붙은 물건 같이 여기되, 짐승에게도 똑같은 자유 권리가 있다 함은 흔히 일컫지 않는 바라.

저 짐승의 자유 권리를 볼진대, 나는 새는 호탕한 공중에 임의로 날아다녀 기운이 날 때에는 빠른 바람과 높은 구름 사이에 날개를 치고 힘껏 날아도 보며, 혹 한가한 흥치가 날 때에는 밝은 하늘과 흰 구름 사이에 두 날개를 후리치며 한가히 높이 떠서 만수천산(萬水千山)을 둘러보며 공중에 돌아다녀도 보며, 혹 곤하고 괴로울 때는 그윽한 수풀 속과 낙낙한 장송 끝에 무심히 앉아 혹 졸기도 하며 혹 땅에 내려 무엇을 주워 먹기도 하여, 날짐승의 하는 일은 제 마음껏 하여보되 뉘 능히 말릴 자 없도다.

산중에 길짐승은 산과 들에 주장(主將)이 되어 만첩(萬疊) 청산에 마음대로 뛰어도 보며, 층암절벽에 굴을 두고 뜻대로 자고 먹어 좋고 편한 것을 뜻대로 따라 하므로, 저의 사는 곳에서는 무엇을 하든지 금하고 날릴 자 없도다.

수중에 고기로 말할진대, 만경창파 호탕한데 혹 파상(波狀)에 둥둥 떠서 이리저리 노닐다가 꼬리를 한번 치면 물결이 갈라지며, 살 같이 달아나서 흥치가 다할 때에 물밑에 엎디어서 조용히 숨을 적에, 수중천지를 곧 저희들이 맡은 세상 같아 뉘 감히 말할 사람이 없을 줄로 여기는 듯한지라. 이 어찌 자유권이 아니리오.

이상 세 가지 금수의 약간 사는 것만 보아도 세상에 모든 천조(天造)한 생명이 다 같은 자유권이 있어, 누가 억지로 만든 것도 아니고 또한 누가 억지로 빼앗을 사람도 없는지라. 이로만 보아도 각색 생명에 다 같은 제 권리가 있어 남이 어찌하지 못할 이치를 가히 짐작할지라. 사람은 모든 생명 중에 제일 신령한 물건이라, 어찌 자유권이 저 금수만 못하리오. 응당 이와 같이 다 천생(天生)한 권리가 있을지라. 다 일체로 공평한 것이거늘, 어찌 이렇듯 결박하고 가두어 일호도 뜻대로 못하고 이치대로 못하게 하느뇨.

남의 나라에서 사농공상(士農工商)이 다 같이 회(會)가 있어 의견을 토론하며, 학문을 발달하며, 사업을 확장하여 국권을 굳게 하며, 민생이 이롭게 하거늘, 어찌하여 금하며, 남에 나라에서는 연설을 가르쳐서 정의를 상통하며 충애를 배양하며 지식을 발달시키거늘, 어찌하여 우리는 못하게 엄금하며, 제가 쓰는 재물이 있어도 임의로 쓰지도 못하며, 원통한 것도 임의로 설원(雪冤)도 못하게 하여, 유구무언(有口無言)이라, 불문가지(不問可知)라 하는 것이 모두 이치와 경위는 버리고 다만 윗사람만 위하여 만든 천지로 여기며, 이 외에 모든 일이 하나도 사람을 놓아 뜻대로 행하는 일이 없게 하여 압제와 풍속과 위엄으로 전국 사람을 모두 결박하여 놓으니, 이 어찌 하나님이 만물을 창조하신 본의에 합한다 하리오.

물고기도 잡아다가 병속에 넣어 기르기도 하되 그 병속을 견딜 만하게 하여 주어야 사는 법이고, 산짐승과 공중에 떠다니는 날짐승이라도 농중(籠中)과 우리 칸에 기르는 자 있으되, 다 거처 음식을 살 만치 만들어 주어 은의(恩義)로 잘 길러야, 아무리 무지한 금수라도 자연이 화하여 그 속에서 사는 바이다. 그렇지 않으면 필경은 며칠을 견디지 못하고 제 독에 못 이기어 그 속에서 죽고 마는 것이거늘, 사람은 이 처지에 사는 것이 곧 병속의 고기와, 함정에 든 짐승과, 농중의 새와 같다. 겸하여 먹고 쓰는 것도 임의로 못하게 하여, 은의로 감동시키기는 고사하고 도리어 모든 학정과 압제, 토색이 많아서 곧 살 수 없도록 만들려고 작정한 듯하다. 이 중에서도 구차하게 살기를 도모하여 경위가 무엇인지, 권리가 무엇인지 모르고 지내니, 저 빼앗는 사람들이나 빼앗기는 우리들이나 피차간에 다 금수의 쾌활함과 같다 하리오?

제5권 제294호

대한제국 광무 6년 12월 24일 (水)

(세계에 큰 명일)

세월이 덧없도다. 아까가 벌써 어저께요, 어저께가 언뜻 지난달이고, 지난달이 어언간 작년이라. 이렇듯 잠시간에 주년(週年)이 되어, 주야로 도는 지구가 어느 사이에 벌써 태양을 한 바퀴 돌아 작년 오늘에 섰던 자리에 도박하였으므로, 세계의 만국 만민이 일체로 즐겨하는 큰 명일이 꿈결같이 돌아오니, 한편으로 슬프기도 하고 한편으로 기쁘기도 하도다.

대강 슬픔인즉, 세월이 이렇듯 빨리 달아나 유수같이 무장(武裝)하니 하루 이틀 일 년 이 년에 인생은 점점 늙어 앞길을 재촉하며 세상은 날로 변하여 문명을 다투는데, 우리 이 무심한 인생들은 세상에 있는 날에 성취한 사업은 없고, 국세는 날로 쇠하여 가니 인생에 생겨난 효험이 무엇이뇨, 초목과 같이 썩는 생각이 스스로 비회를 금치 못할지라.

그러나 이 날인즉 만국이 다 같이 즐기는 날이라. 우리는 저 문명 부강한 나라들과 같이 즐길 것은 적으나, 실상은 우리도 또한 같은 하나님의 자녀들이라, 온 세상을 따라 함께 즐기는 것이 옳으리로다.

이날을 즐겨하는 연고인즉, 일천구백이년 십이월 이십오일에 동양 유대국 예루살렘 지방에서 예수 그리스도가 탄생하여 천하 만민의 죄악을 구속하시므로, 오늘날 온 지구상에 큰 교화주(敎化主)가 되실 뿐더러, 이 시대에 개화문명이 다 이 날에 뿌리가 생긴 고로, 이 날을 다만 기독교 받드는 나라만 큰 명일로 여길 뿐 아니라, 교를 아니 받드는 나라에서도 기쁜 날로 크게 경축하나니, 이는 그 십자가가 온 지구상에 어디 아니 꽂힌 곳이 없음이라.

대개 그 사적을 상고할진대, 일천구백이년 전에 일개 한미한 목수 요셉의 아들로 예수가 생겨나시어, 도(道)를 전하여 왈(曰); 내가 만국의 왕이니, 나를 믿고 옳은 일을 행하는 자는 구원을 얻으리라 하시다가, 필경 세상 사람에게 잡히어 십자가에 못 박혀 돌아가신 후, 열두 제자가 그 도를 전하니, 세상에서 모두 싫어하여 보는 대로 잡아 죽이되 믿고 보는 자 점점 더 늘어, 동양에서 통히 교(敎)로 인연하여 죽은 목숨이 여러 백만 명이라. 심지어 대한에서도 삼십년 전에 이 서양교로 인연하여 죽은 목숨이 통히 삼만여 명이라.

이렇듯 죽은 것을 볼진대, 그 교가 당초에 이름도 없어졌을 것이거늘, 오늘날 어찌하여 만국 제왕 이하로 십자가 앞에 머리를 숙이지 않는 자 없으며, 각국이 다 연호를 폐하고 일제히 이 날로 정삭(正朔)을 기록하며, 이 날로써 제일 큰 명일로 치나니, 부지중에 한 만국 제왕에 왕이 되심을 이에 증거하도다. 이 어찌 이상한 일이 아니리오. 사람의 힘으로는 되지 못할 듯하더라.

각국에서는 내일에 남녀노소가 모두 정결한 의복을 입고 각처 교회에 모여 빛나게 경축하며, 서로 예물을 주어, 하다못해 명첩 한 장이라도 서로 바꾸어 기쁜 정을 표하며, 모든 신문과 월보사에서는 경축하는 글을 지어 영광을 찬양하며, 달력과 그림 장이며 혹 책권을 예비하여 그 신문이나 월보 보는 이들에게 일체로 나누어 주나니, 영어로 크리스마스 프레젠트라 하는 것이 극히 힘써 예비하는 바이라. 우리는 공연히 눈만 높고 힘은 자라지 못하여, 모든 사랑하시는 첨군들께 다만 명첩 한 장도 보내지 못하고, 다만 마음으로 복을 비노니, 이날을 기쁘게들 지내시기 바라거니와, 우리가 이렇게 빈핍(貧乏)함은 다만 남과 같이 밝은 교화의 이익을 받지 못한 연고라. 만일 우리도 영 미국 같이 이 교화를 믿었던들 우리 이천만 형제자매들도 이 날에 남같이 기쁨을 누릴지라.

오는 일 년 동안에는 밝은 빛이 더욱 널리 퍼져, 명년 내일에는 몇 갑절 널리 즐겁기를 기도하나니, 모든 보시는 이들은 또한 이 뜻으로 함께 원할지어다. 대저 나라에 부강문명이 다 정치와 교육에 달렸다 하나, 정치 교육인즉 다 교화(敎化) 한 가지에서 뿌리가 생기는 바라. 이 뿌리를 다스리지 않고는 가지와 잎사귀가 번성하기를 바랄 수 없나니, 저마다 그 마음에 이 뿌리를 깊이 심은 연후에야 꽃과 열매가 많이 열릴 지로다.

제5권 제296호

대한제국 광무 6년 12월 26일 (金)

(국가 흥망의 감회)

천여 년 이상으로는 동양이 극히 흥왕하여 세상에 교화와 문명이 다 동에서 서로 건너가더니, 거의 오륙백 년 이후로는 동양이 날로 쇠하여 학문을 닦지 못하고 지식이 열리지 못하므로, 서양 문명이 동으로 건너오는지라.

동양에 몇몇 큰 나라를 칠진대 인도, 아랍, 섬라(暹羅), 면전(緬塼), 유구(流寇) 등 모든 나라가 차례로 없어지고, 부지하는 것은 파사(페르시아), 샤암국, 청국, 대한, 일본 등 국이라. 이 중에 파사국은 근근이 부지하나 흥왕 하는 나라라 할 수 없고, 샤암국은 그 임금이 대단히 개명하여 그 태자를 유럽주로 보내어 학교에서 교육시키며, 근자에는 각국으로 유람시켜 미국으로 갈 터이며, 그 왕께서 또한 유람하실 터이라 하는 고로, 각국이 매우 칭찬하여 차차 흥왕할 도리가 있겠다 하며, 청국과 대한은 점점 이 모양이고, 홀로 일본이 극한 동편 끝에 있어 일조에 일어나 날마다 해마다 흥왕하여 가는 나라이라. 이 여러 나라 중에 망한 것이 태반인데, 이 망한 나라들인즉 다 서양에 속한 땅이 될지라.

이로 볼진대, 동양은 장차 다 서양의 차지한바 되고 말 듯하나,

샤암국의 여망과 일본국의 흥왕을 볼진대, 동양이라고 다 망하는 것이 아니라, 다만 잘만 하면 이 중에서라도 홀로 부강을 이룰 것이 분명하도다.

전에는 속국을 대접하는 법이 심히 잔혹 무리하여 곧 인류로 대접하지 아니한 폐단이 많았으므로, 영국이 미국을 속국으로 만들었을 때에 어떻게 심히 학대하였던지, 미국 토민들이 격분하여 죽기로 작정하고 일어나 영국을 쳐 물리치고 자주독립국이 된 후에, 세계 각국의 독립권 보호하는 귀한 주의가 퍼져 각기 독립하기를 위주하자, 이후부터는 영국에서 의견을 고쳐 속국을 후히 대접하여 은의로 감복하도록 만들어 자연히 귀화시키는 것이 옳다 하여, 이전의 학대하던 악습을 일절 금하고 어떻게 대접을 잘 하였던지 속국의 신민이 일체로 상국에 충심이 간절하여 은혜를 잊지 못하도록 만들었으므로, 자고로 속국 대접함이 영국의 근년 사적같이 한 적이 없다 하며, 미국이 필리핀 섬을 관할한 후에 인민의 자유권을 교육하며 남녀 교사를 주야로 파송하여 가르치고 보호함이 미국 사람보다 도리어 융숭하게 하는지라.

영국이 인도 대접함이 또한 영국 본방 인민만 못지않게 하여, 주야로 교육을 어떻게 힘썼던지 인도 인민의 지식이 차차 열려, 남의 속국으로 자주 독립하지 못함을 통분히 여겨 점점 독립할 생각이 간절하나, 전 여황 폐하의 성덕에 감복하여 무슨 변란이 일어나지 않음이라. 하물며 아라사가 인도 북방으로 인민을 은근히 선동하는 고로 영국이 항상 깊이 염려하여 살피는 바라. 이는 속국을 후히 대접한 풍속이다.

이어 아라사가 파란국을 대접함은 이와 판이하여 압제와 학대는 다 고사하고, 파란국 백성은 저의 본토 말을 통치 못하고 다 아라사 말을 쓰게 하며, 서책과 사기도 이전 저의 고국 것은 보지 못하게 하며, 혹 충심 있는 선비와 혈기 있는 남자는 일일이 잡아 시베리아로 실어

보내어 그 춥고 황무한 땅에 식민을 채우며, 그곳에서 묻혀 평생을 보내게 하며, 그 중에서도 형제 부자간이라도 함께 있지 못하게 하여 몇천 리 몇 만 리 밖에 나누어 평생을 서로 보지 못하고 죽게 만들며, 옛적에 번화하고 문명하던 곳을 낱낱이 파멸하여 지나는 자가 눈으로 차마 볼 수 없더라 하며, 서양 사람들이 종종 그 나라를 유람하여 지나면 수삼백 년 전에 궁궐과 도성을 볼진대 슬픈 회포가 사람을 감동케 하더라 하는지라. 이는 속국을 사납게 대접하는 나라이니, 지금 세상에도 속국 대접하는 법이 이렇듯 층등이 있더라.

이상 몇 나라의 흥망고국(興亡故國)을 볼진대, 지금 세상에 나라 다스리는 자 불가불 조심치 아니치 못할지라. 저 망한 나라에도 당시에는 다만 윗사람들이 국권을 장중에 넣고 임의로 조롱하여 하루바삐 멸망을 재촉하며, 지혜로운 선비가 있어 국세가 위태하다 하면 곧 요망한 말이라 하여 우리나라는 영구히 망할 이치가 없다 하다가 필경 이렇게 당하므로 다시 어찌 할 수 없이 되나니, 만고에 망국한 한을 어디가 풀어보리오. 지금 아라사가 정치를 변하려고 힘쓰는 중이니, 변한 후에는 어떠할는지 모르거니와, 변하기 전에는 속국 대접함도 이렇듯 잔혹할지라.

나라가 한번 이 지경에 이른 후에 그 자손의 영원한 통분함을 설원할 곳도 없고, 충의의 말도 들어 보지 못할지라. 인도 인민이 다시 회복할 생각을 두는 것으로 보아도, 백성이 학문을 배운 후에야 흥왕을 희망하리로다.

제5권 제297호

대한제국 광무 6년 12월 27일 (土)

(후일 여망이 생길 일)

작일 논설에 각국 흥망의 대략을 볼진대, 인도국은 영국에게 망하였으나 영국이 교육을 힘써 시켜 인민의 지식이 발달하자 인하여 자주와 독립의 긴중함을 깨닫고 고국을 회복하여 보고자 하는 마음이 생긴 바요. 파란국(페르시아) 같은 나라는 아라사에게 망하여, 아라사가 다만 교육만 아니 시킬 뿐 아니라 여간 식견 있는 백성도 잡아 멀리 귀양을 보내어, 심지어 고국의 말까지 못 통하게 하므로 영구히 멸망하여 다시 회복을 바랄 여망이 없는지라. 지금 그 지방을 지나는 자 망국한 감회를 참지 못하여 차마 눈으로 볼 수 없는 경상이 많더라 하는지라.

이상 두 가지를 볼진대, 백성이 학식이 넉넉하면 스스로 흥왕 발달에 이르며, 학식이 없으면 자연히 남의 손에 망함을 면치 못하는 바라. 설령 망한 후에라도 학문만 넓히는 도리가 있으면 스스로 회복할 여망이 생기는 법이라. 그런즉 지금이라도 하루바삐 힘쓰고 애쓸 바는 학문을 교육도 하며, 학문을 배우기도 할 것이라.

그러나 나라마다 남의 나라를 자기의 속국으로 만들진대, 몇 천 년 몇 백 년 독립국으로 전하던 백성들이 아무리 무식하여 짐승과 같이 각기 제 몸 살기만 제일로 알고 천생(天生)의 동등 권리를 보호할 줄 몰라 망하기에까지 이르나, 어찌 고국을 생각하며 타국의 노예 되기를 분히 여기는 마음이야 아주 없을 리가 있으리오.

그러므로 어느 나라든지 타국을 점령한 후에는 곧 그 지방 민심을 압복(壓服)하려 하여, 의례히 먼저 군법(軍法)으로 지방정치를 행하나니, 이는 군사를 사방에 둔취하여 백성이 임의로 동하지 못하게 함이라. 군법인즉 항상 평시 행정보다 대단히 엄한 법이니, 인민이 감히 호리(毫釐)도 범하지 못하게 만들고, 그 중에도 열린 나라 군사 같으면 민간에 별로 해를 내지 않으려 하려니와, 어지간히 열리지 못한 나라 군사 같으면 도처에 민재를 탈취하여, 계집 반상을 물론하고 무단히 겁탈하며, 인민을 임의로 잔해하여 전국이 어육(魚肉)이 되게 하여 다시 일어날 힘이 없게 만들 것이다. 또한 각 지방과 항구를 막아 임의로 왕래 출입하지 못하게 하여 놓고 다 제 백성을 만들어, 싫으나 좋으나 고개를 숙이고 설움을 당하며 살다 죽으라 하여, 차차 그 인종이 줄어지기까지 만들 것이다.

혹 좀 후한 나라에서는 미리 고시(告示)를 부쳐, 며칠 몇 달을 한(限)을 주어 누구든지 그 한 안에 가속(家屬)과 세간을 가지고 타국으로 가고자 하는 자는 나가고, 그 안에 미처 나가지 못하는 자는 다 내 백성이 되게 하리라 하여, 그 한 안에는 혹 타국으로 가 살고자 하는 자 있으면 뜻대로 하게 하니, 능히 세간을 싣고 외국으로 가는 자가 몇이나 되리오. 신문과 서책을 일제히 정지하여 전일에 본국을 위하여 말하던 자는 일일이 물리치고 상국(上國)에 심복으로 내어보내서 아무쪼록 망한 고국을 잊어버리고 새로 상국에 충신충민(忠臣忠民) 되는 것이 옳은 줄로 가르칠지라.

그 백성이 불행히 아라사 같은 나라에 속할진대 당초에 신문 여부도 다 물론하고 다만 무궁한 학대를 받다가 말 것이고, 설령 개명하였다는 나라에 속할지라도 당초에 자주 독립 일절로는 말도 들어보지 못하고, 다만 한두 사람이 모여 사사로이 고국을 생각하여 통분한 말도 드러나게 못하고, 혹 비밀히 할지라도 못된 나라 인정에 고발이 날로 일어나 잡히고 끌려 다니느라고 겨를이 없을지라. 이렇게 된 후에야 학문을 배운들 어찌 고국을 회복하는 주의에 관계한 말을 하여보며 들어보리오. 지금 외국 교사네들이 아무리 본토 사람들을 가르치려 하며 충애를 알리고자 하나 그 후에는 교사네들도 다 이런 말을 못할지니,

슬프다, 나라를 위하여 일하라 하는 자는 어디 있겠으며, 나라를 다시 회복하여 보자는 자는 어디 있겠느뇨. 나라가 어두울 때에는 상하 관민이 다 개와 돼지 같아서 당장에 먹을 것만 있으면 내일에 올가미에 옭아 매일는지, 물을 끓일는지, 일호도 생각지 못하는 법이라. 어찌 학문에 교육이 급급(汲汲)치 않으리오. 집이나 나라를 위하여 여망을 두고자 하는 자는 당장에 즐거울 생각만 말고 내일 모레를 조금씩 생각들 할지어다.

제5권 제298호

대한제국 광무 6년 12월 29일 (月)

(어두움을 버리고 밝은 데로 나오라)

연일 논설에서도 각국의 흥망 관계를 이렇듯 누누이 설명하였은즉, 지금 세상에 처한 나라들이 다 이렇듯 위태하고 조심할 바라. 모든 흥망 안위가 다 학문을 발달하고 못하기에 달렸거늘, 통히 학문의 의론은 듣기 어렵고 점점 어둡고 사곡(邪曲)한 길로만 들어가니 어찌 화패(禍敗)를 재촉함이 아니리오.

지금 세상에 부강 문명하다는 학문은 고사하고, 옛적 동양에 치국 평천하(治國, 平天下) 하는 도(道)로 말할지라도, 선왕의 정치 교화가 다 대경대법(大經大法)으로, 덕화가 행하고 풍속이 아름다워 만민이 스스로 화하여 착하고 옳은 일들을 하여 천하가 태평안락 하기를 기약함인고로, 성경현전(聖經賢典)에도 모든 가르친 말이 다 요사한데 빠지지 말고 바른 길로 나오라 함이고, 경계한 말이 모두 권모술수(權謀術數)에 빠져 세상을 속이고 백성을 혹하게 함을 인연하여 성인의 대도(大道)가 행하여지지 못한다 함이라. 경서 중에서도 이런 구절은 이루 다 빼어 기록할 수도 없거니와, 통히 교화의 본의가 이러하거늘, 지금 우리나라에서는 선왕의 법도를 행한다고 칭하며 실상은 어찌하여 선왕의 정치를 도리어 상해(傷害)하는가, 실로 깊이 개탄할 바로다.

지금 공부한다는 선비의 뜻을 보건대, 옛글을 읽어 아무리 멀고 높은 도덕과 행실이라도 힘써 행하여 볼 생각은 못하고, 얼마 읽다가는 도학(道學)에 뜻을 버리고 다른 술법(術法)을 배울 생각이 나서, 혹 추수법(推數法)이라 길흉화복을 가린다 하여 요사한 길을 찾으므로, 처음은 정령(精靈)히 명인(名人)이라 이인(利人)이라 하는 것이 있어 앞일을 소상히 아는 법도 있고, 귀신을 부리며 땅을 줄여 천리만리를 편시에 내왕도 하며 신출귀몰한 술법도 있으며, 지리를 가리며 뫼와 집을 지어 금시발복하는 도리도 있는 줄로 알아, 몇 해 몇 십 년을 두고 허무한 글을 얻어 혹하여 공부하다가 필경 아무것도 되지는 않는다.

그러나 아직도 믿기를, 혹 재품(才品)이 부족하여 아니 되는 줄로 알고, 혹 영구히 아무것도 아니 될 줄도 알지라도 기왕 평생을 그 길로 익었고 또한 시세도 다 어두워, 이런 것을 좋아하여 이로 큰 행세거리를 삼는 고로, 자기가 먼저 제 마음을 속여 그런 법이 있는 줄로도 말하여, 이로써 세가(世家)에 다니며 혹 상(像)도 보며, 혹 길흉도 가리며, 나라에 안위를 통투히 아노라 하여, 이 어두운 재상 네와 간세한 별입시(別入侍) 들이 먼저 혹하여 가지고 위에 누누이 상달하여 이렇듯 입신양명(立身揚名)하는 계제와 부요 호강하는 수단을 만들므로, 혹 무수한 국재(國財)를 얻어 가지고 국가 안락을 위하여 명산대천에 기도도 맡아 가며, 혹은 서관(西關)은 자고로 민심이 강한(强悍)하니 그곳에 대궐을 지어 지기(地氣)를 누르자 하여 황궁을 짓는다고 국재를 불소(不少)이 타 가지고, 한편으로 부민(富民)을 택하여 돈도 토색(討索)하며, 혹은 어느 지방에 진기한 물건이 있어 나뭇잎 풀 같은 것이 불에 넣어도 타지도 않고, 탄알이 들지 아니하니 이로써 갑옷을 만들면 천하에 당할 군사가 없을 것이라고 하여 은근히 재물을 얼마씩 도득(盜得)하는 자 많은지라.

통히 나라에 대강 정형이 이러하므로, 지금도 수구완고(守舊頑固) 대신이라든지, 혹 소위 개명변(開明辯)으로 개화당 지목 듣는 자들이든지, 다 이런 일에 혹하여 재물을 얼마씩이든지 잃어버리지 않은 자 적고, 아직까지도 이런 것에 속아서 무엇이 있는 줄로 믿는 자 또한 불소하고, 위에 관원 된 이들부터 다 이러하니, 일국에 어두운 백성이 뉘 아니 이런 것을 믿지 않으며, 어느 집에 이런 일이 없으리오.

통히 상하 관민이 하나도 내가 일을 하여 사업도 되고, 착하고 옳은 일도 하여 보자는 마음은 일호도 없고, 모두 기도와 치성으로써 복을 얻고 재앙을 막자 하므로, 전국에 통히 일하자는 사람은 없는지라.

설령 귀신이 있어 화복을 임의로 하기로서 백성을 어육 만들고 빼앗은 돈으로 귀신에게 뇌물하며 복을 빌진대, 그 귀신이 잘 흠향하고 복을 주겠는가. 인하여 날마다 쇠하며 어두워지면서도 종시 파혹(破惑)지 못하니, 장래에 어찌 여망(餘望)이 있겠는가. 이는 다름 아니라 사람이 모두 만물의 이치를 몰라 공연히 헛된 남의 말을 듣고 믿으므로 종시 돌이킬 수가 없음이라.

우리가 지금부터 시작하여 천지 일월성신과 상설우로(霜雪雨露)의 어찌된 이치를 알게 하기 위하여 박물신편(博物新編)을 종종 번역하여 낼 터이니, 호수(號數)를 따라 합하여 놓으면 새 학문 책 한 권이 착실히 될지라. 이 중에서 천지 이치를 알아볼진대 만물이 다 귀신에게 속한 것이 아니고, 사람의 지식을 따라 번개를 잡아 전기를 쓰며, 바람을 타고 비를 물리치는 법을 아무라도 배우면 되는 줄을 깨달을지라.

간(間) 긴 시국에 긴요한 소문(所聞) 소견(所見)이 있을 때에는 다른 말로 낼 터이니 더욱 주의하여 볼지어다.

대국 신문

제6권

제6권 제9호

대한제국 광무 7년(1903년) 1월 14일 (水)

(구미 각국의 근래 정황)

애급국은 아프리카 주 북방에 있어 사천년 전에 개명 부강하던 큰 나라이다. 백성이 학문을 숭상치 못하고 요사한 귀신과 초목금수를 위하여 점점 어두워 가므로 영국과 불란서 두 나라가 분할하여 점령하니, 애급국 서방은 불란서에서 차지하고, 동방과 아프리카 남편 지방을 영국이 관할하자, 애급국의 멸망한 사적을 보고 통분히 여기지 않는 자 없는지라.

근래에 종종 풍설이 생겨 법국이 아라사와 합력하여 가지고 영국이 점령한 토지를 회복하려다 하자, 각국이 이로 인연하여 시비가 생길까 염려하여 깊이 주목하는 바라. 파리 경(京)에서 이 소문을 듣고 무수히 설명하되, 법국에서 실로 이런 뜻이 없거늘, 중간 풍설로 인연하여 교제상 시비가 생길까 저어하노라 하더라.

모로코라 하는 나라는 아프리카 주 북방에 있는데, 여러 백 년 동안을 백성이 어둡고 정치가 비패(鄙悖)하여 서반아의 보호를 의지하고 지내며, 능히 자립할 생각을 두지 못하다가, 서반아의 형세가 점점 쇠하여 가며 각국이 주목하는 세력은 점점 긴한지라. 필경 어느 나라의 속지가 되고 말리라 하는데, 여태 이 문제가 대단히 급하다가 근년에 법국이 튀니스 지방을 힘들이지 않고 얻은 후에 각국이 더욱 급급히 여겨 의론이 무수한지라. 모로코 국의 지형인즉 지브롤터 해협에 가까이 있는데, 지브롤터는 지중해와 대서양을 통한 좁은 목이라. 영국의 포대가 있어 그 긴요한 목을 관할하므로 영국의 권리가 이로 인연하여 제일 강성하다 하는 바라.

이러므로 영국은 이 지방을 타국이 점령하면 그 포대를 지탱키 어려울 터인 고로 타국보다 먼저 착수하기를 도모하며, 덕국은 식민지를 만들고자 하여 지브롤터 목에 한 지방을 얻고자 힘쓰며, 불란서는 기왕 얻은 토지를 넓히고자 하여 아라사와 합력하여 남에게 빼앗기지 않기를 주선하는 중이라. 영국 신민들이 말하기를, 영국은 모로코를 얻고자 할 바 아니니 차라리 서반아를 도와서 각국의 묵허를 얻어 영구히 서반아 속국같이 만들어두면 타국도 넘겨다보지 않을지니, 이것이 좋은 방책이라 하더라.

토이기의 강대함으로도 정치를 변치 못하여 점점 부지할 수 없게 되어가는 사정은 거의 다 짐작들 하는 바이거니와, 아프리카 주 북방에 트리폴리라 하는 지방은 토이기의 속지라. 지방이 영국 이수로 사십만 방리요, 백성이 구십만 명이라, 사십년 래로 다시 흥왕하여 오는 이탈리아 국이 이 지방을 차지하고자 하여 여러 번 운동이 일어나므로 덕국이 심히 반대하는 고로 그렇지 않은 줄로 설명하더니, 근일 런던에서 이탈리아 공사의 비밀한 운동으로 트리폴리를 이탈리아가 영구히 점령할 줄로 작정이 되었는데, 영국의 주의가 변하여 이것을 전같이 반대 아니 하는 연고라 하더라.

지금 청국 인민이 사억 여만 명이라. 온 세상 사람들을 일자(一字)로 늘어세우면 오십만 영리(英里)를 연할지니, 온 지구를 돌아가며 이십

바퀴를 돌지라. 이 중에 매 네 명씩 가며 보면 청인이 하나씩 끼일 터이니, 그 인종의 번성함이 비할 데 없는지라. 이 백성을 다 개명시켰으면 만고에 이런 부강한 나라가 없을 것이거늘, 어떻게 못되고 무식하고 추하던지, 청인 가는 곳마다 사람이 견딜 수 없다 하는지라.

지금 세계에 미국이 제일 화평하고 관후하여 각국에 입적하는 백성이 날로 몇 천 명 몇 만 명씩 되는지라. 연내로 미국에 가 있는 청인이 여러 십만 명인데, 그런 좋은 곳에 가서 자식을 낳고 손자가 나되 일호도 저의 야만스러운 풍속과 의복과 행실을 고치지 못하므로, 더럽고 추하고 궤휼함을 사람이 가까이 하기 싫어하여, 지방을 따로 거쳐 청인 촌을 만들어 주고 그 밖에 나오지 못하게 하되 부끄러운 줄을 모르고 종시 변치 못하며, 저의 본국 탐학에 못 견디는 자 날로 많이 건너가므로 형세는 점점 퍼지는지라.

미국에 상하 관민이 일제히 견딜 수 없는 줄을 설명하고 국회에 의론하자, 청인을 영구히 받지 말자 하는지라. 이것은 큰 문제가 되어 시비가 무수하다가, 청인은 상민과 자본주와 유람자와 한어 한문 가르칠 교사될 사람은 허락하여 받고, 그 외에는 다 들어오지 못하게 하자 한즉, 모두 말하기를, 청인은 일체로 다 막는 것이 좋다 하는지라. 전국이 이 뜻을 다 합당하다 하며, 홀로 교회에서 그 너무 심함을 설명하고, 이상 세 가지 관계한 자는 받는 것이 옳다 하나 별로 청종(聽從)하는 자 적은지라.

의론이 아직 확실히 결정치 못한 모양이나, 세상에 사람이 이 대접을 받고야 차라리 그 정치 밑에 백성 노릇하는 이보다 죽어 모르는 것이 나을지라. 우리도 청인보다 별로 낫다고도 자칭하기 어렵고, 또한 구미 각국에 가기를 별로 원하는 자도 많은 줄 모르겠으나, 부지중 인종이 같아서 미국에 가면 청인이라고 받지 않을 염려가 있은즉, 청인의 해가 또한 우리 인민에 까지 미쳤다 하겠도다.

동서양을 물론하고 정치를 고치지 않는 나라는 부강한 형세도 믿을 수 없고, 여러 천년 유전하던 기업도 믿을 수 없이 다 이 위의 몇 나라 같이 될 것이고, 백성이 새 학문을 싫어하며 변할 줄을 모르면 세상에 청인같이 서러운 대접을 받을 터이니, 어찌 소홀히 생각하리오.

제6권 제10호

대한제국 광무 7년 1월 15일 (木)

(국민의 권리 손해)

대한 관민들이 외교상 관계되는 일을 당하면 항상 말하기를, 각국이 다 같은 권리가 있고 내외국 인민이 다 같은 권리가 있어 남이 능히 범치 못할 것이거늘, 강한 나라가 항상 힘만 믿고 경위를 불고하는 고로 어찌할 수 없으니, 이는 소위 만국 공법이 대포 한 자루만도 못하다 함이라. 작은 나라는 공법과 약장을 알아도 쓸데없다 하는지라. 이로 인연하여 당초에 공부도 아니 하려 하며 남의 경위와 법률도 듣고자 아니 하니, 어찌 나라 형세가 점점 쇠하지 않으리오.

이는 다름 아니라 자래(自來)로 백성끼리 상하 관민의 등분만 차려 세를 믿고 압제와 무례 무지함만 무수히 행하여, 법률 경계를 다 물론 한 고로, 이 중에서 백성의 평등 생각이 없어지며, 배워서 남과 같이 될 의사가 나지 못하며, 모두 썩고 상하여 층층이 남에게 눌려 지내는 것이 큰 학습이 된 고로, 다 알기를, 상놈은 양반에게 눌리며, 아이는 어른에게 눌리며, 약한 자는 강한 자에게 눌리는 것이 천지에 떳떳한 법으로 알아, 이로 인연하여 작고 약한 나라는 크고 강한 나라에게 눌려 지내는 것이 또한 떳떳한 이치로 알아, 무리를 당하여도 어찌할 수 없는 줄로 아는 까닭이라. 이러므로 남의 무리 능멸을 당하며, 받지 못할 수치를 받고도 분한 줄도 모르고, 동등 권리를 찾는 도리가 있다 하여도 잘 믿지 아니함이라. 어찌 국권을 회복할 도리가 있으리오.

실상인즉 강한 자가 무리를 행함이 다 약한 자가 자취(自取)하여 달게 받는 연고라. 우리나라도 근래에 이르러는 구법(舊法)을 없이 하는 때인즉 빙거할 수 없거니와, 당초에 법 마련하던 본의인즉 약하고 작은 자를 보호하기 위하여 만든 것이라. 그런즉 약한 자는 남에게 무던히 욕을 당하거든 법률에 어기는 줄을 알고 청원(請援) 정소(呈訴)하여 재판 조율(調律)을 하여야 다시 강한 자의 행실을 징계할 것이지, 만일 그 약한 자가 법에 있고 없는 것은 모르고 다만 생각하기를, 저 부유하고 세력 있는 이가 내게 능욕하고 토색하는 것이 당연한 줄로 알아 정치(政治)도 하지 않고 달게 받을진대, 뉘 능히 징치(懲治)하여 주며, 그 강한 자의 무리함이 어찌 더 늘지 않으리오.

나라의 나라 노릇하는 것이 또한 이와 같아서, 근본 공법 만든 본의가 작은 나라를 보전하자고 한 것이거늘, 작은 나라가 이것을 몰라 이 이익을 같이 누리려 아니 할진대 강한 자의 무리함이 점점 느는 법이라. 이러므로 지금 우리나라 사람들이 외국인에게 각색 능멸과 욕을 당하여, 모든 중대한 일은 고사하고, 여간 소소한 관계를 인연하여 잡혀 일본 경찰소에 갇혀 욕을 무수히 보는 자 많되, 잡혀가 갇히는 자도 이것이 공법과 약장에 없는 법이라고 말 한 마디도 못하고, 정부 관원들도 내 백성 보호하기 위하여 공문 거래로 국권을 세우고자 하는 자 있음을 듣지 못하였으니, 어찌 원통하고 분발치 않으리오.

각국 통상약장에 대한 국법이 각국들과 같이 공정히 되기까지는, 대한에 득죄(得罪)하는 일인(日人)은 일본 영사에게 보내어 다스리고, 일본에 득죄하는 한인(韓人)은 대한 법관에게 보내어 다스리게 한다 하였은즉, 일인은 지금 삼척동자라도 대한 순검이 잡아가려 하면 곧 거절하여 왈(日); 약조에 없는 것이니 아니 가겠노라 하고, 백성끼리 보호하여 아니 잡혀 보내기로 목숨을 아끼지 아니하며, 또 그 관원들이 일심으로 보호하나니, 이러므로 그 백성은 다만 한둘이라도 외국인이 감히 능멸치 못한즉, 그 관원 된 이야 더욱이 뉘 감히 수모하리오. 대한은 백성이 우선 이 경위를 모르며, 서로 보호할 줄 모르고, 또한 관원이 돌아보지 아니하고 다만 내게 이해관계 없는 일이니 상관하기 싫다 하는 고로, 인하여 상하 관민이 다 같이 그 해를 당하는 바라. 상하가 일심하여 이 분하고 원통함이 뼈에 미쳐 잊지 말고, 마땅히 백성의 권리를 보호하여 백성이 능히 따로 설 힘이 생기게 하여 가지고 정부 관원 네의 지위와 권리가 차차 높아지기를 기약할 일이라.

그러나 정부 관원들이 이런 말을 들으면 혹 생각하되, 우리 백성도 타국과 같아서 능히 정부를 받들고 보호하여 남이 무리를 행하지 못하게 하면 어찌 좋지 않으리요 하는지라. 진실로 이렇게 되기를 원할진대 백성의 힘을 먼저 받들어 주어 내 고을 원이라도 도적질 하는 것은 법대로 정소(呈訴)하여 재판하며, 내 나라 대신이라도 불의의 일을 하는 것은 들어 시비하여 무단한 압제를 받지 않아서, 남의 자유 하는 백성과 같이 임의로 하는 권리를 주어야 본국에서 먼저 무리함을 받지 아니하여 가지고, 장차 남의 나라 무리를 또한 당치 않으려 할지라.

지금 이 모양으로 눌러 압제하여 내 백성은 외국인만 못하게 대접하여 놓고, 남의 높이 대접받는 백성과 같이 하라 하면 어찌 될 이치가 있으리오. 그런즉 이 천재(淺才)와 이 수치를 관민이 일체로 당함은 책망이 첫째 관원들에게 있다 한지라. 관원들이 이 책망을 알아 내 백성을 좀 낫게 대접하여야 하려니와, 일본 공영사의 직임 맡아 오는 일인즉 또한 달리 주의하지 않을 자 없는지라.

매양 사소한 일로 인연하여 남의 백성을 무리하게 함이 실상 공영사가 자작(自作)함은 아니나, 이로 인연하여 양국 인민의 교제가 손해되니, 국민 교제의 손해됨은 양국이 다 되는 바라. 대한 신민은 약장을 의지하여 대한 법관에게로 돌려보내는 것이 좋을 듯하도다.

제6권 제11호

대한제국 광무 7년 1월 16일 (金)

(정부와 백성의 서로 관계됨)

정부는 어디서 권력이 생기나요, 백성이 합하여 받치는 연고요. 백성은 어디서 권리가 생기나요, 정부가 보호하는 연고라. 그런즉 당초에 정부 설시하기를 백성 보호하기 위함이오, 백성 내기를 정부 관원을 살리기 위함이라. 그러므로 정부가 백성을 보호하지 못하면 다만 그 맡은 직책을 저버릴 뿐 아니라 곧 정부 노릇할 힘이 없어짐이고, 백성이 그 정부를 받치지 못하면 다만 정부 설시하던 본의만 배반할 뿐 아니라, 저의 몸 보호할 힘이 없게 만드는 바니, 마땅히 서로 보호하며 서로 받친 후에야 합중(合中)한 힘이 생겨 둘이 다 부지함을 얻을지라.

만일 그렇지 않고 정부는 백성을 매가 꿩 보듯 하며, 백성은 정부를 개가 범 보듯 할진데, 매는 꿩을 죽이려고만 하고, 개는 범이 없어지기만 원할지라. 이 상극(相剋)을 함께 몰아 놓을진대 많이 모일수록 더욱 위태할지니, 저희끼리만 두어도 필경 서로 잡아먹다가 다 없어지고 나중에 한둘이 남거나 말거나 할 것이거늘, 하물며 사냥꾼이 있어 그 중에 들어가면 힘 안 들이고 어느 것을 먼저 잡을는지 모를지라. 나중은 개도 죽고 범도 잡힐지니, 그 수효가 아무리 많으나 무슨 효험이 있으리오.

지금 청인의 수효가 천하에 제일 많되 그 사람들이 천하에 제일

천하고 불쌍한 대접을 받으며, 그 많은 백성 위에 정부가 천하에 제일 강할 것이로되 오늘날 천하에 제일 능멸과 욕을 당하여, 그 대신과 그 관원이 각국인의 종이나 다름없이 구박을 당하니, 이는 다름 아니라 그 정부에서 백성을 매의 밥으로 본 고로 백성이 견디다 못하여 개가 범을 피하듯 하여 한둘씩 외국으로 도망하므로, 그 도망하는 자라도 따라가서 다만 모군(募軍) 서서 번 돈 한 푼이라도 빼앗을 수만 있으면 빼앗을 터이거늘 언제 보호할 생각이 나리요.

그 백성이 외국에 가서 보호하는 본국 힘이 없은즉 그 백성은 몇 백 명 몇 천 명이 무단히 죽어도 제 나라에서 말할 사람이 없은즉, 백성이 이렇게 천한 후에야 그 백성 위에 있는 관원을 얼마나 높이 대접하리요. 그 정부를 곧 멸시 천대하는 바요, 또한 외국으로 도망도 못하는 백성은 할 수 없어서 그 함독(含毒)을 받으나 그 정부가 없어지기를 주야 축수(祝手)하리니, 외국인이 그 정부 보기를 사억만 백성 위에 있는 정부로 알지 않고 사억만 원수 가운데 있는 외로운 사람으로 아는 지라. 한 번만 착수하면 그 원수들이 다 나를 도울 것이니 무엇이 두려워서 대신에게 호령을 아니 하며, 뺨을 아니 치리요. 이는 백성 천대하는 정부가 남에게 천대를 받는 근원이라.

저 열린 나라에서들은 통히 주의가 이와 다를 뿐더러, 정부와 백성이 각기 맡은 직책을 행하여, 정부는 의례히 백성을 보호하며, 백성은 의례히 정부를 보호하는 외에, 만일 정부 관원이 그 직책을 못할지라도 백성이 기어이 그 보호를 받도록 만들며, 정부에서도 또한 생각하되, 내 백성 하나가 외국인에게 천대받는 것은 곧 온 정부가 다 천대받는 것과 일체로 알아, 내 백성이라고 다만 한둘이라도 외국에 가 있으면 곧 공사와 영사를 보내어 보호하며, 오히려 부족하여 순양함대를 만들어 각처에 순행하므로, 지금 대한에 있는 영 미국 인민이 몇 명이 못

되되 인천 항구에 군함이 종종 들어오며, 하등인(下等人)이 지나다가 욕을 보아도 곧 조회(照會)가 왕래하며 배상을 달라, 죄를 다스리라, 하며 제 주민 편에 법국 교사가 한둘이로되 그 사람이 위태하게 되자 법국 군함이 들어가 보호하고, 지금껏 배상을 내라고 시비중이니, 이 백성 한둘이 저렇듯 무섭거든 그 관원이야 더욱이 어떻게 무서우리오. 이것은 백성이 함께 보호하여 관원이나 백성이 도처에 머리를 높이 들고 어깨에 바람이 나서 다니는 바라.

슬프다, 대한 관인들이여. 내지(內地)에서도 내 백성을 매가 꿩 보듯 하지 말려니와, 외국으로 가는 백성들도 보호할 도리를 생각하여야 할지라. 년 뒤에 일본서 한국 백성들이 석탄고에 모군(募軍)이 되었다가 거의 다 죽을 뻔한 것을 다행히 어떤 유지한 친구가 로비를 잘하여 데리고 나왔으나 몇 명은 이왕 그곳에서 죽었고, 또 일청 전쟁 시에 아라사 사람이 인천서 모군 몇 백 명을 데리고 만주 근방에 갔다가 십생구사(十生九死)하여, 돌아오지 못한 자 태반이고, 그나마 타국으로 갔다가 내 나라 관원의 보호를 받지 못하고 외로이 생사존망을 모른 자를 어찌 다 기록하리오마는, 월전에 인천항에서 일인과 영인과 미국 사람이 모군 몇 백 명을 모집하여 포와국(하와이)으로 간 일은 다만 외국 신문으로만 알았고, 본국 관인이 어떻게 주선하여 내 백성 보호할 방책을 만들었단 말은 듣지 못하였으니 어찌 개탄치 않으리오.

대저 포와국은 수로로 만여 리라. 그 하등 노동자들이 한 번 가면 본국으로 돌아올 기망이 묘연할 것은 명약관화 할지라. 그 허다한 말은 이루 다할 수 없거니와, 우리는 정부에 권고하기를, 타국의 예를 의지하여 포와국에 있는 어느 나라 공영사 중 신실한 사람으로 대한국 대리 명예영사라도 권차(勸借)하여 그 백성을 아무쪼록 보호하게 하기를 바라노라.

제6권 제13호

대한제국 광무 7년 1월 19일 (月)

(국권을 보호할 방책)

연일 논설에 누차 설명한 바는, 정부의 권리가 백성에게서 나나니, 백성이 어둡고 무식하여 남에게 천대와 수욕을 당하면 그 정부가 또한 딸려서 수모와 욕을 받는 고로, 한 백성이라도 내 나라 국기 밑에 속한 자는 남에게 말 한 마디라도 무리함을 받지 않게 하여야 인하여 그 위의 관원들의 지위와 대접이 자연히 높아지는 법이니, 이는 더 말하지 않아도 소상할지라.

그러나 지금 이렇듯 밝고 평탄한 천지에서 내 백성이 남에게 먼저 실수를 하거나 죄를 짓게 하고 보호하려 하면 세상에 어찌 공법이 있으며, 약한 나라와 약한 백성이 어찌 부지하리요. 그런즉 내 백성을 가르쳐 학문과 법률과 각국 풍속 인정을 알아서 남의 백성보다 밝은 사람들이 되며, 남의 나라에 들어갈 적에 그 나라 법률과 통상 교제상 약조를 소상히 알아 능히 알고 범치 말게 하여야 백성이 각기 법을 지키며 법을 행하는 사람들이 되어, 일변 저희가 모르고 범법하는 폐도 없으려니와, 자기가 가서 있는 나라 사람이 혹 무심하여 모르고 범할지라도, 그 법을 들어 시비하여야 법외에 무리함을 받지 아니할지니, 이는 정부의 권력이 아무리 강대하여도 홀로 보호하기 어려우므로 백성이 따로 저의 권세를 보호하여 국권을 받치게 하는 법이라.

만일 백성이 이것을 모르고 다만 내 나라와 내 동리에서 듣던 말이나 믿을 뿐이고 저기 가 있는 타국 법률과 공법 약장을 모를진대, 혹 실로 범법하고도 벌을 당하겠고, 법을 범치 않고도 남이 범하였다면 범한 줄로 알고 욕을 감심(甘心)하여 당할지니, 아무리 분하나 어찌 국권을 보호하며 자기 일신상 권리를 보호하리요.

백성이 이러하면 다만 남의 뜻과 남의 권리에만 매달려 지내어 마치 우마(牛馬)가 사람에게 의지하여 지내듯 할 뿐이니, 우마 같은 백성 위에 정부된 관원들이 얼마나 대접을 받으리오. 응당 그 백성들보다는 좀 낫게 받을 터이나 권리를 보호하는 사람들의 정부보다는 몇 층 떨어지게 받을지니 어찌 통분치 않으리오.

지금 우리나라 백성들은 정부에서 보호하려는 생각도 별로 간절한 줄 모르겠거니와, 설령 보호하고자 하여도 관원이 먼저 공법을 모르며 약장을 모르니, 유래하여 오는 여간 묵은 법률이나 등록이나 가지고는 외국인에게 말하여도 쓸 데 없은즉, 관원들도 긴치 않은 묵은 학문 공부하는 동안에 약장과 공법과 새 정치, 학문상 글자들을 좀 유의하여 보아야 위선 백성도 보호하려니와, 자기네가 당장 외국인에게 비소(鼻笑) 듣고 빰맞는 욕을 면하고 벼슬을 다닐 것이고, 한편 백성으로 하여금 공법 약장을 알려야 할지라.

기왕에도 여러 번 설명하여 긴요한 관계를 알게 하고자 하였으나, 혹 누가 들었는지 말았는지 민정은 날로 곤하여 가며 국권은 날로 감삭하여 가니, 장차 무엇으로써 회복하고자 하느뇨, 한심 한심하도다.

대개 사람의 권리는 학문에서 생기나니, 학문이 없으면 권리가 무엇인지 모를지라. 자연히 법을 모르고 범하기 쉬우며, 법을 한 번 범한즉 한 가지 권리가 감하여지는 법이라. 하물며 우리나라는 외국이 혹 거류지로 알며, 혹 주인 없는 고깃덩어리로 보아, 국제상이나 개인상에 관계가 점점 심급(甚急)하거늘, 종시 알리지도 않고 알려고도 아니하니, 사람이 저 먹을 음식을 몰라 못 찾아 먹은 후에야 남이 어찌 대신 먹으려 아니 하리요.

지금 제일 급한 것이 공법 회통(公法會通)과 통상 약장을 국문으로 번역하여 여러 만 질을 발간하여 가지고, 각 도 각 군에 대소를 가리어 분배하여 내리고, 그 관계를 고시하여 관원들이 한편으로 권면하여 간절히 공부하게 하면, 사람마다 자연히 남에게 동등 대접을 받지 못함을 통분히 여기는 의사가 생기며, 우리도 각기 이것을 알아 지키면 위선 외국인에게 무리도 받지 아니하고 치외 권리도 차차 회복하는 도리가 있으며, 내 권리와 이익을 회복하여 남에게 지지 않으려는 공심(公心)이 생길지라.

이러한 후에야 스스로 그 긴한 줄을 깨달아 각 글방에서라도 옛 글이나 중원(中原) 사기(史記)만 공부하는 풍습을 고치고, 새 학문과 정치와 이치학(理致學)에 긴요한 글을 배워 눈 뜨고 귀 열린 사람이 되어, 아무리 강한 자라도 공법 약장의 옛일을 행코자 하면 그 불가함을 말하고, 내 주의와 내 권리로 따로 서서 세상 만민과 동등 대접 받을 의사가 날지라. 이런 후에야 정부 떠받칠 직책 있는 줄도 알겠고, 동포를 보호할 권리 있는 줄도 알지라. 이것이 아니면 국권을 보호할 방책이 없다 하노라.

제6권 제15호
대한제국 광무 7년 1월 21일 (水)

(걸인을 구휼할 방책)

천하 사람이 다 착할 지경이면 인간에 화복(禍福)이 어디 있으며, 화복의 등분이 없으면 선악을 무엇으로써 증거하리요. 그런즉 가난하고 천한 사람도 없을 수 없고, 재앙과 화패(禍敗)도 없을 수 없는지라.

사람마다 배부르고 등 더울 때는 착한 도와 옳은 말이 귀에 아니 들어가므로 무엇이 사람의 도리인지 모르다가, 재앙과 궁곤(窮困)을 당하여 살이 아프고 마음이 두려울 때에야 옳은 말이 귀에 들어가면 마음에 백이기 쉬운 법이라. 우리가 환란과 궁곤을 마땅히 착한 곳으로 가는 길을 인도하는 문으로 알아야, 위선 이 세상에서 위로함도 얻으려니와 옳은 길을 찾아가기 쉬울 지로다.

그러나 사람이 어두워서 가르치지 아니하면 스스로 착한 마음을 돌이키지 못하고, 환난질고를 까닭 없는 재앙으로 알아 영구히 옳은 마음을 먹지 못하고, 여일히 남을 속이고 남을 해하려 하다가 필경 새사람이 못되고 말지라. 그런고로 어진 사람은 빈한한 사람의 육신 구제하기를 긴히 여기지 않고 그 마음을 돌이키게 함으로 위주하는 바라.

가령 걸인이 있는데, 그 걸인을 보고 구제할 생각이 없어 심상히 지낼진대 어찌 착한 사람이라 하리요. 불가불 구제하여야 마땅한 도리라 할지라. 그러나 그 걸인은 다만 밥 먹고 옷 입을 도리만 변통하여, 편히 먹게 하자면 한두 걸인이 아니니 이로 다 낱낱이 구제할 수도 없거니와, 설령 구제할 수가 있을지라도 그 걸인이 이것을 한 밥자리로 알아 몸을 의탁하고 영구히 얻어먹고 얻어 입기로 평생을 의탁할지니, 어찌 따로 벌어먹을 직업을 행코자 하리요. 마땅히 그 사람의 마음을 가르쳐서 악한 마음을 변하여 선심(善心)을 먹을진대, 자연히 도와주는 이가 생겨서 복이 돌아올 줄을 믿게 하며, 한편으로 재주를 가르쳐 물건을 짓거나 일할 줄을 알아 제 수족으로 힘써 벌어먹게 할진대, 그 후는 남의 도움을 받지 않고라도 넉넉히 지낼지라.

이것이 참 사람 구제하는 법이라 하는 고로, 지금 세상에 빈한한 이들을 구제하는 자 풍병원(風病院)과 고아원(孤兒院)과 고롱원(瞽聾院)을 설시하여 미친 자, 각색 병 있는 자는 따로 치료하여 병이 나아서 성인이 되게 하며, 부모 없는 어린아이들을 모아다가 기르며 가르쳐 이후에 유익한 사람이 되게 하며, 소경과 귀먹은 병신들을 모아다가 글과 말을 가르치되, 귀먹고 말 못하는 자는 선생이 손으로 글자를 형용하여 가르치면 언어를 곧 글로 말하여 입으로 통어(通語)하는 것과 다름없이 하며, 소경은 지판(指板)에 글자를 따로 박아 손으로 만져보고 배우게 하는데, 이렇게 배워 공부 잘한 선비들이 많은지라.

이런 소경을 위하여 따로 내는 신문이 있으므로 앉아서 각국 일을 많이 아는지라. 어떤 유명한 학사가 한 소경 선비를 보러갔더니, 인사하여 성명을 안 후에 가까이 답례하여 왈(日); 존명을 신문에서 보고 가히 추앙하더니, 오늘 뵈오니 아무 일 아무 일이 다 칭사(稱謝)할 만하노라 하였다더라.

이런 일은 다 교화 높은 나라에서 지극히 힘쓰는 바이라. 우리나라에서도 자래로 환과고독(鰥寡孤獨) 네 가지 불쌍한 백성을 특별히 구휼하던 바이나, 사개 학체에 완전치 못한 것이 이 네 가지보다 더욱 불쌍한 인민이라. 병든 자를 고쳐주고, 재주 없는 자를 가르치며, 일거리 없는 자에게 직업을 얻어 주며, 악한 자를 변화시켜 선하게 고쳐주며, 외로운 자를 위로하여 즐겁게 만들어 인민이 함께 인선화락(仁善和樂)하여 기쁜 세상을 만드는 것이 어찌 여민동락(與民同樂)하는 성덕의 본의가 아니리오.

저 문명 부강하다는 나라에도 빈한(貧寒) 곤궁한 자 없지 않거늘, 이같이 곤궁한 나라에야 더욱이 어떠하리오. 걸인과 병신과 외로운 아이가 가장 많은지라. 저 부귀빈천은 물론하고 뉘 아니 대황제 폐하의 적자가 아니리오. 정치가 바로 잡히고 사업에 기초가 발달될진대 저 불쌍한 사람들을 위하여 일하는 큰 사업이 차례로 성취될 터이나, 아직 그렇지 못한 고로 년 전에 진빈소(盡貧所) 한다는 시작이 있었으나 다 순전히 자비한 마음에서 나온 일이라 할 수 없고, 혹 간간히 구휼한다는 일이 다 전일키 어려운지라. 도로 방곡에 주야로 울고 부르짖는 소리가 사람의 귀를 찌르며, 설상(雪上)에 벌건 살을 드러내고 떨며 우는 형상은 내외국인의 눈을 놀래는지라.

황궁 지척과 환구단(環球壇) 좌우로 참혹한 경상이 사람으로 하여금 볼 수 없게 만드는 지라, 차마 어찌 심상히 보리오. 국가와 백성이 급급히 합력하여 저 불쌍한 동포들을 임의로 구제하여 아주 예의지방에 덕화를 드러내어 천하에 자랑을 한번 하여 보사이다.

제6권 제20호
대한제국 광무 7년 1월 26일 (月)

(음력 세말)

향일에 우리가 양력 명일을 지내어 환세인사(換歲人事)까지 하였은즉, 음력 명일은 잊어 버려야 차차 옛것을 버리고 새것을 본뜨자는 본의가 될지라. 마땅히 이날을 심상(尋常)히 지내는 것이 합당할 듯하나, 국중 시세가 그렇지 않은 중에 우리가 홀로 구습(舊習)을 일조에 버리자면 만산백설(滿山白雪)에 한 잎새가 홀로 푸른 것 같아서, 사람의 이목에도 이상하려니와 형세를 따라 인도하자는 본의가 아니 기로, 부득이 음력 이월 이십구일부터 본 신문을 정지하여 새해 정월 초오일에 다시 발간하려 질정(質定)하오니, 불가불 전례의 말 한 마디 없지 못할지라.

그런즉 우리는 일 년에 환세명절(換歲名節)을 두 번이나 지내니, 좋은 날을 자주 만나 일 없이 즐거이 노는 것은 싫지 않다 하려니와, 일 많은 천하와, 걱정 많은 나라와, 살 수 없는 백성의 사정에 앉아 생각을 지체치 말고 주야 분주히 일을 하여도 오히려 이 문명부강을 다투는 천지에서 남을 따라가며 국민의 사정을 회복하기 어려울 텐데, 하물며 하는 일은 없고 명일과 연회하기로만 즐겨 놀진대 우리의 일은 누가 하며, 일하는 사람 없을진대 우리의 곤궁 위험함은 어찌 써 떼여 보리오. 대개 백성의 마음이라 하는 것은 윗사람들의 뜻을 보아 따라가나니, 지금 백성 위에 있는 이들이 이 형편을 깨달아 주야 일하기 분주할진대 일정한 규모가 서서 일 년에 명일이 둘 되는 폐가 없을지라. 일본이 지금도 깊은 산촌 같은 데서는 음력을 혹 쓰는 자 있다 하나, 전국이 통히 양력으로 준행하나니, 이는 위에 있는 이들이 일정한 규모를 세우는 연고라.

저 일본의 윗사람들인들 본국 명일을 어찌 일조일석에 버리고자 하였으리오마는, 천하 형편이 그렇지 못하여 구습으로 나라를 보전할 수 없는 줄 깨달음이라. 깨닫고 힘쓴즉 자연 된 것이니, 일본이 이러할 제 대한이 어찌 홀로 그렇지 아니하며, 일본이 힘써 될 때에 대한이 어찌 힘써 아니 되리요. 우리 관민들도 어서어서 옛 풍속은 일제히 버리고 새것으로 날마다 나아가 보기를 힘써야 나라와 백성이 일본과 같이 이익을 얻을 지로다.

나도 한낱 대한 신민이라. 여기서 생장하여 풍속과 행습에 젖은 몸이라, 어찌 외국법과 외국 일만 좋아 내 것을 버리고 남의 것만 취하자 하며, 조상 때부터 유전한 고풍을 일조에 버리기 어찌 섭섭한 마음이 없으리오만은 이때는 실로 만국이 다 일신하게 변혁하는 세상이라, 이 풍기를 알고 변하기를 힘쓰는 자는 일본같이 흥왕 발달하고, 구습을 버리지 못하는 자는 청국같이 쇠하여 들어가는바, 부지중에 옛 풍속은 자연히 없어져 날로 변하여 새 세상이 되어가는 바라. 이것을 모르고 완고 고집하는 자야 어찌 어리석지 아니하며 쇠패함을 자취함이 아니리요.

연전까지도 이 세말(歲末)이 되면 각 군, 각 도에서 진봉짐(進封짐: 물건을 싸서 임금에게 바침) 오는 것이 사방으로 길에 메었더니, 지금은 이것이 해마다 없어져 가서 혹 한두 가지 사사로이 주고받는 것이 있으나, 전같이 의례로 알지 아니하며, 이십오일이면 회동좌기(會同坐起: 매년 12월 25일부터 이듬해 1월 15일까지의 사이에 형조와 한성부의 관원이 모여 금령을 풀고 가벼운 죄인을 놓아주던 일) 날이라 하여 모든 금란(禁亂)하는 물건을 임의로 매매하게 하므로, 이날이 또한 좋은 명일이라 하여 혹은 물건을 사러 가며, 혹은 팔러 가며, 혹은 구경하러 갈 새, 아이들은 찬란한 의복을 입고 쌍쌍이 몰려서 종로 대로로 밀려다니므로, 가진 물건과 의복 기명 등류를 좌우로 벌려놓은 것이 실로 장관이라 발 들여디딜 곳이 없더니, 지금은 난전이니 마니 한 사람도 없고 보잘 것도 점점 없어져 가므로 종로 대로상이 전에 비하면 적적요요(寂寂寥寥)한지라. 이는 누가 금한 것도 아니오 말린 것도 아니로되 형편에 딸려 자연히 변하여 감이라. 날로 이렇듯 변하여 가는 형세를 누가 능히 막으리오.

상고적 하(夏) 은(殷) 주(周) 삼대 시절에도 자축인(子丑寅)을 바꾸어 정삭(正朔)을 만들었으니, 다 그 때를 인연하여 변혁함이라. 하물며 지금 세상은 천하가 일제히 변혁하는 터에 홀로 앉아 옛적 혼자 살 때에 일 없고 배부르던 고담(古談)만 꿈꾸듯 하고 지내려 할진대 어둡고 외로운 형세를 어찌 지탱하며, 차차 옛일을 버리고라도 만국과 같이 즐겁고 편안하고 자유 하는 낙을 누릴진대 이 어찌 국가의 복이 아니며, 만민의 다행이 아니리요. 세월이 새로울수록 마음을 새롭게 하며, 일을 새롭게 하여, 나라를 새롭게 만들어 가지고 새로운 복을 같이 누리기 깊이 축수하노라.

제6권 제22호

대한제국 광무 7년 2월 3일 (火)

(국문 교육)

국문이 우리나라 교육 개명 상에 대단히 유조(有助)함은 사람마다 거의 다 짐작하는 바이라 다시 설명할 것 없거니와, 만일 이 글이 아닌들 제국신문 보시는, 한문 모르는 이들이, 무엇으로써 매일 등재하는 뜻을 보았을는지 모를지라. 만일 한문을 배워 가지고 이 말을 보려할진대 소불하(少不下) 오륙년 후에야 이것을 볼지라. 그런즉 이 글의 효험이 어떠하다 하겠느뇨.

지금은 우리가 이 글로 효험을 얻었은즉, 우리를 미루어 남을 생각할진대, 또한 그 효험 얻을 줄을 짐작할지라. 저 게으르고 무식하여 국문 한 자도 모르는 사람들로 하여금 며칠 공부만 허비하면 각색 책을 못 볼 것이 없을지니, 함께 가르치고 권면하여 우선 남들 아는 여간 학식과 소문이라도 알고, 차차 깊은 뜻을 배워 각색 학문을 배우게 하였으면 어찌 개명 발달의 길이 이것에 있지 아니 하리요. 그 급한 관계가 이러하니, 이러므로 국문학교를 설시하는 것이 급급하다 함이라.

그러나 지금은 국문학교를 설시하는 것이 긴요한 줄로 여기는 이가 많지 못한 연고로, 아직도 국문교육이 발달치 못하여, 다만 개명상 주의를 안다 하는 이도 책을 국한문(國漢文)으로 섞어 저술하는 것만 긴요한 줄로 알지, 순 국문으로만 만들기는 경영치 못하는 바이오. 설령 국문을 긴히 알아 배우려 하거나 가르치려 하거나, 혹 학교를 설시할지라도, 교과할 책이 없어서 할 수 없는지라. 어찌 국문 책 만드는 것이 더욱 긴요치 아니 하리요.

지금 국문으로 새로 지은 책권을 대강 상고할진대, 국문학교에서 가르칠 만한 것이 첫째 초학언문(初學諺文)이라 하는 책이니, 인천 사는 미국인 존스 부인이 저술한 것이고, 국문독본(國文讀本)이라 하는 책은 존스 씨가 지은 것이고, 국문 사민필지(士民必知)는 헐벗 씨가 지은 것이고, 심산초학(心算初學)이라는 것은 교회에서 발간한 것이고, 국문산술(國文算術)이라 하는 책은 신해영 씨가 번역하여 교회에서 찍은 것이라. 이 다섯 가지가 소학교의 긴요한 국문 교과서가 될지라.

초학언문(初學諺文)에는 국문 반절(反切)에 자모(字母) 분간 되는 법과, 쉬운 문법으로 웬만한 장어(長語)의 문법을 분별하였고, 국문독본(國文讀本)은 각색 물리학과 교육학에 유조할 만한 이치와 이야기를 간단하게 만들어, 문법이 좀 어렵고 뜻이 좀 깊게 만들어, 각국 방언의 독본과 심상소학(心象小學)의 종류로 만들었으므로 재미도 있거니와 어린 자녀들을 가르치기에 매우 깨닫기 쉽고, 심산초학(心算初學)은 순 국문으로 서양 수 글자를 써서 측량도수(測量度數)와 긴요한 법을 알게 하였으며, 국문산술(國文算術)은 또한 각국이 통용하는 수글자로 산 놓는 법을 버리고 문제와 대답을 내어, 여간 소학교 중학교에 통행하는 법은 대강 올리고 국문으로 해석하여 놓았으므로 한문 모르는 이가 혼자라도 보면 산학을 배울 수 있게 만들었고, 사민필지(士民必知)는 천문의 지구와 일월이 도는 이치와, 각국 풍토 산천 기후 소산(所産) 인물 정치 등의 관계를 대강대강 말하였는지라. 이것이 다 불가불 알아야 쓸 것이오.

그 중에 더욱 긴절한 것은 국문의 문법이라. 만일 국문으로 학문과 교육에 긴요한 책을 만들려면 반드시 일정한 문법이 있어 그대로 시행케 하며, 그 중에 부족한 것은 확장하여 더욱 정밀히 만들어야 차차 진보하여 좋은 글이 될지라. 그러나 국문을 지을 적에는 다 글자를 낸 까닭이 있어 고저청탁(高低淸濁)을 가리었으나, 공부를 힘쓰지 않고 버려두어 연구치 아니하므로 지금 쓰는 국문이 다 법에 어기는 것이 많으니 이 역시 개탄할 바이라. 서양 교사들이 혹 고쳐 만들기도 하고, 혹 새로 발명도 하여 교정한 것이 많으나, 다 각기 의견이 달라 일정한 규모가 없는지라.

근일에 주상호 씨가 국문 문법을 해포(*1년이 넘는 동안)나 궁리하고 상고(相考)하여 한 권을 필역(畢役)하였는데, 그 글자의 생긴 시초와 음(音)의 분별됨과 어찌 써야 옳은지를 질정하여 놓았는데, 국문 배우기에 가장 유조할지라. 누구든지 이 책을 발간하여 놓으면 큰 사업이 될지라. 유지하신 이가 의론코자 하거든 정동 배재학당으로 가면 만날 터이니, 이상 몇 가지 책은 불가불 보아야 할지니 널리 구하여 보기를 권면하노라.

제6권 제24호

대한제국 광무 7년 2월 5일 (木)

(국가 흥망의 근인)

우리나라 사람들의 할 수 없는 폐단을 말하자면 어둡고 완고하다, 원기가 없고 나약하다, 용맹스럽게 하고자 하는 마음이 없다 하는 것이 다 할 수 없는 성질이라 할 터이나, 그 중에 가장 어려운 것은 운수라 하는 것을 믿음이다. 이것을 믿는 마음으로 인연하여 백 가지가 하나도 될 수 없으니, 실로 깊이 걱정할 바로다.

애석하도다, 사람의 어리석음이 어찌 이다지 심하뇨. 종시 그 연고도 묻지 않고, 이치도 생각지 못하고, 다만 남이 우연히 운수라 하는 것을 말한다고 나도 또한 따라 믿어 나라의 흥망 안위가 운수에 달렸고, 사람의 수요(壽夭) 화복이 운수에 달렸다 하다가, 심지어 조그마한 물건의 깨어지고 상하는 것이 또한 다 운수에 달렸다 하니, 이 생각으로 사람마다 일을 잘하면 되는 것이며 못하면 아니 되는 것은 종시 생각지 못하는지라.

그 운수의 있고 없는 것은 장차 설명하려니와, 만일 만사만물이 다 운수에 정하여 변할 수 없을진대, 부지런히 일하여서는 무엇 하며, 애쓰고 벌이한들 무엇 하리요. 농부가 밭 갈고 김매고 추수 아니 하여도 죽지 않을 운수면 부자 갑부라도 자연히 될 것이고, 정부도 없고 벼슬도 내지 말고 법률 규책도 마련치 아니하여도 흥할 운수 같으면 자연히 영미 각국을 통일할 기회라도 이를지라. 나부터 공부할 이치도 없고 시시비비 의론할 까닭도 없을지라. 어찌 옛적 선왕 네와 성현 네가 정사를 밝히며, 교육을 힘쓰며, 법률을 세우며, 군사를 기리며, 농사를 권장하였느뇨. 마땅히 아무 일도 아니하고 가만히 앉아 운수만 기다렸을지라.

그런즉 성현 네도 국가 흥망이 운수에 달리지 아니하였고, 사람의 잘하고 못하기에 있는 줄로 아신 바이고, 또한 설령 운수가 있다 할지라도 사람이 잘하면 좋은 운수가 올 것이오, 못하면 불행한 운수가 이를지라. 어찌하여 사람마다 말하기를 만사가 국운과 천운에 달렸으니 인력으로 할 수 없다 하느뇨.

옛적 삼대 적에는 하은주 삼대 시절에 천하태평하고 가급인족(家給人足)한 것이 다 성군현상(聖君賢相)의 잘 다스리고 일 잘하신 연고이고, 걸주유려(桀紂幽厲: 걸, 주, 유왕, 여왕)의 복종 망국한 것은 악한 임금과 간사한 신하가 멸망하도록 만든 연고라. 진시황 이세(二世)에 망함과, 한 패공(沛公: 한의 고조가 왕위에 오르기 전의 칭호)의 포의로 창업함과, 그 아래 대대로 나라가 바뀌고 세상이 변하는 근인이 다 사람의 잘하고 못하기에 달렸으므로, 이후 사람들이 그 사적을 보고 말하기를, 아무아무 때는 법도와 덕화가 저렇듯 장하였으니 아니 흥왕할 수 없다 하며, 아무아무 때는 저렇듯 악하였으니 멸망을 어찌 면하리요 하는 바라. 중간에 선비들이 백성의 참람한 생각이 늘까 염려하여 억견(臆見)을 지어 왈(曰): 아무 임금이 천운을 이어 임금이 됨이라, 사람이 힘으로 못하는 바라, 하였으므로, 이로써 난신적자(亂臣賊子)의 자주 생김을 없이하고자 함이거늘, 이것으로써 크나 적으나 운수로 돌리니 어찌 이다지 속기를 즐겨하느뇨.

서양으로 보아도 상고적 애급, 희랍, 로마 등 국이 차례로 흥하였다가 차례로 망한 것이 다 어찌어찌 하여 그러한 연고가 다 있어 할 수 없이 그렇게 된 것이고, 중고 적 이하로만 보아도, 인도의 망함과 서반아의 쇠함과 이태리의 다시 흥왕 됨과 영, 덕, 법의 부강됨과 개벽 이후 세상에 모르던 미국이 드러나 수백 년 내로부터 나라가 되어 지금 문명 상등국이 됨과, 파란(폴란드) 국이 망하고 일본이 중흥함과, 대한, 청국이 이렇듯이 쇠하여 가는 것이 다 운수 한 가지에 달렸다 하겠는가. 그 사기를 다 어찌어찌하여 그러한 것을 자세히 말할 폭원이 없거니와, 옛 사람의 말도 너무 무도한 세상만 아니면 하늘이 다 붙들어 주고자 하신다 하였나니, 어찌 사람이 잘 하고도 운수가 억지로 멸망케 하였다 하리오. 그 강하던 파란 국이 일조에 아라사에게 망한 것이, 그 임금이 자기의 일신만 생각하고 원수를 의지하여 태산반석 같은 보호로 여기다가 창생을 어육 만들고, 종사를 복멸하며, 필경은 자기 몸이 또한 사로잡힌 종이 되어 함께 멸망에 들어갔다.

서사(瑞舍: 스위스) 국은 그때에 어린 임금이 있어서도 그 위험함을 미리 깨달아 헤아리되, 나의 몸이 아라사에 해를 받아 죽어 없어질지라도 나의 몸을 살기 위하여 종사와 강토를 복멸치 않으리라 하여, 아라사 캐더린 여황의 무수한 위협과 농락과 모해하는 중에서 여러 번 위험함을 지내고도 종시 굴치 아니하다가 필경 여왕이 뜻대로 못하여 울화성병하여 죽으니, 홀로 국권을 보전하고 후세에 유명한 바라. 이것이 다 하기에 달리고 운수에 관계없음을 분명히 질정하리니, 지금이라도 힘쓰면 흥왕에 나아가기 어렵지 않으리로다.

제6권 제25호

대한제국 광무 7년 2월 6일

서양 풍속에 정월 초생이면 수일을 아이들의 날이라 하여 특별히 즐겁게 놀리기를 위주 하는데, 그 중에 한 가지 우스운 것은 말의 꼬리 붙이기 노름이라. 종이에 말을 그려서 가를 도려내되 꼬리는 없게 하여 넓은 방 한편 벽에 붙이고, 따로 종이로 오려 꼬리를 만들어 바늘에 끼워 한 아이에게 들리고, 그 아이의 눈을 수건으로 동여 마치 까마귀 잡기 하는 모양 같이 만들고, 방 가운데로 끌고 가 여러 아이와 어른이 사방으로 끌며 당겨 어지럽게 만들어 방향을 찾지 못하게 만든 후에, 도로 놓고 그 말을 찾아가서 꼬리를 제자리에 달라고 하는데, 눈 가린 아이가 동서를 차리지 못하여 말은 서편 벽에 있는데 꼬리를 동편 벽에 붙이기도 하고, 혹 어떤 모퉁이에 갔다 달기도 하여, 총명한 사람이라도 당처에 알아 붙이기 심히 어려운데, 사방에 돌아선 아이 어른이 붙이러 갈 때에는 혹 음을 듣고 어딘지 짐작할까 하여 숨도 잘 아니 쉬고 섰다가, 다 부친 후에는 박장대소하며, 눈 가린 아이도 수건을 끄르고 보니, 피차에 서로 보고 웃기를 허리가 아프도록 하더라.

지금 각국이 사방에 둘러앉아 대한 정부를 웃고 조롱하기를 눈 가린 아이보다 더 심하게 하니, 눈 가린 아이는 말 있는 곳이나 향하여 주의하는 목적이나 있거니와, 대한 정부는 통히 아이에게 비하면 어디로 가려는 목적도 없는지라. 설령 머리는 위로 올라만 가려하며 한편 팔은 동으로 가려하고, 한편 손은 서로 가려하며, 사지백체가 다 각기 저 가고 싶은 대로만 가려 하여 일정히 향하는 곳이 없을진대, 당초에 한 발 거름도 내칠 수 없거니와, 그 어찌 넘어지고 쓰러지는 환을 면하리오.

연전까지도 각국이 대한 일에 간예치 아니하고 아무 소리 없이 앉아보기만 하므로 어찌 하는 것을 구경하려 함이거늘, 이것을 모르고 어찌 못되게 하였던지, 지금은 할 수 없는 줄 알고 내정 주권 여부없이 의론하고 상관치 않으려 하는 일이 없을지라. 국가 안위는 고사하고 그 외에 것이라도 권리라고 주야 서로 다투고 으르렁거리던 권리가 점점 줄어 대한 대신 네들은 손에 서푼짜리 일할 권리도 돌아가지 않을까 함이라.

원컨대 정부에서들은 이놈이 당돌히 이 말 하는 것을 비방이나 조소하는 것으로만 생각지 말고, 가만히들 앉아 근년에 하여온 일과 지금 하여 가는 일을 대강이라도 생각하면, 인심 있는 이는 반드시 부끄러운 맘도 생길 것이오, 전고에 이렇게 하고 나라 되어 간 적이 없었던 줄도 생각이 날지니, 하물며 지금 사방에 강국이 다투며 앉아 보는 중에서 이러하고야 부지하기를 바랄 수 없는 줄도 짐작이 있을지라. 진실로 이 짐작이 있는 후에야 우리의 부득이 이 말 하는 것을 어찌 과도히 여기거나 불가하다 하리오. 진실로 통곡 한심하여 부득이 참지 못하는 말이라, 실로 형편이 이러하도다.

그런즉 이 병의 근원은 어디 있으며 어찌하면 회복할 도리가 있겠느뇨. 첫째 세상 형편을 모르는데 병이 되어 가지고 새것을 통히 싫어하는 연고라. 눈을 동이고 내 생각대로만 가니 눈뜬 사람의 보는 것을 어찌 볼 수 있으리오. 남의 것을 못 보는 고로 자연히 남의 일과 뜻을 몰라 남은 어찌하여 부강 문명에 날로 나아가며, 나는 어찌하여 날로 쇠하고 곤경에 이르며, 나의 일하는 것을 남이 칭찬을 하는지 웃고 흉을 보는지 전연 알지 못하고, 이렇듯 날로 잡쳐 더할 수 없이 만들어 놓고 남이 나서서 대신하기까지 만드는 것이라.

지금이라도 이 위험하고 부끄러운 줄을 속히 깨달아 눈에 가린 것을 열어 버리고, 세상 공론과 형편을 살펴보아, 차차 상하관민이 동심 합력하여 한 곳으로 나아가기를 주의하고 힘써 볼진대, 국권을 회복하여볼 도리가 있을지라.

슬프다, 나라 없고 집 있는 백성이 어디 있으며, 백성 없고 정부 잇는 나라가 어디 있으리오. 마땅히 백성과 정부가 서로 의지하고 보호하여야 될지라. 아무리 원수 같은 백성이라도 좀 붙들어 가지고 이 백성들로 하여금 나라를 보호하는 직책을 담당하게 하여 볼지라. 이것이 만국이 떳떳이 행하기도 하는 바이거니와, 더욱이 대한에 한 가지 바랄 바로다.

제6권 제28호

대한제국 광무 7년 2월 10일 (火)

(음양력을 바꾸는 론)

바다에 자라와 웅덩이에 개구리는 평생 소견이 같지 않은 고로 의사(意思)도 응당 같지 아니 할지라. 하루는 두 친구가 만나 피차 안부를 물은 후에 거처의 좋은 것을 자랑할 새, 개구리의 말이, 세상에 웅덩이같이 넓고 깊은 물이 없나니라 한데, 자라의 말이, 바다라 하는 물은 넓기도 한량없고 깊기도 한량이 없나니, 나와 같이 가면 당장 구경하리라 한데, 개구리는 속이고 꾀이는 말이라 하여 웃고 웅덩이로 도로 들어가며 가장 풍족히 여기더라.

우리가 종종 음력을 바꾸어 양력으로 준행함이 좋다 한즉, 사람들이 흔히 말하기를, 옛적부터 마련하여 절후가 틀림이 없이 잘 행하여 내려오나니, 이것이 가장 옳거늘 어찌 버리고 남의 것을 구태여 준행하리요 하며, 혹은 말하기를, 이 책력으로 농사를 철찾아 하며 절후를 분간하나니, 이치에 합당하면 쓸지라, 어찌 책력을 바꾸고 아니 바꾸기에 개명 여부가 달렸으리요 하는지라. 비컨대 웅덩이에 사는 개구리와 같도다.

대개 양력은 지금 세계에 각국이 다 이로 준행하여 통상 교제상에 편리하기와, 만국이 일체로 교통하자는 본의를 주장하여 통용하는 것이니, 지금 세상에서 개진(開進)과 화호(和好)하기를 힘쓰는 나라에서 들은 불가불 준행하여야 나의 형세도 외롭지 않으려니와 행용(行用)하기도 대단히 유조한 법이라. 이 형편의 관계도 모르고 나의 좋은 것은 따로 고집한다 함은 편벽됨이 한 가지오.

또한 음력이 절후에 맞는다 함은 더욱 어두운 말이라. 대저 절후(節侯)라 하는 것은 남북 위선의 도수를 따라 같지 아니하니, 음력은 당초 만들 때에 청국과 대한 지방에 같은 도수되는 곳에 한서(寒暑)를 보아 마련할 뿐이라. 이 지방에서는 맞지 않음이 아니나, 북으로 더 올라가면 기후가 점점 추워 사시를 얼음 없이 지날 때가 없는 지방도 있고, 일 년에 겨우 여섯 달 동안만 햇빛을 보고 반년은 밤중으로 지내는 곳도 있으니, 이런 지방에 가서도 음력이 이치에 맞는다 하겠는가. 여기서 남방으로 적도 근처에 나가면 눈과 얼음을 구경치 못하며, 사시에 항상 덥고, 적도 남편으로 더 나가면 적도 북편과 아주 반대가 되어 여기 여름 될 때에 거기 겨울이요, 거기 가을 될 때에 여기 봄이라. 이렇듯 기후가 상반되는 것이 도수에 딸려 변하나니, 이것을 모르고 음력은 다 이치에 맞는다 함이 어찌 우물 고기와 웅덩이 개구리에 다르리오. 이러므로 전에는 각 지방에 기후를 맞추어 각기 계책력이 있었다가 통행하기 어려운 폐를 제하려 하다가 서로 한결같이 준행하자 함이라.

저 서양 사람들은 다만 제 지방만 지키고 앉아 제 소견대로 맞고 옳다 하지 아니하고, 각국 각 지방으로 두루 다니며 보아 아무 곳은 양력 아무 달에 여름이 되고, 아무 곳은 양력 아무 때에 겨울이 된다 하여 이로써 비준하는 법이라. 지금 우리나라에 와 있는 서양 교사들도 지구를 몇 백 회씩 돌아다녔으며, 우리도 외국에 다니며 역력히 눈으로 볼지라. 어찌 나 앉은 곳에서 보는 것만 믿고 옳다 하리오.

우리나라 안으로만 보아도 남북 도에 절후가 같지 아니한지라. 남도에서 밭 갈고 씨 뿌릴 때에 북도에서는 눈이 다 녹지 아니하며, 남도에서는 벼가 누르고 곡식을 베일 때에 북방에서는 서리가 지내어 나뭇잎이 떨어진지라. 기후의 같지 아니함이 이렇듯 판이하거늘, 어찌 망종(芒種)과 상강(霜降) 등 절서(節序)를 비교하여 농사를 짓기에 편리하다고 고집하리오. 양력을 준행하여 가지고 그 날짜로 비준하여 기후를 차리면, 어찌 음력의 절차만 가지고 한다 하리오.

겸하여 일진(日辰)이라 하는 것은 당초에 날짜를 분별하기 위하여 글자로 지목하여 육갑을 만든 거시라. 무슨 다른 이치가 없거늘, 요사한 술객들이 혹 일진을 보아 길흉화복을 가린다고 하며, 자축인묘(子丑寅卯)로 쥐라 소라 말이라 용이라 하여, 정초면 여섯 개 책으로 일년 길흉을 판단한다고도 하며, 묘일(卯日)이 톳날이라 하여 톱실도 찬다 하는 것이 다 어두운데서 생긴 생각으로 풍속이 되어, 의례건으로 알고, 이치와 근본은 생각지 아니함이라. 어찌 사람이 이다지 어리석으뇨. 이때에 전국 남녀가 다 이런 것을 믿고 좋아 행하는 때인 고로 특별히 그 관계를 설명함이니, 차차 그 어둡던 것을 파혹하여 음양력의 관계를 알아 가지고 차차 넓은 의견을 생각하여, 웅덩이에 개구리 노릇하기를 면할지어다.

제6권 제29호

대한제국 광무 7년 2월 11일 (水)

(일본 군함 파송)

근자에 한성에 있는 일본 은행소에서 은행권을 제조하여 대한 사람에게 통용하므로, 이 어두운 백성들이 은이나 금과 같이 통용하는지라.

일전에 한성판윤이 각 방곡(坊曲)에 고시를 붙이고 대한 백성으로 하여금 통용치 말라 하였더니, 일본 공사가 누차 폐현(陛見)도 청하며 공문도 내왕하더니, 필경 조회(照會) 사의가 대단히 위협하여, 심지어 대한에서 일인이 무란히 토지를 매매하는 권리와, 광산철로를 놓을 권리와, 내지 항구에 선척 내왕할 권리를 허락하라 하며, 또한 전파하는 소문에, 일본 정부에서 급급히 군함을 명하여 속히 인천항에 도박한다 하며, 시국에 형편이 가장 격앙하여 십분 위급한 기상을 드러내는지라.

이로 인연하여 조야(朝野) 간에 형상(形相)이 분분하며 소문과 의론이 분주한지라. 혹은 말하기를, 일본의 근본 계획이 은행 문권을 지어 경부철로의 역사를 이것으로 필역(畢役)하려 하였다가, 그 계획이 행해지지 못하자 군함으로 위협하여 배상을 청하거나, 다른 이익을 도득(盜得)하려 함이라 하며, 혹은 왈(曰); 일본이 당초에 대한을 독립국 여부 없이 형지(形止)가 없게 여기는 고로 이런 무리한 일을 행함이니, 화단(禍端)이 장차 자라서 어떻게 될는지 모르겠다 하는지라. 전후 소문이 다 착란 현황하여 준신(準信)하기도 어렵고, 또한 준신치 않을 수도 없는지라. 우리는 대강 듣는 말 중에서 건져 의론하리로다.

대개 화폐(貨幣)라 하는 것은 각기 독립국이 자주(自主)하는 권리라. 이 권리는 타국과 나누어 주장할 수 없는 것인데, 연내로 우리나라에서 화폐 제조하는 일에 못될 일도 너무 심히 하였고, 이웃나라에서 권하는 말과 소위 백성의 간하는 말도 너무 듣지 아니하여, 명색이 화폐라는 것을 이 모양까지 만들어 놓았은즉, 우리도 말할 계제는 없으나, 일본인즉 어디로 보든지 아직까지 외면상으로라도 독립 권한을 범치 말아야 가하다 할 것이거늘, 한량없는 종이 조각을 가지고 전혀 대한 사람들에게 통행하기를 위주 하여, 당초에 이 나라 인허(認許) 여부도 의론치 않고 임의로 표를 만들어 전파하므로, 이 어두운 나라 사람들은 까닭도 모르고 주고받기를 금은같이 여기나, 설령 일인이 이 지폐를 몇 억만 원이든지 지어 이 나라 내지에 펼쳐 놓고 물화를 바꾸든지, 다른 이익을 상환한 후에 그 은행을 걷어 가지고 돌아가든지, 지폐를 바꾸어 주지 않든지 할진데, 일본 정부에서 이 돈을 다 배상하여 물어 주겠는가.

일에 온당치 아니함이 이러하니 대한 정부에서 대한 백성을 시켜서 유행하기를 막게 함인즉 당당한 권한에 있는 일이거늘, 이로 인연하여 시비와 흔단을 일으킴은 실로 뜻밖의 일이고, 법 밖의 일이라. 이 일로는 배상을 물라 할 경위도 없고 물 까닭도 없겠도다.

더욱이 군함을 파송한다 함은 실로 가소로운 일이라. 우리 정부 안에 몇몇 완고 우준한 재상 네 외에야 누가 이것을 두려워하며 겁 내리요. 그 내왕과 거취가 별로 관계할 것 없다 하겠으나, 토지 매매권과 철로, 광산권이며, 내지에 선척 출입하는 권리를 허락함은 실로 통곡

통곡할 일이로다. 공문상으로 드러나게 위협함이 이렇듯 심하기에, 이를진대, 장차 무슨 일을 못하며, 조금이라도 경위를 의론할 것 같으면 어찌 감히 이러하리오. 이는 이 정부에서 나라를 이렇게 만들어 놓아 세상에서 모두 욕하고 미워하여 이 정부는 없어야 마땅할 줄로 여기게 공론이 전파되어, 남이 아무리 무리한 일을 행하여도 경위를 보호하여 줄 사람이 없게 된 고로 이런 일이 생김이라.

이 아래 신민 된 자가 일제히 죽어 차라리 몰라야 나을지라. 저 무리하게 행포하는 남을 어찌 전혀 책망하리오. 정부도 없고 인민도 없는 나라 모양이니, 강개 격분한 눈물을 금치 못하리로다.

제6권 제30호

대한제국 광무 7년 2월 12일 (木)

(청국에 있는 미국인 알렌 씨가 동방문제를 의론한 글의 번역)

서양 사람이 항상 의론하기를, 세계에서 동양 각국이 강해지는 것은 두려워하지 않고 약하여 가는 것을 두려워한다 하나니, 이는 한두 나라의 약함을 인연하여 각국의 욕심을 이끌어 시비가 일어나게 하는 연고라. 연내로 토이기국이 가장 약하여 강한 나라의 욕심을 이끌어 토지가 분할되기에 이르자, 토이기와 관계있는 모든 나라들이 불가불 함께 일어나 보호하여 놓게 되었으므로, 그 위태하던 정형이 지금은 동방 각국으로 옮긴지라.

아라사의 강토가 동양에 어둡고 꿈꾸는 나라들과 서로 엇 막혀 있으므로 장(長)이 칠팔천 리라. 그러나 그곳이 다 높은 산과 평한 육지요 바다 항구는 없는지라. 전쟁이 생기면 북방으로 군사를 운송하려 한즉 북빙양 얼음에 막히고, 서(西)로 흑해를 통하려 한즉 영국, 법국, 덕국, 오국 등에게 막히는바 되어 어찌할 수 없으므로, 부득불 시베리아 철로를 통하여 수만 리를 연하여 해삼위에 대니, 해삼위가 또한 얼음 어는 항구라. 이에 만주의 심복(心腹)을 점령하여 여순 구를 무난히 얻었으므로, 아라사의 경륜이 동방에 썩은 몇 나라 토지 인민을 탈취하기 전에야 어찌 그 웅장한 뜻을 이루리오.

이러므로 만주 중앙을 차지하고도 오히려 부족하여 토이기와 이왕 폐한 약조를 근일에 다시 의론하여, 토이기 경성(京城) 콘스탄티노플에 있는 바다 옆으로 군사를 파송한다 하니, 이곳은 곧 지중해와 흑해가 통한 곳이라. 전에 이 일로 인연하여 두 번 큰 전쟁을 지내었나니, 이때에 아라사가 토이기를 낭중취물(囊中取物) 같이 할 터이나, 각국이 막아서 못하고, 약조를 정하여 나오지 못하게 하였더니, 지금 다시 이 뜻을 발하여 욕심을 동하며 육지로 이 해(海)에서부터 페르시아 만에 이르는 길을 아라사가 철로를 놓아 통하며, 철로 보호한다 하고 함대를 설치하여 세력을 베풀려 하니, 이 일이 영국과 덕국에 크게 관계되는지라.

기왕에 영국이 지중해 동편 언덕에서 철로를 놓아 페르시아를 지나서 인도를 통하여 청국 황해를 연하여 아라사 시베리아와 같이 하려 하며, 토이기가 기왕에 덕국을 허락하여 지중해에서부터 페르시아 만에 철로를 놓게 하였으므로, 지금 아라사가 이 철로를 놓으면 영 덕의 철로가 중간에 끊어질지라. 하물며 아라사의 뜻이 오로지 영국을 항거하자는 데 있으니, 영 덕 양국이 어찌 달게 물러나리오. 필경 동심합력하여 아라사를 막을지니, 막히는 날은 아라사가 그 탐하는 욕심과 독한 분을 반드시 동방 약한 나라에 행할지라. 근일에 영 덕이 이로 인연하여 더욱 친밀히 지내므로 위태한 형세가 지금은 토이기와 페르시아에 있어 세 강국의 잔멸(殘滅)한바 될 터이나, 장래에 화단은 전혀 동방에 몰려 있도다.

동방 제국은 인도면 전 월남, 섬나(暹羅), 토이기, 페르시아 등 국이 혹은 벌써 망하였고, 혹은 아직 아주 망하지는 않았으나 당장에 망하여 가는 중이라. 이 중에 있는 모든 나라들은 비컨대 대해 중에서 풍랑을 만난 배들과 같아서 그 안에 싫은 사람과 물건이 다 함몰할 지경에 이른지라. 소식이 각국에 전파하자 다투어 와서 혹 배를 이끌어 육지로 나가려고도 하며, 혹 평탄한 수로로 인도하려고도 하되, 그 배에 탄 사람들이 고집하여 허락지 아니하며 파선하도록 버려 두라 하니, 다른 사람들이 의론하되, 인명과 물화를 다 물에 넣는 것보다 우리가 아주 분파하는 것이 좋다 하는지라. 그리 분파하기는 어렵지 아니하되, 분파할 동안에 서로 다투는 폐단이 생길지니, 이러므로 각국이 아무쪼록 권하여 토지와 국권을 평안히 보전하도록 권하되, 풍파 만난 배와 같이 남이 구제하기도 허락지 아니하며, 제 손으로 구할 도리도 차리지 아니하면, 부득이 분파하는 화를 당하고 말지라. 어찌 스스로 구제하자 아니 하는고.

대개 스스로 구제하는 법은 한 가지가 있으니, 곧 새것을 힘쓰는 데 있는지라. 만일 제 손으로 구제함을 힘쓰지 아니하면 각국이 자연히 찬조할지니, 어찌 토이기 정형을 보지 못하는가. 그 나라에도 유지한 선비가 없지 아니하여 전국 인민을 고동(鼓動)하여 새 법을 구하므로 두 황자의 소년 영민한 재주로 애국하는 마음을 발하여, 개화를 위주 하는 사람들과 합력하여 주선하다가, 완고당들에 해를 받아 옥에 갇히기까지 이르렀으니, 국정은 점점 포학하고 형세는 점점 위태한지라, 어찌 여망이 있으리오. 만일 각국의 보호함이 아니라면 토이기가 벌써 아라사의 장중(掌中) 물건이 되었을 것이거늘 아직도 깨닫지 못하니, 필경 복멸(覆滅)함을 면치 못할지라. 어둡고 완고한 나라들에 심히 위태함이 이렇듯 급급하도다. (미완)

제6권 제32호
대한제국 광무 7년 2월 14일 (土)

(청국에 있는 미국인 알렌 씨의 동방문제 의론한 전전 호 연속(2))

청국의 형편이 토이기와 같아서 아라사가 눈독을 들인 지 한두 해가 아니다. 그 위험 급급함을 볼진대 산에서 사태가 밀려 내림과 같아서 어찌할 수 없을 것이거늘, 영 미 덕 일 네 나라가 서로 붙들어 아직까지 부지한 것이라. 만일 청국이 이 사정을 깨닫고 기회를 타서 전국을 열어 가지고 진심으로 개명을 힘쓸진대 아직도 보전할 희망이 있을 것이거늘, 저 집권한 이들이 다 만주의 달단(韃靼: 타타르) 인종이라. 그 수효가 일천육백만 명이오, 청인은 사억만 명이라.

저 만인(滿人)들의 수효가 적으나 정부 권세를 잡고 전국 많은 인명을 압제하고 결박하는바, 북경 안에 있어 마치 깊은 우물에 앉은 것 같아서, 밖의 말도 듣지 못하고, 밖의 형편도 모르며, 다만 저희 하는 권세와 이욕만 다투고, 청인들은 십팔 성에 흩어 있어 각국과 통섭도 하며, 서책과 신문도 보아 문명으로 많이 젖었으므로, 외국에 나가 공부하고 돌아온 자도 불소한지라. 만인들은 소견이 좁아서 새것을 원수같이 싫어하며, 청인들은 이목이 열림으로 날로 진보하여 이로 인연하여 청인과 만인이 점점 나누어 다시 합할 형세가 없음이라.

토이기는 회회교 인종이니 옛글에 다 오랑캐로 지목하던 돌궐, 회흘 종류가 다 이것이라. 근본이 청국의 달단 인종과 한 종류이니, 모두 새 법과 새 학문이란 것을 원수같이 미워하는 바이다. 이러므로 새 법과 새 학문을 들으면 만인은 두려워 백반으로 저희(沮戱)하며, 청인은 발분전진(發奮前進) 하나니, 지금 정부에서 학교를 설시한다, 학생을 외국으로 보낸다 하는 것이 실상은 다 마지못함이오, 마음에 즐겨 함이 아니다.

대개 청국을 완전히 삼키려 하는 나라에서는 결단코 청국의 학문과 교화의 넉넉함을 즐겨 아니하나니, 이는 청인이 우준할수록 좋아하는지라. 이러므로 각국이 청국을 권하여 백성의 풍기를 열고 지혜를 발달하게 하라 하되, 만인들은 아라사의 말만 믿고 써 하되, 아라사의 강대함을 볼진대 교화 문명과는 관계가 없다 하며, 지금은 사세상(事勢上) 면치 못할 줄 알고 부득이하여 학당을 세우며 학도를 파송하나, 아국에서는 속으로 말하기를, 지금 개화 좋아하는 한두 대관도 제어하기 어렵거든, 하물며 학당을 세우고 학도를 보내어 개화 좋아하는 자 천만 인이 생기면 장차 어찌 하려느냐 하는 고로, 만인이 속으로는 실상 교화 문명을 힘써 행치 않으려 함이라. 개화를 실상으로 아니하려는 날은 나라가 분파될 것이고, 나라가 분파하는 날은 각국이 와서 서로 다툴 것이고, 각국이 다투는 화근은 청국 군신 상하가 다 당하여 일체로 어육이 될지니 후회한들 무엇하리요.

오직 정치와 법률을 실로 변혁하여 개명을 힘쓸진대 모든 위험한 일이 일시에 다 풀릴지니, 이는 다만 청국만 그러할 뿐 아니라 동방 모든 나라가 다 이러하니, 실상으로 개화를 구하면 적국이 물러갈 것이고, 행치 않으면 적국이 점점 많을지라. 슬프다, 만인들이 이것을 화합하려 아니하고 압제하기만 더욱 일삼으니, 여일히 그러하다가는 법국 나폴레옹 시절에 루이스 황제가 참혹히 당하던 화를 면치 못할지라. 바삐 학교를 많이 세우고 학도를 많이 파송하여, 만인과 청인에 학문 교화가 일체로 진보하여 민심이 자유로 놓아줌을 얻어 발달 흥왕하게 할진대, 피 흐르는 일이 없이 스스로 변혁이 되고 세상에 개명한 정부가 될지니, 형세가 강하며 수치가 없어질지라. 이것이 제일 평화의 주의로다.

대개 정부는 머리라. 머리의 영민함은 수족으로 내리나니, 수족이 거꾸로 바뀌면 크게 어지러울지니, 오늘날 가장 힘쓸 것은 생도를 외국에 보내어 인재를 배양하기에 있으니, 명년 미국 성 루이스 지방에서 만국박람회를 설시하는 바에, 그 경비가 금전으로 사천만 원이라 하니, 사람을 많이 파송하여 구경을 시킬진대 세계에 넓은 식견을 얻을지라 하였더라.

(기자 왈; 이상 의론이 다 절절히 대한에 긴절히 관계되는지라. 다 남에 말 같지 않기로 널리 보기를 원하거니와, 저 집정하신 이들이 이런 세상 공론을 좀 들어 내 의견만 고집하지 아니하면, 이 적은 인민과 적은 지방을 가지고도 돌이키기 어렵지 않을 것이거늘 어찌 의혹함이 이다지 심하나이까.) (완)

제6권 제33호

대한제국 광무 7년 2월 16일 (月)

(나라를 위태한 데서 구원할 방책)

근일에 은행표 사건으로 한일 양국 간에 무슨 흔단이 생기는 듯하여 불온한 형상이 나타나나, 실상은 일본 상민들이 목전에 이익을 경영하여 혹 의견서도 지어 정부에 보내며, 혹은 대한 정부를 논핵하여 무슨 사단을 당장에 일으킬 듯함이, 다 그 아래서 백성의 몇몇 이해 관계되는 자들이 행함이오, 그 정부에서 이렇듯 심히 가는 것은 아직 드러난 표적이 없는지라.

응당 그 정부의 조처함을 보면 장차 알려니와, 반드시 그 상민들을 금집(禁執)하여 평지에 풍파를 일으키지 않게 할 듯하고, 그 상민도 또한 창졸간에 행하고자 하는 거조가 사리에 온당치 못함을 깨닫고 스스로 파의(罷議)하기를 바라는 바이거니와, 대개 일본국인즉 대한과 같지 아니하여, 상하 관민의 정의가 상통하는 나라이다. 백성의 원하는 바를 정부가 응종(應從)치 아니함이 없고, 정부의 행하는 방략을 백성이 모르지 아니하여, 국계(國計) 민생(民生)에 크게 관계되는 일은 매양 상하 상합(相合)한 후에야 행하나니, 지금 일인이 정부의 의향을 모르고 이런 거조를 차릴 리 만무한지라. 응당 정부의 방책을 알고 앞서 행함이니, 이로 볼진대 이 일이 다만 일본 상민들만 혼자 하고 있는 심상한 거조라 하지 못할지라. 반드시 정부의 계획이 있음이오, 일본 정부는 응당 자의로 행하고자 할 리가 만무하며, 반드시 각국의 공론이 있어 일본이 대한 일을 어떻게 하든지 상관치 아니하겠다는 묵허가 있기에 이러함이라.

진실로 이러할진대, 홀로 아라사가 능히 어찌 하리요. 전쟁이 일어나기 전에는 결단코 한 강한 나라를 친근히 하여 여러 합동한 친구들을 다 저버릴리요. 반드시 양편에 적당한 방침이 있어 공평히 조처하여야 되리로다.

그러나 일본이 만일 은행표 일절을 인연하여 통용하기를 과히 각박하게 청구할진대, 여일히 반대만 하는 것도 시비를 진정하자는 본의가 아니고, 또한 무고히 허락하여 금하는 령을 거두어들일진대 사태에도 손해가 불소하려니와, 남에게 약함을 이다지 심하게 보이고 어찌 따로서기를 도모하리요. 반드시 양전(兩全)할 도리가 있어야 하리로다.

지금 외국인들이 우리에게 혹 불법한 일을 행할진대, 대한 관인이나 백성이나 먼저 남을 한(恨)하고, 생각을 먼저 두어 곧 무슨 수단으로 설치하면 상쾌한 줄로만 헤아리되, 다 나의 먼저 실수함으로 남의 수모가 이르는 줄을 짐작치 못하나니, 남을 한하는 것은 대한에 큰 화근이라. 마땅히 남을 미워하는 생각을 없이하고 화평한 정의를 보전하며 국권(國權)과 국체(國體)를 보전하여야 할 터이니, 시비 관계되는 자리에는 항상 신중히 조처하는 방법을 생각함이 가하도다.

대개 그 방침을 말할진대, 우리 정부에서 마땅히 양국 교의를 돌아보아 은행표에 통행함을 엄금하지 않노라고 답조회 하여도 관계없고, 다만 백성으로 하여금 그 은행표에 관계만 알게 할지라. 위에 앉은 이들이 백성을 가르쳐 이해를 일러 주고 스스로 아니 쓰게 할 생각은 못하고 억지로 눌러 못쓰게 만들려 하니, 무식한 백성이 내 나라의 미쁘지 못한 백통화보다 나을듯한 은행표를 지전같이 쓰려 함이 어찌 괴이타 하리오. 지금이라도 백성으로 하여금 그 이해를 알게만 하면 스스로 쓰지 않을 터이니, 백성이 쓰지 않은 후에야 정부에서 허락하고 아니함이 무슨 관계가 있으리오. 그러나 정부에서 기왕 허락하고는 드러나게 백성에게 알려줄 수 없으니, 백성들이 무슨 회의소를 설시하여 백성끼리 사의(私意)로 재정을 내어 각 대 도회처 각 항구에 지소를 설시하고 광고를 몇 만장 백여 각 처에 전파하면, 일본 상회에 반대권이 될지라. 지금 국권을 보호하는 계책이 이 도리 한 가지 외에는 없다 하노라.

그러나 대한 관인들은 나라를 생각지 못하고 자기의 사사이익을 먼저 돌아보는 고로, 백성이 국권 보호하는 일을 담책하면 자기네 권리를 빼앗는다고도 하며, 혹 민권이 생긴다고도 하여, 설령 나라가 위태하면 외국은 의지할지언정 백성과 합하기는 큰 변고라 하나니, 사람이 셋 넷만 모여도 곧 무슨 고발이 아니면 옥사를 만드는지라. 이러므로 백성이 합심 합력하지 못한즉 나라가 어디서 힘이 생기며, 나라가 힘이 없은즉 황실과 정부 대신 네는 무엇으로 보호하리오.

오늘날 외국 상민들이 모여 한국에 부정한 관원들을 징벌하자, 군함을 가져다가 위협하자는 것이 다 백성 모르는 데서 생긴 것이라. 바라건대 나라를 근심하며 외국 수모를 원통히 여기는 마음이 있는 정부 제공(諸公)들은 위태하고 어려움을 무릅쓰고, 이런 때를 타서 백성을 좀 잡아 일으켜 볼지어다.

제6권 제35호

대한제국 광무 7년 2월 18일 (水)

(일(日) 아(俄) 양국의 대한 관계)

아라사는 탐욕 있는 호랑이라. 세계를 한 고기 덩이로 보아 피터 대황제 이후로 천하를 통합할 주의로 유명(遺命)을 끼쳤으므로, 대대로 이 유명을 지켜 남의 토지도 많이 침탈하였거니와, 중간에 이르러 각국이 그 유명을 사실(査實)하여 낸 후로 더욱 두려워하고 조심하여 당초에 상관을 잘 아니 하며 또한 미워함이 자심한지라. 각국이 연합하여 흑해를 지나지 못하게 한 이후로 머리를 돌려 동으로 향하므로, 침침칠야(沈沈漆夜)에 생고기가 무수한 중, 홀로 일본이 먼저 깨닫고 혼자 막기를 방비하여 주야 개명정치를 힘쓰며 헤아리되 사나운 호랑이는 한두 사람이 막을 바 아니라.

한청(韓淸) 양국을 끼워 연합한 형세를 만들어야 될 줄을 짐작한 고로, 한청 양국에 수년 병화까지 있었나니, 이는 전혀 서편 형세를 막아 내 집을 보호하자 함이고 다른 뜻이 없기도 하려니와, 실로 다른 뜻을 먹을 계제도 못 되었는 고로 각국이 다 의리 전쟁이라고 칭찬을 하였거니와, 그 후로 권력이 일조에 확장되어 능히 영국과 연합하여 아라사와 대적이 되어, 년전 북경의화단 변란에도 각국 연합병 앞에 일병이 홀로 횡행하여 도처에 먼저 착수하며 처사를 정대하게 하므로, 각국이 동양 한판은 곧 일인을 맡겨도 염려 없겠다 하며, 동양을 통히 먹으려는 나라는 일본을 한 적국으로 보나니, 이로 인연하여 일본의 주의가 지금은 전과 같지 아니한지 오래더라.

소위 경장(更張) 이후로 다른 사단만 없었던들 대한의 형편이 그동안 어찌 되었을는지 모르겠다 하겠거늘, 을미년 사변이 생긴 후로 아라사가 흔단을 얻어 일인을 물리치고 마침 대한 황실을 보호하는 의탁이 되자 곧 전국의 의탁이 됨과 같이 여기는 바라. 아인은 속으로 자기를 태산같이 믿어서 벗어나지 않도록 만들며, 일인은 자기의 장악에 다시 들어와 전일 권리를 회복하려 하나, 대한서 종시 믿을 처지가 못 된즉, 속으로 달래기도 하며, 신(信)도 보이며, 혹 위협도 하나, 점점 의심과 배심이 깊어 뒤로 물러가는 마음이 우심(尤甚)한데, 겸하여 뒤에 농락수단 있는 친구가 엄연히 앉아 위력을 자랑하며 은혜를 보이므로, 앞에 닥치는 이리를 대하여 호굴로 점점 들어가며 이리가 더 가까이 오지 않는 것만 다행히 여기니, 그 호랑이가 어찌 편안히 집으로 보호하여 다주고 물러가기만 바라리오.

이 중에서 내 백성을 일으켜 세워가며 아무리 죽기보다 싫어도 나라에 병 들이고 백성에 해 될 일을 말아서, 이 백성에게 국가와 황실을 보호하는 직책을 맡겨 순순히 양국의 간예를 멀리 하였으면 그 사이 좋은 기회가 많았을 것이거늘, 백성과는 여일히 반대가 되며, 정부 형세는 세상에 외롭게 되어 가지고, 속으로 남의 수단 밑에 머리를 숙여 하루 이틀에 보전하기만 경영하므로, 혹이 말하기를, 백성이 권력 있는 날은 황실에 위태함이라 하며, 혹은 말하기를, 기왕에 말할진대 큰 나라에 의지하여 강한 자의 부용(附庸)이 되는 것이 쾌하다 하여 점점 돌이길 수 없는 병이 들어오니, 어찌 따로 서 볼 날이 있으리오.

이는 다만 내 나라가 따로 서 볼 수 없도록 만들 뿐만 아니라, 남이 나를 쳐서 하루라도 지탱할 수 없도록 만듦을 자취함이라. 세계에서 다 싫어하는 나라를 홀로 의지하여 이익을 주어 가면서라도 내가 보호만 받으려 하니, 타국이 어찌 마음에 즐겨 하리요. 인하여 회복하기를 경영하다 못하여 필경 형세를 연합하여 가지고 억지로 빼어내려 하나니, 일영 동맹의 연합됨이 곧 이것이라.

미국과 덕국은 비록 동맹에 참예하지는 아니하였으나 다 같은 뜻으로 합력하는 바이고, 아(俄)법(法) 양국은 다른 데 관계가 있는 고로 서로 정의가 같을지라. 한 나라에서는 이따금 사단을 빙자하여 병함(兵艦)을 가져오거나 토지 매매권을 얻으려 하니, 지금은 곧 아 법이 일편이 되고 영 일 미 덕이 일편이 되어 주장 없는 물건을 다투는 모양이라. 위태하고 위태하도다. 장래 관계는 다시 설명하겠노라.

제6권 제38호

대한제국 광무 7년 2월 21일 (土)

(국권이 날로 감삭함)

나라라는 것은 다만 그 임금 한 분께만 속할 뿐 아니라 종묘사직에 속하였으며, 다만 정부 관원들에게만 속한 것이 아니라 전국 만민에게 같이 속하였나니, 이는 그 나라의 치란 안위가 다만 그 임금의 이해(利害) 화복(禍福)에만 관계하며 그 재상들에게만 이해 화복이 있을 뿐 아니라, 전국 백성의 지극히 작은이라도 다 같이 당하는 연고라. 나라가 부강 문명되는 날은 그 임금 이하로 누가 개명 상등국인(上等國人)이 아니며, 나라가 남의 속국이 되는 날은 그 임금 이하로 누가 남의 노예가 아니리요.

그런즉 국가가 공동으로 관계되는 일은 백성더러 상관 말라 할 경위도 없고, 백성이 상관 아니 하려 할 수도 없는지라. 마땅히 동심합력하여 서로 이끌어 가야, 설령 할 수 없이 건지지 못할지라도, 후한과 원망은 없을 것이고, 겸하여 속담에 백지장도 맞들면 낫다 하였나니, 하물며 나라야 만민이 합력하여 받들지 아니하면 어찌 써 지탱하리요.

비유컨대 만경창파에 수천 석 실은 배가 다행히 바람이 순하고 물결이 고요할 때를 만나면 한두 함장과 선인을 시켜 배 앞에서 키 머리나 돌리게 하고, 모든 사람들은 무심히 앉아 구경이나 하려니와, 만일 불행한 풍파를 만나 배 머리가 키질(*키로 곡식 같은 것을 까부르는 일. 일이나 감정을 부추기어 더욱 커지게 하는 일)을 하며, 돛대가 부러지고 닻줄이 끊어져 파선할 지경에 이른 후에야, 그 배에 있는 자 뉘 능히 무심하게 앉았으며, 뉘 능히 상관하지 말라 하리요. 그 선인들과 행인들이 비록 원수니 구수(仇讎)니 하다가도 일시에 다 잊어버리고 함께 일어나 죽기로써 서로 돕고 받들어 갈지니, 이는 그 배가 파선되면 각기 생명 재산이 다 같이 위태한 연고라. 어찌 배에 서투르고 물에 익숙지 못하며 길을 모르는 소경 같은 사공으로 하여금 여러 목숨의 사생존망(死生存亡)을 홀로 맡게 하리요. 지금 세상에 나라를 다스려 가는 것이 풍랑 파도 중에 배질함과 같은지라.

하물며 대한은 지금 가장 위태한 배라. 사면에서 치고 미는 것이 여간 일이 년이 아니니, 연내로 당하여 온 일이 다 닻줄도 끊어지고 돛대도 거의 부러져 가는 증거임을 사람마다 소상히 알지라. 영일 동맹이라, 일아 조약이라 하는 것이 점점 풍파의 심한 것인데, 근일에 법국서는 제주 사건에 대하여 배상금을 요구하며, 노국서는 남으로 마산포를 엿보며 북으로 전선을 연속하려고 하며, 또 경의철도를 부설하려고 청구하며, 백이의인을 고등고문으로 빙용(聘用)한다고 한다.

그리고 일본서는 경인, 경부철도 차지한 외에 각처 해상의 어채권(魚採權)이며, 식민 정략으로 물밀듯이 건너오는 일인이며, 은행권 사건의 허다 이익을 가지고도 또 경영하기를, 통상조약 개정하기와 홍삼 도매권이며 경원철도 부설하기를 청구하랴 한다고 하며, 가등중웅(加藤重雄: 가또오 마스오) 씨는 벌써 고문관으로 고빙하여 있으므로, 동 씨가 하는 사업은 무엇인지 아직 모르겠거니와, 월봉(月俸)으로 인연하여 해관을 가지고 말이 있었으며, 또 그 외 몇몇 가지 일이 다 대한에는 도무지 사람도 없고 정부도 없는 듯하여, 밖에서 작정하고 들어와서는 그대로 시행하고, 또 속으로 어찌어찌 하면 우물쭈물하여 다 그럭저럭 되고 마는지라.

그 결실을 보면 번번이 시비 한 번씩 하는 나라마다 무엇 한 가지씩 얻어가지고 물러나, 며칠 되면 또 시비가 나며, 얼마면 다시 호령이 일어나니, 호령과 시비는 점점 더 심하며 수응(酬應)하여 줄 것은 점점 없어져 가는지라. 몇 없는 그릇을 어찌 써 채우리오.

저 외국이 당초에 상관하기는, 이 배에 사공들이 점점 파선할 곳으로 몰고 들어가니, 보다 못하여 이웃 배에서 인도하고 권하다가 사공도 듣지 아니하고 행인도 일어서지 아니하므로 필경 파선하고야 말려하는 듯한지라. 각기 자기의 이익이나 얻어 가지고 물러나려 함이라. 지금은 남도 구원하려다 못하여 그 사공들을 억지로 때려가면서라도 기어이 시켜보려 함이라.

독립국 권리니 공법 경위니 하는 것이 다 물론인즉, 우리 배 사공들은 좋은 제 배를 가지고도 남의 배 사공들에게 매도 맞으며 호령도 들어가며 종에 종노릇들을 부끄러운 줄 모르니, 이렇게라도 오래 지나가면 좋으련마는, 필경 하다 못하여 남이 배와 물화를 다 나누어 가게 되면 이 배 주인은 어디로 가며, 사공들은 뉘 집 종이 될는지 실로 아득 망연한지라.

우리가 감히 두려움을 무릅쓰고 소리를 높이 질러 전국에 꿈꾸는 이들을 깨우고자 하노니, 우리가 이 심한 풍파를 당하여 이 위태한 배를 다 같이 타고 앉아 목숨과 재산에 위태함이 시각에 있는지라. 저 어둡고 서투른 선인들이 어찌할 줄을 모르는 중이니, 우리들이 깨닫고 힘을 들여 붙들어 보다가, 할 수 없을 지경에 이른 후에는 거의 후한이나 없을 지로다.

제6권 제39호

대한제국 광무 7년 2월 23일 (月)

(국민이 은근히 위태함)

자고로 나라마다 치란 안위가 한 번씩 순환하여 바뀌는 것은 떳떳한 이치라 하나, 이전에는 소위 나라의 흥망이 다 같은 인종에 잠시 역대 나 바뀔 뿐이오, 혹 타국이 침노한다 하여도 부득이 항복한 후에는 다만 속국이라는 이름만 있어, 혹 세시(歲時)에 사신이나 보내며 여간 조공이나 보내면 흡족히 여겨 다시 내정 권한에 별로 상관하는 것이 없었은즉, 말을 하자면, 불과 집안에서 형제간에 잠시 다툼이라 하려니와, 지금 세상은 전에 모르던 나라들과 못 보던 인종들이 만국을 통섭하여 혹 서로 보호도 되며 혹 서로 이익도 누리되, 이 형편을 모르고 어림없이 지내는 나라는 부강한 자의 장중(掌中)에 들어 멸망을 면치 못하나니, 한 번 남의 장악(掌握)에 든 후에는 영구히 회복할 날이 없어 산천이 변하고 인종이 변하나니, 어찌 옛날에 순환하던 치란 안위에 비하리요.

지금은 인종으로 다투며, 교화로 다투며, 옛것과 새것으로 다투며, 빈부강약으로 다투나니, 이 다투는 중에서 망하여 없어진 나라도 많고 새로 흥하여 일어난 나라도 많으며, 지금 당장 망하여 들어가는 나라들도 많고, 간신히 위망을 면하여 겨우 보전하는 나라도 또한 한둘이 아니니, 이 중에서 백 배나 정신을 차려 남이 어찌하여 흥함과 남이 어찌 망한 연유를 상고하며 빙거하여, 조심하여 행하여야 될지라. 어찌 우리끼리만 살던 옛날 사적(史蹟)만 가지고 고집하리요.

각국 성쇠의 근본이 여러 가지가 있으나, 그 근본을 궁구하면 다 새것을 좋아하고 아니 좋아하기에 달린지라. 교화, 법률, 정치가 다 새것을 좋아하는 마음 한 가지에서 시작하여 되나니, 새것을 즐겨하여 개명 진보하는 길로 힘쓴 후에야 나라도 지탱하며 인종도 보전하리로다.

대한이 외국들과 통상한 이후로 흥왕할 기회가 여러 번 있었으되, 다 새 것을 싫어하여 부득이 낯으로 통상 교접에 응종(應從)하나 속으로는 외국 학문을 싫어하며, 외국 법률을 싫어하며, 인하여 외국 사람까지 싫어하는 고로 아무 일도 이루지 못하고, 좋은 기회를 다 잃어버리고 오늘까지 이르러, 외국에 정의를 다 잃어버리고 공의상(公義上) 친구는 하나도 없어 세상에 고립한 형세가 된지라. 이러므로 남의 수모와 남의 위협과 남의 호령이 날로 심하여 근일에 이르러 더욱 위태하고 급하도다.

심지어 근일에는 외국 상민들이 정부를 징벌(懲罰)하자는 발론까지 있었은즉, 이에서 더 심하면 장차 무슨 일이 없으리오. 오히려 그 근원은 생각지 못하고 속으로는 부득이 이런 일에 간간히 허락을 하면서도 백성이 알면 못쓸 줄로 여겨 은근히 숨기며, 남을 미워하는 마음만 속으로 기르니 어찌 더욱 위태하지 않으리오.

대개 모든 일이 근인(近因)은 다 내게 있거늘 도리어 남만 미워함은 사리에도 온당치 못하거니와, 나라에 위태함이 이에서 더 심한 것이 없는지라. 인도와 애급의 말년을 보면, 다 저의 옛적 악습을 버릴 생각은 아니하고 남을 미워하여 죽이고 몰아내려 하다가, 필경 그 본국 사람들이 권리를 가지고 있는 날은 통상 교섭에 화합할 수 없는 형세를 보고, 외국이 사단(事端)을 빙자하여 토멸한 것이라. 대한에 동학(東學)과 청국에 의화단(義和團)이 어찌 소상한 증거가 아니리오.

그런즉 정부에서 지금이라도 외국에게 수모당하는 것을 속으로 숨기지 말고 백성으로 하여금 드러나 다 알도록 하며, 형편을 아는 대로 남을 미워하여 해할 생각을 두지 말며, 일심으로 새 것을 합하여 남이 능멸하게 여길 계제가 없도록 만들어, 남과 같이 부강에 나아갈 방침을 차린 후에야, 스스로 외모(外侮)를 막고 수욕(受辱)을 설치(雪恥)하는 도리가 생기리로다.

제6권 제40호

대한제국 광무 7년 2월 24일 (火)

(국민의 큰 관계)

사람 되고 충애지심(忠愛之心) 없을 자 어디 있으리요 만은, 저 개명하였다는 나라 사람들은 국민의 공동(共同)한 관계에는 다만 재물만 있는 대로 없이 하기를 아끼지 않을 뿐 아니라, 곧 국민의 이익 될 일이 있으면 영광스럽게 목숨 버리기를 지체치 아니하나, 우리나라 사람들은 백만금 재산을 가지고 주체할 곳을 몰라 먹지도 입지도 못하다가 필경 탐관오리에게 무수히 화를 당하고 재산까지 지키지 못하여, 심지어 외국인이 대한 사람은 충의지심(忠義之心)이 아주 없는 백성이라 하기에 이르렀나니, 이는 다름 아니라, 저 사람들은 이해의 근본을 알아, 법률이 서지 못하면 백성이 살 수 없고, 백성이 살 수 없으면 나라가 부지(扶支)하지 못하며, 나라가 부지하지 못하는 날은 상하 관민이 다 남의 노예가 되기를 면치 못할지라. 그런즉 집안을 부지하자면 먼저 나라를 보호하고, 나라를 보호하자면 먼저 법이 서고 학문이 열릴 공익상 사업을 일체로 힘써야 될지라.

이것을 깨달은 고로 공익상 사업이 어떻게 중한지 알며, 공익상 사업하는 이를 어떻게 보호하고 찬조하여야 할는지 알고자 함이거니와, 심지어 이 나라 사람들은 자초로 위에 있는 이들이 잘하면 잘 되고 못하면 할 수 없는 줄로 알도록 만들어 주어, 백성도 다 이렇게 믿는 고로, 아무 일이라도 하여 보겠다는 사람은 없기도 하거니와 있어도 할 수도 없게 되는 연고라. 어찌 충애의 마음이 진실로 없어 그러하리오.

비컨대 큰 집에 불이 붙을진대, 물 한 동이가 그 큰불을 한 번에 끌 것은 아니로되, 사람마다 이것을 마땅한 일로 아는 고로, 힘들여 끼얹는 것이오, 또한 이 적은 물이라도 끼얹는 사람이 많은즉 아무리 큰 불도 잡혀지나니, 사람마다 의복에 더러움과 몸에 위태함을 생각지 않고 일심으로 물을 옮길진대, 여럿을 합하는 힘이 자연히 불을 끄기에 이르려니와, 혹 이것을 생각지 못하고 몸의 괴로움과 힘의 수고를 아끼다가 온 집이 다 타고 동리가 다 해를 당하는 날은, 내 집만 홀로 편안 무사하기를 바라겠는가.

지금 대한 사람들의 큰 집이 당장 불이 붙어 서까래가 타고 기둥이 쓰러지는지라. 이 속에 앉아서 서로 한두 푼 돈이나 사소한 승벽(勝癖)으로 서로 다투며 시비하여, 네 것 내 것에 호리(毫釐)를 다투며 한 점 물도 끼얹고자 아니 할진대, 그 다투는 물건이 다 장차 편하게 누리는 복이 되겠는가.

지금에 경향 사람들이 모두 탐관오리에게 토색을 당한다, 악한 법률에 압제와 원굴(寃屈)함을 당한다, 심산궁곡에서 부대글겅이(*말이나 소의 털을 글겅이로 빗기는 짓)도 편히 할 수 없다, 길거리에서 서푼짜리 담배장사도 임의로 할 수 없다, 기한곤궁(飢寒困窮)에 살 수 없어 죽겠다 하여 모두 살 수 없고 견딜 수 없다 하여, 서로 칭원(稱寃)과 다툼으로 날마다 애쓰고 걱정하나 하나도 쓸데없고, 다만 한 가지 힘쓸 것은 남녀노소간에 일체로 이 형편을 깨달아 먼저 국권(國權)을 보호하며, 국법

(國法)을 세우며, 국민을 열어주는 일에 동심 합력하여 목숨을 얼마 버리며, 피를 얼마 흘리고라도 나라를 붙들어 놓은 후에야 백만 가지가 다 스스로 취서(就緖)가 되어 국민이 태평부요(太平富饒)하게 될지라. 아무 일도 말고, 사람마다 이런 일에 힘쓰는 사람이 되어야 할지로다.

향일에 황성신문이 재정 군졸(窘拙)함을 인연하여, 하다 못하여 거의 신문을 폐지하기로 작정이 되어 붓을 놓고 대호일성(大呼一聲) 하였으니, 그때에는 생각하기에, 국권과 국세가 날로 쇠패함은 더 말할 것 없거니와, 이런 것이 다 큰 집에 불이 붙어 기둥이 쓰러지고 서까래가 타는 증거이거늘, 한 사람도 물을 길어다가 불을 끌려는 이가 없다 하여, 화염(火炎) 중에 앉은 듯한 이 몸이 수각(手脚)이 황망하고 흉격(胸膈)이 막히어 어찌할 줄 모르고 거연히 수일을 지내더니, 홀연히 신문이 다시 오기에 반가이 받아보니, 유지한 군자의 보조금이 혹 백 원 혹 오십 원 이십 원 십 원 심지어 이삼 원까지 연속하여, 신문이 폐이부흥(廢而復興: 폐하였으나 다시 부흥함)하게 되었도다.

본 신문 사정도 또한 말이 못 되었을 때에, 솜 틀어 생애 하는 한병선 씨가 팔 원 돈을 보조하였고, 근일에 이름은 숨기고 화은생이라 하는 친구가 찻값이나 하라고 십 원 돈과, 또 모씨가 몇 원씩 보내었으니, 이런 보조를 본사에서 받기는 대단 무렴(無廉)하거니와, 한편으로 희불자승(喜不自勝)한 생각에 말하기를, 우리나라에 한두 신문만 차차 유지할 뿐 아니라 전국 상하 인민이 불붙은 집에 힘과 재물을 앗기지 않고 물을 다투어 길어 가지고 와서 끼어 얹어서 타는 불을 잡고, 가산 집물을 여전히 보전하겠다 하오니, 유지한 제위 군자들은 아무쪼록 동심협력하여 국민 간 유조할 일이면 수고를 아끼지 말고, 용왕직전(勇往直前)하여 인민을 개명하고 국가를 보전하여 문명세계를 보십시다.

第6권 第41호

대한제국 광무 7년 2월 25일 (水)

(일본의 동양 함대 세력)

일본 지방이 청국에 비교하면 십 분의 일이고, 대한보다 삼분의 일가량이 크니, 토지와 인민을 보건대 통히 하잘 것이 없는 나라이라. 아세아 주 동편 끝과 태평양 서편 가에 조그마한 섬이 되어 사면에 바다이고, 육로로 통한 곳이 없어 풍화를 상통(相通)하지 못하고, 다만 대한과 가까워서 지나(支那)로부터 얻어오는 문화를 자고로 대한에서 빌어다가 웬만한 풍기를 세웠으나, 풍속의 악한 것이 오히려 없지 아니하며, 인심이 강박하여 생사를 초개같이 여기며, 왕족과 귀족을 높여 양반을 존경하는 풍기가 심하였으며, 번진(藩鎭)의 권세를 강하게 하여 각기 병권과 지방권을 맡아 임의로 다스리며, 임금은 높이기를 하늘같이 하여 국권을 천편(擅便)하는 권리가 적었으므로, 이천여 년을 한 세대로 상전(相傳)하였으니, 이는 각국 사기(史記)에 드문 일이라 하더라.

처음에 서양에서 비로소 청국과 통상을 틀 새, 청국이 오랑캐와 통하지 않는다 하여 허락지 아니하다가, 사십여 년 전에 영국과 불란서가 병력으로 위협하여 북경에 돌입하고 궁궐에 불을 놓으며, 지금 세상에는 만국이 무역과 교제를 상통하여 서로 이롭게 하자 함인즉, 문 닫고 혼자 있고자 하는 나라는 만국이 결단코 용서하지 않으리라 하자,

형세 위급함을 보고 비로소 허락하여, 광동을 지정하여 통상항(通商港)으로 만들고 외국인의 거류를 정하니, 이때에 미국이 비로소 해군 대장 페리 씨를 일본에 파송하여 국서를 보내며 통상의 호의를 설명하였더니, 위에서는 이 형편을 깨닫고 곧 허락하려 하나, 전국이 대란하여 오랑캐와 통하지 않으려 하므로, 우리나라에 소위 병인양요 소동 같이 일국이 진동하다가 필경 부득이 허락하니, 이것이 겨우 삼십여 년 전이라. 사신과 생도를 보내어 서양을 처음으로 구경하고 와서 하루 바삐 개명을 힘써서 정치 교화와 인정 풍속의 모든 것을 다 옛 것은 버리고 모두 새것을 숭상하여, 심지어 각국이 말하기를 일본은 그동안에 변치 아니한 것이 없고 다만 그 나라의 이름만 남았다 하여, 그 속히 흥왕함을 탄복하지 않는 자 없더라.

이후로 일본이 동양에서 홀로 일어나서 아시아의 영국이라 하나니, 그동안에 큰일 한 것은 다 물론하고, 오늘날 그 해군의 확장함을 볼진대 군함의 톤수가 합이 이십육만 톤이라. 그 중에 혹 좀 파상(破傷)한 것과 오래 되어 쓰기에 합당치 못한 것을 제하면, 곧 전쟁에 내어 세울 것이 십팔만 톤이니, 태평양 해면에서는 어느 나라든지 한 번 다툴 만하다 할지라. 이러므로 영국이 일본과 연합하여 동서를 상응(相應)하여 아(俄) 법(法)의 연합세를 탄압하려 하므로, 일본은 이 연맹함을 영광으로 여겨 관민 상하가 경사로 자랑함이 자연한 일이거니와, 영국이 황제 폐하 이하로 즐겨하여 자랑하며 다행히 여김을 볼진대, 일본의 영광은 더욱이 세계에 빛나도다.

아(俄) 법(法) 양국이 아무리 강하다 하나 동양의 함대와 비교할진대 양국을 합하여도 이십일만 사천 톤을 넘지 못하는지라. 지금 계획한 것을 다 제조하면 오년 안에 합이 삼십오만 톤가량이 될 터인데, 삼십만 톤가량은 새로 정긴(精緊)한 군함이 삼십만 톤이 될지라. 일본서 의론하되, 우리가 영국과 연합하였으나 전혀 영국을 의론할 바 아니라 하여 당장 해군을 확장하여 아법(俄法) 양국의 합세(合勢)를 홀로 대적할 만치 만드는 것이 옳다 하여 오년 안에 삼십만 톤 군함을 장만할 터인데, 대함 네 척은 영국서 제조하고, 대함 여섯 척은 미 덕 법(美德法)에서 제조하고, 그 나머지는 다 일본서 지어 그 톤수를 채울 터인데, 불가불 지세(地稅)를 늘려야 될지라. 지금 일본 내각이 이 방책으로 계획하는 중인데 국회에서 반대가 많아서 방책이 서지 못하기 쉬운지라. 이등박문 씨는 아직 아무 의견도 설명치 아니하고 물러나 있으나, 지금 내각이 물러나는 날은 이등 씨가 또한 이 방책을 행할 듯하나, 영국에서는 이 일이 어서 실시되기를 찬조하는 공론이 많더라.

대개 동양에 같이 있어 같이 적은 나라로 일본이 저렇듯 흥왕함을 어찌 대한은 본받지 못하는고. 소위 통상한 지 수십여 년에 나라가 한일이 무엇이뇨. 해륙군을 확장한다, 군함포대를 설시한다 함은 다 꿈도 못 꾼다 하려니와, 여간한 병정 순검도 월급 줄 것이 없어서 간간 분경(奔競)이 생기나니, 이는 백성이 세를 물지 않아 그러한가. 해마다 세를 늘이며 각색으로 모아들이면서 이렇듯 군졸함은 다름 아니라 국재(國財)를 사사로이 쓰는 연고라. 일본도 삼십년 동안에 대한이 재정 쓰듯이 하였더라면 동양에 삼십만 톤 함대 세력은 고사하고, 향일에 제물포에 갔다 세우고 이 나라를 위협하던 배 한 척도 생겼을 구석이 없었으리로다.

第6권 第42호

대한제국 광무 7년 2월 26일 (木)

(요사한 옛 풍속)

세월이 빠르도다. 계묘년(癸卯年) 정월이 다하고 내일이 이월이라. 광음(光陰)의 무정함이 유수같이 빨리 가므로, 덧없이 인생을 재촉하여 귀밑에 백발이 새롭게 하는구나.

동지 후로 날이 차차 길어서 벌써 춘기가 사람을 곤뇌(困惱)하게 하며, 온화한 기운이 얼음을 풀어 시냇가 버들이 무슨 동정이 있는 듯 하고, 겨우내 고생하고 괴로이 살아난 병인(病人)을 자연히 소복(蘇復)시키는지라. 상천조화(上天造化)가 이렇듯 정묘하도다.

봄 가고 여름 오며 가을 지나 겨울 되어 사시가 바뀌지 아니 하니, 잎 피고 열매 맺고 서리 오고 눈 내림이 다 절서(節序)의 차례라고는 하나, 어찌하여 그러한지 모르는 자도 많거니와, 혹은 천하가 다 같게 되어 동서남북이 다를 것이 없는 줄로 아나니, 어찌 어두운 중에서 의심이 없으며, 의심 중에서 요사(妖邪)한 말이 없으리오.

실상인즉 천지 만물의 발생 평락(平落) 하는 것이 다 태양에 달려 되는 것이니, 지금은 태양이 우리나라 있는 적도 북편으로 오는 고로, 이 지방이 봄이 되어 만물이 열기를 받아 가지고 발생하는 기운이 생김이라. 적도 남편에는 지금 차차 가을이 되어 추운 때가 돌아오는지라. 어찌 세상이 다 같다 하리요.

이 이치를 모르는 사람은 요사한 의론을 지어내어 허무 기괴한 말이 많으니, 이런 어두운 일은 이 정월달에 가장 많이 있더라.

그 허무한 일을 대강 말할진대, 첫째 정월 망일(望日)에 달맞이 한다고 횃불 가지고 절하면 복이 온다 하고, 답교(踏橋)하면 일년 내 요통이 없다는 일과, 달과 별의 선후를 보아 일년 내 풍흉을 안다는 것과, 묘일(卯日)이면 톳(兎)날이라고 여인이 먼저 출입 않는 일과, 진일(辰日)에 용신제(龍神祭) 지내는 일과, 육개책(六個策) 보아 무슨 직성(直星)이라고 제웅(祭翁)이니 조롱이니 만들어 방액(防厄) 한다는 일과, 연 날려 도액(度厄)한다는 일과, 청인 대쪽 태워 터치는 일과, 딱총 놓고 징과 제금 치며, 탈과 용 같은 것 만들어 놀리는 일 같은 허무맹랑한 일은 다 정월 망일 안으로 하는 일이니, 일년 새해를 당하여 명절이라고 노는 겨를에 희롱(戲弄)이나 소견법(消遣法)으로 한다 하려니와, 진정으로 요사스러운 일은 다른 것이 아니라, 정월 내로 기어이 무당 불러 굿하기와, 장님에게 점하기와, 경 읽어 안택(安宅)하기와, 절에 가서 불공하기와, 관왕(關王)에게 치성하는 일은 희롱도 아니오 소견법도 아니오 진정으로 복록을 얻고자 함이니, 설혹 무슨 이치가 있더라도 일년 새해 정초부터 눈 감은 병신에게 와서 요사한 무당을 상종하니, 복록은 고사하고 속담으로 마수걸이를 병신이나 계집부터 상종하였으니, 그 해 일년 일에 길사가 있기를 믿을 수 없고, 또한 관왕이나 부처에게 재물을 허비하여 아무리 정성을 들인들 관왕이나 부처가 회복을 주는 수도 없거니와, 설혹 있더라도 여간 술잔이나 밥그릇에 팔려서 그 수다한 사람을 낱낱이 복 줄 리가 없은즉, 도대체 정초부터 사람마다 그 해 일년 나도록 손재(損財)하기를 자구(自求)함이 어찌 애석하지 않으리오.

터럭만치 틀리면 천리가 어긴다 하나니, 이런 고약한 풍속이 세상을 혼돈케 하여 어두운 것을 종시 파혹할 수 없게 만들고, 이 중에서 점점 어리석고 어두워 사람의 지식이 열리지 못하고 인류의 본 지위를 찾지 못함이 다 자초로 태양 이치를 깨닫지 못한 데서 생김이라. 지금은 전혀 고질이 되어 사람마다 까닭도 모르고 이치도 생각지 못하고 전부터 하던 것이니 의례로 하노라 하나니, 백만 사의 성취되지 못함이 이 어두운데서 시작함이로다.

태서 각국에서도 천문 이학(理學)을 발명하기 전에는 이런 구습이 또한 심히 많아서 별별 기괴한 일이 많다가, 차차 지혜가 열리며 이학이 밝아가는 대로 이전 허무하던 풍속을 일제히 버리고 참 이치를 궁구하여, 하나님의 일정한 본의를 드러내어 교화가 세계에 덮이자 사람의 권리와 지체가 또한 따라 높이진지라. 우리도 학문과 교화를 숭상하여 계묘년 정월 이후로는 그런 허탄한 풍속을 버리고 세계 개명한 사람들과 동등 복록을 누려보사이다.

제6권 제43호

대한제국 광무 7년 2월 27일 (金)

(패망한 나라들이 당하는 사정)

나라가 보전하지 못하는 날은 그 화가 다만 한두 사람에게만 관계됨이 아니라 군신 상하가 다 일체로 당하는 것임을 향일 대강 말하였으나, 근년 각국 중에 망한 나라들이 당한 사정을 상고할진대 족히 증거가 되리로다.

인도국은 청국보다 큰 토지로되 영국이 차지하고, 임금을 없이하며, 정부를 없이하고, 영국서 관원과 군사를 보내어 일변으로 탄압하며 일변으로 은혜를 베풀어, 우준한 백성이 고국을 잊고 영국에 충민이 되게 하되, 혹 충분(忠憤)한 마음이 있어 고국을 회복하고자 하는 자는 먼 섬이나 끊어진 지방에 귀양을 보내어 후환이 없게 하며, 벼슬은 다 영국 백성이 전임하되, 토민은 등급을 마련하여 혹 순검이나 주사 등 소임은 얻어 맡기되 그 이상의 중임은 얻어하지 못하며, 학교에도 정치 법률 두 가지 학문은 토민이 배우지 못하게 하나니, 이것은 지금 세상에 제일 개명한 나라가 제일 관후하게 속지(屬地)를 대접하는 법이라.

연전에 어떤 인도국 사람 하나가 일본에 와서 유람할 때 대한 학도를 보고 눈물을 흘리며 일러 왈(曰); 나는 인도국에 세가(世家) 자손으로 년기(年器)와 제품(製品)이 무엇이든지 다 배울 만한 때로되, 법률이나 정치는 배우지 못하며, 배워도 쓸 곳이 없으니, 어찌 망국(亡國)한 원한이 대대로 골육에 미치지 않으리오. 그대들은 이런 좋은 기회에 공부를 부지런히 힘써 나라를 우리 인도 같이 만들지 말며, 그대 후생들로 하여금 오늘날 나의 원통함을 당하지 않게 하라 하였다더라.

그러나 각국이 오히려 영국의 관후(寬厚)함을 칭송함은 전같이 포학한 학정(虐政)을 행하지 아니하며, 오히려 학교를 설시하여 토민을 교육하며, 은혜를 베풀어 인심이 자연 귀화하게 만드는 연고라. 이전에 그 포학한 임금과 탐학 하는 관원들이 백 가지로 백성을 잔해하던 데 비하면, 위에 있던 이들에게는 백성을 더 해하지 못하니 큰 해(害)라 하려니와, 백성들은 그 탐학을 면하니 오히려 다행할지라. 이러므로 영국의 속지된 것이 도리어 인도의 다행이라 하나, 그 실상이야 백성인들 어찌 복으로 여기리오. 천만고에 무궁한 원한을 실로 잊을 날이 없으리로다.

대만(臺灣)은 갑오년에 청국이 일본에 돌려보낸 후로, 일본이 관찰사를 보내어 이전 청인의 학정을 물리치고 공평한 법을 행하므로 우준한 백성들은 다행히 여기나, 혹 충분(忠憤) 있는 선비들이 죽기를 즐겨 일본을 반대하다가 종종 지방이 조용치 못하므로, 일본이 군사를 파송하여 쳐 없이 하고, 병화가 도처에 미치니 무고 잔민(殘民)의 혈육이 적국 군사의 칼날을 더럽힐 뿐이라. 지금도 해마다 토비(土匪)가 일어나나니, 저 청국 관원 된 자들은 다만 제 토지만 잃어버렸을 뿐이거니와, 그곳 백성은 무고히 병화를 해마다 당하여 원통한 피가 토지에 편만하니, 어찌 윗사람들에게만 화(禍)라 하리오.

파란(波蘭: 폴란드)은 아(俄) 덕(德) 오(奧) 삼국이 분할한 후에 고슈

스코라 하는 장수가 군사를 모집하여 가지고 아라사를 대적하여 전국이 향응하자, 아병(俄兵)이 짓쳐들어 무수히 노륙하고, 경향에 편만하여, 부녀와 노약을 한없이 살해하고, 대신과 세가들이 아라사를 태산같이 믿고 전후 탐학을 임의로 행하며 백성을 누르고 나라를 팔아먹던 권문세가들의 부인을 겁촉(怯觸)하며, 재물을 탈취하고, 고국을 생각하는 자는 시베리아 황무한 땅으로 귀양 보내어 부자형제가 평생을 보지 못하게 하며, 옛적에 유명하던 누대궁실(樓臺宮室)은 모두 없이 하여 옛적의 풍류경개(風流景槪)는 여지가 없게 만들며, 백성으로 하여금 본국 말을 서로 통치 못하게 하여 혹 우연히 옛말을 쓴다면 순검이 잡아 혹 가두고 징벌도 행하며, 혹 말꼬리에 달아 몇 십 리씩 말을 몰기도 하며, 나라와 정부의 명색(名色)은 영구히 빈터만 남기므로, 그동안 화가 다만 그 나라 상하 신민 된 자들에게만 미칠 뿐 아니라, 심지어 산천초목까지도 앙화(殃禍)를 입지 않은 것이 없더라.

이러한 중에서 인종이 자연히 줄어서, 이런 지방에서는 수화(水火)의 재앙도 자주 생기며, 질병의 참화도 자주 와서 토민이 스스로 없어지며, 그 나라 임금은 혹 부지중에 살해당하기도 하고, 혹 그 토지를 차지한 나라에서 잡아가기도 하여, 그 목숨은 부쳐 두어도, 따로 가두어 그 친척도 임의로 보지 못하며, 외인을 무단히 통하지 못하게 하여 옥중 세월로 여년을 마치게 하나니, 이는 혹 그 임금이 분한 생각을 두어 무슨 반대하는 운동이 생길까 염려함이라. 나라를 망치는 임금과 신하와 백성이 누가 그 화를 당하지 아니하리오. 이것이 지금 잔약한 나라들이 제일 두려워하고 걱정하는 바로다.

우리가 감히 사실을 숨기지 않고 당돌히 이런 말을 하는 것은 심히 한만(閑漫)한 듯하나, 지금이 어떤 때이뇨. 형편이 이미 다 기울어진

지 오래인지라. 이때에 말 한 마디도 못하다가, 이만한 말도 할 계제가 없게 된 후에는, 이만큼의 충분(忠憤)한 말이나마 어디서 들어보며, 할 사람은 어디 있으리오. 창자에 가득한 피를 한 조각 종이에 대강 토함이로다.

第6권 第44호

대한제국 광무 7년 2월 28일 (土)

(패망한 나라들이 당한 결실)

지금 세상에 나라가 독립권을 보전치 못하면 남의 속국(屬國)이나 속지(屬地)가 되고, 속지나 속국이 되면 나라는 영영 망하는 법이라, 다시 회복할 날이 없으리라 한데, 혹이 묻기를, 나라가 망하기로 그 토지를 남이 떠가거나 없이 할 것이 아니고, 그 인민을 다 도륙하거나 없이 할 것이 아니니, 토지와 인민만 있을 것 같으면 여간 이름이 없어지고 나라 노릇은 못할지언정, 다른 해(害)야 무엇이 있으리오.

조선은 이왕에 청국의 소위 속국이라고 지낸 지가 한두 해가 아니로되 나라만 무사하고 백성만 태평하였거늘, 지금 어찌하여 독립국이 된 후로 나라가 이렇게 위태하니, 백성이 괴로우니, 죽겠네 살겠네 하니, 헛되이 이름만 자주국(自主國)이라 하고 더 위태한 것보다 이전과 같이 지내고라도 국태민안(國泰民安)하면 어떠하리요 하는지라. 이 뜻을 대강 대답하겠노라.

대개 이전 세상에서는 다 어두운 사람끼리 살 때에 서로 인심도 좋고 어수룩한 일도 많아 자연히 하는 일 없이 편안 무사하였거니와, 지금은 만국이 상통하여 문명하기와 부강하기로 서로 다투며 서로 비교하는 세상이라. 조금만 어리석게 지내다가는 생명을 보전치 못하나니, 비컨대 산촌에서 세상사람 모를 때에는 다만 산중에서 하는 일이 얻어먹고 얻어 입는 일 외에는 별로 할 것이 없이 편안 무사하다가, 큰 장거리와 큰 도성 사람들이 알고 와서 물화를 매매하는 날에는 자연히 일이 많아서, 돈도 많이 만들며 일도 많이 하여야 저자 사람에게 이익을 잃지 아니하고 차차 나아지는 거동을 구경할지라.

만일 그렇지 않고 종시 옛적같이 편히 지내고자 할진대 백물(百物)이 날로 고등(高騰)하며, 물건은 점점 남이 가져가고 돈은 날로 없어지니, 자연히 시민들에게 빚을 지고, 갚지 못하면 집을 빼앗고 전장을 빼앗으며, 필경은 저의 몸까지 팔려 노예가 되어, 한 번 몸이 팔린 후에는 대대로 종의 자식노릇을 면치 못하는 바라. 지금 세상에 각국에 통행함이 경향 읍촌을 물론하고 큰 장사하는 마당인고로, 옛 생각을 버리고 편할 날을 바라지 말고, 일을 많이 하여야 부지함을 바랄 것이다.

또한 사람이 어렸을 때에는 아무 걱정도 모르고, 하는 직책이 적은즉 할 일이 없어 자연 편안하려니와, 차차 자라서 어른이 되며, 집안을 담당하여 살림을 주장하며, 세상에 행세하여 남과 교섭을 자주 할진대 하는 직책이 많고 체면과 시비도 돌아보아야 할 것이고, 걱정과 괴로운 일도 많을지라. 중대한 일과 큰 사업을 많이 할수록 지위와 대접이 높을 것이고, 천할수록 일 없고 편한 법이라. 집에 기르는 짐승이 사람보다 편하고 직책이 적은 법이니, 사람 되어 어찌 짐승의 편안 무사함을 즐겨하여 천하고 낮은 대접을 달게 받으리오. 독립권을 찾으려 함은 곧 사람이 짐승노릇을 면하고 어른이 아이의 대접을 받지 않으려 함과 같은지라. 어찌 이전에 편안 무사하던 때를 생각하여 일이 많은 것은 싫어하리오.

그런즉 대한이 지금 독립국이 된 것이 옛적 남의 속국 이름 받을 때보다 몇 배가 자랐으며 장성함이리오만은, 사람이 이것의 귀한 줄을 모르고, 이것의 귀한 줄을 모른즉 직책의 마땅한 것을 또한 몰라 아무것도 하려 아니하며, 힘쓰지 아니하니, 자연히 남이 억지로 갔다 맡기는 독립권(獨立權)도 지키지 못함이라.

필경 지키지 못하는 날은 아무것도 달리 될 수는 없고, 남의 속국이 아니면 속지가 될지니, 세상이 다 어두워서 이전 청국같이 이름만 속하고 나라는 부지(不知)하게 하였으면 좋겠으나, 원수의 세상이 전과 달라서, 속국이나 속지가 되는 날은 아무것도 다 없어지고 마는 법이니, 비록 토지는 다 떠가지 못하며 인민은 다 도륙하지 못하나, 실상인즉 차라리 아무것도 없어져서 다 보지도 말고 듣지도 마는 것만 못한 사정을 당할지라.

이는 다만 백성만 당하는 화가 아니고, 관원만 당하는 화가 아니라, 어느 나라에서든지 군신 상하가 일체로 다 같이 당하는 화라. 뉘능히 면하리오. 근래 멸망한 나라들이 지낸 일은 작일 논설에서 대강 증거하였노라.

제6권 제45호

대한제국 광무 7년 3월 2일 (月)

(섬라국의 중흥한 사적(1))

아시아 주 청국 남편 지방에 샤암 국이라는 나라가 있으니 곧 한문으로 섬라(暹羅)라 하는 나라이다. 서(西)로 면전(緬甸)을 접하고, 동으로 안남(安南)을 접하였으므로, 자주 독립을 보전하는 나라가 다 근래에 면전은 영국이 차지하고 안남은 법국이 차지한 후로 양국 사이에 끼워 토지가 날로 침삭을 당하나, 그 중에서 근근이 부지하는 것은 다만 영, 법 양국이 상지(相持)하는 중에 서로 먼저 착수하지 못하는 연고라.

육칠년 전에 이르러는 위급함이 곧 시각을 지탱치 못할 듯하다가 다행히 사얌 국왕 출랄롱콘 전하가 시세를 밝히 알아 회복할 방침이 급히 개명을 실심으로 행하는 데 있는 줄을 깊이 깨닫고, 고명한 영인(英人)을 고빙(雇聘)해다가 재정을 온전히 맡기니, 그때 재정이 심히 군졸하여 지금 대한 사정과 같으나, 다행히 외국에 빚진 것이 없는 고로 재정을 회복하기 과히 어렵지 않았더라.

이때에 백관의 월급을 오래 주지 못하자 원망이 날로 심하므로 각색 일이 이로 인연하여 착란한 폐단이 무수하며, 심지어 내지의 부세(賦稅)로 말하면, 모두 탐관오리와 권문 토호들의 중간 건몰(乾沒)하는 바가 되어, 매년 세입을 통계하면 일천육백육십 만원이오, 일년 경비를 볼진대 육백팔십구만 원이니, 매년에 여재(餘財)가 불소(不少)하나, 교육을 힘쓰며 도로를 수리하는 등의 모든 공무에 긴절한 것은 모두 근지(謹持)하여 쓰지 아니하며, 백관의 월급을 떼어서 사사로이 써 없이 하는지라. 재정이 어찌 소생하여 보리요.

영인(英人)을 고빙한 후로 전후 삼년 중에 국고 수입이 매년에 이천삼십만 원이 되는지라. 중간 협잡하는 폐단을 제하고 무명잡세와 백반 토색하는 근원을 맑게 하니 나라에 들어오는 돈은 점점 늘고 백성은 도리어 편한지라. 차차 왕실비를 늘이며, 국민의 유조한 사업은 경비를 확장하되 일정한 예산을 마련하여 임의로 위에서 쓰고 싶은 대로 천편(擅便)하던 길을 막으니 재력이 넉넉하지 않을 수 없는지라. 순검 순포를 근검한 사람으로 택임하여 힘과 기골이 건장하여 위풍이 생기며, 경찰관은 영인(英人)으로 고빙하니 경찰이 밝아서 소소한 무리가 자최를 숨기더라.

국중에서 생기는 좋은 목재가 많아서 각국이 많이 수용하는 고로 섬라의 토산 물종이 많이 수출되는 바라. 그러나 규모가 없어서 인민이 마음대로 무란히 작벌(斫伐)하는 고로 다시 영인(英人)을 고빙하여다가 규모를 정하여 무란 작벌하는 폐를 금하니, 재목이 유여(有餘)하며 수출하는 세액이 해마다 늘더라.

이렇듯 상하 관민의 모든 일이 다 일제히 새로워 만사가 다 차서(次序)와 규모가 생기며, 일변으로 농상(農商)을 권면하여 물을 인도하며, 땅을 개간하는 모든 새 법을 시행하자 곡식이 해마다 유여한지라. 나라 부세(賦稅)를 차차 늘이며, 법률이 밝지 못하여 불공 불평한 폐단이 무수하더니, 선비를 택하여 외국으로 보내어 공부하고 돌아오는 자를 실심으로 수용하여 학문을 교육하자, 정사가 점점 밝아 가며 백성이 더욱 편안하더라.

방콕 도성에서 각부 사무를 주장하는 이는 왕족의 가까운 자라. 또한 영어를 공부하여 영서를 심히 연숙(鍊熟)한지라. 영국 런던지사 신문 탐보원이 깊이 아는 고로 그 인품과 재화를 극히 칭찬하며, 또한 왕의 범절을 말하되 그 식견이 높아서 시세에 밝으므로, 마음이 견확(堅確)하여 이럭저럭 하는 성정이 없으므로 섬라 국에 중흥할 기틀이 실로 이에 있다 하더라.

그러나 국정의 제일 어려운 것은 대한과 청국과 같아서, 무슨 일이든지 각국 공영사들이 각기 자기들에 이로울 것으로 그 정부를 향하여 요구하므로, 심지어 일본이 또한 한 좌석을 참예하는지라. 소위 이국편민(利國便民)할 사업이라고 각국이 자기 의견대로 요구하므로 어떤 것을 준행할는지 알 수 없게 하는지라. 이 중에서 한 가지도 취서될 수 없거늘, 섬라 국왕 전하의 견실한 용맹과 지혜로운 식견으로 이해를 짐작하며 교제를 공평히 하여 조금도 편벽됨이 없게 하므로, 홍하(洪河) 지방에 요긴한 곳을 법인(法人)이 기왕 점령하였으나 마침내 어찌하지 못하고 약조를 정하여 물러가므로, 법국 각 신문에서는 그 약조한 외부대신 델케시 씨를 무수히 시비하나, 실상은 섬락국의 밝히 조처함으로 부득이 된 일이라. 각국이 그 왕의 명철하심을 무수히 칭송하나니 그 나라의 중흥할 기틀이 한량이 없더라.

태자를 영국 대학교에 보내어 졸업하고 각국으로 유람하게 하며, 지금은 서양 규모를 본받아 재정을 정리할 새, 금전을 지어 서양과 화폐를 같이 하게 하니 실로 아시아 주에 크게 생색나는 바이라. 각국이 칭송하며 찬조하고자 하는 자 무수하니, 영법(英法) 양국의 상지함이 스스로 풀리며 도리어 좋은 친구가 되니, 어찌 대한에 급히 본받을 일이 아니리오. (미완)

제6권 제46호

대한제국 광무 7년 3월 3일 (火)

(섬라국의 중흥한 사적 연속(2))

영국 타임스 신문이 섬라국의 중흥하는 사적을 기록하고 그 아래 설명하였으되, 근년 내로 여러 강국이 동방에 모든 군주정치하는 나라에 대하여 심히 주의하여, 실심으로 권면하여 흥왕 발달할 정치를 행하게 하자, 일본이 이 중에서 깨닫고 진심갈력(盡心竭力)하여 옛 풍속을 일제히 버리고 타국의 좋은 법과 새 정치를 모본하여 졸지에 저렇듯 부강하게 되니, 이는 고금에 희한한 사적이라.

아프리카 중에 있는 애급 국왕은 비록 일본같이 일시에 변혁하지는 못하나, 또한 옛 정사를 버리고 서양 법을 취하여 쓰는 것이 긴급한 줄 깨닫고 당장 일하는 중이니 또한 칭찬할 만한 일이다.

홀로 조선인즉, 일마다 옛 법을 고집하여 능히 고치지 못하며, 속으로 완고한 구습을 가득히 품고 겉으로만 외국법을 모본한다 하나 실상은 부득이하여 남에게 끌려 하는 바라. 이러므로 아무 일도 이루지 못하고 점점 위태하여 가니 실로 한심한 바로다.

근래에 섬라국은 이와 달라서, 그 왕이 일본 명치천황만치 용진하는 힘은 적으나, 지금에 바야흐로 깨닫고 새 법을 쓰려함이, 아지 못하여 외모를 모본함이 아니요, 실로 마음에서 즐겨 행함이니, 저러한 임금은 진실로 흠탄(欽歎)하도다. 그러나 가석한 바는 섬라국 백성들이 많이 불학무식하여 전국이 다 혼돈한 중에 있으므로, 새 법을 쓰는 것이 참 유익한 줄을 아는 자 드문지라. 왕이 외로이 서서 조역할 사람이 없으므로 일이 자연 성공되기 더딜 터이나, 그 왕의 총명 평령(平靈)함이 사람에게서 뛰어나서, 옛 폐단을 버리고 새 이익을 일으킴으로써 자기의 직책을 삼는 고로, 삼사년 전에는 나라가 거의 망하게 되어 영법(英法) 양 대국이 분할할 의론을 속으로 정하므로 결단코 보전할 도리가 아주 없다 하더니, 일천팔백구십육년 칠년 전에 이르러는 영법 양국이 들어나게 약조를 정하여 왈(曰); 섬라국의 토지를 서로 보전하게 하며, 그 정부로 하여금 독립하는 도리를 행하게 하자 하므로, 이로 인연하여 두 나라 군사가 서로 막아 감히 토지를 침노치 못하며, 또 그 약조에 하였으되, 급한 일이 있거든 두 나라가 서로 붙들어 보호하여 줄 것이오, 위엄으로 핍박함을 행치 말자 하였나니, 이는 실로 두 강국이 인의(仁義)를 행함이라. 그 인선(仁善)함이 지극하다 하려니와, 만일 그 왕이 스스로 도모치 아니하여 각국의 권면함을 겉으로만 응종하고 속으로는 좇지 아니할진대 어찌 이런 찬조함을 얻었으리요.

오직 다행한 바는 왕이 그 위태함을 깨닫고 새 법을 얻어 정사를 밝히면 자연히 회복할 도리가 있을 줄 믿으므로, 옳은 말 좇기를 게을리 아니하며, 또한 견실하고 용맹스러운 마음으로 뜬소문과 요사한 속설에 거리끼지 않고, 친히 서양 각국에 유람하여 새 세계의 모든 정사와 교화를 구경하자 지식이 더욱 열려, 민심을 고동하여 국권을 보호하게 하며, 본국에 어두운 인재를 가지고 어찌할 수 없는 줄을 알아 각국으로 총명 자제를 파송하며, 한편으로 고문관을 고빙하여 직책을 맡기며, 각국이 이 흥왕하려는 거동을 보고 서로 각기 의견을 말하여 제 소견대로 권하데 어떤 의견을 좇을는지 모르게 하는지라.

왕이 홀로 영인(英人)의 가르침을 깊이 들어 개명 정책상에 서로 찬조하여 나아가자, 지금 시작한 모든 사업이 다 장래에 무궁한 이익이 될 바라. 겸하여 그 임금과 정부 대신이 일심으로 인재를 택용하여 국민을 이롭게 함이 날로 취서(就緖)되니, 섬라국에 토지는 비록 적으나 동방 각국 중에 한 자주독립국이 될지라. 동양에 다행이라 하였더라.

(*본 기자는 이 글을 번역하고 일변으로 부럽고 분하고 억울함을 이기지 못하리로다. 저 섬라국은 영 법 두 강국이 좌우로 점령하고 양편으로 다투는 중에서 능히 독립을 보전하여 잃었던 권리를 회복하므로, 그 강한 나라가 스스로 물러가 전일에 침탈하기를 위주 하던 나라들이 도리어 보호하는 정의(情誼)의 친구가 되니, 이 어찌 나라에 화복안위가 다 제게 있다 아니 하리오.

지금 우리가 누누이 말하는 바는, 타국이 우리나라에 대하여 공평치 못하게 하는 것이 실로 심하지 않음은 아니나, 다 남의 탓이 아니라 실상 내게 있는 것이라 하되, 종시 곧이듣는 이가 적어서 혹 우리더러 외국인을 두둔하는 것 같이 아는 모양이나, 이 사적을 볼진대, 어찌 남의 칭원(稱寃)이 일호인들 내 실수를 말미암아 생김이 아니리오. 저 각국이 무슨 심장으로 홀로 일본 애급 섬라 등 국에만 인후(仁厚)하게 행사하며 대한과 청국에는 방해하게 하리요마는, 저 세 나라는 위아래에서 다 하려고 하는 고로 스스로 됨이오, 이 두 나라에서는 위아래에서 다 아니 하는 고로 남이 이렇게 대접함이라. 정부에 당국하신 이들은 이에서 응당 감동함이 있으리로다.)

제6권 제52호

대한제국 광무 7년 3월 11일 (水)

(나라의 강약이 법률 선악에 있음)

나라가 강한 것을 무엇으로 아느뇨. 그 나라에 치외법권이 있고 없는 것을 보느니라. 치외법권이란 것은 무엇이뇨. 외국 사람을 다스리는 권리니라. 외국 사람을 어떻게 다스리는 것이요. 외국 사람이 내 나라에 와서 사는데, 만일 법에 범하거든 내 나라 경찰 관리가 잡아다가 법사로 넘겨 죄의 경중대로 죽이든지 살리든지 내 나라 법률대로 처치하는 것이니라.

그러면 어찌하여 우리나라에서는 그렇게 못하기는 고사하고 외국 사람이 내 나라에 와서 내 나라 사람을 잡아다가 때리고 가두기를 임의로 하느뇨. 그것은 법률이 밝지 못한 연고니라. 법률이란 것은 어찌하여 마련하였으며 어찌하면 밝고, 밝지 아니한 것인가. 법률이란 것은 사람의 혈맥과 같은 것이라. 일시라도 법률이 아니면 백성끼리 다투고 빼앗기로 일을 삼아 부지할 수가 없는 고로, 성인이 법률을 만들 때에 그 범죄한 자를 미워서 때리고 죽이는 것이 아니라, 그 범죄한 자로 하여금 허물을 고치고 착한대로 나아가 다시는 범죄하지 않도록 징계하고, 다른 사람으로 하여금 남이 범죄하고 법률에 고초 겪는 것을 보고 범죄하지 말게 함이라.

그런고로 죄란 것은 죄를 지은 자에게만 있고 부모형제라도 연좌가 없는 것은 옛적 성인이 행하시던 바요. 또 아무리 중죄를 범하여 오래 금고에 처한 자라도 그 범죄한 사람이 마음을 닦고 행실을 고쳐 무슨 착한 일을 많이 행하여 현저한 표적이 있게 되면, 방송(放送)할 기한이 차지 못하였더라도 방송하는 법이 있는 것은 지금 개명 제국에서 행하는 바라.

그런고로 법관이 죄인을 심판할 때에 친소와 애증(愛憎)을 보지 않고 다만 법률이 정한 대로 공평한 마음으로 그 죄의 경중대로 다스리되, 비록 만승천자(萬乘天子)의 존엄하심으로도 능히 법률을 요동치 못하나니, 그런고로 주보(朱甫)란 사람이 가로되, 임금은 능히 법을 천하에 행하지 아니하고 능히 신하가 법 지키는 것을 용납한 후에야 임금의 형세가 높고, 신하는 법을 천자에게 받들어 임금이 법률 흔드는 것을 용납지 않아야 임금의 법이 미쁘다 하였으며, 우리나라로 보아도 대전통편(大典通編) 첫머리에 크게 공번되이 하고 공경하여 부지런히 법문을 지키라 하신 선왕조 유교가 계시거늘, 근일 법관들은 법률의 소중함이 어떠한 줄 모르고 다만 사정(私情)과 자기네 소견대로 처치하여 죄의 경중이 재물과 청촉의 긴불긴(緊不緊)에 달렸는지라.

그런고로 백성이 법을 믿지 않고 청촉하는 것으로 습관이 되었으므로 무세(無勢)한 사람이 견딜 수 없어 외국 교인에게 의세하는 자도 많고, 몰려다니며 불의(不義) 행사로 백성을 살해하며 재물을 토색하는 자도 많으며, 심지어 수령 방백이 먼저 법률을 어기어 막대한 죄를 범하여 백성에 수창(首唱)이 되되 큰 변괴로 안다든지 선왕조 유교를 배역한 큰 죄인으로 알지 않고 예사로 알아 그러하니, 외국 사람이 그 일을 알고야 어찌 자기 백성을 그 나라 그 법률 밑에 맡겨 곤욕 받게 할 리가 있으리오.

만일 법률이 공평하여 애증 친소 없이 법률대로만 행하게 되면 능히 치외권(治外權)을 얻어 동서양을 물론하고 어디 사람이든지 범죄한 자면 잡아다가 다스리기가 어렵지 아니할 터이라. 가령 지금으로 보더라도 성덕이 하늘같으시고 백성 사랑하시는 성심이 지극하사 옥문을 통개(通開)하시고 사죄(死罪) 이하는 다 방석(放釋)하라 하셨으니, 비록 육범죄라도 방송될 자 있을지라, 뉘 아니 기뻐하며 춤추어 성덕을 흠앙(欽仰)하지 않으리오.

이때를 당하여 법률을 맡은 관원들은 동동촉촉(洞洞燭燭)하여 아무쪼록 공평한 마음을 써서 성의를 만분지일이라도 갚기를 도모하는 것이 옳거늘, 만일 여전히 사정을 따라 육범 중이라도 방송되는 자 있고, 육범 외라도 방송치 않는 자 있으면, 이는 첫째 우리 황상폐하의 성덕을 저버림이요, 둘째 천하 각국 인이 모여 오는 때에 외국인에 치소(嗤笑)를 면치 못할지니, 어찌 삼가고 조심할 바 아니리오. 지금 개명한 나라들은 죽이는 형벌까지라도 폐지하자는 의론이 거의 시행되게 되었는데, 하물며 다른 죄야 일러 무엇 하리오. 아무쪼록 법률 맡은 관원들은 법률을 공평히 행하여 내 집안 식구가 외국인에게 잡혀 가지 않고 우리가 외국 사람을 잡아 징치하는 권리 좀 얻어 보시기 축수(祝手)하오.

제6권 제76호

대한제국 광무 7년 4월 8일 (水)

(춘일이 화창하다)

백설이 다 진터니 양지에 풀이 나며, 봄비가 뿌리더니 두견이 반개(半開)로다. 버들은 누릇누릇, 잔디는 푸릇푸릇, 시냇물 불어나고 아지랑이 높이 뜨니, 이때는 춘삼월 호시절에 청명한식(淸明寒食) 될 때로다.

백일(白日)은 길고 길어 사람을 곤하게 하며, 춘풍은 화창하여 회포를 감동한다. 인간의 이별 그리워서 상사(想思)에 곤한 사람 심사를 못 이기며, 수심을 못 이기어 무심히 졸다가, 울고 가는 기러기 떼 곤한 사람 놀라 깨니, 북으로 돌아가서 소식이 망연하며 심사만 산란하다.

먼 곳에 오랜 손은 고향생각 간절하여, 창전(窓前)의 옛 매화는 무심히 떨어지며, 처마 앞의 옛 제비는 이전 주인 찾아올 때 나 홀로 못 돌아가니 심사 더욱 산란하며, 초당에 한가한 사람 춘곤(春困)을 못 이기어, 석침(石寢)을 의지하여 졸음 섞어 책을 볼 때, 백 가지로 우는 새는 사면에 들레며(*야단스럽게 떠들다), 수풀 사이에 부는 바람 향기를 보낼 적에, 세상만사 무심하고 공명이 부운 같으니 이는 한가한 사람의 춘흥(春興)이오.

시 짓는 풍월객은 지기(知己)하는 세네 친구 필연(筆宴)과 시축(詩軸)으로 담박한 주효(酒肴) 차려, 산정에 올라가서 진일토록 대취하여 음풍영월 노닐 적에, 세상에 즐거운 낙이 이에 지날 바 없을 듯하며, 풍류 호걸 남자들은 떼떼이 짝을 지어, 좋은 술 묘한 미인 가진 풍악 겸비한데, 굉장히 포진(布陳)하고, 경 좋고 이름 좋은 번화강산(繁華江山)에 난만한 가무로 무궁히 노닐 적에, 또한 세상에 영화부귀 이에 지나는 것 없는 듯하며, 산천 유산객은 죽장망혜(竹杖芒鞋)로 부운같이 떠다닐 제, 삼천리 명승지지 방방곡곡 다 다니며 절승경개 구경할 새, 만자천홍(萬紫千紅)은 색색이 만발하여 도처에 금수강산이라. 광활한 장부 회포 이만치 즐거울까, 인간의 쾌활함이 이에 더 없는 듯한지라. 이것이 다 춘절을 당하여 스스로 각인의 감동하는 정곡(情曲)을 말함이거니와, 그 외에 무궁한 인정을 어찌 다 의론하리요.

이때를 당하여 혹은 울기도 하며, 혹은 근심도 하며, 혹은 웃기도 하며, 혹은 즐겁기도 하여, 각기 자기의 당한 처지대로 생각나므로 같은 세상에 같은 사람들이 생각은 다 같지 아니한지라.

이 너른 세상에 십오억여 만 명이 이만오천 영리되는 지구 위에 둘려 사는 중에, 금년 오늘 이 시각에 통히 즐겨하며 슬퍼하는 사람이 얼마나 되는지 한번 생각하여 볼만한 일이라. 다 합하여 말할진대, 즐거운 생각으로 보면 세상만물이 다 즐겁고 흥치 있으며, 슬픈 생각으로 보면 세상만물이 처량하고 한심치 않은 물건이 없는지라.

그런즉 세상이 한 쪽은 즐겁고 한 쪽은 슬퍼서, 슬픈 쪽은 전혀 우환질고(憂患疾苦) 우수사려(憂愁思慮)가 가득한 세상이고, 즐거운 쪽은 태평안락 부귀영화가 가득한 세상이라 할지라. 그러나 이 두 가지가 기왕 나누어 있지 아니하고 함께 섞여, 즐기는 사람 있는 중에 근심하는 사람도 살고, 우는 사람 모인 곳에 웃는 자도 있은즉, 불가불 이 세상이 희로애락을 섞어 만든 세상이라 하겠으나, 실상인즉 사람의 즐거움이 그 처지에 있지 아니하고 마음에 달린 고로, 궁한 구렁에서 가난함을 편히 하고 도를 즐겨하는 이도 있고, 당장 배반(杯盤)을 벌려놓고 수저 내릴 곳이 없다고 탄식한 이도 있으며, 만승천자로 신선을 구하려다가 슬프게 마친 자도 있으며, 강호에 높이 떠서 한가히 노닐면서 세상 사람을 위하여 먼저 근심한 이도 있은즉, 근심이라 하는 것이 호강 부요한 자에게도 있고 명철 자비한 자에게도 있은즉, 제 몸을 위하여 근심함과 남을 위하여 근심하는 것이 등분은 없지 아니 하나 실상 근심은 다 일반인즉, 세상에 즐거운 일이 근심 아닌 것이 없는지라.

이러므로 통합하여 말하자면, 세상이 한 근심 덩어리라 할지라. 적도 북편으로 지금 봄 되어 오는 나라에서들은 더욱이 춘풍이 화창하여 인정이 감동하기 쉬운 시절을 만났은즉, 감창(酣暢)한 마음들이 다른 때보다 더할 것이거늘, 하물며 가장 근심 우환 걱정 고초 많은 청국과 대한 같은 지방에서야 더욱이 일러 무엇하리요. 장부의 무궁한 감동이 봄풀과 같이 나는도다.

이 근심 세상에 모든 근심을 다 통합하여 칠진대 가장 크고 가장 면할 수 없는 근심인즉, 세월이 무심이 흘러가서 인생이 스스로 나서 자라서 죽어가기를 마치 동산에 도리화가 잠시 피었다 지는 듯하는지라. 옛글에 춘초는 연년록(春草年年綠) 하되, 왕손은 귀불귀(王孫貴不貴)라 함이 만고 인생의 제일 한 되는 것이니, 사람이 이 세상의 허무한 것을 깨달아 이후에 영원히 복 누리는 도가 있을 줄을 알고, 이 도를 구하여 한 몸이 세상에 있을 동안에 남을 위하는 데 사업을 많이 하고, 이후 무궁한 복락을 많이 구하여 놓을진대, 환란질고 중에서 스스로 낙이 생겨 인간고초를 즐거운 줄로 알고 지낼지니, 이것이 슬픈 중에서 낙을 얻는 길이라.

춘일에 우연히 감동하는 생각이 생겨 회포를 기록하여 여러 친구들의 감창(感愴)한 춘회(春懷)를 위로코자 함이로다.

제6권 제77호
대한제국 광무 7년 4월 9일 (木)

(흥왕할 기미)

옛말에 하였으되, 거문고와 비파가 율에 맞지 아니하면 반드시 줄을 갈아내고 판을 다시 꾸민 후에야 소리가 합한다 하였나니, 나라 다스리는 정사가 또한 이와 같아서, 법률이 문란하고 국세가 위태하기가 심할 지경에 이른 후에는 반드시 그 정책을 변하여 새 판을 한 번 차려보아야 가히 다스림을 바랄지니, 이는 옛적 우리끼리 살 때에도 떳떳한 법이라 하였거든, 하물며 지금은 전고에 없이 만국이 일제히 변혁하는 시대라.

한 지구 위에 동서남북을 물론하고 나라마다 역력히 헤아릴진대, 변혁하기를 주장한 나라는 흥왕하고, 변혁하기를 물리친 나라는 쇠약하였나니, 이는 우리가 지어서 하는 말이 아니고, 그러할 듯하여 짐작으로 하는 말도 아니고, 각국 글로 번역하여 어린아이부터 공부하는 세계사기를 보아도 역력히 기재하였고, 또한 지금 각국 남녀노소들의, 인류로 생겨 가지고는 모를 사람이 없는 바이니, 이 일에 구태여 한두 가지 증거를 말할 것도 없고, 또한 말하지 않아도 거의 다 짐작하는 바이거니와, 지금 우리나라는 이 시대를 당하여 두 가지 길을 질정하고 나갈 삼거리 어구에 앉은지라.

이왕 지내온 길은 버리고 앞에 동서 두 길을 분간하여 행할 터인데, 이 길을 당한지 이미 수십 년이 되었으되 아직도 종시 정한 방향이 없어, 서(西)로 두어 걸음 나가다가 어려운 듯하면 도로 퇴축하고, 동(東)으로 가려한즉 이는 세력에 할 수 없는 줄 알고 생각도 못하며, 혹 뒷걸음도 간간이 쳐보아 당장 엉거주춤하고 사세에 부대껴 어찌할 줄을 모르고 지내니, 부지중 사정은 점점 심하여 오늘날에 이르러는 앉지도 서도 못하게 되었는지라. 고금천지에 쇠하여 잔약한 나라도 많았고, 위태하여 가다가 다시 회복하여 본 나라도 무수하였건마는, 쇠하고 어지럽고 위태한 나라가 대한의 오늘 사정같이 심한 자 어디 있으리오.

이렇듯 문란하고 위급한 연고를 말할진대, 그 폐단이 한두 가지가 아니라 전후로 병든 근원을 이루 다 말할 수 없거니와, 그 모든 병근의 시작인즉 지금 시대를 맞추지 아니하여 나갈 길을 질정하지 못한 연고라. 시대를 맞추지 않고 내 주의만 고집함은, 비유컨대 큰 바다에 조수가 미는 중에 일엽소선(一葉小船)으로 홀로 거슬러 나가려거나, 혹 편안히 닻을 주고 서고자 함과 같아서, 필경에 표풍(飄風)을 만나면 파선함을 면치 못할지니, 저 무수한 선척들과 함께 물결을 따라 내려갈진대 힘들지 않고 순히 따라갈지라. 아직까지 이 물결을 따르지 않는 고로 이렇듯 어려움이라.

그 물결인즉 새 법을 행하는 것이니, 새 법을 행하기에 수십 년 열력(閱歷)을 지내면서 무수한 곤경을 겪어, 지금 이렇듯 극한 지경에 이르고도 종시 의심을 놓지 못하여 동서로 방황하는 중에서 이 경우를 당하였으니, 지금은 그 중에서 경력이 생기게 된지라. 속담에 한 번 낭패한 것은 이후에 잘 될 근원이라 하였나니, 이후에는 좋은 새 법을 얻어 다시는 낭패할 길로 아니 들어갈 경력이 생기는 연고라.

그 사이 얼마 동안은 정부에 몇몇 대관이 홀로 맡아 독단하여 본 적도 있고, 한참 동안은 일아(日俄) 양국이 약조하고 대신을 추천하는데 속으로 간예(干預)도 하여 보았고, 혹은 외국인에게 의지도 하여 보았고, 옛적 선왕조 등록도 한참 숭상할 만치 하여 보았으되, 하나도 효험은 보지 못하고 점점 어지럽고 어려워 지금은 더할 수 없는 지경에 이르렀은즉, 이것이 하나도 고황(膏肓)에 든 병을 고칠 명약이 되지 못할 줄을 소상히 짐작할 경력이 생긴지라.

위에서 말한 바와 같이, 거문고와 비파의 소리가 나지 않음과 같은즉, 기왕 버리게 된 후에는 어찌하여 급히급히 줄과 판을 새 것으로 갈아내지 아니하리오. 이 새 것인즉 다름 아니라 새 법을 세워 만국이 같이 나아가는 새 길로 행하기를 질정하는 낙이 있는지라.

제6권 제78호

대한제국 광무 7년 4월 10일 (金)

(합중(合中)하는 세력)

세상 만물을 분석하여 보면 혹은 화합하는 성질이 있고, 혹은 반대되는 성질이 있어 이 두 가지의 종류가 대단히 다르니, 전기와 지남철 종류는 어디서든지 서로 만나면 곧 견인하는 힘이 있어 가서 합한 후에야 마는 것이오, 물과 수은 같은 물질은 함께 만나면 곧 응결하여 중간에 막히는 것이 있기 전에는 반드시 붙어 다니는 고로 큰 바다를 이루며, 벌과 개미와 이리 종류는 의례히 합하여 사는 것이니, 이 몇 가지는 다 지극히 적고 힘없는 물건이로되 다만 합하는 성질이 있는 고로 능히 큰 세력을 이룬다.

물과 불은 서로 반대되는 것인 고로, 함께 만나면 둘 중에 하나가 필경 없어지고야 말고, 호랑이와 사자와 그 외 모든 짐승들은 다 서로 상극(相剋)도 되며, 혹 연합하기를 즐겨 아니하기도 하며, 혹 사랑하는 성질이 적기도 하여, 어떤 것은 다른 종류와 모이지 못하고, 어떤 것은 같은 종류와도 서로 합하지 못하여, 함께 모여 처하게 되면 곧 다툼과 살해(殺害)함이 생겨, 필경 각기 떨어져 따로 있지 아니하면 둘 중에 하나가 결단난 후에야 마는지라. 이것은 합하는 성질이 없어서 큰 것이 능히 큰 힘을 이루지 못하는 증거라. 어찌 소상(昭詳)치 아니 하리요.

사람도 또한 이 중에 한 동물로 화합하는 성질이 있는 물건이라. 이 물건을 합하여 놓는 곳은 못 되는 일이 없는 고로, 옛 글에도 사람이 많으면 하늘도 이긴다 하였나니, 비록 하늘을 뒤집고 땅을 돌이키지는 못하나, 하나님이 만들어 놓으신 물건의 성질을 잡아 능히 행치 못할 일이 없나니, 이 어찌 사람의 능력이 능히 만물을 번복하는 힘이 있는 증거가 아니리요.

그러나 사람이 아무리 하나님께서 같이 주신 능력이 다 있다 할지라도 사람의 합중(合中)하는 힘을 쓰지 못하면 다 버린 기계와 같으니, 무슨 힘을 능히 내며 무슨 일을 능히 이루리오. 아프리카주 흑인들과 중원(中原)의 청인들도 지혜 총명과 능력은 다 같이 타고 났으되 능히 아무 사업도 이루는 것이 없고, 능히 저희 토지와 재산을 보전치 못하여, 다만 한두 개 다른 인종만 보아도 곧 분분히 흩어져 갈 바 없이 되는 것이 다 합중(合中)하는 힘이 없어 그러함이라. 저 사람들은 당초에 합하는 힘을 품부치 못하여 그러함인가? 이는 사랑할 줄을 모르는 연고라. 사람이 연합하는 힘은 곧 사랑하는 마음 한 가지에 있음이로다.

사람이 이 성질이 없으면 곧 야만의 대접을 면하지 못하므로, 다만 사람의 동등 대접을 못 받을 뿐 아니라 곧 스스로 소멸하여지고 마는 법이니, 옛적에 이 사람들끼리만 살 때에는 저희끼리만 서로 잔해하며, 그 중에서 또 새 사람이 나서 일상(日常)한 모양으로 지탱하여 갔거니와, 급기야 별난 새 사람들과 통하는 세상에는 판이하게 달라서, 합중하지 못하는 물질이 합중하는 물건에게 복종하는바 되어 마침내 지탱치 못함은 지금 세상 사람들이 다 같이 아는 바라. 어찌 심상히 여기리오.

지금 우리나라 사람들은 이 연고를 깨닫지 못하고 다만 나 혼자만 세상에 있는 줄로 알아 남과 합중할 줄은 생각지 못하니, 어찌 무슨 힘이 있어 능히 남의 합중하는 세상에서 홀로 부지하리오. 합중하는 사람의 성질은 나와 남의 분간을 구별하지 않는 데서 생기는 것이니, 가령 한 사람이 나와 사사로이 원혐이 있을지라도 그 사람의 하는 일이 공회 상에 널리 관계되는 것이거든 곧 자기의 이해를 버리고 가서 합하여야 될 것이거늘, 엇 그저께 함께 죽자 살자 하고 정녕히 의심 없는 충군애국 하는 목적으로 함께 죽자고 맹세하였던 친구라도, 죽쳐 들어앉는 날은 곧 심방을 끊어, 혹 내게 무슨 화단이 있을까, 혹 내게 이익이 손해될까 하여 다시 돌아보지 아니하며, 혹 남이 나를 그 사람과 동류라 할까 염려하여, 그 친구를 몰아 곧 불궤패역(不軌敗逆)한 놈으로 몰아서 죽기까지라도 밀어놓고 저 혼자면 하는 것이 곧 호걸지사 영웅으로 여기나니, 하가(何暇)에 일호(一毫)인들 그 친구의 의리와 충분지심(忠憤之心)을 들어내어 세상에 발명하여 주려는 생각이 어디 있으리오.

이렇게 잔해(殘害)하여 제 몸만 면하고 다니다가 무슨 바람만 부는 듯하면 그제는 혼자 충애강개(忠愛慷慨)한 남자요, 의리 공심 있는 장부라. 이런 사람들의 심장을 볼진대, 나라가 개명 부강하여 볼 기틀도 없을 듯하고, 일할 이가 있어도 또한 저런 무리들의 득의양양하여 박쥐놀음 하는 모양이 보기 싫어서 차라리 없는 것이 낫겠도다.

청국에 강유위(康有爲)는 그 황제를 받들어 국권을 세우려 하다가 서태후에게 몰려 역명(逆名)을 얻어 집안이 도륙당하는 화를 입었으되, 양계초(梁啓超) 같은 친구가 있어 무술정변기(戊戌政變紀)를 짓고 강유위의 사적과 목적을 드러내어 세상이 알게 하며, 개진당(開進黨)으로 몰려 죽은 여섯 열사의 행적과 의리를 드러내어 글을 지어 전파하였나니, 그 글을 보면 장부의 충분격절(忠憤激切)한 마음을 분발케 하는지라.

청국은 아무리 저 모양이라 하더라도 오히려 몇몇 선비가 없지 아니하거늘, 대한에는 강유위 같이 충애한 선비도 있는 줄 모르거니와, 설령 있을지라도 그 사적 하나 말할 사람 없을지니, 인심이 이러하고야 합중하여 발생하는 기운이 어디 있으리오. 두루 말하자면, 차라리 일개 광인이 되어 세상을 희롱하다가 마치는 것이 신세에 도리어 나을 듯(하도다).

제6권 제108호

대한제국 광무 7년 5월 15일 (金)

(안남국 사적(1))

앞 수레가 엎어진 것은 뒷 수레의 경계함이라. 남이 알아 지낸 일을 보면 내 나라 일을 짐작하겠기로, 안남국 사정을 대강 기록한다.

안남국은 옛적의 월상(越相) 씨 나라이니, 동북은 청국 운남 광동과 접경이오, 동은 동경만을 접하였고, 서쪽으로 섬라국(暹羅國)과 연접하였으며, 지형은 긴 뱀의 형세 같아서 남북은 길고 서북은 좁고, 면적은 청국 이수로 이십사만 오천여방 리오, 인구는 이천만 명가량이오, 군사는 이십만 명이오, 지형은 둘로 나뉘었으니, 일왈(一曰) 동경(東京)이오, 일왈 교지(交支)니, 상교지, 중교지, 하교지라.

그 벼슬 이름과 각 아문(衙門) 이름은 청국과 같고, 사람의 성명까지 청국과 같으며, 기후는 심히 더워서 이월이면 귤이 푸르고, 여지가 붉고, 인민들은 홑옷으로 몸을 절반만 가리고, 남자는 머리털을 길러 상투 하고, 여자는 발을 벗고, 빈아(貧兒)도 없으므로, 잠깐 보면 남녀를 분변하기 어렵고, 자리는 나무로 평상 모양으로 만들고, 포목으로 만든 요는 없으며, 해마다 겨울과 봄에는 비가 오지 않고, 사월 후부터는 대풍이 끊어지지 않고 기와가 날리는 고로, 집들은 오함(汚陷)하여 상활(上豁)한 데가 없더라.

그 나라 남방 바다 근처에 서공이란 데는 남양에 제일 유명한 항구니, 청국의 광동성 복건성의 상고(商賈)들이 그곳에 가 있는 사람이 오륙만 명에 내리지 아니하고, 향항(香港: 홍콩)에서 윤선 길로 삼일정이고, 바다에서 그 항구로 들어가기가 백 수십 리인데, 좌우편 경개는 세계에 유명한 곳이더라.

안남국에서 서양사람 배척하기를 주장하더니, 청국 함풍(咸豐) 팔년에 법국(法國) 교사가 안남국에 전도하러 갔다가 안남 사람에게 죽은지라. 법국 정부에서 군사를 일으켜 안남을 칠 새, 법국 군사가 안남 땅에 당도하여서는 싸우는 일도 없고 문자 거래도 없고, 다만 당도하는 곳마다 군사 주둔할 영루(營壘)만 건축하고, 위험한 곳에 포대 쌓기와 치도(治道)하기에만 전력하여 장구히 두류(逗留)할 경영만 행하며, 안남 사람이라고는 만나는 대로 죽였다.

이에 안남국 군신 상하가 크게 두려워서 사신을 보내어 말하되, 전국 인민을 다 멸망시켜야 쾌할 것이 무엇이냐, 통상할 뜻이 있으면 우리도 화친하기를 원하거니와, 그렇지 않으면 군사를 일으켜 자웅을 결단하여, 노략하고 생민 살해하는 일이 없게 하자 하되, 법국 사람은 대답도 아니 하고 여전히 노략하나, 안남서는 어찌하지 못하고, 법국 군사는 점점 깊이 들어가서 요해지지(要害之地)는 모두 차지하였다.

안남서는 군사든지 지형이든지 믿을 것이 없는 고로 한번 싸우지도 못한즉, 법국서는 서공 항구에 부두를 쌓고 여러 나라와 통상하여 장구히 두류할 뜻을 경영하며, 법국 군사 주차한 근처의 안남국 여섯 도를 모두 자기 차지로 하여, 장차 전도하고 장사할 땅이라 지목하고 서로 상지한 지 수년에, 안남에서 부득이하여 법국과 화친할 새, 법국에 군량 이천만 씩 주기로 작정하고, 또 십년 작정하고 배상금 매년 사십만 불씩 주기로 작정한 후에야, 비로소 군사를 물리더라. (미완)

제6권 제109호

대한제국 광무 7년 5월 16일 (土)

(안남국 사적(2))

그 후에 또 하교지 세 성을 베어 법국에 주어, 그 땅의 구실을 받아 해마다 사백만 량 주는 것을 대신하게 하므로, 법국에서 항구를 열고 군사를 많이 주둔하여 장구지책(長久之策)을 경영하는지라.

그 후에 안남 사신이 법국에 가서 그 땅을 도로 달라한즉, 법국왕의 말이, 향자(向自)에 너의 나라에서 종종 교인을 살해하는 고로 부득이 군사를 일으켜 그 땅을 얻어 선교사 피란할 곳을 만들기로 하였더니, 너희가 세궁력진(勢窮力盡)하여 땅을 베어주고 화친한 것이니, 이는 군사의 힘으로 한 것이라. 너희도 힘이 있거든 또 빼앗아 가라 하므로, 할 수 없어 돌아왔다.

그 후에 가끔 약조를 고쳐 법인의 뜻에 만족하도록 만든 후, 점점 법국이 권리와 토지를 빼앗고, 또 안남이 청국의 속국인 고로 법국이 청국에 가서 북양대신 리홍장(李鴻章) 씨와 자주 교섭하여 안남 일을 상관치 못하도록 하며, 또 그 때에 청국 남방에 장발적(長髮賊) 난리가 간신히 평정된 후라, 그 장발적 여당(餘黨)이 안남으로 흘러들어가 작폐(作弊)하는 자가 많은 고로, 법국에서 대단히 방비하더라.

흑기(黑旗)장군 류영복(劉永福)은 본래 청국 광서성 사람이고 장발적 여당으로, 비도(匪徒)를 모아 흑기를 가지고 다니는 고로 흑기당이라 하고, 황기(黃旗)장군 엽성림은 광동 사람이니 또한 류영복과 같은 자라. 안남 지경에 웅거하여 장사 세납과 구실을 받아먹는데, 안남 왕이 류영복을 불러 위로하고 세 성 총독을 삼았으나, 실상 안남 절제는 받지 않고, 엽성림은 군사를 거느리고 한편에 웅거하여 딴 나라 노릇을 하니, 안남과 흑기당과 황기당이 솥발 같이 웅거하였더라.

흑기장군 류영복이 격서를 돌리고 군사를 모아 법국을 쳐서 여러 번 패하였으나, 법국의 수단으로 안남 정부를 위협도 하고 달래기도 하여 안남국 권리가 점점 법국 수중으로 들어가므로, 청국 정부에서 리홍장, 증기택 제씨가 주장하여 안남을 도와 심지어 군사 이만여 명을 파송하여 법국과 싸우다가 이기지 못하고, 안남서는 자중지란이 나서 그 임금을 죽이고 새 임금을 세우므로, 그 새 임금은 법인의 주선으로 된지라. 아무리 지용(智勇)이 많은 신하가 더러 있으나 어찌 하리요. 필경 청국도 할 수 없어 물러나고 안남이 법국 사람의 토지가 된지라.

지금도 안남 정부 명색은 있고 임금은 대 황제로 행세하나, 나라 토지도 다 빼앗기고 차지한 것이 얼마 되지 않을 뿐더러 아주 법국 사람의 주장이 되어 정부든지 임금이든지 무슨 일을 법국 사람의 지휘대로만 하되, 만일 혈기 있고 충분 있는 관원이 자기 주견대로 일을 행코자 하면 법인이 은근한 수단으로 그 사람을 없이 하니, 이름은 대 안남국 대 황제요, 대 안남국 정부로되 한 가지 일이라도 마음대로 시행하여 보는 일이 없으니 어찌 자주독립국이라 하리오.

그러하나 소위 정치는 입헌정치 자격이 있어 민회(民會)와 의회원(議會員)이 있어서 무슨 일이든지 회의 없이는 시행치 못하는데, 의회원들이 무슨 회의를 하려면 법국 관원이 그 회의 취결할 사건을 이리이리 하라고 기별하는 대로 시행하고, 다시 변통이 없고, 만일 그대로 아니 하면 그 의회원은 결단 나는 날이라 하더라.

슬프다, 물론 어느 나라든지 임금이 있고 정부가 있은 후에는 그 임금과 그 정부 주장으로 무슨 일을 행하여야 독립국이라 할 터인데, 나라 이름과 임금은 있어도 자주권리가 없은즉 그는 남의 보호국이라 하는지라.

안남이 차라리 이전 규례대로 청국 속국으로나 지내었으면 조공하는 폐단 한 가지밖에 다른 폐단은 없을 터이거늘, 지금은 안남이 황제나라라 하면서 남에게 매여서 제 마음대로 못하니 어찌 가석치 않으리오. 안남국이 결단 난 사적을 이루 다 말할 수 없어서 대강 말하거니와, 다른 까닭이 아니라, 안남 군신이 모두 학식이 없어 처음에는 천주교인을 학대한 까닭이오, 또 관민이 일심(一心) 않는 연고더라.

제6권 제116호
대한제국 광무 7년 5월 25일 (月)

(원기를 배양할 일)

물론 어느 나라든지 그 나라의 성쇠를 짐작하고자 할진대 먼저 그 나라 백성의 원기(元氣)가 있고 없는 것을 볼 것이고, 그 백성의 원기가 있고 없는 것을 보고자 할진대 먼저 그 백성의 학문(學問)이 있고 없는 것을 볼 것이고, 그 백성의 학문이 있고 없는 것을 알고자 할진대 먼저 그 백성의 애국성(愛國性)이 있고 없는 것을 볼지니, 어찌하여 그런가 묻게 되면, 사람마다 애국성이 있어야 나라 사랑하기를 자기 몸 사랑하듯이 하여, 나라의 수치도 자기가 혼자 당한 수치로 알고, 나라의 분(憤)한 일도 자기가 당한 분함으로 알고, 나라가 강국에게 압제당하는 것도 자기가 당한 것으로 알고, 나라의 토지를 잃는 것도 자기 것 잃은 것 같이 알고, 나라의 권리 잃어버리는 것도 자기 권리 잃은 것 같이 하여, 아무쪼록 수치와 압제를 씻을까, 잃어버린 강토와 권리를 회복할까, 발분망식(發憤忘食)하여 자기 힘자라는 대로 다 각기 내일로 알고, 인민을 효유(曉諭)하며 정부를 권고하다가, 힘이 부족하여 죽게 되면 또 다른 사람이 그와 같이 뒤를 받쳐 기어이 성사하고야 그만두나니, 그 마음은 어디서 나느뇨.

학문이 없게 되면 첫째, 세계 형편과 내외국 사정과, 어떻게 하여야 일이 될 기미와, 어떻게 하면 나라에 수치가 되고, 어떻게 하면 나라가 부지할 방편을 알지 못하나니, 학문이 없어 그 일을 모른 연후에는 수치가 무엇인지, 압제가 무엇인지 당초에 기운이 날 것이 없나니, 그런고로 학문이 있어야 기운도 생기고 애국성도 생긴다 할지로다.

지금 청국에서 서태후가 정사를 잡은 이후로 정사가 문란하여 백성이 도탄에 들고, 여러 강국이 침입하여 조종(祖宗) 강토를 많이 잃어버리고, 배상금 사억 만원을 판상(辦償)하고, 철도 광산을 모두 잃어버리고, 나라 권리가 대단히 감손할 뿐더러, 년 전에 각국 연합군들이 다 물러가기로 각국이 서로 약조한 후에, 다른 나라는 다 물러갔으되 오직 아라사에서는 만주에 있는 군사를 거두어가지 아니하는 고로, 지금 영미 양국과 일본에서는 아라사를 대하여 철병하기를 재촉하는데, 아라사에서는 철병은 고사하고 도리어 우리나라 지경까지 범접하니, 청한 양국에 그런 큰 일이 없는 것이, 만주는 청국 황제 조상이 나신 곳이오, 함경도 북변은 우리 목조대왕(穆祖大王)께옵서 탄강하신 땅이오, 또 청한 양국의 인후지지(咽喉之地)인즉, 그 일의 소중함과 긴절함이 여타와는 전혀 다른 터이라. 우리 한국 인민 쳐놓고는 발분망식하여 안연히 앉아서 보지 못할 바이라.

그런고로 지금 청국 사람들은 자기 나라 관계가 그런 줄을 알고 각처에 신사신상(紳士紳商)들이며 각 도 각 부 관원들이 그 형편을 논란하여 정부로 편지도 하고, 각 신문에 기서(寄書)도 하는 것이 허다한 중에, 심지어 외국에 나가 있는 청국 상민들까지 자기 정부로 편지가 분분한 것이 각 신문에 날마다 광포되는지라.

그 사람들의 하는 일을 보건데, 학문이 있기 때문에 애국성과 기운이 있어 저렇게 애들 써가며 주선하는 것이니, 그 나라에 전진이 있는 것을 가히 알 것이라.

지금 우리나라에도 관계가 그렇게 긴중하기가 청국보다 몇 배가 더하거늘, 어느 관인 한 명이 무슨 걱정하여 의견을 내었단 말을 듣지 못하였고, 어느 선비나 상민 하나가 의견을 내서 정부로 장서(長書)하고 신문사로 편지하여 정부나 인민을 권고하였단 말을 듣지 못하였으니, 나라를 사랑하는 마음이 부족하여 그런 것도 아니고, 애국성이 없거나 학문이 없어서 그런 것이고, 학문이 없기 때문에 원기가 없는 연고라.

지금 본국에는 그 여러 가지가 다 없으니 무엇을 믿고 나라의 수치와 압제를 면하고 나라를 유지한다 하리오. 아무쪼록 공부를 좀 하여 나라의 원기가 생기기를 바라오.

제6권 제126호

대한제국 광무 7년 6월 5일 (金)

(배에 선인의 관계)

이때가 어느 때냐. 포주 단양 가절(佳節)이라. 녹음방초(綠陰芳草) 승화(昇華)시오, 일난풍화(日暖風和) 더욱 좋다. 지기지우(知己之友) 수삼인이 불기이회(不期二會) 서로 만나, 술병을 옆에 차고 죽장망혜(竹杖芒鞋) 지향 없이 세계물정 구경차로 명산승지 찾아가니, 기암은 층층만장(層層萬丈)이요, 청송은 난낙백척(難落百尺)이라. 등만을 휘어잡고 한두 걸음 올라가니, 가는 길이 험악하여 발붙이기 극난하다.

앞의 사람 당부하고 뒤의 친구 경계하며 간신간신 올라가니, 그 위의 반석 상에 일대 기국(碁局) 벌렸는데, 숙승숙패(孰勝孰敗: 누가 이기고 누가 질지) 완연하고, 사면을 바라보니 지구 형세 벌렸는데, 육대주가 분명하다. 동반구를 바라보니 아세아 구라파며, 아프리카 대양주요, 서반구를 바라보니 아메리카 남북이라. 대양을 굽어보니 태평양 대서양과 인도양이 분명하다.

망망한 대양 중에 오고가는 선척들은 범범중류(泛泛衆流) 지나가네. 그 배들에 무엇 실었나. 나라 실은 배로구나. 대소도 같지 않고 기관도 판이하다. 어떤 배를 볼작시면 크기도 장이 크고 기계도 장이 좋고, 어떤 배를 보게 되면 작기도 한량없고 기계도 부실하다. 기계 가진 성한 배는 순풍역풍 불계하고 살 가듯 잘도 가고, 기계 없는 낡은 배는 이리저리 표탕하여 지향할 곳 바이없고, 바람이 부는 대로 물결이 치는 대로 출렁출렁, 둥싯둥싯, 감작(感作)하면 뒤집힐 듯, 어디 가서 부딪치면 편편 파쇄 깨어질 듯, 배가 헐어 물이 들고, 노 연장은 부패하여 얼른 하면 부러질 듯, 형상이 위태하다.

그 중에 좋은 배는 함장이 튼튼하고 항해학문(航海學文) 졸업하여, 풍우회명(風雨晦明) 당일 천기 넉넉히 짐작하고, 쇠를 놓고 방위 보며, 기관을 바로 틀어 이리 저리 요동 없고, 배에 당한 여러 격군은 함장의 지휘 받아 제각기 직책대로 물푸기와 노질하기, 구멍 막고 소설(掃雪)하기, 일심으로 진력하니, 그 어려운 풍파라도 다행히 지탱하고, 배도 헐고 기계 없고, 함장이 학문 없고 격군들이 해타하여, 함장은 함장대로 격군은 격군대로 다 각기 각심되어 노질도 등한하고, 구멍도 막지 않고, 드는 물을 버려두고, 일호주선(一毫周旋) 바이 없이 제대로 버려두어, 가는 길도 목적 없고, 그 배가 가는 대로 깊고 옅은 푼수 없이 여기 저기 부딪치니, 제아무리 천수(天數)라도 파선 않고 어찌할꼬.

나라는 배가 되고, 군민은 그 배 타고, 대신은 함장이오, 정부관인 격군이라. 대신 이하 관인들이 학문 있고 일심하여 임금을 보호하며 나라를 공제(共濟)함이 행선(行船)함과 일반이라. 지금이 어느 때뇨. 세계 각국 동정 보소. 이런 풍파 또 있으며, 나라 형세 짐작하니 백공천창(百工天窓) 말 아닌데, 그 함장 그 격군이 일심공제 둘째 하고, 성한 선창 구멍 뚫고 노 연장 팔아먹고. 방위 짐작 바이없어 뒷걸음질 힘을 쓰니, 갈 길이 어디인지, 득달(得達)하긴 고사하고 풍랑(風浪)은 대작한대 지접(地接)하기 극난일세. 함장 격군 몇이든지 일심만 하게 되면 석(石)을 찾아 배를 대고, 풍파를 행면(倖免)하여 배탄 사람 무사하고 그 배도 성하련만, 그 형편 구경하니 갈수록 위태하여 남 보기도 정신없다.

곤뇌(困惱)함을 못 이기어 암석을 의지하여 여광여취(如狂如醉) 생각다가, 무심 중 소리 질러, 여보시오 선인네들, 일심 하게 일심 하게, 잘못 하면 파선하네. 한 마디 긴 소리에 깜짝 놀라 깨달으니, 물과 배는 간 곳 없고, 동창에 해가 돋고 각색 장사 소리 질러 물건 사오 지저귀네. 남가일몽(南柯一夢) 허황하나 소리가 방불키로 대개를 기록하여 웃음거리를 만드오.

제6권 제143호

대한제국 광무 7년 6월 25일 (木)

(역사와 지리를 힘쓸 일)

지리를 알지 못하면 능히 동서남북 방위를 분변치 못하고, 역사를 알지 못하면 고금 동서양 일을 알지 못할지니, 방위를 분변치 못하며 고금사(古今事)를 알지 못한즉 어찌 능히 길고 짧은 것을 취하고 버리며, 잃고 얻을 것을 짐작하리오.

지금 서양 각국과 일본서는 각 항 학교를 설시한 것이 전국에 편만하여, 귀천상하(貴賤上下) 물론하고 어떤 사람의 자제든지 여섯 살 이상 된 아이면 학교에 들어가 교육하는 절차가 구비한 고로, 나라 사람 쳐 놓고 남녀 간에 글자를 알지 못하는 자가 없고, 글을 배우지 않는 자가 없어서, 고금 역사와 지리가 제일 먼저 배우는 학문이오, 또한 신문사가 무수히 있으므로 나라 사람이 그 신문을 보지 않는 자 없는 고로, 사람마다 동서양 고금 일과 세계 각국 지리 형편이 요연히 가슴 가운데 있나니, 구미 각국과 일본에는 비록 삼척동자라도 상하 천백 대의 흥망과 피차 각국의 형세를 분명히 알고 확실히 보는 바인즉, 우리 한국 사람이 제 나라 지경 밖에 또 무슨 나라가 있는지, 중원 밖에 또 무슨 나라 사기가 있는지 알지 못하는 데 비교하면, 그 학식과 문견이 어찌 소양지판(霄壤之判) 뿐이리오.

대저 지금 천하 각 대주(大洲)의 각국 형세와 풍토와 인정 물산을 알고자 할진대 지리를 강구치 아니하고는 어찌할 수 없고, 고금 동서양 각국 각인종의 성쇠 흥망을 상고하고자 할진대 역사를 보지 않고는 어찌할 수 없나니, 남의 나라 형세와 인정, 물태(物態)를 알지 못하고는 내 나라 일을 할 수 없고, 고금 역대의 성쇠흥망을 알지 못하고는 세운(世運)의 변천함과 정치의 선악으로 국가의 성쇠 됨을 알지 못할지라.

그런고로 지금 부강문명하다는 나라 쳐놓고는 천하 각국 고금의 형세와, 어떻게 연혁된 것과, 지리의 어떤 것을 비록 부녀와 동치(同齒)라도 다 소연히 손 가운데 있는 것같이 알거늘, 본국 인민은 비록 사대부라도 만국의 지리를 짐작하지 못하고, 서양 각국 역대 사기를 전혀 모르니, 동서양 사람의 알고 모르는 것이 어찌 그리 현수(懸殊)한고. 대저 강한 것은 밝은 데서 생기고, 약한 것은 어두운 데서 생기나니, 인민의 알고 모르는 것이 이 같은즉 그 나라의 밝고 어두운 것이 낮과 밤 같을지라.

본국 사람이 그런 학문에 주의치 않음을 매양 한탄하는 바이러니, 북간도(北間島) 시찰(視察)로 내려가 있는 리범윤 씨가 〈북여요찬(北輿要撰)〉이란 책을 번역하여 내부(內部)로 보내며, 그 책을 많이 번역하여 사방에 전파하여, 간도 땅이 한국 토지가 분명한 줄 알게 하여 내외국 사람의 의혹이 없게 하라 한지라.

대저 그 사실인즉, 간도란 데는 본래 조선 토지로 두만강 상류 무산군 건너 있는 땅인데, 이전부터 한국과 청국 간에 서로 지경을 다투어 조선 땅이니 청국 땅이니 하여 확실히 귀결이 없고, 본국 인민만 많이 건너가 살되 청국에게 빼앗긴 모양이더니, 리범윤 씨가 시찰로 내려가서 그 일의 근원을 채탐하고자 주의하여, 사람을 길림성에 보내어 청국 강희 황제 이후 청국 선비 오진신 씨가 만들어둔 길림 통치한 책을 얻어다가, 고려 때부터 우리 조선국 경계 정하는 데 증거될 만한 구절을 초출(抄出)하고, 또 널리 사적에 실린 바 백산(白山)과 토문강이 우리나라 지경 되는 확거(確據) 실적을 수집하여 책을 만들어 이름을 〈북여요찬(北輿要撰)〉이라 하여 세계 각국에 간포(刊布)하여, 천하 사람으로 하여금 토문강 아래와 두만강 북편 간도가 우리 한국 땅이 분명한 줄 알게 하되, 각 부 부원청과 외국 공영사관과 각 신문사와 각 학교와 변군에 반포하여 한국인의 이목을 넓히고 인국(隣國) 사람의 의심을 깨치게 하라 하였는지라.

오호라, 변계에 내려간 사람이 한두 명이 아니거늘, 날마다 들리는 소문이 외국 지경에 건너가 사는 잔약(殘弱)한 사람을 탐학한다는 말만 들었고, 하나도 그곳 지리의 어떠함과 역사의 어떠하다는 말 한 마디 하였단 말을 듣지 못하였더니, 유독 리 씨가 괴로움을 무릅쓰고 나라 강토의 긴중함을 생각하여 그 인민을 안무하며 지경을 견고케 하기에 급급하여, 수백 방리 되는 나라 토지를 완전하게 할 증거를 얻어 보내었으니, 어찌 그 공이 적다 하리요. 그 사람으로 하여금 서북 변계 사무를 전권하여 무슨 권리를 주었으면 변방에 큰 간성(干城)이 될 터이거니와, 그런 일로 보아도 역사와 지리를 모르고야 어찌 증거를 얻으리라 하리오. 그런고로 역사와 지리가 학문상과 정치상에 제일이라 하노라.